JN295898

数秘術
完全マスター・ガイド

ナンバーで運命を切り拓く モダン・ヌメロロジー 14 のレッスン

伊泉龍一 ＊ 斎木サヤカ

The Modern Numerology
Complete master Guide

Prologue

　本書で紹介する「数秘術」とは、生年月日や名前を一定のシンプルなルールに基づき計算することによって、「性格」、「才能」、「運命」、「相性」、「未来予知」などさまざまなことを導き出す「占い」である。

　ご覧のとおり、かなりの頁数からなる分厚い本となっているため、難しそうな本だと思われてしまいそうだが、そんなことはない。実際に見ていただくとわかるように、頁数が多くなっているのは、単に解説している項目が多いためである。

　そもそも本書では、数秘術がまったく初めてという方も、読者層として想定している。したがって、数秘術についての予備知識がない方のために、まずイントロダクションでは数秘術とはどのようなもので、どうやって占うのかということを手短に説明することから始める。

　一方で、すでに数秘術に詳しい方のために、これまで日本ではほとんど触れられていないと思われる数秘術のテクニックも数多く紹介していく。そういった意味で、本書はすべての「数秘術ファン」の方々に満足していただけるのではないかと思う。

　いずれにせよ大部の本なので、全体の見取り図として、本書の構成について、ここであらかじめ簡単に説明しておきたい。

　「数秘術とは」と題したイントロダクションでは、先ほども述べたように、数秘術とはどのようなもので、それがどのような基本原理となっているのかについて簡潔な解説をおこなう。

　続くレッスン1からレッスン14までは、すべて現代数秘術によって導き出されるさまざまなナンバーのロジックとその意味を、初めての人でも順に理解していけるように、レッスン形式で説明している。

　また、全部で14のレッスンで解説していくナンバーは、以下のように、大きく3つのカテゴリーに分けることができる。

その人の基本的な本質・運命・使命・才能に関するナンバー（第1部）
未来予知に関するナンバー（第2部）

相性に関するナンバー（第3部）

　さらに、最後のレッスンが終わった後の補遺は、本書の他の箇所とは独立した論となっている。そこでは19世紀後半のメタフィジカル・ムーヴメントへと数秘術の誕生を結びつけ、その思想の背景を歴史的に考察したものとなっている。

　実際の本書の読み方としては、もちろん全部通して読んでいただくのがベストではあるが、興味のあるところだけ、拾い読みしていただいても構わない。特に、数秘術がまったく初めてという方は、自分のナンバー、あるいは自分の身近な人のナンバーを導き出し、その該当する頁だけを、とりあえず読んで楽しむということも可能である。

　では、前置きはこれぐらいにして、さっそく数秘術とはどのようなものかを解説していこう。

伊泉　龍一（いずみ　りゅういち）

Contents

Prologue ……………………………………………………… 003
本書について ……………………………………………… 010

Introduction ………………………………………………… 012
 （1）数秘術とは ………………………………………… 012
 （2）数秘術の基本原理①──数には意味がある ……… 013
 （3）数秘術の基本原理②──名前のあるものはすべて数に置き換え
  ることができる …………………………………… 016

Section 1

Lesson 1
コア・ナンバーズ
──人生の道・運命・使命・求めるものを知る ………… 020
 コア・ナンバーズの捉え方と算出方法 ……………… 020
 ライフ・パス・ナンバー ……………………………… 029
 ディスティニー・ナンバー …………………………… 036
 ソウル・ナンバー ……………………………………… 043
 パーソナリティー・ナンバー ………………………… 050
 マチュリティー・ナンバー …………………………… 057
 バースデイ・ナンバー ………………………………… 069
 ブリッジ・ナンバー …………………………………… 091

Lesson 2
インテンシティ・テーブルとプレーンズ・オブ・エクスプレッション
──才能・性格・特性を知る …………………………… 110
 インテンシティ・テーブルの捉え方と算出方法 …… 110
 ライフ・レッスン・ナンバー ………………………… 112

Contents

インテンシティー・ナンバー……118
プレーンズ・オブ・エクスプレッションの捉え方と算出方法・124
フィジカル・プレーン／メンタル・プレーン／エモーショナル・プレーン／インテュイティヴ・プレーン……126

Lesson 3
ファミリー・ネーム・ナンバーとグロース・ナンバー
──先天的・後天的資質を知る……133
　ファミリー・ネーム・ナンバーと
　グロース・ナンバーの捉え方と算出方法……133
　ファミリー・ネーム・ナンバー……137
　グロース・ナンバー……144

Lesson 4
チャート解釈①──パーソナリティー・チャートの読み方…151

Section 2

Lesson 5
メジャー・サイクル
──人生における3つのサイクルの時期を知る……168
　メジャー・サイクルの捉え方と算出方法……168
　ファースト・メジャー・サイクル・ナンバー……171
　セカンド・メジャー・サイクル・ナンバー……177
　サード・メジャー・サイクル・ナンバー……184

Lesson 6
パーソナル・イヤー・ナンバー／パーソナル・マンス・ナンバー／
パーソナル・デイ・ナンバー──自分の運命周期を知る……189

Contents

  パーソナル・イヤー・ナンバー、パーソナル・マンス・ナンバー、
  パーソナル・デイ・ナンバーの捉え方と算出方法 ……… 189
  パーソナル・イヤー・ナンバー ……………………… 193
  パーソナル・マンス・ナンバー ……………………… 198
  パーソナル・デイ・ナンバー ………………………… 200

Lesson 7
ユニヴァーサル・イヤー・ナンバー／ユニヴァーサル・マンス・ナンバー／ユニヴァーサル・デイ・ナンバー
——宇宙の運命周期を知る ………………………………… 204
  ユニヴァーサル・イヤー・ナンバー、
  ユニヴァーサル・マンス・ナンバー、
  ユニヴァーサル・デイ・ナンバーの捉え方と算出方法 … 204
  ユニヴァーサル・イヤー・ナンバー ………………… 206
  ユニヴァーサル・マンス・ナンバー ………………… 209
  ユニヴァーサル・デイ・ナンバー …………………… 211

Lesson 8
ピナクル・ナンバーズ——人生の山場を知る ……………… 213
  ピナクル・ナンバーズの捉え方と算出方法 ………… 213
  ファースト・ピナクル・ナンバー …………………… 216
  セカンド・ピナクル・ナンバー ……………………… 227
  サード・ピナクル・ナンバー ………………………… 238
  フォース・ピナクル・ナンバー ……………………… 249

Lesson 9
チャレンジ・ナンバーズ——人生の課題を知る …………… 260
  チャレンジ・ナンバーズの捉え方と算出方法 ……… 260
  ファースト・チャレンジ・ナンバー ………………… 264

Contents

  セカンド・チャレンジ・ナンバー ……………………… 271
  サード・チャレンジ・ナンバー ………………………… 278
  フォース・チャレンジ・ナンバー ……………………… 285

Lesson 10
トランジット・レターズとエッセンス・ナンバー
――物理的・精神的・霊的意識の成長と影響を知る ……… 292
  トランジット・レターズとエッセンス・ナンバーの
  捉え方と算出方法 ………………………………………… 292
  フィジカル・トランジット ……………………………… 295
  メンタル・トランジット ………………………………… 299
  スピリチュアル・トランジット ………………………… 303
  エッセンス・ナンバー …………………………………… 307

Lesson 11
チャート解釈②――サイクル・チャートの読み方 ……… 312

Section 3

Lesson 12
ディファレンス・ナンバーとコンコード――相性を見る① … 334
  ディファレンス・ナンバーの捉え方と算出方法 ……… 334
  ライフ・パス・ナンバーでのディファレンス・ナンバー … 335
  ディスティニー・ナンバーでのディファレンス・ナンバー … 338
  ソウル・ナンバーでのディファレンス・ナンバー …… 341
  パーソナリティー・ナンバーでのディファレンス・ナンバー … 345
  コンコードの捉え方と算出方法 ………………………… 349
  コンコード 1, 5, 7／2, 4, 8／3, 6, 9 …………………… 350

Contents

Lesson 13
ナンバー・コンパチビリティ──相性を見る② …………… 354
 ナンバー・コンパチビリティの捉え方と算出方法 ………… 354
 ライフ・パス・ナンバー×ライフ・パス・ナンバー ………… 355
 ディスティニー・ナンバー×ディスティニー・ナンバー …… 372
 ソウル・ナンバー×ソウル・ナンバー ……………………… 389
 パーソナリティー・ナンバー×パーソナリティー・ナンバー … 406
 マチュリティー・ナンバー×マチュリティー・ナンバー …… 423

Lesson 14
チャート解釈③──コンパチビリティ・チャートの読み方 … 440

補遺
メタフィジカル・ムーヴメントの中の数秘術
──モダン・ヌメロロジーと美の霊性 ……………………… 450

Epilogue（斎木サヤカ）……………………………………… 466
Epilogue（伊泉龍一）………………………………………… 468

注　釈 ………………………………………………………… 470
参考文献 ……………………………………………………… 474
本書掲載のナンバーの意味と算出方法一覧（50音順）…… 477

数秘術チャート＆パーソナル・データ・シート

本書について

　この本は3部構成に分かれており、14のレッスンと補遺により成り立っている。
　レッスンを段階的に踏まえることにより、現代数秘術についてのテクニックだけでなく、「自分自身」についての理解も深まっていくだろう。

　各レッスンではさまざまなナンバーの算出方法や考え方などが示されている。
　次に続くレッスンやリーディングをスムーズにおこなうため、各レッスンで導き出されたナンバーは巻末のチャートやシートに書き込んでおくとよいだろう。
　各部の終わりのレッスンではそれまでに導き出されたナンバーを使い、トータル的にリーディングするためのコツについて学ぶことができる。ここではチャート及びシートの記載方法についても詳しく解説していく。

　補遺ではモダン・ヌメロロジーというひとつの体系の誕生の背後にある「メタフィジカル・ムーヴメント」という思想について詳しく述べている。

【基本ルール】
①名前をアルファベットで表記する場合には基本的にヘボン式ローマ字を用いる。ただし、普段のサインや署名の際に使っている表記があればそれを優先すること。
②名前は「誕生したときにつけられた名前」を使用すること。

	あ	A	い	I	う	U	え	E	お	O
50音	か	KA	き	KI	く	KU	け	KE	こ	KO
	さ	SA	し	SHI	す	SU	せ	SE	そ	SO
	た	TA	ち	CHI	つ	TSU	て	TE	と	TO
	な	NA	に	NI	ぬ	NU	ね	NE	の	NO
	は	HA	ひ	HI	ふ	FU	へ	HE	ほ	HO
	ま	MA	み	MI	む	MU	め	ME	も	MO
	や	YA			ゆ	YU			よ	YO
	ら	RA	り	RI	る	RU	れ	RE	ろ	RO
	わ	WA	ゐ	I			ゑ	E	を	O
濁音半濁音	が	GA	ぎ	GI	ぐ	GU	げ	GE	ご	GO
	ざ	ZA	じ	JI	ず	ZU	ぜ	ZE	ぞ	ZO
	だ	DA	ぢ	JI	づ	ZU	で	DE	ど	DO
	ば	BA	び	BI	ぶ	BU	べ	BE	ぼ	BO
	ぱ	PA	ぴ	PI	ぷ	PU	ぺ	PE	ぽ	PO
拗音	きゃ	KYA			きゅ	KYU			きょ	KYO
	しゃ	SHA			しゅ	SHU			しょ	SHO
	ちゃ	CHA			ちゅ	CHU			ちょ	CHO
	にゃ	NYA			にゅ	NYU			にょ	NYO
	ひゃ	HYA			ひゅ	HYU			ひょ	HYO
	みゃ	MYA			みゅ	MYU			みょ	MYO
	りゃ	RYA			りゅ	RYU			りょ	RYO
	ぎゃ	GYA			ぎゅ	GYU			ぎょ	GYO
	じゃ	JA			じゅ	JU			じょ	JO
	びゃ	BYA			びゅ	BYU			びょ	BYO
	ぴゃ	PYA			ぴゅ	PYU			ぴょ	PYO

ヘボン式ローマ字表記へ変換する際の注意事項

■撥音:「ん」は「N」で表記 → (例)かんの KANNO／ほんだ HONDA
(特例)B・M・Pの前では、「ん」は「M」で表記
　　　なんば NAMBA／ほんま HOMMA／まんぽ MAMPO

■促音:「っ」は子音を重ねる→(例)べっぷ BEPPU／いっしき ISSHIKI
(特例)CHの前では、「っ」は「T」で表記
　　　えっちゅう ETCHU／はっちょう HATCHO

■長音:「O」や「U」は記入しない→(例)おおの ONO／さいとう SAITO

■外国式氏名のヘボン式ローマ字表記へ変換例
　　ジェ → JIE チェ → CHIE ティ → TEI ディ → DEI デュ → DEYU
　　ファ → FUA フィ → FUI フェ → FUE フォ → FUO
　　ヴァ → BUA ヴィ → BUI ヴ → BU ヴェ → BUE ヴォ → BUO

イントロダクション
Introduction

(1) 数秘術とは

「数秘術」は、英語で「ヌメロロジー（numerology）」(numero[数]＋logy[学、あるいは論])という。したがって直訳では、「数の学」、あるいは「数の論」といった意味になる。

「数の学」というと、もしかするとなにか難しいものを想像されてしまうかもしれない。だが、その基本原理とルール自体は、極めてシンプルなものだ。実際にこの後、順を追って詳しく見ていくように、数秘術では一定のルールに基づき、生年月日や名前を構成する「数」を操作することで、占い結果を導き出していく。そのプロセスに出てくるのは、ごく簡単な足し算や引き算だけ。高度な数学的知識などは一切必要としない。

ところで、どんな占いでも、その占いを成り立たせるための背景となる考え方がある。たとえば、「占星術」なら、地球から見たときの惑星の位置が、地上で起こる出来事となんらかの関係を持っているということ。あるいは、「タロット占い」なら、一見、偶然に出てきたカードの絵の示す事柄が、その質問に対して重要なメッセージとなるということ。

一方、数秘術の根底にある考え方は、おおよそ次のふたつとしてまとめられるだろう。

数秘術のふたつの基本原理
① 個々の数には、それぞれ固有の性質や意味がある
② 名前のあるものはすべて数に置き換えることができる

本書で見ていくさまざまな数秘術のテクニックはいずれも、言わばこのふたつの「公

理」を前提としている。

(2) 数秘術の基本原理①——数には意味がある

「個々の数には、それぞれ固有の性質や意味がある」。数秘術の世界へと足を踏み入れるためには、これをまず前提として受け入れなければならない。

では、個々の数には、どんな性質や意味があるのか。今日の数秘術における、それぞれの数の性質や意味を簡単に定義づけるため、たとえば次のようなキーワードが挙げられている[i]。

1　主体性／独立／個人主義／好戦的／独創的／
自己主張／支配的／力強い／自己中心的
2　調和／理解／適合性／穏やか／協調性／受容的／
慎重／関係／共同
3　自己表現／知性／話し好き／社交的／教養のある／
創造的／多様性／ドラマティック／表現する
4　安定／堅固／安全／保守的／実際的／構造／
システム／堅実／客観性／制限／秩序
5　変化／拡大／冒険／推量／ヴィジョン／成長／
進化／好奇心／活発／機知に富む／発展的な自由
6　責任／ハーモニー／創造性／正義／愛／共感／
奉仕／アート／象徴／バランス
7　直観／哲学的／分析的／静穏／内省的／理解／
インスピレーション／孤立
8　力／野心／生産／マネー／物質主義／満足
9　変容／完成／無私無欲／慈善／忍耐／終わり

ここで列挙したのが、1から9までの数だけなのには、理由がある。それは今日の数秘術では、1から9までの自然数を、すべての数の基本となる数であるとみなし、それらを「ルート・ナンバー」と呼んでいる。

では、二桁以上の数の意味は、どうなるのか？　それらは基本的に、一定の数の操作法を通して、すべてルート・ナンバーへと「還元（リデュース）」される必要がある。では、それを次

に説明しよう。

■ルート・ナンバーへの還元

　ルート・ナンバーへの還元は、次のようにおこなわれる。ここでは23という数と39という数を例にしてみよう。

【23の場合】

　　　　　23を2と3という一桁の数に分解する。
　　　　　23→2　3

　　　　　そしてそれらを加算する。
　　　　　2＋3＝5

【39の場合】

　　　　　39を3と9という一桁の数に分解する。
　　　　　39→3　9

　　　　　そしてそれらを加算する。
　　　　　3＋9＝12

　　　　　この段階でまだ二桁の数なので、もう一度同じ操作を
　　　　　繰り返す。

　　　　　12を1と2という一桁の数に分解する。
　　　　　12→1　2

　　　　　そしてそれらを加算する。
　　　　　1＋2＝3

　以上、23はルート・ナンバー5へ、39はルート・ナンバー3へと還元された。

同様の操作は、原理的にどんな大きな自然数であっても可能である。したがって、あらゆる数は、次のようにすべて1から9までのルート・ナンバーへと還元し、関連づけることができる。

ルート・ナンバー

1	2	3	4	5	6	7	8	9
10	11	12	13	14	15	16	17	18
19	20	21	22	23	24	25	26	27
28	29	30	31	32	33	34	35	36

以下同様に続く

　ここで見た数の操作は、本書で繰り返し出てくることになる数秘術の最も基本となるテクニックとなる。
　ところで、ここで注意しなければならないことがある。それは現代の数秘術では、1から9までのルート・ナンバー以外に、11と22のふたつの数だけは、「マスター・ナンバー」(Master Numbers)と呼び、特別な意味を持たせる場合もあるということだ。これは20世紀初頭、現代数秘術の創始者ミセス・L・ダウ・バリエッタ以来、基本ルールとして多くの数秘術師に採用されている。したがって次に、マスター・ナンバーについても簡単に説明しておきたい。

■マスター・ナンバーについて
　たとえば、83という数を、先ほどと同様の手順で還元する操作をしてみよう。

　　　　83を8と3という一桁の数に分解する。
　　　　83→8　3
　　　　そしてそれらを加算する。
　　　　8＋3＝11

　ここで導き出された「11」という数は、二桁の数である。だが、11は先ほども述べたとおりマスター・ナンバーと呼ばれ、そこに特別な意味が担わされている。
　マスター・ナンバーと呼ばれる11と22のふたつの数が現れた場合は、ルート・ナン

バーの意味に加えて、特にスピリチュアルなエネルギーが与えられるものとみなされている。

ちなみに、今日では11と22だけではなく、数秘術師によっては33もマスター・ナンバーとして解釈されることもある。そればかりか、44、55、66、77、88、99までをマスター・ナンバーとみなす数秘術師すら存在する。

さらに、マスター・ナンバーとは別に10、13、14、16、19といった数を「カルミック・ナンバー」(Karmic Number) と呼び、特別な意味を持たせている数秘術師もいる。

現代数秘術では、こうしてどんどん新しい数の意味が「発見」されていく方向へと進んでいっているが、残念ながら今のところ、数秘術師の間で、それらについての完全な意見の一致は存在しない[ⅱ]。

しかしながら、1から9以外に11と22を特別にスピリチュアルなエネルギーの数の強いものとしてみなすという考えについては、すべてとは言わないものの大多数の数秘術師が同意している。したがって本書では、マスター・ナンバーとして11と22を採用するものとする。

マスター・ナンバーの意味をキーワードとして示すと、おおむね次のようになる。

　　　　11　光明／天啓／直観力／改良／メッセンジャー／
　　　　　　閃き／啓蒙
　　　　22　ヴィジョン／建築／建設的／博愛主義／
　　　　　　計画性／気づき

(3) 数秘術の基本原理②——名前のあるものはすべて数に置き換えることができる

数秘術では、「ルート・ナンバーへの還元」と並んで、もうひとつ重要なテクニックがある。それはすべての文字を数へと変換することだ。

まずはそれについて説明しておこう。

■文字と数の変換のシステム

文字を数に変換する前提として、すべての文字には、特定の数価が割り当てられている。また現代数秘術で使用される文字は、一般的にラテン文字（ローマ文字）のアルファベットとなっている。

以下のふたつの表は、現代数秘術における、個々の文字と数価の関係である。

① ピュタゴリアン・システム

1	2	3	4	5	6	7	8	9
A	B	C	D	E	F	G	H	I
J	K	L	M	N	O	P	Q	R
S	T	U	V	W	X	Y	Z	

② カルデアン・システム

1	2	3	4	5	6	7	8
A	B	C	D	E	U	O	F
I	K	G	M	H	V	Z	P
J	R	L	T	N	W		
Q		S		X			
Y							

　①のピュタゴリアン・システムは、先ほども述べた現代数秘術の創始者ミセス・L・ダウ・バリエッタがその著書で採用し、その後、ジュリア・セトンやジュノー・ジョーダンといった後継者たちのスクールで用いられているものだ。
　一方、②のカルデアン・システムは、1926年のキローの著書『キローの数の本』(Chiro's Book of Numbers)[iii]で用いられて以来、モンドローズの『万人のための数秘術』(Numerology for Everybody)(1940)[iv]などを通して、一部の数秘術師たちの間で広まっていったものである。
　どちらのシステムを採用するかは、数秘術師によって異なる。また、数秘術師によっては、両方のシステムを使い分けて用いている場合もある。さらに、実のことを言えば、文字と数の変換のシステムは、このふたつ以外にも、マイナーながらいくつかのヴァリエーションも存在する[v]。
　しかしながら、本書ではさしあたって現代数秘術の創始者直系のスクールにならい①の「ピュタゴリアン・システム」を採用したい。
　したがって、とりあえずここでは、①のピュタゴリアン・システムにおけるアルファ

ベットと数の対応をもとに、実際にアルファベットを数に変換してみたい。たとえば、「ヤマダタロウ」という名前を例にすると、

まずは名前をヘボン式ローマ字で表記する。
TARO YAMADA

名前を構成しているそれぞれのアルファベットを前記の表にしたがって、すべて数に変換する。
TARO YAMADA
2196 714141

それぞれの数をすべて加算する。
2＋1＋9＋6＋7＋1＋4＋1＋4＋1＝36

さらに二桁の数を一桁の数になるまで分解し加算する。
36→3＋6＝9

　こうして導き出された9という数が、「ヤマダタロウ」という名前を持つ人を本質的に決定しているルート・ナンバーだということになる。数秘術では、こうしたアルファベットを数に変換する操作を通して、人の名前も含め、あらゆる事物の名前に潜むその本質的な意味を探っていくのである。
　ところで、この文字と数の変換のシステムを使えば、基本的にわたしたちの身の回りのあらゆるもの（それが「名づけられているもの」であるかぎり）は、すべて数へと置き換えることができる。これが最初に述べた②の「名前のあるものはすべて数に置き換えることができる」ということの意味である。

　イントロダクションでは、数秘術のふたつの原理を説明するとともに、「ルート・ナンバーへの還元」、及び「文字と数の変換のシステム」というふたつのルールを説明してきた。これらが、すべての現代数秘術の基本であり、後はその応用である。
　では、次のレッスン1からレッスン14まで、ステップを踏みながら、わたしたちの人生の意味を読み解くための現代数秘術のさまざまなテクニックを紹介していきたい。

第Ⅰ部
Section 1

レッスン 1

コア・ナンバーズ
―人生の道・運命・使命・求めるものを知る―

Lesson_1 Core Numbers

(1) ライフ・パス・ナンバー……………Life Path Number
(2) ディスティニー・ナンバー…………Destiny Number
(3) ソウル・ナンバー……………………Soul Number
(4) パーソナリティー・ナンバー………Personality Number
(5) マチュリティー・ナンバー…………Maturity Number
(6) バースデイ・ナンバー………………Birthday Number
(7) ブリッジ・ナンバー…………………Bridge Number

これら7つは、数ある数秘術の算出法の中でも「コア（中核）」となるナンバーであり、中でも（1）から（5）は、「ファイヴ・コア・ナンバーズ*1」と呼ばれ、その人の運命や人生の骨子を知るうえで最も重要なナンバーとされている。

まずはその5つのナンバーについて解説していこう。ちなみにマチュリティー・ナンバーを除く4つのナンバーについては、すでに拙著『数秘術の世界』で詳しく説明しているので、ここではなるべく重複しないようにまとめつつ、いくつか補足的なことを述べるに留めておく。

（1）ライフ・パス・ナンバー

ライフ・パス・ナンバーは日本語にそのまま訳すと「人生の道の数」。つまりこれは、あなたがこの世に生を受けてから、どんな人生の道を歩んでいくのかを示すナンバーである。

「生年月日」をもとに導き出すライフ・パス・ナンバーは、「バース・フォース」（Birth

Force・出生の力)[viii]、「バース・パス」(Birth Path・出生の道)[viii]とも呼ばれている。また、この世での生活に着手しはじめるという意味で「イニシエーション・ナンバー」(Initiation Number) と呼ばれることもある[ix]。

　人の「人生の道」には紆余曲折がある。ひとつのナンバーで語り尽くすことなどは、到底できるものではない。しかし、人生を切り開いていこうとするとき、そのきっかけとなるのは個人が持つ資質、才能や能力にほかならない。持ち前のセンスや才覚によって、人生は彩られていくのである。そのきっかけとなるものを指し示してくれるのがこのナンバーである。

　ライフ・パス・ナンバーは、本当に自分の人生を生きようとしたとき、必ずやあなたの背中を押してくれる。あなたの中にいまだ気づいていない可能性があるとしたら……。その宝物の在りかへとあなたを導いてくれることだろう。

　では、ライフ・パス・ナンバーの導き方を紹介しよう。

　たとえば1988年3月15日生まれの人の場合

生年月日を構成している数をすべて一桁の数に分解する。
1 9 8 8 3 1 5

次にそれらをすべて加算する。
1＋9＋8＋8＋3＋1＋5＝35

すべて加算した合計を一桁の数になるまで分解し、また加算する。
35→3＋5＝8……ライフ・パス・ナンバー

　もし上記の計算の過程で、マスター・ナンバーである11、及び22の数が現れた場合は、それは一桁へと還元せずにそのままそれをライフ・パス・ナンバーとする。

　上記以外にもふたつの加算方式が存在する。この方法によって通常の計算では顕在化しないマスター・ナンバーを発見することができる。コア・ナンバーズの中で2もしくは4のナンバーが出た場合は通常の計算だけではなく、以下の加算方式でも計算してほしい。

たとえば1944年7月6日の人の場合

(1)
1＋9＋4＋4＋7＋6＝31
この場合、最後の一桁に還元する前の二桁の数は31。
これは通常の計算である。
しかし、(2) と (3) の場合はどうだろうか。

(2)
まず年だけを加算する。
1＋9＋4＋4＝18
ここで二桁の数である18を還元。
1＋8＝9
次に誕生月7と誕生日6を加算。
9＋7＋6＝22
この場合、最後の一桁に還元する前の二桁の数は22となり
マスター・ナンバーということになる。

(3)
```
  1 9 4 4
        7
+       6
―――――――――
  1 9 5 7
```
1＋9＋5＋7＝22

このように、マスター・ナンバーが現れた場合、これを優先していくことが本書のルールとなる。

ここで導き出されたナンバーのそれぞれの意味は、のちほど29頁から35頁で解説する。

(2) ディスティニー・ナンバー

ディスティニー・ナンバーは文字どおり「運命の数」。その人がどんな運命を持って生まれてきているのか、ということを示すナンバーである。

ここで言う「運命」とは、「あなたはこういう運命をたどります」という人生全般の命運を指してはいない。人はなんらかの使命を受けて、この世に生を受けている。まずはそうした前提があり、その使命のことをここでは「運命」と言っているのである。運命的に与えられている課題、生涯を通して目指していくもの、課せられている役目などと言い換えることも可能だろう。

またこのナンバーは、しばしば「セルフ・エクスプレッション」(self-expression・自己表現)[x]、あるいは「トゥルー・セルフ・ナンバー」(True Self Number・真実の自己の数)[xi] とも呼ばれる。その場合、このナンバーは、人生のゴールに向けて実現すべき、生まれ持っての才能、潜在的可能性、自己表現の方法を意味するとされている。

なお、ディスティニー・ナンバーは、ライフ・パス・ナンバーとは異なり、その人の姓名をもとに導き出す。

数秘術では、事物の名前には、振動するエネルギー・パターンがインプリントされていると考える。特に生まれて間もなく付与される名前は、その人へと授けられた成功のためのコズミック・コードを意味するとされている。

自分の中の衝動をただ満足させるためだけではなく、なにかのため、誰かのため、もっと大きなもののために生きたいと願うとき、あなたはこのナンバーの恩恵を受けるだろう。

では、ディスティニー・ナンバーの導き方を紹介しよう。

以下の対応表をもとに自分の名前を数へと置き換えていく。

1	2	3	4	5	6	7	8	9
A	B	C	D	E	F	G	H	I
J	K	L	M	N	O	P	Q	R
S	T	U	V	W	X	Y	Z	

姓名を数字に変換する方法について詳しくはイントロダクションの「文字と数の変換

のシステム」を参照していただきたい。

たとえば「ヤマダタロウ」という名前の人の場合

まずは名前をアルファベットで表記する。
T A R O　Y A M A D A

名前を構成しているそれぞれのアルファベットを前記の表に
したがって数字に変換する。
T A R O　Y A M A D A
2 1 9 6　7 1 4 1 4 1

それぞれの数をすべて加算する。
2＋1＋9＋6＋7＋1＋4＋1＋4＋1＝36

加算された合計を一桁の数になるまで分解し、
さらに加算する。
36→3＋6＝9……ディスティニー・ナンバー

　もし前記の計算の過程で、マスター・ナンバーである11、及び22の数が現れたら、それらは一桁へと還元せずにそのままそれをディスティニー・ナンバーとする。

　ここで導き出されたディスティニー・ナンバーについてのそれぞれの意味は、のちほど36頁から42頁で解説する。

(3) ソウル・ナンバー

　ソウル・ナンバーは文字どおり「魂の数」。人生において自分が本当に求めていることはなにかを示すナンバーである。

　このナンバーは、しばしば「ソウル・アージ」(Soul Urge・魂の衝動)[xii]、「セルフ・モチベーション」(Self-Motivation・自己の動機づけ)[xiii]、あるいは「ドライヴィング・フォース」(Driving Force・原動力)[xiv]や「ハーツ・デザイアー」(Heart's Desire・心の

欲望）とも呼ばれる。つまり、自分が意識している自分の欲求よりも、より深い根源的なレベルで求めているものを意味するのである。

たとえば、あなたがもし今現在、十分に満たされた生活を送っているとは言えないとしたら、あなたの「魂」が本当に求めているものは、今の生活の中にはないのかもしれない。なにが欠乏しているのか、そして、その背後にある欲望とは……？　ソウル・ナンバーは魂を充足させるためのそうした問いに答えてくれるナンバーである。

では、ソウル・ナンバーの導き方を紹介しよう。

ソウル・ナンバーを導き出すためには、ディスティニー・ナンバー同様、名前が用いられる。ただし、ディスティニー・ナンバーが名前を構成するすべてのアルファベットを加算したのに対して、ソウル・ナンバーでは名前を構成するアルファベットの母音のみを加算する。名前に母音のない人はYを母音として考える数秘術師もいる。

ここでも、ヤマダタロウという人を例に挙げてみよう。

まずは名前をアルファベットで表記する。
T A R O　Y A M A D A

名前を構成しているそれぞれのアルファベットの母音のみを前記の表にしたがって、すべて数に変換する。
T A R O　Y A M A D A
　1　6　　1　1　1

それぞれの数をすべて加算する
1＋6＋1＋1＋1＝10

加算した合計が二桁になったら、その数を一桁の数になるまで分解し、さらに加算する
10→1＋0＝1……ソウル・ナンバー

もし前記の計算の過程でマスター・ナンバーである11、及び22の数が現れたら、それらは一桁へと還元せずにそのままそれをソウル・ナンバーとする。

ここで導き出されたソウル・ナンバーについてのそれぞれの意味は、のちほど43頁から49頁で解説する。

(4) パーソナリティー・ナンバー

パーソナリティー・ナンバーは、日本語にそのまま訳すと「人格の数」。その人がどんな人格であるのかを示すナンバーである。

「人格」と言うと、その人の性格とか人柄、品性といったものを思い浮かべるかもしれないが、ここで言っているのは社会の中で形作られていくその人のキャラクターのことである。

このナンバーは、しばしば「インプレッション」(Impression・外に与える印象)[xv]、「アウター・パーソナリティー・ナンバー」[xvi]、あるいは「ペルソナ」(Persona・仮面)[xvii]とも呼ばれる。そのことからもわかるように、このナンバーはその人の「外的なイメージ」、あるいは「他者から見られるその人の性質」を表すとも考えられている。

前述したソウル・ナンバーとは、ちょうど、表裏一体となるナンバーだと言えるだろう。パーソナリティー・ナンバーが「外なる自己」だとすると、ソウル・ナンバーは「内なる自己」。パーソナリティー・ナンバーは、内なる衝動とは関係なく、他者と関係していく中で学び、そこではぐくまれていく自己の姿なのである。

自分はいったい人からどう見られているか、果たしてなにを期待されているのだろうか……。他者の反応、かかわりの中で生じる出来事のパターンのその意味を知るには、このナンバーは大いに豊かなヒントをくれることだろう。

では、パーソナリティー・ナンバーの導き方を紹介しよう。

パーソナリティー・ナンバーを導き出すためには、ディスティニー・ナンバー、ソウル・ナンバー同様、名前が用いられる。ただし、ソウル・ナンバーが名前を構成するアルファベットの母音のみを加算したのに対して、パーソナリティー・ナンバーでは名前を構成するアルファベットの子音のみを加算する。ここでも、ヤマダタロウという人を例に挙げてみよう。

まずは名前をアルファベットで表記する。
TARO YAMADA

名前を構成しているそれぞれのアルファベットの子音のみを
前記の表にしたがって、すべて数に変換する。
TARO　YAMADA
2　9　　7　4　　4

それぞれの数をすべて加算する。
2＋9＋7＋4＋4＝26

加算した合計が二桁だったら、その数を一桁の数になるまで
分解し、さらに加算する。
26→2＋6＝8……パーソナリティー・ナンバー

　もし前記の計算の過程でマスター・ナンバーである11、及び22の数が現れたら、それらは一桁へと還元せずにそのままそれをパーソナリティー・ナンバーとする。

　ここで導き出されたパーソナリティー・ナンバーについてのそれぞれの意味は、のちほど50頁から56頁で解説する。

(5) マチュリティー・ナンバー

　マチュリティー・ナンバーはそのまま日本語に訳すと「成熟の数」。人が成熟していく時期、すなわち人生の後半において重要な意味を持ってくる数である。
　このナンバーが示す事柄は、本当の自分自身というものが理解されていく年齢、およそ35歳から40歳ごろにようやく実感できるようになるのが一般的。そして、50歳ごろまでにはそのナンバーとしての成熟度は完全になると言われている。
　しかし、若いころのわたしたちに、このナンバーの影響が全くないわけではない。むしろ、単にそのエネルギーに無自覚なだけで、気づかぬうちに自分の行動や判断へと影響しているのである。
　というのも、マチュリティー・ナンバーは、ライフ・パス・ナンバーとディスティニー・ナンバーのふたつを加算することで導き出される数である。この世に生を受けたときにすでに授けられている資質（ライフ・パス・ナンバー）と、その運命性（ディスティニー・ナンバー）が足し合わされたならどんな果実が実っていくのか、その結果を

示すナンバーであるからして、プロセスである若いころにも「成熟」の断片は垣間見られるはずである。

またこのナンバーは、しばしば「リアリティー・ナンバー」(Reality Number・真実の数)[xviii]、あるいは「アテインメント・ナンバー」(Attainment Number・到達の数)[xix]、または「リアリゼイション・ナンバー」(Realization Number・具現化の数)[xx] とも呼ばれている。

すなわち、マチュリティー・ナンバーは人生の到達点を示すとも言える。人生を通して成長したあなたは最終的にどこへ行くのか。人生においてなにが成就されるのか。本当のあなたが完成された姿とは……。そんな問いに答えてくれるナンバーである。あなたにとって人生における宝の地図となることだろう[xxi]。

では、マチュリティー・ナンバーの導き方を紹介しよう。

まず、ライフ・パス・ナンバーとディスティニー・ナンバーを前述の要領で算出する。

たとえば1988年3月15日生まれで、「ヤマダタロウ」という名前の人の場合

1988年3月15日のライフ・パス・ナンバー ……⑧
「ヤマダタロウ」という名前のディスティニー・ナンバー ……⑨

⑧+⑨＝17

合計が二桁になったら、その数を一桁の数になるまで分解し、さらに加算する。
18→1＋7＝⑧……マチュリティー・ナンバー

もし前記の計算の過程でマスター・ナンバーである11、及び22の数が現れたら、それらは一桁へと還元せずにそのままそれをマチュリティー・ナンバーとする。

ここで導き出されたマチュリティー・ナンバーについてのそれぞれの意味は、57頁から解説する。

[Lesson 1] ライフ・パス・ナンバー
Life Path Number

Life Path Number 1 of Core Numbers

新たな可能性を開く先駆者

　ライフ・パス・ナンバーに1を持つあなたは「先駆者」としての資質を備えている。果敢に未知の領域へと踏み込み、道を開拓してゆく。そうした雄々しいフロンティア精神とともに生きるのが1の人の人生の道である。「道は自分の後にできる」と本気で信じ、常に前へ前へと攻め進んでいこうとするのが1の人の生きざまだと言えるだろう。

　あまりピンとこないという人も中にはいるかもしれない。そう言うあなたは「本当の自分」をまだ知らない。事実、今の自分は仮の姿のような気はしていないだろうか。その胸の内に煙る漠然とした焦燥感はこの1の衝動にほかならない。恐れを跳ねのけ、人より一歩前へと踏み出ていったとき、あなたは自分の真の「道」を見つけることだろう。

　あなたはなににしろ人より早く「気づく」はずである。それをまずは発言してみよう。いや、行動に移してみれば、その姿を見ておのずと人がついてくる。後のことを考える必要はない。「きっかけ」を見つけた時点で、もうすでにあなたの道は開かれているのだから。

Life Path Number 2 of Core Numbers

豊かな感受性と鋭い美的センスの持ち主

　ライフ・パス・ナンバーに2を持つあなたは、優れた「調停者」としての資質を備えている。他者を支え、受容し、争いあるところには和をもたらしていく。そうした、言わば平和の伝道者的な役割を担わせたなら他の追随は許さないだろう。

　文字どおり「ナンバー2」や秘書的なポジションに向いているタイプだと言えるが、しかし、だからといって早々に「トップにはなれない運命なんだ」と嘆かないでほし

い。なぜなら、あなたは人の心の動きや要求を敏感に察知できる、類まれなる才を秘めている人なのだから。

一歩引いたところから周囲を観察し、分析していく。それができるのはライフ・パス・ナンバー2の人の特権である。トップに立っていると見えない景色も、あなたは細部まで見渡せる。どんなリーダーよりも、あなたは人心掌握の術に長けていくはずだ。

ただし、すべてにおいて受け身なのは力の出し惜しみ以外のなにものでもない。自分の願望、理想、美学を犠牲にしてまで、人を支え、「イエス」と言い続ける必要はないことを覚えておこう。

Life Path Number 3 of Core Numbers

発想と創造のエネルギー溢れる表現者

ライフ・パス・ナンバーに3を持つあなたは「表現者」としての資質を備えている。あなたの話す言葉や生み出すアイディアには人を魅了するパワーが宿る。自分にとってはなにも珍しくない当たり前の発想でも、あなたが気づいて口にすることは、周りの人には行く手を照らす光となることも多いのだ。

もし今まで、閃いたことを「平凡な発想だから」と公言しないでいたのだとしたら、それはもったいないことである。あなたには「平凡」でも人には宝物となり得るのだから。

それでも「自分には発想力などない」と言いたいあなたは日ごろからこんなことをしていないだろうか。意見を求められても、考える労を払わずに「特にありません」とやり過ごしてしまう……。少しでも頭をひねってみれば自分でもわかるはずだ。たとえば、なんらかの提出日や企画発表日直前のあなたのように。

ただし、アイディアを出したら、後は人任せとなりがちな点には注意したい。才能に対する評価は、成し遂げ、形にしてこそ不動のものとなるのである。

Life Path Number 4 of Core Numbers

計画性に富む有能なオーガナイザー

ライフ・パス・ナンバーに4を持つあなたは「管理者」や「組織者」としての資質を

備えている。

　バラバラのものをまとめたり、アイディアを具体的な形に落とし込んだり。そうした建設的な行為の積み重ねによって、自分や周囲の人々、属する環境にメリットをもたらしていく。あなたがその秘めたる才能を余すことなく発揮した場合には、あなたにかかわるすべての人が損をしない仕組みができ上がるだろう。

　ただし、目的が明確でないと、あなたのその才能の出番はなかなかやってこない。才能に気づく機会すら得られないかもしれない。まず、大小は問わないので、なにか成し遂げたい未来ヴィジョンを描いてみよう。そうすれば、あなたの能力は必ず動き出す。確実に実現へと向かう完璧なプランニングができ上がることだろう。

　ただし、あなたのその富める計画性にはひとつだけ穴がある。柔軟性に欠けるということだ。人生には予想外のハプニングはつきものである。臨機応変な思考を身につけることで、あなたの可能性はさらに広がるだろう。

Life Path Number 5 of Core Numbers

柔軟性と決断力に富む一流の勝負師

　ライフ・パス・ナンバーに5を持つあなたは「冒険者」や「勝負師」としての資質を備えている。その才能をひと言で言うと「思い切り」。とにかく、ナンバー5の人のいざというときの度胸の良さ、決断力は光っている。

　そうしたあなたの能力は平和な日常の中では発揮の場は少ない。今のあなたがもし浮き沈みの少ない仕事に従事しているのなら、なおさら見せ場は皆無だろう。そうした安定感のある生活も悪くない、そう思う人も中にはいるかもしれないが、運命はおそらくそれを許さない。ライフ・パス・ナンバー5の人の行く道には、遅かれ早かれ「変化のとき」が訪れる。「見せ場」は必ずやってくるのである。

　なにが生じてくるにせよ、あるいはあなたが自ら起こすにせよ、どれもこれもあなたの潜在意識が引き寄せる現実である。それくらいあなたの内なる能力は陽の当たる場へと出たがっているということなのだ。ぜひとも、あなたの才能に勝負をさせてあげてほしい。体当たりの体験だけがあなたの才能を伸ばし輝かせるのだから。

Life Path Number 6 of Core Numbers

きめ細やかなサービス精神を発揮する優秀なフォロワー

　ライフ・パス・ナンバーに6を持つあなたは優秀な「後継者」としての資質を備えている。

　「社長ではなく後継者か……」と落胆した人がいるとしたら、やや早計である。とかく、創始者や企業家、師範などのトップを走る者ばかりが能力が高いと思われがちだが、世の中の仕組みはそう単純ではない。引き継ぐ人物がいてこそ、利益や重要な教えも後世へと伝えていくことができるのである。ナンバー6の平和的な従順さは企業イメージや社のポリシーを維持したり、伝統的な道を守っていくためには必要不可欠だと言える。

　また、後継者の役割には後進を育てることも含まれている。あなたのもうひとつの才能は教育者としてのそれだ。自分が人にものを教えるなんてとんでもない、などと言って「謙虚さ」という姿勢を盾にチャンスと重責から逃げないでいただきたい。人の役に立つ立場になっていくほど、あなたの能力は磨かれていく。

　トップとしての活躍を望みながらもうまくいかない人は、尊敬できる人物のフォロワーとしてまずは腕を磨いてみるといいだろう。

Life Path Number 7 of Core Numbers

真実を探求し、究明する鋭い洞察力を持つ研究者

　ライフ・パス・ナンバーに7を持つあなたは、優れた「研究者」としての資質を備えている。鋭い観察力と洞察力、そして飽くなき探究心。その特質をどの分野で発揮するかは人それぞれだろうが、いずれにしてもなんらかのテーマを追求してゆくべき才能を持つ人なのだと言える。

　テーマが発見されないうちは、あなた自身、この才能に気づく機会は得られないかもしれない。しかし、こんなことはないだろうか。当たり前に、毎日使っていたものの仕組みや成り立ちがある日突然気になり出す。「なんで？　どうしてだろう？」と疑問が生まれると、もう無視せずにはいられない。知りたくて仕方がなくなるのだ。そういう場面においてのあなたはこの才能の恩恵を受けている。

このかけがえのない能力にもっと気づいてあげてほしい。そして、栄養を与え、磨いていこう。その才能がめいっぱいに解放されたなら、この世から「退屈」は消える。あなたの研究対象は世にあふれているのだ。あなたの視点は周囲の人にも多くの刺激を与えることだろう。

Life Path Number 8 of Core Numbers

絶妙な采配センスと強い責任感を持つディレクター

ライフ・パス・ナンバーに8を持つあなたは、優れた「指揮者」としての資質を備えている。人々を采配し、導き、取り仕切る。そうした「ディレクター」的なポジションは、ライフ・パス・ナンバー8の人にはうってつけの役割だと言える。

そうした立場を得られないうちは、なかなか自分ではその資質を実感しにくいかもしれない。けれども、スポーツが好きな人なら思い当たることがあるはずだ。観戦中や試合中、ポジションや打順の采配について、「自分ならこうする」といったようにダメ出しをしたくなることがあるのでは？　あるいは、他人の仕事のやり方を見ていて、段取りの悪さにイラ立つことなど日常茶飯事ではないだろうか。それはすべてこの才能の顕れである。

あなたのその理にかなった判断力は、使って磨いていくほど「豊かさ」を生み出していく。もし自分の才能を疑うのであれば試してみるといいだろう。あえて自分をプレッシャーの高い状況に追い込んでみるのだ。追い込まれると発揮されやすいのも8の才能の特質である。

Life Path Number 9 of Core Numbers

哲学的思考を得意とする広く大きな視野の持ち主

ライフ・パス・ナンバーに9を持つあなたは、スピリチュアリティの高い「哲学者」の資質を備えている。

たとえば、多様な音楽ジャンルがある。それぞれの誕生の歴史をたどっていくと、今では全く異なる体裁のものが意外にも同じルーツを持っていた、とわかる場合がある。そういったことはどんな分野でも起こる。9の人にはそうした物事の根本を見抜く優れ

たセンスがあるのだ。

　そのセンスを究極まで掘り下げてゆくと、人間はみんな同じ、地球はつながっている、という発想にいきつく。そうして、人の魂の歴史を読み解くことができるようになったり、あらゆる人やものを偏見のない目で、普遍的な価値観を持って見ていくことができるようになっていくのだ。

　もし今のあなたが、周囲の人と自分はどこか違う、と感じているとしたら、こうした広く大きな視点を持っているゆえのことである。あなたが伝えたい思い、世の中に発信していくことは、必ずやすべての人に必要とされ、喜ばれるものとなる。自信を持ってメッセージを発信していこう。

Life Path Number 11 of Core Numbers

天啓を受け取り、人々を啓発するメッセンジャー

　ライフ・パス・ナンバーに11を持つあなたは、人々に気づきを与える「メッセンジャー」としての資質を備えている。

　人々に気づきをもたらすにはまずは現状においてなにが必要とされているかを見抜かなくてはならない。そして、「こうしたほうがいい」というアイディアを提出し、それが改善された未来像をありありと描き出していく。そこまでできて初めて、メッセンジャーのセンスがあると言える。おそらくあなたの中では、このプロセスが一瞬にしておこなわれる。まるで啓示が降りてきたかのように。

　ナンバー11は、ナンバー22とともにマスター・ナンバーと呼ばれている。その才能に磨きをかけたなら、あなたは「マスター」としてあらゆる場面で人々を啓蒙する人物になっていくだろう。

　しかし、この稀有な才能は、自我の声に耳を傾けると鳴りを潜める。ネガティブな感情が強まると判断力は鈍りがちになるかもしれない。

　日ごろから、11を足して一桁にした2のほうの受動的な特性が強いと感じるあなたは、意識してポジティブな発想を心がけたい。そうすれば、あなたはこの才能の恩恵に預かれるだろう。

Life Path Number **22** of Core Numbers

現実を動かす、パワフルな実行力と設計力の持ち主

　ライフ・パス・ナンバーに22を持つあなたは、優れた「政治家」や「建築家」としての資質を備えている。ときには国家規模の大きなものを設計し、それを具体化していく。マクロな視点で物事を見るセンスと、パワフルな実行力を持つ人。それが22の人が潜在的な能力をすべて発揮したときの姿である。

　そんな大それたことが自分にできるとは思えない、という人も中にはいるだろう。特に、目指していた夢をあきらめたりした経験を持つ人は、このナンバーがもたらす才能をまだ実感する機会に恵まれていないかもしれない。

　しかし、あなたが今まで掲げてきた目標は、その才能を発揮するのに十分な大きさだっただろうか？　そう、あなたの能力は、大きく崇高な目的に向けるほど磨かれていく。社会が揺れ動くような時勢こそ、あなたの才能の出番だと言える。目標はできるだけ大きく持ち、世の中にも広く目を向けていきたい。あなたが未来を見据えて作り出すブループリントは、具体化されていけば人々に幸せと実りをもたらすはずだから。

[Lesson 1] ディスティニー・ナンバー
Destiny Number

Destiny Number 1 of Core Numbers

先頭を切り、後進を導く

ディスティニー・ナンバーに1を持つあなたの使命は、1という数字の役割そのもの。「始める」ことである。

その使命は、常に誰かの後をすごすごとついていくような従順過ぎる姿勢では、当然ながら全うすることはできない。あなたがその手で道を切り開いていかなくてはならないのだ。なぜなら、勇猛な背中を見せることによって、後進を導くこともあなたの役割のひとつだからだ。後輩が育つのを見ることもあなたの喜びと自信につながるだろう。

「始める」ということは勇気がいる。口火を切った者には責任がつきまとう。しかし、それを疎んじて、願望や気づいたことを胸におさめたまま行動を起こさないでいるのは、自分の中に罪の意識を植えつけるだけである。意気地のない自分を責める日々を無為に過ごすくらいなら始めてみよう。その先に必ず道は開かれていく。

適職・天職として挙げられるのは先頭に立って活躍できる仕事。新しい分野、企画営業職等。フリーランスの立場は職種にかかわらず力を発揮しやすいだろう。

Destiny Number 2 of Core Numbers

人々を支え、助け、行く所々に和をもたらしていく

ディスティニー・ナンバーに2を持つあなたの使命は人々に和をもたらすこと。人を支え、助け、ときには心の拠りどころとして頼られたり、そうした立場になっていくほど、あなたの活躍の場は広がるだろう。

謙虚にも「自分には人を助ける度量などない」という人も中にはいるかもしれない。しかし、カウンセラーなどのように直接的に人を助けるのでなくても、あなたは人を支えることができる。

たとえば、あなたの作った料理、描いた絵画、綴った言葉が人の心を温めることもあるだろう。そのことに早い時期に気づくことができたディスティニー・ナンバー2の人は、一流の料理人、アーティスト、文芸人にもなり得る。ただしもちろん、気づくことができるのは自分を表現すべく行動を起こした人のみである。
　いずれにしても、あなたの人生において、人と「和」を結んでいくことは最大のテーマのひとつだ。かかわる人や環境をうまく循環させるようサポートするコーディネーター、秘書、各種アドバイザー等は適職として挙げられる。

Destiny Number 3 of Core Numbers

ユーモアたっぷりに人々に生きる喜びを伝える

　ディスティニー・ナンバーに3を持つあなたの使命は人々に生きる喜びを伝えること。世の中にはこんなに楽しいことが豊富でユーモアと光に満ちている。そうしたメッセージを人間関係を通して人々に届けていくのがあなたのこの人生における役割である。
　この使命を遂行するには、当然ながら、あなた自身が生きる喜びを知っていなければならない。さて、あなたはどうだろう？　どのくらい伝えたいメッセージを持っているだろうか。ひとつも思い当たらないという人は、今一度ライフスタイルを根本から見直してみる必要があるかもしれない。未来への明るい展望を持てない生活の中では、あなたは自分の使命にすら気づくことができない。まずは、自分を喜ばせる「生きる楽しみ」を追及するべきだろう。ただし、「楽しむ」という行為は責任を逃れて楽をすることとイコールではない。そのことだけは胸に刻んでおきたい。
　適職としては、人とかかわる仕事、書いたり話したりする表現の仕事、プランナーなどが挙げられる。

Destiny Number 4 of Core Numbers

秩序と安定をもたらし、土台を作り上げる

　ディスティニー・ナンバーに4を持つあなたの使命は、かかわる人や環境に秩序と安定感をもたらすことである。
　どんな環境でも人が集まれば秩序が必要となる。やって良いこと悪いこと、そして、

人それぞれの担当も決められていく。そうしたルール設定、ポジショニングをおこなう組織者的な存在として社会に参加することが、あなたのこの人生における役割なのである。

もちろん、日常的な場面でもあなたのその使命を果たす場面はいくらでもある。たとえば、仲間との旅行を計画するとき。あなたがリードして巡るコースをコーディネートしたなら、充実した内容で、かつリーズナブルで無駄のないプランが完成することだろう。

自分の考えたことや決断がその場の行く末を決める。そうした立場は、プレッシャーもあるだろうが、4のナンバーを持つあなたなら、同時にやりがいも感じられるはずだ。願わくば、「面倒だから」と舞い込んだチャンスまで棒に振らないでほしい。向いている職業、分野としては、経理やマネージメント、建設、行政などが挙げられる。

Destiny Number 5 of Core Numbers

夢とロマンを体現し、人々の生命力を喚起する

ディスティニー・ナンバー5があなたに求める生き方は自由を謳歌すること。ルールや常識などに囚われることなく、やってみたい、行ってみたいという衝動のままに歩を進めていく。そんな自由かつ冒険的な生き方があなたには望まれている。

そんなリスキーな生き方に意味があるのか、と疑問に思う人もいるだろう。あるいは、身近な存在から「もっと堅実的な考え方をしなさい」と苦言を呈され、「自由」ではなく、「安定」を選択している人もいるかもしれない。しかし、必ずしも社会の中で役立つ仕事をすることが、人が生きるうえでの使命ではない。人の心を勇気づけたり、人に夢やロマンを届ける役割の人もこの世の中には欠かせない存在である。人が生きるためには、心の栄養補給も必要なのだから。

あなたの使命は「魅せる」ことにある。魅せて、人々の中に眠る生命力や意欲を喚起するのだ。職業としては、エンターテイナー、スポーツ関係、旅行業などが適職として挙げられる。願わくば、年齢を理由にチャレンジすることをあきらめたりしないでほしい。

Destiny Number 6 of Core Numbers

人々の「必要」に応えるべく、サービス精神を発揮する

ディスティニー・ナンバーに6を持つあなたの使命は、人々の快適な暮らしのため、無駄なく合理的に世の中が運営されていくようサービス精神を発揮していくことにある。

肉体を使って奉仕をしたり、持っている知識を分け与えたり。あくまでも利他的な姿勢で取り巻く環境に働きかけ、喜ばれたり感謝されたりすることで、あなたは心からやりがいと充足感を味わい、生きているということを実感するだろう。

もし、今のあなたが感動の少ない日々を送っているのなら、ぜひ人のために働いてみてほしい。人の嫌がる役割を買って出たり、困っている人がいたならすぐに手を差し伸ばしたり。文字どおり、サービス業に従事してみるのは名案である。ボランティア活動、福祉事業に興味を向けていくのもいい。あなた自身、汗を流してすがすがしい気持ちになるだけではなく、感謝の言葉が心に染みるはずだ。明日に向かう勇気がわいてくるに違いない。

そのほか、具体的に向いている職種としては、セラピスト、医療関係、トリマーなどが挙げられる。

Destiny Number 7 of Core Numbers

この世の疑問、不明瞭なことを明確にしていく

ディスティニー・ナンバーに7を持つあなたの使命は、この世の中の「わからない」を一掃してゆくこと。飽くなき探究心を持って、不思議なこと、不可解なこと、不明瞭なことを明らかにするのがあなたのこの人生における役割である。

わたしたち人間の究極の疑問は「なぜこの世に生まれたのか」かもしれない。自我が強まる思春期には多くの人が一度は通る道だろう。しかし、あなたにとってはおそらく今も、そしてこれからもそれは命題であり続ける。それが、あらゆるものを究明したいという衝動の根本だからだ。

あなたの「知りたい」という欲求は「生きたい」ということと同じ重みを持つ。欲求にしたがったとき、あなたの本当の「ディスティニー」が動き出すだろう。しかし、真

実を究明して行く道の先には、失望が待っていることも少なくない。それを魂の成長の機会として捉えることこそ、あなたの人生のもうひとつの使命と言えるかもしれない。

適職としては文字どおり、研究職や学者、リサーチ業、医師などが挙げられる。

Destiny Number 8 of Core Numbers

高い目標、現前する課題をクリアし、豊かさをもたらす

ディスティニー・ナンバーに8を持つあなたの使命は、世の中に起こる数々のトラブルを効率良く処理し、その場に調和と利益をもたらしていくことにある。

トラブル処理なんて使命はちっとも喜ばしくない、と思うかもしれない。しかし、それは本音だろうか。あなたは今までだって、なにもしても簡単な道を選んでこなかったはずである。そして、生じてくる問題を障害物競走のように楽しむことも少なくなかったのでは？　そうではないなら、あなたは重責やプレッシャーをただ避けている。もし、今のあなたが生きる目的を失っているのであればこの辺から見直してみたい。

なんで自分ばかりこんなにトラブルに出遭うのだろう、などと嘆かないでほしい。使命を遂行するまたとないチャンスなのだから。目の前の課題を乗り越えていくたび、あなたは地位と名誉、豊かさも手に入れていく。そして、力を手にしたあなたはさらに大きな仕事を成していくのである。

適職としてはプロデューサーやディレクター、出版、不動産関係などが挙げられる。

Destiny Number 9 of Core Numbers

世の人々のため、環境や世界の幸せのために尽くす

ディスティニー・ナンバーに9を持つあなたの使命は人々の幸せのために働くこと。自分の地位と名誉、金銭欲のためだけには、誰しも労働意欲を維持するのは難しいものだが、あなたは特にそうだ。しかも、「人々の幸せのため」といっても、家族や仲間という小さな規模ではない。もっと大きな範囲の人々のためにエネルギーを注ぐとき、あなたは使命感に燃えることだろう。

ディスティニー・ナンバー9の人は、人生のある時期、重ねて理不尽な目に遭う体験をする傾向にある。「なんでこんなことになるのだろう？」とあなたは運命を恨むかも

しれない。けれども、それらはすべて、あなたを自分の使命に向かわせるため用意されたレッスンである。願わくば、嘆かずに受け止めて学びの機会にしていきたい。実際、試練を乗り越えることで、あなたは確実に一段階ステップアップする。社会的な活躍の場を広げていくことは間違いないだろう。

　適職としては、福祉関係、カウンセラー、自然を保護する仕事、芸術家などが挙げられる。

Destiny Number 11 of Core Numbers

人々に明るさや希望、気づきを届けていく

　ディスティニー・ナンバーに11を持つあなたの使命は、人々に「希望の光」を見せていくことである。

　あなた自身、ある時期あるきっかけによって人生が変わった、という経験をひとつくらいは持っているだろう。そのきっかけを与えることこそナンバー11の人の役割である。特に、行き先を見失っている人々にはあなたの言動や作品は「希望の光」となるだろう。

　11はマスター・ナンバーと呼ばれる数で、ほかの一桁のナンバーよりも課せられているミッションは大きい。プレッシャーを感じるかもしれないが、しかしその分、ナンバー11の人には、チャンスや縁に恵まれやすいという特権が授けられている。けれどもその恩恵が舞い込んでくる扉は、使命感に目覚めないうちは開かれることはない。

　「なにかやらなくては」などと力む必要はない。ただこれからは、同じ仕事をするのにも人々に明るさを届けよう、という意識を持ってやってみたい。それだけでもあなたは世の中に「光」を発信できるのだ。次第に恩恵にも預かれることだろう。

　適職としては、スピリチュアルにかかわる仕事、美術関係、作家、詩人などが挙げられる。

Destiny Number 22 of Core Numbers

世の中の歪みを改善し、人々が願う理想の世界を築く

　ディスティニー・ナンバーに22を持つあなたの使命は、人々が願う「理想郷」をこ

の世に具現化してゆくことである。

　ナンバー22の人は、人生のある時期、景気不振のために不遇の立場に追いやられるなど、社会の犠牲になる経験をしがちである。行くところ行くところ問題が生じるので、まるで自分がそれを呼んでいるのか、と思うこともあるかもしれない。

　あなたが呼んでいるというより、呼ばれているといったほうが適切だろう。どうして困難な目に遭うかは実に明白である。あなたには属す社会に潜む歪みを正すべき使命があるからだ。

　難しく考える必要はない。あなた自身は、降りかかった試練をどう乗り越えてゆくかを思案し、実践していけばいい。そのあなたの行動が社会を一変させるきっかけとなったりするのである。願わくば、せっかく問題点に気づいたなら、愚痴を言うことだけで終わらせないでほしい。改革の旗手として立ち上がる勇気を持ちたい。

　適職としては、政治家、建築業、地球規模のプロジェクトなどが挙げられる。

[Lesson 1]
ソウル・ナンバー
Soul Number

Soul Number 1 of Core Numbers

内なる闘争心を味方につけることで、魂は真に輝く

ソウル・ナンバーに1を持つあなたの魂は常にトップであること望んでいる。

日ごろ、穏やかな性格のあなたの場合、日常の中ではあまり実感することはないかもしれない。けれどももし、仕事や勉強などで誰かに先を越されたとしたらどうだろう？ 人の集まる場で自分より冴えないと思う人物がもてはやされていたら？ 熱い激情が胸の奥からわき上がってはこないだろうか。

「悔しい」という感情すら認めたくないという人も中にはいるだろう。「争ってまでトップになりたいなんて思わない」「注目されるのも責任を担うのも面倒くさい」とさえ、思っていたりもするのだろう。おそらくそれも本音に違いない。しかし、社会的な場面で抑え込まれた本能はとかくパートナーシップの場面で顔を出す。「わたしを特別扱いして」と。

本能は本来、コントロールのきかないものである。抑えるほどに形は歪み、力を増す。素直に本能の声に耳を傾けたなら、あなたはもっと魅力的になれる。欲しいものを、それこそ「トップ」で手に入れることも可能となるだろう。

Soul Number 2 of Core Numbers

平穏に安らかに、愛と平和を求めていく魂

ソウル・ナンバーに2を持つあなたの魂は、「愛と平和」をなによりも望んでいる。「平和主義者」などと言われるとくすぐったく感じるかもしれないが、気づくと「まぁまぁ」と場を執り成す調停役になっていることは少なくないだろう。あるいは、ギスギスした人間関係には自ら近寄ろうとせず、距離を置こうとするのではないだろうか。

もし、今のあなたが人と張り合わざるを得ない環境にいるとしたら、かなりストレス

を溜め込んでいるはずだ。感情に蓋をしないととてもやっていられないだろう。

しかし、ソウル・ナンバー2の人にとってそれほど危険なことはない。なぜなら、感情を閉じ込めることは、本能を無視することと同様だから。感情が出所を失うと、痛みや辛さを感じない代わりに、あなたの本能が最も求めるはずの愛と安らぎ、そして喜びや幸せも感じなくなる。やがて気力も失っていくだろう。

自分を犠牲にして人の期待に応えることは愛でも平和でもない。願わくば、自分のために「ノー」と言う強さも持っていたい。

Soul Number 3 of Core Numbers

人生を丸ごと遊び、楽しむことを求める魂

ソウル・ナンバーに3を持つあなたの魂は、人生の中の遊びや余暇の部分、オプショナルな要素をこよなく愛している。「人生、仕事だけじゃつまらない」と魂のレベルから真に感じていて、その願望を満たすべく、常におもしろいもの、楽しいものを探している。そんな遊び心旺盛な魂である。

とはいえ、人生にはときとして深刻な問題も生じ得る。重責を担ったり、延々と同じ作業を繰り返す仕事に従事する時期もあるかもしれない。そうした状況は、ソウル・ナンバー3が最も苦手とするシチュエーションである。あなたのほかのナンバーにストイックな性質の6や8が出てきている場合、ナンバー3の魂にとっては苦境となる環境に自ら入っていくことも多いので、魂の疲弊度はかなりのものとなる。

もし、「すべてを投げ出して逃げたい」という衝動が生まれたとしたら、そのとき魂は相当にストレスを溜めている状態にある。なぜなら、あなたの魂は楽しむことに関しては天性の才を持っているのだから。そのあなたが楽しめなくなっているのは相当なのである。最近、遊んだ記憶がないという人は、早急に生活の中に楽しみを取り入れていきたい。

Soul Number 4 of Core Numbers

揺るぎない環境への信頼感と安心感を求める魂

ソウル・ナンバーに4を持つあなたの魂は「安心感」をなによりも求めている。あれ

もやったし、これもやったしもう心配はいらない……。そうして先々の心配をしないでいい状況になったときには、心から安らぎを感じることだろう。

けれども、ソウル・ナンバー4の人の実際の生活は、たいていの場合そうはならない。なぜなら、安心感を得るためにあれこれ気を回して、今日が終われば、その次には明日の計画を立てている。万が一にも安心できる状態が揺るがされることのないよう、やっておくことがいっぱいなのだ。

もし、今のあなたが資金繰りに苦労をしていたり、短期間で仕事を変えたり、環境の劣悪な部屋に住んでいたりするのなら、早々に状況を改めるべきだろう。

このナンバーの人は特に、内なる願望が満たされないと、能力を存分に発揮することはままならない。不安感がつきまとい、力を出し切れないのだ。ツイていないと思うなら、まず生活のリズムに秩序を与えていこう。そうすれば、心身のバランスは整ってくるはずである。

Soul Number 5 of Core Numbers

感動的な体験を求めることで魂は常に活気づく

ソウル・ナンバーに5を持つあなたの魂は「心の高揚感」をなによりも求めている。心がわき立っている瞬間にこそ充足感を覚えることだろう。

もしあなたが、今の自分の人生に満足していないとしたら、おそらくこのナンバーをないがしろにしている。少なくとも幼いころのあなたは、今より怖いもの知らずだったはずだ。大人の良識を身につけていく過程で、あなたの魂は抑え込まれてしまったのかもしれない。

しかし、ソウル・ナンバー5の魂はそんなことで生気を失ったりはしない。旅先で自分でも驚くほど大胆になったり、恋人とふたりきりのときは人が変わったように情熱的になったり……。高揚感を希求する魂は、あらゆる場面でいたずらっ子のように顔を出してくることだろう。そんなハメを外して「しまった」自分を恥じることはない。魂のレベルから見れば、それが自然な姿なのだから。ただし、高揚感の中毒症には気をつけたい。「もっともっと」とさらなる刺激を求めるようになったら、意識して理性を働かせることも必要である。

Soul Number 6 of Core Numbers

人の役に立つ喜びを知り、魂は真に充実感を覚える

　ソウル・ナンバーに6を持つあなたの魂は、他者から言われる「ありがとう」の言葉になによりも喜びと充実感を覚える。「気が利いてるね」とか「君のおかげ」といった褒め言葉も、あなたの魂にとっては極上のワインよりも酔えるメッセージに違いない。

　褒められるほどもっと喜ばせたくなり、ときには自分を犠牲にしてまでも人のために働くこともあるのではないだろうか。尊敬する人、愛する家族や仲間たちのためには特に労を惜しまないのでは？　彼らが大変な場面に遭遇した際には、自分が盾になって守ろうとさえするほど。それくらいあなたの魂は自己犠牲的な愛情に満ちている。

　しかし、そんな善なる心を持つソウル・ナンバー6にも弱点はある。それは、愛情を与えることには慣れているが、愛を受け取るのが下手だということ。がんばって尽くして尽くして、あなたはようやく自分に「愛されてもいい」という許可を出せるのだ。もっと楽に愛し愛されることを楽しめたなら、あなたの魂はさらに成長し、満ち足りることができるだろう。

Soul Number 7 of Core Numbers

物事の深みや真実に、飽くなき好奇心を抱く魂

　ソウル・ナンバーに7を持つあなたの魂は「知ること」をいつも求めている。知らないことを知った魂は、知らないころの魂とは違う。具体的にはなにも変わらなくても、内面的には昨日の自分とは別人になっている。そうしたプロセスにこそ、7の魂は快感を覚えるのである。

　不明なことを分析したり、探求したり、深い思索の中へと入っていくとき、あなたの魂は息づいてくる。しかし、そうして魂が躍動し始めると、あなたを取り巻く空気はシンと静まり返る。そのことにあなたはお気づきだろうか。自分の世界へと入り込んでいるあなたに近寄りがたさを感じる人はおそらく少なくない。

　もし、今のあなたが人との距離感について悩んでいるのなら、あなたは自分のこの衝動や欲求に気づく必要がある。自分は孤独な人間だと思い込んでいるあなたも同様。孤独と静寂を愛する自分が、あなたの心の中に必ずいるはずだから。人と過ごすことが多

いあなたには、ひとりの時間を充実させることをお勧めしたい。魂が息を吹き返すのを実感するだろう。

Soul Number 8 of Core Numbers

苦手なものや限界に面したとき、魂は本来の力を発揮する

ソウル・ナンバーに8を持つあなたの魂は「力」を持つことを希求している。自分と、そして他者をもコントロールする力を身につけること、それこそ魂が真に求めていることである。

もしかするとあなたは、自分の弱さにコンプレックスを感じているかもしれない。臆病さや怠けたい心のために、言いたいことも言わず、やりたいこともやらずにきてしまった、そんな自分を責めることもあるだろう。なんて自分は意志が弱いのだろうと……。

けれども、そうして自分の弱さが気になるのは、あなたが強さを求めるゆえのこと。魂が強くあることを命じるから、あなたは自分で自分にダメ出しをしてしまうのだ。願望などなければ、あなたは弱さを嘆く必要などない。

強いもの、苦手なものを征服するとき、あなたの魂は輝き出す。恐れずに一歩踏み出してしまえば、本来の向こう見ずな魂が前方へと連れて行ってくれる。損な役回りに甘んじ続けているなら、ときにはムーブメントを起こしてみたい。揺るがぬあなたの自信につながるはずだから。

Soul Number 9 of Core Numbers

なにものにも囚われない、柔軟性に満ちた魂

ソウル・ナンバーに9を持つあなたの魂は柔らかくしなやか。どんなに多種多様な人たちにも、どんなにルールや習慣の異なる環境でも自然と溶け込んでいく、柔軟性に満ちた魂である。あなたの魂がそのように柔らかいのは「執着心」を持たないゆえのこと。ソウル・ナンバー9の魂に欲求があるとしたら、「ひとつの欲求に囚われないこと」だと言えるかもしれない。

ひとつの欲求に囚われていくとほかのことが疎かになる。どうしても、偏った言動を

選択してしまうことになる。そうなることを最もあなたの魂は恐れている。選択からこぼれ落ちた人やものに対して、罪や悔恨の念を抱かずにはいられないからである。

みんなに優しくしたい、すべての人を受け止め、理解したい。誰にも損はさせたくないし、誰も敵に回したくはない。そう思うからこそ、あなたはときに優柔不断になり、お人好しな人になってしまうこともある。

戦わざるを得ない環境ではあなたの魂は疲弊する。疲れたときは魂を自由に泳がせる時間を持つことが急務である。

Soul Number 11 of Core Numbers

美しく可憐なものに触れることで魂が真の輝きを放つ

ソウル・ナンバーに11を持つあなたの魂は「美しいもの」を求めている。しかし、美しいものといっても高価な宝石やドレスの類ではない。あなたの魂が惹かれてやまないのは、俗世に穢れていない美しさを称えるものである。

ソウル・ナンバー11は、非常に敏感な感受性を持ち、氣やエネルギーの流れを無意識ながらにキャッチする。なんとなく良い感じがしたり、逆に嫌な感じがしたり、というあなたの感覚は、この感受性からもたらされたものである。ネガティブな氣の宿るものには、あなたはストレス以外のなにも感じないだろう。

秩序のない散らかった環境、不衛生な場所は、あなたの魂にとっては牢獄に等しい。また、否定的な人、攻撃的な人たちに囲まれていると、魂ばかりか、胃が痛むなど肉体までも蝕まれることになりかねない。

もし今のあなたが意欲を失いかけている状態だとしたら、意識的に美しいものに触れ、心地良い環境に身を置こう。啓発的な教師や書籍、芸術的なアイテムを求めるのも魂の栄養のためには有益だろう。

Soul Number 22 of Core Numbers

世のため人のため正義感を発揮することで活気づく魂

ソウル・ナンバーに22を持つあなたの魂は「正しいこと」を求めている。「違う」と感じることがあれば素通りすることはできない。そして、間違いを正すだけではなく、

改良したいと願うのだ。

　あなたのような魂を持つ人には、悲惨な世の中の事件を伝える昨今のニュースは、殊更居たたまれないものに感じられるだろう。「なんとかしなくてはならない」そんな思いに駆り立てられることもあるのでは？　自分が属す社会においても、特定の人物のみを不公平に優遇する習慣を見つけたりすれば憤慨せずにはいられない。自分になんら具体的な悪影響が及ばなくても、怒りがあなたの魂をふつふつと燃やすことだろう。

　相手が大きいほど、行動を起こすのは勇気がいる。しかし、あなたが今我慢して黙認してしまえば、誰が「正しくないこと」にストップをかけるのだろうか。魂がひるみそうなときは、そう自分に問いかけたい。あなたにもできることが必ずあるはずだから。世のため人のために正しいことをおこなってこそ、あなたの魂は息づいていく。

[Lesson 1] パーソナリティー・ナンバー
Personality Number

Personality Number 1 of Core Numbers

正直に潔く、進退を決断していく人

　パーソナリティー・ナンバーに1を持つあなたは、「決断力にあふれ、行動力に富んだ人」といった人物像として、周囲に浸透している場合が多いだろう。

　あまり実感がわかない人もこんな場面に思い当たらないだろうか。なにかを決めなくてはならない場面になると、なぜかみんなこちらに目を向ける。そう、人々はあなたに期待しているのだ。口火を切ってくれることを。なにかというと仕切り役を任されたり、助力を頼まれたりするのがその証拠である。あなたなら滞った状態、不利な状況をも改善してくれると信じているのだ。

　しかし、パーソナリティー・ナンバー1は、目立つ立場になりやすいだけに、妬まれたり、反感を持たれたりすることも少なくない。ほかのナンバーに2や6などの控えめな性質のナンバーが入っているあなたの場合、そうした立場には耐え切れない思いをするだろう。仕切り役でいることに疲れたときには潔くそのポジションを手放す勇気も持っていたい。人からの期待に押しつぶされることは最も避けたいことである。

Personality Number 2 of Core Numbers

思いやりと愛情にあふれた温厚なキャラクター

　パーソナリティー・ナンバーに2を持つあなたは、「優しく穏やかな人」として周囲の人から認識されている場合が多いだろう。その声、その言葉には思いやりと愛情が宿っている。あなたを知る人はみんなそう感じているはずだ。

　精神的に安定しているときのあなたは、そうした周囲の期待に存分に応えることができる。しかし、なにか問題があって不安定な状態にあるとそんな優等生はやっていられない。ほかのナンバーに1や8などの自我の強いナンバーが入っていれば、さらにその

傾向は顕著だろう。日ごろは快く請け負っているサポート役、秘書的な立場に不満を感じるようになってくる。

はっきりと難色を示せば、それまであなたの優しさを気に入ってそばにいた人は離れていく。胸は痛むだろうが、人目を気にして作り笑いを続けるよりストレスは少ないだろう。

今のあなたはどうだろう？　心からの笑顔ができているだろうか。ナンバー2の人の場合、心の平穏を守るにはその点を常に問いかけていく必要があるかもしれない。

Personality Number 3 of Core Numbers

明るさと楽しさを振りまくお茶目な人

パーソナリティー・ナンバーに3を持つあなたは軽快な存在感を持つ人。周囲の人は、あなたに対して「ユーモアあふれるお茶目な人」という印象を持っている場合が多いだろう。

もし、あなたのほかのナンバーに2や6などの控えめなナンバーが入っているとしたら、自分では自分のことを「本当はおとなしくて気が小さい人間だ」と思っているだろう。それも事実に相違ないだろうが、他者の目は、あなたの中に「明るさ」や「楽しさ」を見ている。事実、周りの人はあなたといると明るい気持ちになったり、感性を触発されたりするからである。

自覚している本当の自分と、このナンバーのキャラクターに差異があると思う場合、いずれ演じるべき役割に息苦しさを感じる場面に遭遇するだろう。しかし、人は意外性を持っていてしかるべき。パーソナリティー・ナンバー3のあなたならなおさら、いたずら心を持っていろいろな顔を使い分け、ときに周囲の期待を裏切ってもいい。あなたのやることなら周りの人々も温かな目で見守ってくれるはずである。

Personality Number 4 of Core Numbers

落ち着きがあり、信頼できるキャラクター

パーソナリティー・ナンバーに4を持つあなたは落ち着いたムードを身にまとう人。その存在感の安定した重みゆえに、「信頼の置ける人」として周囲には認識されている

場合が多いだろう。

　自覚としては、せっかちな部分もそそっかしい面もあるだろう。しかし、それでもあなたは危なげがない。たとえ、失敗したとしてもそのフォローの仕方にゆとりを感じさせるのだ。取り乱して人に心配をかけたりすることを避けたいという、あなたの社会性がそうさせるのである。

　けれども、そのゆとりある振る舞いのために、ときとして出遅れてしまうことがある。あなたのほかのナンバーに2や6などの控えめなナンバーが入っている場合はその傾向が顕著だろう。慎重な行動は、場面変われば「のんびり屋」という印象になる。あるいは、やり方を容易に変えない姿勢が「頑固な人」と映ることにもなる。

　いずれにしても、信頼されることはなにをするにも必要である。社会的な活躍を望むなら、むしろ堅いイメージを嫌がることなく利用することを考えたい。

Personality Number 5 of Core Numbers

フランクかつオープンなのびのびとしたキャラクター

　パーソナリティー・ナンバーに5を持つあなたは、オープンマインドなキャラクターとして周囲からは認識されている場合が多いのではないだろうか。自分では否定したくなる人もいるかもしれないが、そんなイメージや役割に固執せず、あらゆる表情を見せるオープンかつ臨機応変な気質。それもナンバー5の特質である。

　人の期待に応えたい気持ちが強い点は自分でも自覚しているだろう。人の要求をキャッチする素早い判断力は、あなたが持つ優れた社会性のひとつである。

　しかし、ソウル・ナンバーなど、あなたのほかのナンバーに4や6などの慎重で生真面目な性質のものが入っていると葛藤は尽きない。5のパーソナリティーを重視すれば魂は満たされず、また逆もしかり。公私の上手な切り替えが人生を生き抜く重要な鍵となるだろう。

　いずれにしても、あなたには人を勇気づけ、奮い立たせるパワーがある。自分にはなにもできないなどと思わないでほしい。あなたのようになりたいと願う人もいる。あなたはその支援を栄養にしていくべきだろう。

Personality Number 6 of Core Numbers

控えめかつ包容力にあふれた働き者

　パーソナリティー・ナンバーに6を持つあなたは、静かなたたずまいでありながら、一本筋の通った雰囲気をかもし出す人。包容力と、そして同時に、とても気の利く社長秘書のようなサービス精神を持つ人として周囲からは認識されている場合が多いだろう。

　そのため、あなたに助言を求めたり、力を借りたくなる人は後を絶たない。あなたの話す言葉や声のトーンには、不思議と人を安心させるパワーも宿っている。その点も「しっかり者」のイメージが浸透している所以であろう。必然的に、人の集まる場においては、教えたり導いたりする立場になることが多くなる。人を助け、そして喜んでもらうこと。それがあなたの社会的な役割となりやすいだろう

　しかし、あなたの内なる声は悲鳴をあげてはいないだろうか。人のためにばかり働くのは嫌だと……。もし、苦しくなったときには素直に辞退したい。嫌々ながら助けたなら、助けられる人もたまらない。負担が心の限度を越えてしまわないよう、「ノー」と言う強さも身につけていきたい。

Personality Number 7 of Core Numbers

ユニークな存在感を放つ知識人

　パーソナリティー・ナンバーに7を持つあなたはユニークな存在感をかもし出す人。なにをするにも、人から言われるままの「右にならえ」的な判断はせず、自分の内面に問いかけてから行動を決めるところがそういう印象につながっている。

　あなた自身では、殊更自分を売り込むわけでもないし、自分は人に合わせる従順なタイプだと思っているかもしれない。確かにそれも事実だろうが、でも、こんなことはないだろうか。仲間内で打ち明け話が始まっても、自分は一切話さなかったりするようなことは？　大勢の中にいても容易に溶け合おうとしない姿勢は人に距離を感じさせる。人々はあなたに「あなたとわたしは違うのよ」と言われている気がして、それ以上あなたに近づくことをやめてしまうのだ。

　親密な仲間が欲しいと願うのであれば、意識して自分をオープンにしてゆくことも必

要だろう。望むなら、明日から人なつっこいキャラクターに変わっても、ユニークな存在感を持つあなたのこと、周囲の人は受け入れてくれるに違いない。

Personality Number 8 of Core Numbers

どっしりとした存在感と影響力を放つ大物キャラクター

　パーソナリティー・ナンバーに8を持つあなたは、腰の据わったどっしりとした存在感を放つ人。「パワフルで有能な人」だと周囲からは認識されている場合が多いだろう。

　あなた自身は、自分のことをそんな風にはきっと思っていない。有能だなんて誉められでもしたら、あれもできないしこれもできないし、と急いで言い訳を始めるかもしれない。でも、内心では本当は思っている。もっと認めてほしいと……。そして、あなたはさらに努力を重ねるのだ。なにを依頼されても「できません」と言って断らなくて済むように……。そうした姿勢が周りの人の目には頼もしく映るのである。

　あなたが恐れるのは、なによりもこの「できません」の言葉ではないだろうか。それを言うと、後は「申し訳ありません」を言うしかなくなるからだ。そして、ついつい体裁を取り繕ったり、無理を重ねてしまうことも8の人にはありそうなことである。

　弱さをさらけ出すことをしない人は、決して強くはない。あなたにはそのことをぜひとも覚えておいてほしい。

Personality Number 9 of Core Numbers

あらゆる人やものに馴染む変幻自在なキャラクター

　パーソナリティー・ナンバーに9を持つあなたは変幻自在なキャラクター。その時々によって見せる顔が違うので、周囲の人が抱くあなたの印象はあまり一貫していないかもしれない。

　決して八方美人ということではない。ナンバー9には、1から9のすべてのナンバーの資質が内包されている。そのため、多種多様な周囲の要求に応じて、自然と適切な振る舞いをしていく柔軟性が身についてくるのである。あなたのそのすべてを許容するような寛容さに助けられている人は多いだろう。

　柔軟性ゆえ、人づき合いの幅は広くなる。偏見を持たずに人と接していくので、年

齢、職種、国籍等が異なる、あらゆるタイプの人と親密になることもあるだろう。

　もしあなたが、自分の今の社会的な役割に疑問を感じているのなら、全く別の世界へと飛び込むのも一案である。住む世界の違う人とかかわるだけでも、あなたのキャパシティは広がる。表面上異なるもの同士の中にも、共通点を見いだせる視点が養われるからである。活躍の場も拡大していくだろう。

Personality Number 11 of Core Numbers

光り輝くオーラを放つ、可憐でピュアなキャラクター

　パーソナリティー・ナンバーに11を持つあなたには、多くの人が「可憐でピュア」という印象を持つだろう。その印象の源となっているのは、俗世にもまれていないというイメージ。あなたの立ち振る舞いは、この世知辛い世の中においては鷹揚過ぎると見える場合も少なくないのだろう。

　意識しているかどうかは別として、その朱に染まらない姿勢はあなたの存在感を際立たせる。あなたの直感的なもの言いも、その雰囲気作りの一端を担っている。あなたの清らかな氣に触れたくて近づいてくる人も多いだろう。目立ちたい意識はなくても、あなたはスポットライトを浴びてしまうのである。

　もし今のあなたが人から十分に認められていないと感じているのなら、まず、計算することと、急ぐことをやめてみるといい。また、自分にとってプラスにならないと思う人間関係は遠ざけることをお勧めする。体裁を気にするのをやめること、朱に交じわらないようにすることが、あなたのパーソナリティーが輝きを取り戻すには必要不可欠なことである。

Personality Number 22 of Core Numbers

地に足をつけた安定感と大きな存在感をまとう人

　パーソナリティー・ナンバーに22を持つあなたは、意志の強さを感じさせるたたずまいを持つ人。周囲の人からは、「しっかり者の努力家」といったイメージを持って見られることが多いだろう。

　内面的には、あなたの中にも気弱さが潜んでいるかもしれない。けれども、ひとたび

なにかを公言した場合、それをやり遂げるまで、おそらくあなたは根をあげない。

たとえ、ほかの人があきらめそうになってもあなたは食いつく。そして、結果を出す。そうしたあなたの姿はどこか神がかり的に見えることもある。なぜか、無理難題を押しつけられがちなのはそこに起因する。「あなたなら解決してくれる」と周囲の人は信じているのだ。

もし、自分は意志が弱いと思うのなら、成したいと思うことを口に出してみよう。大きな目標であるほどいい。周囲の期待と応援の眼差しに囲まれたなら、22のパーソナリティーは必ず目覚める。みんなの笑顔のために立ち働くこと。そうすることで、あなたは社会における立場を揺るぎないものとできるのである。

[Lesson 1]
マチュリティー・ナンバー
Maturity Number

Maturity Number **1** of Core Numbers

飽くなきフロンティア精神で、新たな可能性を創造する

マチュリティー・ナンバーに1を持つあなたがこの人生において成し遂げていくこと。それは「道」を作ることである。しかし実は、成し遂げるという言い方は適切ではない。遂げるのではなく、常に始めていくこと、切り開いていくことがあなたの「成す」ことなのだから。

あなたはいつもなにかに向かう道のプロセスにいる。明確な目的はないとしても、○歳のころにはこうなっていたい、いずれこうしたいという漠然とした願望くらいは持っているだろう。あるいは、ただ現状を抜け出したいとだけ思っているのだとしても、それは十分になにかに向かっていることになる。

向かっている以上、たどり着きたい、それが人間の心情というものだろう。だから、わたしたちは進んでいくのだとも言える。

あなたもいずれたどり着く。けれども、また歩んでいくだろう。たとえ行き止まりでも、あなたは新たな道を開拓する。そして進んでいく。すると、たったひとりで歩んできた道なのに、振り返ると多くの人がついてきている。でも、まだあなたの道は終わらない。あなたはまだまだどこかに向かっていく。道のプロセスにいるのだ。

なにをやっても中途半端だ、なにもやり遂げたことがない……。ある程度年齢を重ねていくと、自分の人生を振り返り、そう感じることもあるかもしれない。しかし、おそらくそんなことはない。あなたが「始めたこと」は、あなたがその場を去っても、おそらくそこで続いていっている。フォロワーの存在は紛れもなくあなたが人生において生み出してゆく果実である。

マチュリティー・ナンバー1を持つのは、ライフ・パス・ナンバーとディスティニー・ナンバーを足すと10になる人たちである。10という数字は、終わりから始まりへと続く数。常に次の段階を見据えていく必要のある数だと言える。

どちらかのナンバーに4や6などの保守的傾向の強いナンバーが入っていると、道を切り開いたところで安心し、その一本の道にこだわり続けてしまう場合がある。すると、生み出す果実のボリュームは小さくなる。願わくば、守るリーダーではなく、導くリーダーでありたい。それでこそ、あなたは人生において存在を証明する仕事を成せるのだ。

Maturity Number 2 of Core Numbers

和を持って、人々の間に美しいハーモニーを作り出す

マチュリティー・ナンバーに2を持つあなたが、この人生において成し遂げていくこと。それは「美しいハーモニー」を作り出すことである。あなたが持ち前の才能やセンスを十分に発揮し、人生に課された使命をまっとうしていこうとするとき、そこに調和が生まれる。あなたがかかわる人、環境のすべてが、絶妙なバランスでハーモニーを奏でるのだ。平和な空気の立ち込めた世界がそこにもたらされていくのである。

あなたにはそのつもりはまるでないかもしれない。むしろ、自分は身勝手だし、仲間や同僚とも特に仲が良いわけでもない。ストレスフルな人間関係に悩まされている、という人もいるのではないだろうか。その場合、自分が平和をもたらしていくナンバーを持つとはまるで信じられないことだろう。

しかし、信頼関係というものは、ともにトラブルを乗り越えてゆく過程で強まっていくものである。「雨降って地固まる」という言葉もあるように、人と人との間に平和をもたらすための「雨」もある。問題に巻き込まれたり、あるいは自ら「雨」を降らせる場合もあるだろう。てんでバラバラのものを調和させるのには荒療治が必要なときもある。トラブルもひとつの平和への架け橋なのだ。

もちろん、架け橋となるのはトラブルに限ったことではない。あなたが先頭を切って成功することで周囲に和をもたらすこともある。「そうすればうまくいくんだ」とあなたのやり方を見て、周りの人は学び、自分のものとしていく。そうして好循環ができ上がっていくのだ。あなたの作り出すハーモニーははかりしれない。ひとつの環境内で「和」が生まれれば、その「和」は人の手を伝わってグングン伸びやかに拡大してゆくのだから。人々が平和を愛する限り、あなたの作り出す「和」は世界中に広がっていくだろう。

ライフ・パス・ナンバー、あるいはディスティニー・ナンバーに1や5などの他者に大きな影響力を発揮するナンバーを持つあなたの場合は、意図して「平和」を趣向することはないだろう。けれども、すべては結果論である。あなたが純粋なる意識でやるべきことをおこなっていった場合には、そこには美しいハーモニーが鳴り響いているはずである。

Maturity Number 3 of Core Numbers

人々に生きる喜びを伝えるメッセージを創造する

　マチュリティー・ナンバーに3を持つあなたがこの人生において成し遂げていくこと。それは人々に生きる喜びを伝えることである。あなたが持ち前の才能やセンスを十分に発揮し、人生に課された使命を全うしていこうとするとき、あなたのその姿はメッセージとなる。あなたの積み重ねていく体験、生み出す作品はそのまま、人々に生きる喜びを与え、生活の中に新たな気づきや楽しみをもたらすものとなっていくのである。

　自分にそんなことができるのだろうか？　謙虚にも自分の力をいぶかしがる人も中にはいるかもしれない。今のあなたが生きることに疑問を感じていたりするのなら、それも当然だろう。自分が感じられないことを他人に伝えられるはずもないのだから。

　けれども、あなたは今期待感を持たなかっただろうか。生きる喜びを伝える自分になることに。だとしたら、あなたには十分にその素質がある。3のナンバーを持つあなたの場合、「できたらいいな」と思い始めたら早い。楽しむことを自分に許せたなら、あなたはグングン成長していく。内実ともに豊かな成果を生み出していくだろう。

　なぜなら、あなたが今、自分の人生に満面の笑みで「イエス」と言えずにいるのは、自分で自分に制限を課しているゆえのこと。生をめいっぱい享受したいという願望はすべての人間に内在している。その衝動を解放すれば、生きる喜びをさらに実感できるようになるのは当たり前のことである。

　今やっていること、目指していることは、どんどんと加速していく。あるいはもし、あなたにとって真実ではないことをやっているのだとしたら、それからは解放されるだろう。そして、生きる喜びを体現できるような道がおのずと開かれていく。実際に、そうしたことをメッセージとするような作品や製品を作り出すことに携わるかもしれない。

ライフ・パス・ナンバーとディスティニー・ナンバーのどちらかに、自制心の強い4や6などのナンバーが入っている場合、葛藤は大きいだろう。しかしながら、コツコツと積み上げる喜びもある。あなたは必ずそれを見つける。あなたが歩む道は後世の人のための道しるべとなる。それも、あなたが残し成す果実（マチュリティー）である。

Maturity Number 4 of Core Numbers

人々が安心して生きるためのシステムを作り出す

マチュリティー・ナンバーに4を持つあなたがこの人生において成し遂げていくこと。それは、あらゆる「システム」を作ることである。あなたが持ち前の才能やセンスを十分に発揮し、人生に課された使命を全うしていこうとするとき、そこに秩序が生まれる。あなたが模索しながらも取り組んだそのやり方、作り出したその方法がそのまま、引き継ぐ者たちに運用されていく。あなたの「仕事」がルールや常識となっていくのだ。

ルールや常識というのは、なにかを成すための準備として設定されるものである。たとえば、会社を運営していく場合、個人事業は別だが、そうではなく複数の人とともにおこなう際には、必ずそこにはルールが必要となってくる。ルールのないアナーキーな状態では、メンバーが一丸となってひとつの目的に向かうことなど不可能だからだ。状況を建設的なほうへと促す秩序、それがあなたの生み出していく果実なのである。

あなたは、おそらくルールを作っているつもりなどないだろう。けれども、なんの気なしに始めたこと、提案したことが、のちのちその場の常識になっていくという経験は、日々日常的にあるのではないだろうか。

あなたに実感がないとしても仕方のない部分もある。なぜなら、ルールや常識にはなにかを生み出す力はない。結果を出すことを志向する8などのナンバーを、ライフ・パス・ナンバーやディスティニー・ナンバーに持っているあなたの場合は特に、どんなに自分の歩んできた道の痕跡がルールや常識となっていったとしても、自分の人生にイエスとは言えないだろう。まだまだなにも成し遂げていない、と思うのではないだろうか。年を重ねるごとに自分以上に成功している人物を見てはうらやみ、焦りすら感じるようになるかもしれない。

そんな風に自分の存在価値を見失ったときは、静かに自分の歩んできた道筋を振り

返ってみてほしい。あなたのやってきた仕事はそれほど軽いものではないはずだ。あなたが形作らなければ始まらなかったことはたくさんある。もちろん、これからもあなたは物事が実りゆく土台を作っていく。計画にあなたが加わることで、そのプロジェクトには見違えるほどの安定感が加わることだろう。

Maturity Number 5 of Core Numbers

常識を塗り替え、新たな価値を創造する

　マチュリティー・ナンバーに5を持つあなたがこの人生において成し遂げていくこと。それは「限界の超越」である。あなたが持ち前の才能やセンスを十分に発揮し、人生に課された使命を全うしていこうとするとき、あなたは限界を越えていく。あなたが自分で自分に課した制限、そして、この世界における枠組みをしなやかに超えていくのだ。制限や限界値を塗り替えていくこと、それがあなたの成しゆく人生の果実である。

　この世にはいろいろな制限がある。あらゆるコミュニティにある「○○してはいけません」といった規則もそうだし、「女性は○○であるべき」といった社会通念もそのひとつであろう。まだまだある。「それは前例から見ても成し得ないことだ」とか「あなたの能力では無理だ」とか……。そういった過去からの推論、個人が個人に持つ認識も、人々の可能性を制限する要素となる。

　あなたはそうした認識を越えていくのだ。あなた自身は、必ずしもそうした反抗心やハングリーさを持ってはいないかもしれない。ライフ・パス・ナンバーやディスティニー・ナンバーに、2や4、あるいは6などの保守的なナンバーが入っていた場合にはその傾向は顕著だろう。「無理だ」と言われてしまったら、あえて食いついていくことはしたがらないはずだ。たとえ、心の奥底では「制限を超えて自由になりたい」という願望を持っていたとしても……。

　限界を超えるやり方にはいろいろな方法がある。慎重にコツコツと、それこそ保守的な行動を積み重ねていくことで超えられることもある。むしろ、反抗心を持たない人のほうが、制限に対する敵意や警戒心を持たない分、スルリと乗り越えられる場合も多いのだ。

　あなたはどんどん可能性を広げていく。自分自身だけではなく、かかわる人や環境の可能性も……。チャレンジの先には自由がある。そして、新たな可能性がある。そのこ

とをあなたは身を持って人々に示していくだろう。気づいたら、前人未到の偉業を成し遂げている、ということもあり得る話である。それにはあらゆる先入観を超えていかなくてはならないが。もっとも、ナンバー5のあなたなら悠々と、すがすがしい笑顔で乗り越えてみせるに違いないだろう。

Maturity Number 6 of Core Numbers

淀みや歪みのあるところにヒーリング効果を波及させる

　マチュリティー・ナンバーに6を持つあなたがこの人生において成し遂げていくこと。それは人々を助けることである。あなたが持ち前の才能やセンスを十分に発揮し、人生に課された使命を全うしていこうとするとき、そこに「癒し」が生まれる。疲れ、病をわずらう人だけではなく、社会のシステムなどにおいても、淀みあるところにヒーリングを起こしていくのだ。あなたの積み重ねていく行動は、意図せずとも、結果として人を助け、導き、救うことにつながっていくはずである。

　あなたが人生において生み出すこの果実（マチュリティー）は、必ずしも狙って成されるわけではない。もっとも、意識しておこなう場合もあるだろうが、たいていの場合は、あなたはただ愛する者のため、あるいは自分や自分がかかわる環境のために行動をする。けれども、ひとりのニーズの背後には、多くの人のニーズがある。あなたはそれを炙り出す人なのである。欲しいから作った、必要だからやった、そうしたほうがいいと思うから変えた……。そういうシンプルな発想でおこなっていくことが、あなた自身だけではなく、あなたの身近な人たちだけではなく、世の人たちをも助けることにつながっていくのである。

　人の役に立つ喜び。あなたはもうそれにそろそろ気づき始めているのではないだろうか。ライフ・パス・ナンバーとディスティニー・ナンバーのどちらかに、1や5、8などの自我の強いナンバーが入っている場合は、そうした自分の中にある「かいがいしさ」を、「弱さ」や「媚び」と判断して、押し込めようとすることもあるかもしれない。自分が発信するんだ、自分が作るんだ、ということにこだわっている人には、人の役に立とうとする姿勢は受け狙いをしているように見えるのだろう。

　しかしながら、どちらにせよ人に働きかけていくのなら、喜ばれたほうが良いに決まっているのではないだろうか。「偽善ではないか？」などと自分で自分を戒めたりせ

ず、自分が善い人になることを許してあげよう。人を助け、導き、救っていくことも、意識しておこなえば、より一層、細部にまで「ヒーリング」効果は広がっていく。あなたはそれを成すことができる人なのである。

Maturity Number 7 of Core Numbers

隠された真実、まやかしを暴き、真の合理性を開く

　マチュリティー・ナンバーに7を持つあなたがこの人生において成し遂げていくこと。それは真実を解き明かすことである。あなたが持ち前の才能やセンスを十分に発揮し、人生に課された使命を全うしていこうとするとき、そこに隠されていた真実が現れる。かかわる分野において真相を究明し、根本原理を探り当てるのだ。あらゆるものの仕組み、成り立ちを分析していく中で、それまで常識として信じられていた事柄をひっくり返すような真実を導き出すこともあるかもしれない。

　だが、今あなたが意図していることは、おそらくそんなことではないだろう。中でも特に、目に見える事実を信頼する4、あるいは1や3、5などのポジティブな性質のナンバーを、ライフ・パス・ナンバーとディスティニー・ナンバーのどちらかに持っているあなたの場合、表面化されない事実や物事の背景などは、それほど重要なことと捉えないだろう。これらのナンバーは、今現在、目や耳、自分の五感で感じる感覚こそをすべての指標にするからだ。しかしそれでも、「今」を感じ、生きていったその先にはやはり真実が待っている。別のことを意図していても、結局あなたは物事の真相を炙り出してしまうのだ。

　真実……。それが明らかにされると、滞りなく続いてきた物事が根底から覆されることもある。よって、あなたはそれを探り当てたがために悪者となる場合もあるだろう。幸か不幸か世の中のシステムを崩壊させる役割を担うことにもなり得る。「余計なことをしてくれて」と散々な非難を受けることも……。

　事実、人の世の歴史には、正しいことを正しいと言えない時代があった。常識として浸透していることに反する事実を口にすると、信じてもらえないばかりか罪人扱いされてしまう悲しい人類の歴史……。けれども、今の時代は技術も日進月歩。言わば、昨日までの常識が日々塗り替えられていくことは当たり前になっている。あなたの魂の記憶

には、もしかすると真実を口にすることによって得た傷が癒えずに残っているかもしれないが、もう恐れることはない。

あなたが使命にしたがって行く先には、人々に新たなヴィジョンと方向性を示す真実が待っている。恐れずに歩を進めていきたい。

Maturity Number 8 of Core Numbers

権威の力を有効活用し、世の中を動かす

マチュリティー・ナンバーに8を持つあなたがこの人生において成し遂げていくこと。それは世の中を動かすことである。あなたが持ち前の才能やセンスを十分に発揮し、人生に課された使命を全うしていこうとするとき、この世を支配する巨大な力が動く。たとえば法律、政治的な力、あるいはかかわる分野における最高権威など、本来、容易には動かし得ないものに対する影響力をあなたは発揮するのだ。

とかく、権威とか権力という言葉には煙たいイメージがついて回る。けれども、ただ好きなことをやって、楽しんで続けていったら裕福になり、その筋の権威となる。そして、その分野における歪みを正したり、より良い仕組みを作る役割を担っていく、といった事の顛末もあり得る。その場合、本人に自分が権力者であるという認識はないだろう。ライフ・パス・ナンバーとディスティニー・ナンバーのどちらかに3や5などの楽天的な性質のナンバーを持っているあなたの場合、こうした行く末が考えられる。

意図せずとも、たまたまあなたが出したアイディア、作った商品や作品が権威者の目に止まり、「なるほど、このやり方には気づかなかった」といった衝撃を与えることもある。一瞬のうちに開眼させてしまうこともあるかもしれない。

しかしそれは、身近な権力者に、人の意見に耳を傾ける寛容さがあるという幸運な場合のみだ。心の広いボスに恵まれなかったならば、やはり反骨精神を持って挑まねばならない。けれども、純粋なる使命を胸に向かうなら怖いものはないはずだ。

この8というナンバーを持つ人の中には、おそらく、力を持つことを恐れている人もいるだろう。権力者を毛嫌いする人、何度も成功するチャンスを得ているのに抜きん出ることができない人……。このふたつのタイプの人は、口では出世したいとか、今より上へ行きたいと言ってはいても「力」への警戒心を抱いている。その内面に潜む恐れこそが現状を打破できない原因である。あなたは力を握ってしかるべき人である。あなた

は、あなたの嫌う権力者のような暴君には決してならない。恐れを手放せば、あなたは納得のいくサクセスという果実（マチュリティー）を手にすることだろう。

Maturity Number 9 of Core Numbers

あらゆる面で満たされた夢の体現者に

　マチュリティー・ナンバーに9を持つあなたがこの人生において成し遂げていくこと。それは幸せな成功者となることである。

　あなたは「成功者」という言葉にどんなイメージを持っているだろうか？　リッチな人？　優雅な人？　幸運な人？　人から愛されている人？　こうしたポジティブな感想を述べる人は、現在かなり幸せな人かもしれない。そんなあなたなら、このナンバー9のもたらす恩恵を素直に受け取ることができるだろう。しかし、おそらく多くの人がもっと殺伐としたイメージを頭に浮かべなかっただろうか。ハングリーな人、戦いを勝ち抜いた人、妬まれる人、孤独な人……といったように。

　確かにいつの時代も、ビジネスや政治の世界ではサバイバル・ゲームが繰り広げられてきた。トップに立つ者はその座を守るべく追い上げてくる者を振り払い、逆に、追う者は前に立ちはだかる者を蹴落とそうとする。そんな喧騒の中では誰も信じることはできない。孤独な戦いを延々と強いられるのみである。リッチで優雅な気分など味わうことはできないだろう。

　事実、トップクラスの成功者の中には、孤独に愁う晩年を過ごす人も少なくないという。人生を振り返る年端を迎え、そこで初めて問う。成功するということは果たして幸せなのだろうか？　今までの自分が求めてきたものはなんだったのだろう？　幸せっていったいなんなのだろうか？

　あなたもサバイバル・ゲームに飲み込まれていけば、そのような行く末をたどっていくのは明白である。中でも常にトップの立場を志向する1、権力を志向する8をライフ・パス・ナンバーとディスティニー・ナンバーのどちらかに持っているあなたの場合は、愁う成功者への道を一直線に進んでいく可能性は高い。

　心身ともに豊かな成功者となるには、そもそものモチベーションが重要である。勝つことにフォーカスせず、自分の使命に忠実に生きていくこと。自分の持ち前の才能とセンスを発揮すること、使命に気づき、それを全うしていくこと。それを純粋に意図して

いったなら、あなたは必ず幸せな「成功」を手にするだろう。きれいごとでもなんでもなく、あなた自身の中の「充足感」のみを幸せの物差しとできるようになるのだ。

Maturity Number 11 of Core Numbers

どんな人にも末永く愛される普遍性を創造する

　マチュリティー・ナンバーに11を持つあなたがこの人生において成し遂げていくこと。それは、時を経てもすたれない「普遍的ななにか」を生み出すことである。あなたが持ち前の才能やセンスを十分に発揮し、人生に課された使命を全うしていこうとするとき、そこにはいつの時代のどんな人にも必要な意味あるものが生み出される。

　「普遍的なもの」はウンウンと頭をひねって作り出せる思考の産物ではない。つまり、あなたは天啓をキャッチするのである。そして、それを体現する。どう体現されるかは人それぞれさまざまだ。どういった方法で体現するかはライフ・パス・ナンバーの性質によって多様な彩りは出てくるが、要は「クリエイト」するということである。

　あなたが授かった才能を発揮し、純粋に使命を遂行していくと、自然とそうしたものが生み出されることになるのだ。あなたのクリエイトしたものは、多くの人々に必要とされる。愛されて、やがてそこに定着し、日常の風景の中に溶け込んでいく。そうなると、たいていのものは古くなるのを待つばかりだが、あなたの生み出す果実（マチュリティー）は違う。十分に馴染んでいるのにあきがこない。もしかすると、あなたがこの世を去ってもなお、あなたの「成したこと」は延々と引き継がれていくかもしれない。いや、おそらくそうなるのだろう。

　普遍性を持つとそれはひとり歩きを始める。まるで生命を持った生き物のように人々の手を渡りながら生き続ける。ときには人と人との距離を埋める役割を担うこともあるだろう。そればかりか、遠い国に住む人との距離感をも縮める力を持つようになる可能性もある。

　物質的な豊かさに重きを置く4や8などのナンバーを、ライフ・パス・ナンバーかディスティニー・ナンバーのどちらかに持つあなたの場合、人生のある時期、決して派手ではない自分の生活ぶりに冴えない気持ちを抱くこともあるかもしれない。そう、「普遍性」には人目を引くきらびやかさはない。だが、永続性はある。刺激的な流行り、

華やかな成功以上に、その揺るぎない価値をあなた自身認めることができたとき、あなたの人生は飛躍的に満ちていくだろう。

Maturity Number 22 of Core Numbers

この世の天の恵みすべてに有益なプロジェクトを産み出す

マチュリティー・ナンバーに22を持つあなたが、この人生において成し遂げていくこと。それは地球規模のプロジェクトを完成させることである。あなたが持ち前の才能やセンスを十分に発揮し、人生に課された使命を全うしていこうとするとき、そこには大きなパワーが生まれる。それは権力とか支配力といった世俗的なものではない。命あるものすべてを包括するパワー。あなたはそれの使い手となれる人物なのだ。

というのも、このマチュリティー・ナンバー22は、ライフ・パス・ナンバーとディスティニー・ナンバーのどちらもが11である場合にしか表れない。11もマスター・ナンバーと呼ばれる特別な数。スケールの大きいナンバーが重なるのだから、生み出される果実（マチュリティー）は大きい。だからあなたは地球規模の活動へと導かれていくのである。

不安定な社会情勢の中では大きな理想や夢は抱きにくい。そう思って、最初からなんの目標も持たず、日々楽しく過ごすことだけを望む人もいる。もしかすると、今より若いころのあなたはそのひとりだったかもしれない。けれども、あなたがほかの人と異なるのは、無気力な自分を「このままじゃいけない」と心の底では叱咤していた点である。あなたはずっと、本当の自分をスパークさせるきっかけを待っていたのではないだろうか。

あなたが今まで自分の身の回りや目の届く範囲に、夢と希望を見いだせずにいたのは、当然と言えば当然である。あなたの活躍の場はもっともっと大きな舞台。相手にするべきはなにせ地球なのだから。ナンバーからのメッセージを素直に受け取るなら、あなたは小さく狭いところに留まってなどいられない。

もちろん、中にはすでに世のため人のために立ち働き、その持ち前の鋭敏な感受性と広い視野、実行力をさらに大きな世界へと羽ばたかせようと計画している人もいるだろう。しかし、いずれにしてもあなたは今日より明日、明日より明後日へとその手を広げ

ていかなくてはならない。野心を燃やす必要はない。あなたはあなたの正しいと思うことを意図し、ポリシーとして掲げ、行動に移していけばいい。あなたの成すべきことは、規模は大きくてもそれくらいシンプルなことである。

[Lesson 1]

バースデイ・ナンバー
Birthday Number

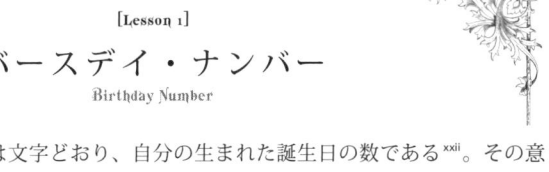

バースデイ・ナンバーは文字どおり、自分の生まれた誕生日の数である[xxii]。その意味するところは、人生の道を通っていくときに、その人にとって助けとなるものや必要となるもの。すなわち、すでに紹介したライフ・パス・ナンバーをサポートする数だと言えるだろう。「人生の通り道」を歩んでいくときになにが必要か、人生の道を彩るその人の資質を開花し、発展させていくにはどうしたらいいか。そういった方法論の意味合いが強いナンバーである。

また、このナンバーは、社会への参加が活発になり、責任も重くなってくる28歳から56歳の間に最も強く作用すると言われている。

もっと進みたい、さらに上に行きたい、今度こそ成果を上げたい……。成長と発展への意欲とともに生きるとき、このナンバーはあなたに即時役立つような有益な助言と閃きを与えてくれることだろう。

なお、バースデイ・ナンバーは何月生まれであるかは考慮しない。たとえば、1月1日生まれの人ならばバースデイ・ナンバーは1、10月6日生まれの人ならばバースデイ・ナンバーは6ということになる。

また3月15日のように、誕生日が二桁の場合は一桁に還元する。すなわち、15→1＋5＝⑥となる。

ここで導き出されたバースデイ・ナンバーについてのそれぞれの意味は各グループとして見ていき、その後個々の生まれ日別に解説をしていくこととする。

Birthday Number : group 1

Birthday Number of Core Numbers

バースデイ・ナンバー1のグループの人が人生をクリエイトしていくとき、その発展と充実を促してくれるもの、それはあなた自身の「積極性」である。

とにかく、自ら働きかけること。そうすればこそ、自分の可能性を試し、才能を発揮することが可能となる。準備など整っていなくても構わない。先行きの計画や見通しが完璧に立っていないことなど、人生を作っていこうという場面においては些細なことで

ある。なぜなら、あなたのバースデイ・ナンバーは語っている。「スタートせよ」と。

さて、あなたは今なにか行動を起こさなくてはいけない焦燥感に駆られただろうか。ならば、その気持ちのまま立ち上がってほしい。このナンバーがあなたに助言しているのは、スタートすることともうひとつ。「先延ばしにしないこと」である。あなたの人生、今が一番若い。明日よりも今日、6時間後より今が若いという事実にもう少し注意を払っていきたい。その点を意識するだけでも、あなたの中のいまだくすぶっている才能は目覚める機会を得ていくだろう。

1日生まれ

1日生まれのあなたは、文字どおり「1番」というポジションを得てこそ持ち前の才能を最大限に発揮することができる。

とはいえ、いつもいつもトップになるべくガツガツと攻め込んでいく必要はない。ただ、あなたが人生を歩むうえで、「もうひとつがんばりたい」と思うときは、他者が先に行くのを待っているのはナンセンスである。たとえ「こうなってほしい」「こうなったらいいな」と思うあなたのヴィジョンが、誰もが未経験で前例のない事柄であってもあなたは進むべきである。それでこそ、あなたは本当の意味で活躍できる場所を得ていくのである。

また、今ひとつ気力や行動力がわいてこない場合には、できるかできないかという現実的な判断はいったん脇に置き、計画を立ててみるといい。こんな自分になりたい、あんな大きなことがやってみたい……といったように。リアリティなどなくても構わない。頭に描くことであなたの才能と魂は必ずや刺激される。そうなれば、自然と動きたくなり、現実も動き出すはずだ。

10日生まれ

1のグループに共通の課題である「積極性」は、10日生まれのあなたにとっても、もちろん人生をクリエイトしていくうえでは重要な鍵となる。けれども、あなたの場合、積極的に動くだけでは足りない。自分を、自分の仕事を、世に着地させなくてはならないのである。「自分はこういう才能を持ったこういう人物です」というパッケージを作って売り出していく。そして、それを世の人々に活用してもらうことが不可欠なのである。

というのも、10という数字には、「完結」と同時に「スタート」の意味も含まれている。つまり、始めるだけではなく、それを同時に完結させること。評価を得たり、結果

を出したりしていくには、あなたの情熱をたっぷり詰めた商品なり、プロジェクトをひととおり作り上げて、見せていかなくてならないのである。

　今ひとつ評価されないと感じるときは、自己満足に陥ってはいないか、人の役に立つアピールをしているか、その辺をチェックしてみたい。そうすれば、あなたの才能を発揮できる場は必ず見つかっていくはずである。

19日生まれ

　1のグループに共通の課題である「積極性」は、19日生まれのあなたにとっても、もちろん人生をクリエイトしていくうえでは重要な鍵となる。けれども、あなたの場合、ただ単に押しを強めていくだけでは足りない。あなたが持ち前の才能を発揮するには、言わば、異種格闘技的な発想が必要である。その意味するところは、19というナンバーが教えてくれる。

　19という数字は1と9とが組み合わさった数であると考える。9は「終わり」や「完成」を意味し、1は文字どおり「始まり」を意味する数。つまり、正反対とも言える異質な数が同居している、それが19というナンバーなのである。

　一見すると複雑な葛藤がありそうなナンバーのようだが、実際はそれほどでもない。性質の異なるものが交じり合って新しいものが生み出されるという現象は、日常生活の中でも多く見受けられる。たとえば、和洋のテイストがミックスされた物は、スイーツやファッション、音楽の世界などにも豊富にある。しかも、登場した当時は「意外な取り合わせ」ともてはやされたが、今では定番となっているものも少なくない。

　今ひとつうまくいかない案件があったなら、恐れずに新しいものを取り入れていきたい。あなたのセンスがつかまえてくるアイディアや情報は、必ずや滞った状況を打破するのに役立つはずである。

28日生まれ

　1のグループに共通の課題である「積極性」は、28日生まれのあなたにとっても、もちろん人生をクリエイトしていくうえでは重要な鍵となる。けれども、あなたの場合、積極的になるだけでは十分ではない。「完成させること」が重要な鍵となる。

　というのも、2と8を足すと10。10は完成と始まりの両方の意味を持つ数である。さらに足して10となるバースデイ・ナンバーの中で28は最も大きな数であることから、「完成させること」は、28日生まれの人にとっては、ほかの1のグループの人より一層重要な意味を持ってくるのである。

人が物事を評価するときはたいてい、完成されたパッケージを見て判断する。「こういう商品を作りました」と製作者が発信しない限り、人は良いとも悪いとも意見を言えないものである。特にあなたの場合はそうなり得る。とにかく、行動して足跡を残す。そうすることでようやくあなたは活躍の場を獲得していくだろう。

たとえば、あなたが作家志望ならまず作品を書き上げる。そして、しかるべきところに出して評価を仰ぐことである。形にすることからすべてが始まる。そのプロセスの中であなたは自分独自の才能の使い方を発見するだろう。そして、それを他者が見つけてくれる可能性も高まっていく。

Birthday Number : group 2

Birthday Number of Core Numbers

バースデイ・ナンバー2のグループの人が人生をクリエイトしていくとき、その発展と充実を促してくれるもの、それはあなた自身の「感受力」である。

あなたが人生において行き詰まりを感じるとき、おそらく、この感受力は弱まっている。ああでもないこうでもないと頭で考えた挙句、結局、正しくない答えを選んでしまっていることだろう。それは、自分で「感じる」ことを怠っているからである。

人の思いをただ感じてみる。この人はどうしたいのか、この人はわたしになにを望んでいるのか。相手が会社であってもクライアントであっても全く同様。口先や文面の言葉づらだけではなく、表情や声のトーン、語尾などから、行間の思いを読み取っていきたい。そうすることで初めて場は整えられ、晴れてあなたは持ち前の才能を発揮するチャンスを得られるのである。

また、周囲の人や環境と調和する選択を心がけることも重要である。もちろん、いつも周りの人に合わせる必要はない。しかし、勝負の場面では意識したい。そうすれば結果は出しやすいはずである。

2日生まれ

2日生まれのあなたは、良きパートナーを得てこそ持ち前の才能を最大限に発揮することができる。

バースデイ・ナンバーは、社会的な活躍が期待される28〜56歳の間に表出しやすいと言われている。この年のころは、自立を促される年代である分「人に甘えてばかりではいけない」と自分で自分を戒めることも多くなる。2日生まれのあなたも例外ではな

いだろうが、その姿勢でなにかうまくいったことはあるだろうか。おそらく、そうないはずである。あなたの才能は、人とかかわり、頼り合う呼吸作用の中でこそ発揮されるものなのだから。

　才能は自分で決めないほうがいい場合もある。「自分はこれが得意」と決めてかかっていると、それを発揮するチャンスに恵まれない限り、あなたは一向に陽の当たる場所に出られない。逆に、得意ではないことを人の言われるがままにやってみたら、案外とスムーズにいった……。そんな番狂わせは世の中にはざらにある。行き詰まったときには特に「才能とチャンスは人からの授かりもの」と捉えていきたい。

11日生まれ

　11日生まれのあなたが人生をクリエイトするとき、決め手となるのは「インスピレーション」である。努力やリサーチも侮ってはならないものではあるが、そうした常套手段ではどうしても超えられない壁がある。そんなとき、天から光のように降りてくる「閃き」が流れを変えてくれる。

　11はマスター・ナンバーと呼ばれ、天啓によるメッセンジャー的な意味合いを持つ数である。よって、11日生まれの人は、2のグループの中でも特別に感受性が重要となる生まれだと言える。

　2は周囲の人々との調和を大切にする数であり、一方11は、人々にはもちろんのこと、人智を超えた天の働きにも調和していこうとする。だから、「マスター」なのである。

　そんなナンバーを持つあなたでも、はっきりとした根拠のない閃きなど信用できないと思うことがあるかもしれない。しかし、自分の限界は、それが限界である以上、自分の力だけを頼りにしていては超えることはできない。それを助けてくれるのがインスピレーション、直観力なのである。あなたの才能は、根拠や努力に依存することをやめたとき、最大限に発揮する場を見つけていくだろう。

20日生まれ

　20日生まれのあなたが人生をクリエイトしていこうとするとき、プラスとなるのは「受動性」である。

　というのも、20という数字は、10がふたつ重なった数とも考えることができ、二重に2のナンバーの意味合いが強められている数である。2はそもそも受動的な数であり、20ではその受け身の姿勢がさらに強調されるのだ。

「受け身」は良い意味として使われることは少ないが、なにを要求されても受け答えできる柔軟性があるとしたら、その受け身の姿勢はどうだろう？　かなり頼りがいのあるものに感じられるはずだ。あなたが才能を発揮するにはそうしたしなやかなスタンスが鍵となる。

たとえば、なにをどうしたらいいかわからないときは、素直に周囲の人に聞いてみるといい。あるいは、やることが明確であっても、ひとまず今自分がなにを要求されているのかを丁寧に確認していきたい。そして、それにしたがう。自分の意向と異なることを求められたのだとしても、それをやることによってあなたの能力は確実に鍛えられる。しっかりと練磨されたなら、その能力は縦横無尽に活躍の場を見つけていくだろう。エネルギーの分散を恐れることなく、あらゆることを柔軟に受け入れていきたい。

29日生まれ

2と9を足すと11。11はマスター・ナンバーと呼ばれ、インスピレーションを象徴する数である。11日生まれの人と同様、「天啓」はあなたが才能を発揮していくうえで重要な鍵となる。

それに加えて、ナンバー2の要素を意識することであなたは活躍の舞台へとジャンプアップできる。

2という数字はそもそも、異なるふたつのものを調和させていく、ということを目論むナンバーである。「調和」というと、自己主張をせず、周囲に合わせていくような、そういう従順な印象もあるかもしれない。しかし、ここで言う「調和」とはそうではない。みんなが自己主張をする。それぞれの意見や望みが違うことを認めたうえで、お互いを活かしていく。ひとつのやり方に偏ることなく、ひとりひとりを尊重するのである。それこそあなたが求めるべき調和である。

これかあれか、あっちかこっちか。やりたいことも才能も、明確に区別するのはかえって可能性を狭めることになる。両方を股にかけ、状況に応じて器用にやりこなしていきたい。「これしかない」ではなく「これもできる」という才能の見せ方が有効なプレゼンテーションになるだろう。

Birthday Number : group 3

Birthday Number of Core Numbers

バースデイ・ナンバー3のグループの人が人生をクリエイトしていくとき、その発展

と充実を促してくれるもの、それはあなた自身の「楽天性」である。

「目標を達成したい」といった願望は、努力を重ね、ストイックな姿勢で取り組んでこそ叶えることができると信じられがちであるが、あなたの場合はそうではない。もちろん、努力は不要ではない。ただ、もうひとつ結果を出したいときほど「なんとかなるさ」という楽天性が欲しい。力むことをやめたらうまくいった……というのは良くある話である。

あなたの才能は自分で自分を軽視することをやめたとき、本来の顔を出す。「こんなものだ」とか「どうせ……」といった、妥協や自己卑下の姿勢は能力開花を遅らせ、活躍の場を狭める要因のひとつである。

見るからにできそうにないことでも「わたしならできる」ととにかく信じてみよう。与えられる課題は全部できる、自分の才能を世に知らしめるための機会、と心に言い聞かせていきたい。あなたの場合、本当にピンチはチャンスに変えられるはずだから。

3日生まれ

3日生まれのあなたは、複数の興味や立場を持ってこそ、持ち前の才能を最大限に発揮することができる。

努力をして結果を出し、夢や目標を叶えていくには、方向性をひとつに絞るのが賢明である、ということは当たり前のように言われている。しかし、あなたの場合は必ずしもそうではない。少なくとも、入り口は複数あったほうがいい。仕事も趣味も人づき合いも、もちろん、家族との関係や恋愛も、あなたにとって大切なものすべてに、ケチケチせずにエネルギーを注いでいこう。もちろん、副業を持ったり、毛色の異なる趣味の習いごとをかけ持ちしたりするのも、目的が定まらないうちは、あなたにはむしろお勧めしたいことである。

そうして忙しい生活を送っていくことで、あなたの才能は光り輝くチャンスをつかむ。時間に余裕のある日々の中では、せっかくのセンスも埋もれていくばかりであろう。あらゆる表現法を追求していくことも、あなたにとっては才能を鍛錬することにつながるのだから、大いに暮らしを七色の楽しみで彩っていきたい。

12日生まれ

12日生まれのあなたが持ち前の才能を最大限に発揮していくには、ただ楽しむのではなく、その楽しみを形にする必要がある。たとえば、暇を持て余した子どものように。子どもは、放っておけば目の前にある道具を使ってあらゆるものを創り出したりす

る。その発明の才は、しばしば大人を驚かせるものである。あなたの中にもそうした感覚をよみがえらせたい。

　12は偶数であることから、3のグループのうちでも奇数の3、21よりも、やや性質が内向的で、落ち着きや安定感を備えたナンバーとなる。ほかの3のグループのナンバーと同様、クリエイティブな数であることには変わりないが、12という数には、それにプラス「定着させる」という働きが加わるのである。

　工夫することを楽しむ。目の前の状況を遊ぶ。そうすることで、あなたの中にキラキラ光る閃きが生まれてくる。こうやってああやって……とアイディアがわき出てくることだろう。その発想に促されるまま動いていけば、おのずとあなたの才能は日の目を見る機会を得ていくはずである。

21日生まれ

　21日生まれのあなたが、持ち前の才能を発揮するのに大切なのは表現すること。自分の内側にあるものを外に打ち出していくことである。

　21は奇数であることから、3のグループのうちでも偶数の12、30よりも、やや性質が外交的なナンバーとして位置づけられる。そもそも3はクリエイティブな数であり、表現欲求の強いナンバーである。その欲求の度合いは、21になるとさらにその成熟度を増すのだ。

　なにを表現したらいい？　どうやって表現すればいい？　わからないから長年模索している。そもそも自分には才能などあるのか？　そんな風に思案し続けている人も中にはいるかもしれない。

　いずれにしても、なにも言いたいことがない、というときのあなたは、このナンバーの恩恵に目をふさいでいる。願わくばそんなときこそ表現してみたい。ただ無目的に絵を描くのもいいだろう。思いつくままに言葉を書き綴ってもいい。なにも仕上がらなくても、あなたの中では目覚めるものがあるはずだから。あるいはうまくいけば、その行為が直接才能発揮のチャンスを連れてくる可能性もある。

30日生まれ

　30日生まれのあなたが人生をクリエイトしていくとき、その実りを左右するのは、心の余裕のあるなしである。

　30という数字は、10が3つ重なった数とも考えることができ、三重に3のナンバーの意味合いが強められている数である。また、グループ内で一番大きな数であることか

ら、その中で最も成熟度の高いナンバーであると位置づけられる。よって30には、3が意味する「クリエイティブ」や「表現」のほかに「余裕」というキーワードが加わる。

　端的に言うと「余裕を持ちましょう」ということである。自分の才能を知らしめるために、表現することはもちろん大切。どんどんアピールするべきである。しかし、あなたにとってもっと重要なのは、人の意見に耳を傾ける余裕を持つこと。流されてしまう感覚があるかもしれないが、人の言うことにつきしたがうことは、あなたの場合、メリットのほうが多い。むしろ、自分のポリシーにこだわり続けるほうがマイナスだろう。

　人の期待に添う人物を演じ、ただ、その状況を遊んでみるのである。「○○ごっこ」という感覚で楽しんでみるのもいいだろう。あなたの中でくすぶっていた才能たちが油断して顔を出し、才能の使用法を見つけることも可能となる。

Birthday Number : group 4

Birthday Number of Core Numbers

　バースデイ・ナンバー4のグループの人が人生をクリエイトしていくとき、その発展と充実を促してくれるもの、それはあなた自身の「実際的行動」である。

　実際的行動というのはつまり、口先だけで御託を並べるのではなく、実際にやってみせるということ。実にシンプルである。自分にはこういう才能がある、自分にはこれだけのことができる、といったように。そして、できることなら、それによってどれほどのメリットを生み出せるのかまでプレゼンテーションしたい。それでこそ、あなたの才能は人々に認知される。

　そうしたくても、才能や実力が開発途上で未完成な状態であるうちは、あなたとしても、行動を起こすことに躊躇するだろう。たとえ、チャンスを与えられたとしても二の足を踏むかもしれない。それでも、行動するのは大切なこと。いや、準備不足だからこそ、実際にやってみることは重要なのだ。

　なぜなら、それが準備に結びつき、土台となるのだから。思いのほか、うまくいったりすれば自信にもつながる。うまくいかないとしても、ここの部分を磨き、ここを補強すればいい、とのちの対策も具体化する。そうすれば、後々、才能発揮の場を得るのは容易いはずである。

4日生まれ

4日生まれのあなたは、正攻法の努力を重ねてこそ、持ち前の才能を最大限に発揮することができる。

正攻法の努力とは「ズル」をしないこと。コツコツと練習し、研磨していく。そうすれば、今のところは影も形も見定められないような才能であれやがて花開く。つまり、あなたの才能とは、必ずしも最初から突出しているとは限らず、若いうちは特に、どこを探しても見当たらない場合もある。だから、磨くのである。苦手なことを押しつけられたりしたなら、それは、才能を炙り出すチャンスかもしれない。食わず嫌いをせずに、与えられたきっかけはひとつひとつ試していきたい。

才能を使いこなせるようになるまでの道のりに近道はない。「努力せよ」とは、あまりにも当たり前のメッセージ過ぎると感じるだろうが、逆に言うと、がんばれば必ずその努力は実る、ということである。やればやった分、結果は出てくるのである。あなたは豊かな才能の宝庫だ。発見されるのを待っている才能を、ぜひ自己研磨によって見つけ出したい。

13日生まれ

13日生まれのあなたが、持ち前の才能を発揮するのに大切なのは、意志を強く持ち、自分を貫こうとする姿勢である。

13は奇数であることから、4のグループのうち、偶数の4、22よりもやや性質が外交的で能動的なナンバーとして位置づけられる。とはいえ、ほかの4のグループのナンバー同様、堅強かつ堅実な性質のナンバーであることには変わりはない。変化に対する順応性も低く、外からの影響に揺るぎにくい点は共通している。

頑固さは、一般的には好ましいことではないとされている。しかし、あなたが本気で人生を自分らしくクリエイトしたいと思った場合は別。周囲におもねる必要は決してない。やろうとすることが奇抜であろうと古臭かろうと、ペースが遅かろうと速かろうと気にしなくいい。どれほど周りの人との差異が大きくてもひるむことはない。むしろ、浮いてしまうなら本望だ。あなたの才能は、それでこそ浮き彫りになる。そうなれば、あなたならではの才能と個性は一遍で周囲の面々に認識されることだろう。

「浮いた」才能も、人々に認められ、役に立っていったなら、自然と定着していく。あなたは才能を発揮する場を確保できるのである。目立つこと、常識的なパターンを破ることを恐れない姿勢が重要な鍵となるだろう。

22日生まれ

22日生まれのあなたが、この世において持ち前の才能を発揮していくには、スピリチュアルな視点が必要不可欠である。

22はマスター・ナンバーと呼ばれ、理想を形にするパワーを秘めた数である。よって、22日生まれの人は、4のグループの中でも特別に実際的な行動力、目に見える結果を出すことが重要となる生まれだと言える。

4というナンバーは、社会の要求に目を向けていく一方、22は天啓に耳を傾け、それをこの地上で形にしようとする。つまり、スピリチュアルな視点をもとに、実のある働きをすること。それが、22日生まれのあなたにだけ有効な生きるメソッドのひとつなのである。

自分でチャンスやきっかけを手繰り寄せることも大切なことだが、それ以上に周囲の声に耳を澄ましたい。というのも、天啓は必ずしもインスピレーションのように降りてくるとは限らない。4という実際性のナンバーを踏まえた22という数字を持つあなたの場合、そのメッセージは、現実に存在している身近な人の口から伝えられることも多いはずである。

また、もうひとつポイントとなるのは「続ける」ということ。才能発揮の場を獲得しようとする際は、とにかく繰り返し繰り返し訴えていきたい。何度もアピールしていくことで信頼度は増し、認知されていくことだろう。

31日生まれ

31日生まれのあなたにとっても、4のグループに共通の課題である「実際的行動」は、もちろん人生をクリエイトしていくうえでは重要な鍵となる。しかし、あなたの場合は、それだけでは十分ではない。あなたが持ち前の才能を発揮するには、新しいものを柔軟に取り入れていく許容度が必要となる。

31は奇数であることから、4のグループのうち、偶数の4、22よりもやや性質が外交的なナンバーとして位置づけられる。堅実な性質の4のナンバーに、外に向けたアピール力が加わる分、そこに許容度がプラスされる。新しいものを受け入れていこうとする性質が加わるのだ。

たとえば、古びたものの中に新しいものが入り込むと、それはかなり際立って見える。ちょうどそんな風に演出すると、あなたの才能は脚光を浴びることができるだろう。華道や書道、あるいは陶芸などの世界では、「伝統的な手法にオリジナリティを加えていく」というやり方ですでに評価を受けている人も多いが、それと同じである。既

存の形式をそのまま生かしつつ、そこにあなた流のものを上乗せしていく。そうすることで、あなたのきらりと光るセンスは人々に認知される機会を得るのだ。

　ちょっとした飾りつけ、おまけのようなもののほうが、本体よりも目立つことは良くある。そんな風に、出しゃばり過ぎない粋な見せ方を模索していきたい。あなたなら、演出すること自体も楽しめるはずだから。

Birthday Number : group 5

Birthday Number of Core Numbers

　バースデイ・ナンバー5のグループの人が人生をクリエイトしていくとき、その発展と充実を促してくれるもの、それはあなた自身の「大胆さ」と「アピール力」である。
　「大胆さ」と「アピール力」と言うと、派手なパフォーマンスを想像するかもしれないが、あなたにとって必要なのはそういうことではない。立ち振る舞いは静かであっても大胆な人はいる。うまくいく可能性だけを信じて、不可能だと言われる勝負に淡々と挑んだり、好奇心を持って新しいものを自分の中に取り入れたり。あるいは、あえてルール違反をして、権威や常識に反抗したり。そうした行為も「大胆さ」のひとつである。
　とにかく、「懲りずに」挑戦したい。誰しも、最初から能力を最大限に発揮できるわけではない。一度や二度、失敗したり、思ったような評価を得られなかったくらいで、「わたしには才能などないんだ」などと落ち込むのはナンセンスである。反省することも大切だが、それで挑戦意欲や好奇心を失い、存在感を小さくしてしまうことのほうが怖い事態である。

5日生まれ

　5日生まれのあなたは、どんなことをするのであれ、遊び心がベースにあってこそ、その才能を最大限に発揮することができる。
　プレッシャーを感じるような状況では自分の良さを十分に表現するのは難しいかもしれない。ああしてこうして……とシナリオを描き、びっちり計画を立てて物事を進めていく場合にも持ち前のセンスは活かされにくいだろう。
　なぜなら、そこには許された自由度がないから。あなたの才能は、「この範囲で自由に遊んでいいですよ」という場でこそ本当の姿をさらす。お仕着せのルールがはびこったところでは窮屈さを感じるだろう。評価される機会が得られないのは言うまでもな

い。いや、状況はもっと深刻だ。評価されないその状況が真実だと植えつけられたあなたの魂は、二度と自分の才能を信じることをやめてしまうことになりかねない。

　お堅い環境に飲み込まれてしまわぬこと。どうしても自由が許されないのなら、戦って勝ち得るか、そこから出て行くか。才能を発揮していくには、その選択が重要な鍵となる。

14日生まれ

　14日生まれのあなたにとっても、5のグループに共通の課題である「大胆さ」や「アピール力」は、人生をクリエイトしていくうえではもちろん重要な鍵となる。しかし、あなたの場合、それだけでは十分ではない。あなたが持ち前の才能を発揮するには、ターゲットを意識することが必要となる。ただ体当たりするのではなく、相手や環境に応じて柔軟にプレゼンする内容を変えていく。そうした柔軟性が不可欠である。

　14は偶数であることから、5のグループのうち、奇数の5、23よりもやや性質が受動的なナンバーとして位置づけられる。周囲に合わせる適応力がプラスされるのである。

　認められたい、さらに活躍したいと思うのであれば、とにかくまずターゲットを知ることから始める。実際にそれに溶け込み、馴染むことができれば完璧。あなたの才能は日の目を見るばかりとなる。

　「郷に入れば郷にしたがえ」という言葉がある。ともかく大胆に飛び込んでみたら、後はその場のやり方に適応し、要求に応えてみる。そうすることで、あなたの可能性は広がり、チャンスもおのずと引き寄せられてくるだろう。

23日生まれ

　23日生まれのあなたにとっても、5のグループに共通の課題である「大胆さ」や「アピール力」は、人生をクリエイトしていくうえではもちろん重要な鍵となる。あなたの場合、それにプラス、「変化」というエッセンスを加えていきたい。

　23は奇数であることから、5のグループのうちでも、偶数の14よりやや性質が外向的なナンバーとして位置づけられる。もともと5は、アクティブなナンバーであるが、23になるとさらにその傾向はスピードアップする。変化のリズムが速まるのである。

　つまり、あなたが持ち前の才能を最大限に発揮していくには、とにかくまずは、いろいろなメソッドを試してみることである。得意な分野や慣れ親しんだ事柄とは異なる、全く畑違いのところに参入してみたり、当たり前ではないやり方に挑戦してみるのだ。

試してみては何度も軌道修正していく。無駄骨を恐れず、スピーディーにあらゆる可能性を試していこう。途中で違うと思ったり、飽きてしまったりしたなら、素早く目的を変更したって、あなたの場合、全く問題はない。たとえ、目に見える結果を出せないとしても、そのプロセスには間違いなく宝物が隠れているはずだから。むしろ、挫折がないほうが後々の人生、彩りと深みのない乏しいものとなるだろう。

無駄な経験はなにひとつない。経験はいずれ集約されて、あなたの才能をより光らせる道具として生かされていくはずだから。

Birthday Number : group 6

Birthday Number of Core Numbers

バースデイ・ナンバー6のグループの人が人生をクリエイトしていくとき、その発展と充実を促してくれるもの、それはあなた自身の「バランス感覚」と「サービス精神」である。

バランス感覚というのは、簡単に言うと「空気を読む」センスのこと。今、自分はなにを要求されているか、なにを期待されているか、それを意識して動くことが重要なポイントとなる。需要と供給が一致しなくては、どんなにがんばって良いところを見せようとしても無意味である。認められないばかりか、人の迷惑となってしまう場合もあるのだから。

もしかするとあなたは、人の顔色をうかがうことに抵抗感を持つかもしれない。しかし、人の役に立たない才能が認められるはずもない。日の目を見るはずもないのである。おもねる必要はない。ただ喜んでもらうにはどうしたらいいか。どう使ってもらうかと考えたい。そうして模索していけば必ず才能を最大限に発揮できる場は見つかっていく。入り口さえ開かれれば、後はあなた流儀で進めていくことが可能となるだろう。

6日生まれ

6日生まれのあなたは、落ち着ける「居」を定めてこそ、持ち前の才能を最大限に発揮することができる。

とにかく、まずは自分の居場所を見つけたい。いや、見つけるというより、ここにいる、ここでやる、と決めてしまう。そう自分にコミットメントすることで、あなた自身の肝が据わる。「とにかく、やってみよう」という気持ちになっていくのである。あなたの場合、こうした心境に自分を導くことが実は最も重要なのだ。

腰の据わっていない状況で、どんなに自分をアピールしてもあなたは全力を出し切れない。そのことは、もうあなた自身でも実証済みのはずである。どんなにそこが居心地の悪い場所でも、ゆくゆくは去るつもりの環境でも、今すぐそこを出ないのなら腹をくくりたい。「そこでやる」ということを。そう深い意識の中で宣言することにより、今後どうすればいいかの道筋も見えてくるはずだ。

また、文字どおり生活の拠点を安定させることもポイントとなる。特別にがんばりたいときは、エネルギーチャージをおこなう場所を定めておくのが賢明だろう。

15日生まれ

15日生まれのあなたが、持ち前の才能を発揮する場を得ていくには、「自分に対する価値づけ」が重要な鍵となる。

自己評価が低ければ、たいていの場合、人はそのとおりに見る。自信を持って高く売っていけば、人はその値を信じて高い評価をするだろう。なぜなら、そのパフォーマンス力を買うからである。

15は奇数であることから、6のグループのうち、偶数の6、24よりもやや性質が外向的なナンバーとして位置づけられる。周囲の反応や期待に押しつぶされてしまわない、自立した性質が15のナンバーにはプラスされるのである。

さて、自分がひとつの商品だとしたら、あなたは自分にいくらの値をつけるだろう？ どこに売り込み、誰に買ってもらいたいと思うだろうか。今まで重ねてきた経験、磨いてきたスキル、容姿、トークの術。得意なこと、不得意なことも含めて、自分にはどれだけの価値があるのか考えてみてほしい。

「自分なんて」と自己卑下する人のサービスなど、誰が喜ぶだろう？ 人の役に立ちたいと願うのなら、自分に対しての評価を上げていきたい。それだけでも活躍のステージは一変するはずだから。

24日生まれ

24日生まれのあなたが持ち前の才能を発揮し、活躍の場を得ていくには、まず「この人ならしたがってもいい」と思える人物を見つけるのが有効である。尊敬できる人のサポートをし、せっせと働く。そして、その人に認めてもらって信頼を勝ち取る。そうなれば、おのずと道は開かれていくだろう。

24は偶数であることから、6のグループのうち、奇数の15よりもやや性質が内向的なナンバーとして位置づけられる。6は「従順さ」を意味する数。24になると、つき

したがうだけではなく、示唆を与える参謀役としての性質も加わってくるのである。

もし、あなたのボスが、あなたのためになにもしてくれないのだとしても問題はない。あなたがこの24というナンバーの恩恵を生かしていくなら、必ずボスはあなたを必要とし、あなたの力を頼りにする。すると事実上、立場が逆転してしまうのだ。あなたなしでは、ボスの仕事は回らなくなる。そうした顛末は、意図せずとも誰かが見ている。あなたの才能は、黙っていても広い範囲へとジワジワと伝わっていくはずである。

また、家族の力を借りることも、あなたが活躍の幅を広げていくうえでは重要なポイントとなるだろう。

Birthday Number : group 7

Birthday Number of Core Numbers

バースデイ・ナンバー7のグループの人が人生をクリエイトしていくとき、その発展と充実を促してくれるもの、それはあなた自身の「観察力」と「独立心」である。

初めての物事を手がけるとき、とにかくやってみる、という方法もあるが、事前にリサーチし、分析してから着手するというやり方もある。どちらも一長一短あるが、あなたの場合、後者のスタンスを取ったほうが断然才能は発揮しやすいだろう。

まずは対象を徹底的に調査して知り尽くすのである。たとえば、なんらかのオーディションを受けるのなら、その企画の趣旨だけではなく、主催者の背景を調べ尽くす。おもねるということではなく、知っておくことによって、あなたは安心して自分を披露できる。無駄な気遣いや深読みをしなくて済むのである。

また、才能を熟成させ、開花させるのには「ひとりで深めていく」というプロセスも重要となる。なにをやったらいいのか、どうしたらいいのかわからないときはなおさら、独力で模索することによって、あなたならではの道筋が見いだされていくことだろう。

7日生まれ

7日生まれのあなたは、一極に集中してエネルギーを注いでいくことで持ち前の才能を最大限に発揮することができる。

つまり、方向性を絞る必要があるということである。しかし、人は可能性と希望を栄養に生きる動物である。「あらゆる可能性を試したい」という好奇心と欲望は持っていてしかるべき。なにもそれを抑えることはない。肝心なのは優先順位をつけることであ

ろう。

　「まずはこれ、次にあれ」と順番を決めてひとつひとつに集中していく。そうすることで、あなたの才能の一部はまず日の目を見る。あなたとしては、「わたしの力はこんなものじゃない」と思うだろうが、この場合、一部だからこそ意味がある。

　予告編を見せて劇場に足を運ばせる、映画や演劇のプロモーターのごとく、まずは才能の一部を見せて、関心を引きつけるのである。もったいぶることで、あなたの存在感、才能とセンスは値上がりする。「チラ見せ」の誘惑は、あなたにとって、自分の価値づけを高めるための有効なテクニックのひとつとなるだろう。

16日生まれ

　16日生まれのあなたが持ち前の才能を発揮しようとする場合、まずは自己の可能性を知ることが1番の近道となる。自分にはどれだけの力があるか、どんな才能を持つのか、それを詳細に探ることが重要なのだ。

　16もほかの7のグループと同様、自他ともに鋭い観察眼を向けていく性質のナンバーだが、16の場合、特にその鋭い眼は自分の内側に向けられる。

　人間は自らの脳をほんの一部しか使っていないと言う。その点を考えても、あなたの持つ能力の中には、自分のみが認めるもの、すでに他者からの評価を得ているもの以外に、いまだ自覚できずにいるものもあるはずである。

　その潜在的な力を探るには「試す」必要がある。それも、自分の知識の範疇にないやり方がいい。畑違いの分野に挑戦してみたり、あえて避けてきたことに着手するのも有意義だろう。

　なぜなら、自分の価値観の中で思考錯誤をしても、自分の枠からは出られない。外に追いやっていたものを内側に入れてみる。そうすることで、あなたは自分の限界を知り、壁の在りかを知り、可能性を開く段取りを整えることができるのだ。試すことで内面にどういう反応が起こるのか、それを手がかりに進めばおのずと活躍の場は広がるだろう。

25日生まれ

　25日生まれの人が人生をクリエイトするとき、重要な鍵となるのは「個人性」。オリジナリティをどれだけ熟成させられるかがポイントとなる。その程度によってあなたの活躍の幅は決まってくるだろう。

　というのも、7は「独立独歩」の数。7のグループで最も大きな数である25は、独自

性を大切にする傾向がさらに成熟度を増すのである。
　「自分らしさ」とはなにか。そう考えるとき、自分と他者との違いを探ってみるという方法がある。あの人にはできないことが自分にはできる、といったように。それもあなたにとっては、才能発揮の場を得るための有効な手段となるだろう。
　しかし、その判断の仕方には大きな落とし穴がある。そう、人と比べることは自分の無力さを感じることにもつながる。人との差異を物差しにするより、自分の中の心地良さ、充実感こそを大事にしたい。どうすれば快適か、なにをすれば満たされるか。その自分の感覚を追求することで、あなたの才能にはおのずと磨きがかけられていく。狙わずして個性も際立ってくるのである。人の評価を待つことなく、自分が満足できるレベルを目標にすればあなたの能力は余すことなく発揮されていくことだろう。

Birthday Number : group 8

Birthday Number of Core Numbers

　バースデイ・ナンバー8のグループの人が人生をクリエイトしていくとき、その発展と充実を促してくれるもの、それはほかならぬあなた自身の「野心」である。
　さて、あなたは今後、どうなっていきたいだろうか。おそらく、いろんな未来のヴィジョンが頭に浮かんでいることだろう。
　なにを目標にしても構わない。しかし、いずれにしてもまずは「立場」を確保したい。将来、カフェを経営したいと思うなら、その一歩として自分の理想に近い飲食店に勤める、といったように。自分の立ち位置そのものを目標に近い場所へと移していくことで、あなたの才能は本領発揮をする機会を得るだろう。
　しかし、ときとしてその「立場を得る」という手段が目的に取って代わってしまうことがある。カフェ経営のための勉強のはずがそこで働くことがメインの生活になってしまうのだ。あなたの場合、あまりにも遠い夢を抱くと手応えの少なさにそうなり得る。野心を維持するのには、今より一段上を目指すくらいがちょうど良い。あなたは必ずそこを踏み台に上昇するはずだから。

8日生まれ

　8日生まれのあなたが活躍の場を得ていくには正攻法でいくのが一番。「継続は力なり」と言うが、あなたにはまさにその姿勢をモットーとしてほしい。目標を定めたなら食いついていく。粘り強く続けることで、持ち前の才能を最大限に発揮する機会が得ら

れるだろう。

　「これがやりたい」とか、あるいは「これが自分は得意だ」といったものを見つけたら、とにかくそれをある一定期間、腰を据えてやってみる。そうすれば、おのずとあなたの能力を引き出してくれる人物やツールが現れてくる。なかなか日の目を見られなくても、「もう少し、もう1回」と挑むことでチャンスを取りこぼすこともなくなっていくはずだ。

　また、どうせやるなら「本物」を狙うのも重要なポイントである。習うなら本場、勤めるなら大手企業、使うなら高級ブランド……というように、価値づけの高いものを選んでいきたい。それでこそ、あなたの才能も一段と光り輝くこととなる。高級なものには高級な氣が宿っていることを頭に入れておくといいだろう。

17日生まれ

　17日生まれのあなたにとっても、8のグループに共通のテーマである「野心」と「立場を得ること」は、もちろん人生をクリエイトしていくうえでは重要な鍵となる。あなたの場合は、それにプラス、「スケールの大きさ」ということを心がけていきたい。

　つまり、どうせやるなら「大きく広く」狙うのである。たとえば、企画提案をするのであれば、いきなり会長や社長に直談判する、といった具合に。それくらい型破りであったほうがあなたの価値は上がり、その企画自体も大きく育つ。それこそ、会社の枠を越えて、世の中を動かすことにつながるかもしれない。

　17は8のグループのうち、偶数の8、26よりもやや性質が外向的なナンバーとして位置づけられる。そもそも8は目的意識の強いナンバーだが、17は奇数である分、他者へ与える影響力が強まるのである。

　要するにあなたの才能は、あなたの考える狭い範疇にだけ発揮の場があるわけではないということである。あなたが今イメージする理想の未来以上の未来が、あなたの進んで行く先には待っている。未来には、その先の未来と可能性があるのだ。そうした発想でいれば、少なくともあなたの夢は叶う。天啓もキャッチしやすくなり、世の役に立っているという実感を心から味わえるようにもなるだろう。

26日生まれ

　26日生まれのあなたが真に活躍の場を得たいと願うのなら、まずやるべきなのは環境に同調すること。「上に行きたい」「もっと認められたい」と思う場合、とかく自己アピールすることばかりを考えがちだが、あなたの場合、それがマイナスに働いてしまう

ことも少なくないだろう。

　26は偶数であることから、8のグループのうちでも、奇数の17よりもやや性質が内向的なナンバーとして位置づけられる。野心的な数である8グループの中では珍しく、やや従順な性格のナンバーなのである。

　活躍の場を得るためには、たとえばあなたが思い描く理想像に近い人物、あるいは、そのきっかけを与えてくれるであろう人物にまず近づく。そして、その人の姿勢ややり方に同調しつつ、自分の持てる力を捧げていくのである。

　もちろん、その行為によってすぐに才能を発揮する機会を得られるわけではないだろう。けれども、理想的な立場の人と接触することはあなたにとって貴重な体験となる。憧れの人、尊敬する人のマインドセットを知れば、それは、あなたがその後の人生を舵取りしていくうえでの宝の地図ともなるだろう。うまくすれば、その人物のツキがあなたのもとに流れ落ちてくる可能性もある。

　ただし、権力や時流は変わりゆくものである。本当に力のある人物はその都度、潮流を読んで見極めなくてはならない。今自分にとって必要な導師は誰か、シビアに観察することもあなたには必要である。

Birthday Number : group 9

Birthday Number of Core Numbers

　バースデイ・ナンバー9のグループの人が人生をクリエイトしていくとき、その発展と充実を促してくれるもの、それはあなた自身の「正義感」と「慈愛の心」である。

　願望を叶えようとする際に、多くの人が、それが実現した先のことを詳細にプランニングしない。成就した後にはバラ色の未来が広がっている……。そう信じて疑わないからだろう。

　しかし、本当に心より活躍の場を得たいと願うのなら、あなたの場合には、まずその夢の先を考えたい。「こうなりたい」とか「あんなことがやってみたい」というあなたの夢が実現されると、果たしてこの世にはどんな影響が及ぼされるのか。そこをシビアに計算して動くことで、あなたは持ち前の才能を発揮する場に恵まれていく。計画を算段していく中で、結果として世の中の歪みを正したり、人々の役に立つ効果がありそうなら、あなたの選択は間違っていないと判断していい。

　また、どんな分野で自分を表現するか迷っているのであれば、世の中の問題点にフォーカスするといいだろう。おのずと「役目」が見つかるはずである。

9日生まれ

9日生まれのあなたは、大きく崇高なものへの貢献を目指してこそ、持ち前の才能を最大限に発揮することができる。

具体的に目標を定め、そしてリアルにそれが達成されたイメージを描く。これは、今や常識ともなっている成功法則のひとつだが、あなたの場合、その方法を取ると、かえって「成功」のスケールが小さくなってしまう可能性がある。

同じ思い描くなら、たとえば「世界中の人々に影響を与えるようなことをする」くらいの大きなヴィジョンを描きたい。あるいは、「人に生きる喜びを伝える仕事をしたい」といった漠然とした夢でも構わない。とにかく、ターゲットは世界や人類としてみる。それでこそ、あなたは活躍の場を得ていくことができるのだ。

また、同志的な仲間を見つけることも、あなたがチャンスをものにしていくには重要な鍵となる。方向性に迷ったり、どう道筋を切り開いていいかわからないときは、グループで活動することをお勧めする。あるいは、あなた自身が旗揚げして、運動していくというのも効果的だろう。

18日生まれ

18日生まれのあなたにとっても、9のグループに共通のテーマである「正義感」と「慈愛の心」は、もちろん人生をクリエイトしていくうえでは重要な鍵となる。しかし、あなたの場合、それだけでは足りない。あなたが持ち前の才能を発揮していくには、それに「貪欲さ」をプラスしていきたい。

18はそれぞれの桁を足して9となる。そして同時に1と8の要素も含むナンバーである。行動力と衝動性の1、実行力と権力の8とが合わさったこの18という数は、極めて冒険的かつパワフルなナンバーだと言える。

9のグループは総じて奉仕的、かつ愛と調和を重要視するが、18の場合、その資質に野心的なパワーが加わる。奉仕活動のために、資産家からごっそりと寄付をいただく。言わば、そんなイメージに近い。要するに、単なる「お人好し」であってはいけないのだ。

正義感も慈愛の心もいいが、人に言われるがままに働いて本当にやりたいことをおざなりにしたり、本来の得意技を披露せずにいるのは運命への冒とくである。自分の才能は確実に実りを生み出す、意義あることのために使おう。利用できるものは利用し、損得勘定もシビアにやるべきである。まずは活用できる人脈やツールを見つけるのがあなたの飛躍の足がかりになるだろう。

27日生まれ

　27日生まれのあなたにとっても、9のグループに共通のテーマである「正義感」と「慈愛の心」は、もちろん人生をクリエイトしていくうえでは重要な鍵となる。あなたの場合、それにプラス、精神性を高めていこうとする姿勢が、才能発揮のためには不可欠である。

　9のグループは、総じて理想的なヴィジョンや視野の広さを持つナンバーだが、27になるとその傾向はさらに成熟度を増す。現世的な利益にはこだわらず、あくまでも崇高な目的のために生きようとするナンバーなのである。

　向上心を持ってコツコツと努力する。そうした目的達成のための常套手段も精神性を高めることにつながる。昨日より今日、今日より明日、確実に一歩ずつ前進していこうとするにはかなりの精神力を要するものである。すべてのチャンス、すべての出会いを成長の機会と捉えること。そうした凛とした姿勢こそがあなたをスターダムにのし上げてくれるだろう。

　たとえば、ダイエット中の人が、家事の最中にも腹筋を意識したり、足の屈伸運動をしたりするように。隙あらば才能を磨く努力をする。生活のすべてを「こうなりたい」というヴィジョンに向けるのだ。ある一定期間でもそうした「修行期間」を持てば、あなたは必ず道を切り開いていく。自然と活躍の場が見いだされていくことだろう。

[Lesson 1]
ブリッジ・ナンバー
Bridge Number

　ブリッジ・ナンバー（Bridge Number）は文字どおり「橋渡しの数」。これまで見てきたそれぞれのナンバーの間を取り持つナンバーである[xxiii]。

　たとえば、ソウル・ナンバーとパーソナリティー・ナンバーがそれぞれ異なる数だったとする。その場合、その人の「内なる自己」と「外なる自己」の間にはギャップが生じてくる。それをいかに関係づけていくかを示すのがブリッジ・ナンバーである。

　わたしたちは生きていく過程であらゆる問題に遭遇する。そのひとつに、相反する願望が同時にわき起こってどちらにも進めなくなってしまう、といった事態もあるだろう。やめたい、でもやめたくない……。そんな風に葛藤したときに、おそらくあなたの中では、性質のまるで異なるナンバーが同時に動いている。こうした葛藤をコントロールできるか否かで、人生の航路は明るくもなるし、暗く厳しいものともなる。ブリッジ・ナンバーは必ずや航路を照らす光となる。あなたが行きたい向こう岸へと連れて行ってくれる架け橋となってくれるはずである。

　ブリッジ・ナンバーは、これまで見てきたマチュリティー・ナンバーを除く5つのナンバーそれぞれの関係から導き出される。計算方法は、任意のナンバーの大きいほうの数から小さいほうの数を引く。ただし、その計算の前に、11や22といったマスター・ナンバーはあらかじめ2と4に還元しておく。

　たとえば例として、以下のような人の場合のすべてのナンバー同士の組み合わせで、それぞれのブリッジ・ナンバーを計算してみよう。

ライフ・パス・ナンバー……………………………④
ディスティニー・ナンバー…………………………③
ソウル・ナンバー……………………………………⑨
パーソナリティー・ナンバー………………………①
バースデイ・ナンバー………………………………④

ライフ・パス・ナンバーとディスティニー・ナンバー
4－3＝①
ライフ・パス・ナンバーとソウル・ナンバー

9－4＝⑤
ライフ・パス・ナンバーとパーソナリティー・ナンバー
4－1＝③
ライフ・パス・ナンバーとバースデイ・ナンバー
4－4＝0
ディスティニー・ナンバーとソウル・ナンバー
9－3＝⑥
ディスティニー・ナンバーとパーソナリティー・ナンバー
3－1＝②
ディスティニー・ナンバーとバースデイ・ナンバー
4－3＝①
ソウル・ナンバーとパーソナリティー・ナンバー
9－1＝⑧
ソウル・ナンバーとバースデイ・ナンバー
9－4＝⑤
パーソナリティー・ナンバーとバースデイ・ナンバー
4－1＝③

　以上のように、ブリッジ・ナンバーは、すべての組み合わせから10個の数が導き出される。また、同じ数同士の場合、0となることもある。一方で、引き算なので、原理的に9の数が導き出されることはない。したがって、ブリッジ・ナンバーは、0から8までの数となる。
　ナンバーが混乱してしまう場合は、あらかじめすべてのコア・ナンバーズをチャートのメモ欄に書き出しておくとよいだろう。
　ここでは、まずそれぞれのナンバーのギャップについての考え方を示し、その後0から8までの各ブリッジ・ナンバーについて解説していこう。

それぞれのナンバーのギャップ

❋ ライフ・パス・ナンバーとディスティニー・ナンバー ❋

　ライフ・パス・ナンバーはその人の持つ才能や資質、ディスティニー・ナンバーはその人の使命を示す数。このふたつに大きなギャップがあると、進むべき方向を選ぶとき

に葛藤が生じる。

　持ち前の資質を素直に発揮していこうとすると「使命」から外れてしまい、使命感を優先し、人の役に立つべく役割を演じようとすると、その人固有の資質を発揮する場が得にくい。そうしたジレンマがついて回るのである。

　こうした場合、ふたつの顔を使い分けるという生き方もある。しかし、そう器用ではなく、エネルギーを分散させることを好まない人にはブリッジ・ナンバーは参考になるはずである。人生上の使命において才能や資質を活かすことも可能になるだろう。

ライフ・パス・ナンバーとソウル・ナンバー

　ライフ・パス・ナンバーはその人の持つ才能や資質、ソウル・ナンバーはその人の魂が望むことを示す数。このふたつに大きなギャップがあると、人生上、不満が生じやすく、チャンスを取りこぼしがちにもなる。

　たとえば、魂の欲求を示すソウル・ナンバーに派手なパフォーマンスを好まない2や6などが入っている一方、才能や資質を表すライフ・パス・ナンバーには5などのエンターテイメント性を示唆する数が入っていたとする。魂が望むままに控えめな姿勢でいれば、才能や資質が日の目を見ることはないわけである。

　一方を満たそうとすると、一方が満たされないのだ。自分の中のすべての衝動を活かしたい人にはブリッジ・ナンバーは参考になるだろう。

ライフ・パス・ナンバーとパーソナリティー・ナンバー

　ライフ・パス・ナンバーはその人の持つ才能や資質、パーソナリティー・ナンバーは社会的な役割、外に与える印象を示す数。このふたつのナンバーが協調していれば、当然、活躍の場は得やすい。周囲が期待することと、その人が持っている資質や才能が近いものであれば、需要と供給は一致するのだから、自然と評価を得るチャンスにも恵まれるのである。

　しかし、反対にこのふたつにギャップがあると才能発揮の場を得にくい事態が生じる。人が自分をどう見るか、なにを期待されているか。そういう外からの視線にわたしたちは思っている以上に同調しやすいからである。そういった状況に陥り、持ち前の才能を眠らせたくない人にはブリッジ・ナンバーは参考になるだろう。

ライフ・パス・ナンバーとバースデイ・ナンバー

　ライフ・パス・ナンバーはその人の持つ才能や資質、バースデイ・ナンバーは、人生

を歩んでいくうえで助けとなるもの、言わば生きるテクニックのようなものを示す数。このふたつのナンバーが協調していれば、才能発揮の術を身につけていることになるので、相乗効果で社会的な活躍の場が得やすくなる。

　ギャップのあるナンバーでも、バースデイ・ナンバーがライフ・パス・ナンバーの助けとなるのは同様である。ただ、一方が1や3などのアクティブな数で、一方が2や6などの内向性の強い数だと葛藤は多い。そこでそのジレンマを縮めてくれるのがブリッジ・ナンバー。これを参考にすれば、より柔軟なテクニックを身につけることができるはずである。

🌿 ディスティニー・ナンバーとソウル・ナンバー 🌿

　ディスティニー・ナンバーはその人の人生上の使命、ソウル・ナンバーはその人の魂の欲求を示す数。このふたつのナンバーのギャップが大きいと、人生上、歩んでいく道の途中で、迷いや不満が生じやすい。使命感に導かれて進んでいっても、心はどこか空虚……。やりがいを感じながらも、同時に「なにか違う」と訴えてくる魂の叫びも聞くことだろう。

　しかし、魂の欲求にしたがえば「使命」がおざなりになり、生きがいを感じにくい。自分がこの世に生きていく価値を見失うこともあるだろう。心はいつも振り子のように揺れ動いてしまう……。そんな経験を持つ人はぜひブリッジ・ナンバーを参考にしたい。振り子をとめるためのヒントが見つかるはずである。

🌿 ディスティニー・ナンバーとパーソナリティー・ナンバー 🌿

　ディスティニー・ナンバーはその人の人生上の使命、パーソナリティー・ナンバーは社会的な役割、外に与える印象を示す数。このふたつのナンバーが協調していれば、進んでいく道や職業の選択はスムーズとなる。期待される役割と使命が馴染んでいれば、「本当はこれをやるべきなのに」という不満は生じないからである。

　しかし、ギャップが大きい場合、社会において自分が演じている役割に疑問が生じる。「本当にやるべきことはほかにあるんじゃないか」という衝動に突き動かされ、周囲を裏切りたくなることもあるだろう。そんなとき、リスクを犯さずとも葛藤をおさめる方法がある。それを示してくれるのがブリッジ・ナンバーである。

🌿 ディスティニー・ナンバーとバースデイ・ナンバー 🌿

　ディスティニー・ナンバーはその人の人生上の使命、バースデイ・ナンバーは人生を

歩んでいくうえで助けとなるもの、言わば生きるテクニックのようなものを示す数。このふたつが協調していれば、リズミカルでダイナミックな人生が展開される。なぜなら、いざというときには、このバースデイ・ナンバーが助けてくれるはずだから。相乗効果で可能性は広がっていくことだろう。

　しかし、ふたつのギャップが大きい場合は、才能はクローズアップされるが本来の使命からは外れていくという事態が生じる。評価はされるがやりがいは薄い、そんな心境にもなり得る。そうした葛藤をクリアしたい人にはブリッジ・ナンバーは有効なヒントとなるだろう。

ソウル・ナンバーとパーソナリティー・ナンバー

　ソウル・ナンバーはその人の魂の欲求、パーソナリティー・ナンバーは社会的な役割、外に与える印象を示す数。これは内なる自己とペルソナとも言い換えることができるだろう。

　このふたつのギャップが大きいと、当然葛藤が生じる。たとえば、ソウル・ナンバーが6などの控えめな性質の数なのに対して、パーソナリティー・ナンバーが1や8などのリーダー性を意味する数だったとする。本人は仕切り役なんてとんでもないと思ってはいても、人はそれを要求してくる、といった事態になる。本当は頼りたいのは自分のほうなのに頼れない……。そんな状況が続けば魂は疲れ切ってしまうだろう。魂の疲弊しがちな人にはブリッジ・ナンバーは参考になるはずである。

ソウル・ナンバーとバースデイ・ナンバー

　ソウル・ナンバーはその人の魂の欲求、バースデイ・ナンバーは人生を歩んでいくうえで助けとなるもの、言わば生きるテクニックのようなものを示す数。このふたつのナンバーが協調していれば生きていくうえでの葛藤は少ない。

　ふたつのギャップが大きいと魂はストレスを感じやすい。たとえば、ソウル・ナンバーが2などの平和を好む数なのに対して、バースデイ・ナンバーが1や8などのいざとなったら戦いをも厭わない数だとする。この場合、争いを避けることでしばしばチャンスを逃したり、せっかくの見せ場で恐縮してしまい、十分に才能を発揮できなかったり、という事態が生じる。チャンスを逃しがちな人はぜひブリッジ・ナンバーを参考にしてほしい。

パーソナリティー・ナンバーとバースデイ・ナンバー

　パーソナリティー・ナンバーは社会的な役割や外に与える印象、バースデイ・ナンバーは人生を歩んでいくうえで助けとなるもの、生きていくテクニックのようなものを示す数。このふたつが協調していれば、社会的な成功を導きやすい。なぜなら、活躍の場を得ようとしたときに使うテクニックが、その人の役割と馴染んでいるのだから。スムーズに本領発揮ができるのである。

　しかし、ふたつのギャップが大きいと、ときとして周囲の落胆を誘うこともある。そんなことはあなたに期待していないと……。バースデイ・ナンバーの性質を出したために立場を失う可能性だってある。そのプロセスがスマートに運ぶよう促してくれるのがブリッジ・ナンバーである。

Bridge Number : 0

Bridge Number of Core Numbers

　ブリッジ・ナンバーの0は、比べるふたつのナンバーが同数であり、ギャップがないということを示す。そのナンバーの性質が二重に強調されるので、ブレることなく、その数が目指す道を選択していくことができる。

　しかし、ふたつだけが協調していても、ほかのナンバーが性質の異なるものであれば、当然ながら、進む道のりはそれほどシンプルではない。要所要所で葛藤は生じてくるだろう。

　また、ひとつのやり方で押していく姿勢はときに厄介な場合がある。行き詰まった際に、打開策を見いだすのに窮するからである。今ひとつ結果が出にくい、スムーズに運ばない……。そんなときは、意識してこのふたつのナンバー以外の姿勢も取り入れていきたい。

Bridge Number : 1

Bridge Number of Core Numbers

【2−1】

　2は「調和」を表す数。受動性や女性原理を象徴するナンバーである。一方、1は自分を積極的に打ち出す数。能動性や男性原理を示すナンバーである。

相反する要素が自分の中に同居していれば、当然、葛藤は生じる。外に出て行こうとする力と留まろうとする力とが綱引きをしている状態にあるのだから。

それを打破するにはやはり行動することである。争うことを嫌う性質の2は、意志を持って動こうとする1に素直にしたがうはずである。また、押しを強めていくばかりではなく、調和のために行動するというスタンスもある。どう動機づけしていくのか。その部分が調和的であったなら、ブリッジ・ナンバーの1はあなたの中のナンバー2の衝動も満足させるはずである。

【3－2】

3は楽天性を意味する数。今この瞬間が楽しいかどうかを判断基準とするナンバーである。一方、2は調和を表す数。安らかな時間が続くことを願うナンバーである。

このふたつのナンバーは、穏やかな生活を過ごしている分には激しく葛藤することはない。なぜなら、あなたの中にある3の部分は、なにごとも楽観視するのが常であるから。

しかし、ソウル・ナンバーが2だった場合には少々厄介であろう。心は安住の地を求めてさ迷うこととなる。漠然とした不安に駆られるとき、ブリッジ・ナンバーは大いに役に立つ。1は「行動原理」を象徴する数である。とにかく、問題点を解消するべく行動を起こすこと。そうすることでしか葛藤は緩和されない。

【4－3】

4は現実性や実利を意味する数。一方、3は楽天性を意味する数。楽しく新鮮なものに価値を置くナンバーである。

このふたつの願望の相違はあなた自身でもすでに実感していることだろう。結果を出すべく真面目に働いていたのに、ある日突然、そうした生活に意味を感じなくなる……といったようなことは日常的に生じているかもしれない。

1は「行動原理」を象徴する数である。とにかく行動を起こす。葛藤を緩和するには、これに尽きるだろう。どうしても、折り合いがつかないときだけではなく、モヤモヤし始めたら、後回しにせずに「そうしたほうがいい」と思うことをおこなう。そうすれば、4と3の衝動は同時に満たされていくはずである。

【5－4】

5は「変化」を表す数。一方、4は「安定」を意味する数。地に足をつけた発想を志

向するナンバーである。

　そりの合わないこのふたつのナンバーを持つあなたの中では、いつも大小の葛藤が生じているだろう。安定を望みながら、実際にやっていることはそうではない、といったように。

　折り合いのつかない衝動をおさめるには、ブリッジ・ナンバーを意識するのが有効である。1は「行動原理」を象徴する数。無自覚なまま日々流されて生きれば、生活は不安定なまま。かといって、安定感を得るためにジッと留まればストレスはたまる。だとしたら、やはり行動を起こすのが一番。安定と行動をバランス良く続けてこそ、本当の安心感が得られるであろう。

【6 ー 5】

　6は奉仕や謙虚さを意味する数。5は「自由」を求める数。既成の価値や人の評価は気にせず、自分を表現していくチャレンジ精神にあふれたナンバーである。

　あなたの中の5の性質は6のやり方に窮屈さを感じ、6の性質は5のやり方にいい加減さを感じる。そんな風にあなたの中では常に葛藤が生じていることだろう。その心のギャップを埋めてくれるのがブリッジ・ナンバーの1である。

　1は「リーダー性」を意味する数。人のために奉仕をする場合にも、自ら率先して動く。言われてからではなく、誘われるのを待ってからではなく、自分から発信する。人のせいにせず責任を持ってやることで、あなたの中のジレンマは緩和されていくはずである。

【7 ー 6】

　7は探求心や分析力を表す数。知識を得ることを重要視するナンバーである。6は奉仕や家族愛を意味する数。愛情を持って人のために尽くすことを喜びとするナンバーである。

　クールな理論派とウエットな情緒派が同居しているという図。この異なる性質のふたつが同居している場合、あらゆる場面で指針が揺らぎがちになるだろう。自分の選択に後悔することも多いかもしれない。ブレない姿勢を築くためにも、ブリッジ・ナンバーの1を意識するのは賢明だろう。

　1は「行動原理」を象徴する数。とにかく、行動によって気づいたことや知り得たことを具現化する。表に出していくことで状況は動き、失敗や落胆も取り戻すことが可能となるだろう。

【8−7】

8は権威や達成を意味する数。結果を出し、現実を動かすことを望むナンバーである。一方、7は分析力を表す数。「知る」ことをなにより重要視するナンバーである。

このふたつが協力し合ったなら、大きなことを成し遂げられる可能性が出てくる。なぜなら、知識を得て、それを糧に行動を起こしていったなら、確実にその成果のクオリティは高くなるからである。しかし、7の性質ばかりが前面に出れば「口先だけの人」というレッテルを貼られかねない。

1は「行動原理」を象徴する数。行動することによってのみ、今あなたが抱えているジレンマは解消される。このブリッジ・ナンバーの恩恵は、動き出せばすぐに手に取って確認できるであろう。

【9−8】

9は宇宙的な広い価値観で動く数。ある種、達観した性質のナンバーである。一方、8は現実世界で最高の権威を求める、野心的なナンバーである。

9の広々とした見地からは、8の主義主張は小さなものに見えてくるだろう。ときとして、現在の地位を投げ出して、世のため人のために尽くす生活を送りたくなったりもするかもしれない。しかし、現実を考えるとそう衝動的に生きられるわけでもない。そんな葛藤に応えてくれるのがブリッジ・ナンバーの1である。

1は「スタート」を意味する数。とにかく、些細なことでも始めてみる。不満を解消するため、将来の夢につながるなにかのため。その一歩を踏み出すことで、快方へと向かう流れは創られていくはずである。

Bridge Number : 2

Bridge Number of Core Numbers

【3−1】

3は創造性を表す数。イマジネーションと表現力に富んだナンバーである。一方、1は積極的に自分を打ち出していく数。双方とも表現欲求が強く、自分らしい個性の発揮を望むナンバーである。

ほかの組み合わせに比べると、奇数同士のこのふたつは非常に共通点が多い。しかし、差異はある。バラバラに働いていると、やはりどうしてもエネルギーが分散してしまう。楽天性が強いだけに成果を上げにくい、という難点があるのだ。そこで意識する

と有効なのがこのブリッジ・ナンバーの2である。2は調和と受動性の数。周囲の声に耳を傾け、同調する。そうしてひと呼吸おくだけでも、あなたの人生は伸びやかに、かつ手応えのあるものとなってくだろう。

【4-2】

　4は「安定」を意味する数。一方、2は「調和」を表す数。穏やかに安住することに価値を見いだすナンバーである。

　双方とも、安心確実なものを求め、変化を嫌うところは共通している。そのため、「人生観」という意味では葛藤は少ないだろう。しかし、4の現実的な考え方ばかりが優先されると、安らぎと温もりを第一とする、あなたの中の2の性質は疲弊していく。ブリッジ・ナンバーも2であることから、行き詰まりを感じたときは、いったん2のやり方を優先させるのが窮地を脱する秘訣となる。つまり、まずは人とのつながりと協調性を意識してみる。そうすれば、味方を得られ、あなたの人生はより豊かに歩みやすいものとなるはずである。

【5-3】

　5は自由と変化を意味する数。一方、3は創造性と自己表現の数。クリエイティブな感性に富んだナンバーである。

　新しいものを生み、のびのびとオリジナリティを発揮しようとするところは双方に共通している。そのため、このふたつが内面で大きく葛藤することは少ないだろう。しかし、このふたつがバラバラに働くと、好奇心が旺盛な分、あらゆることが中途半端になりかねない。そうしたエネルギーの分散を抑えてくれるのがブリッジ・ナンバーの2である。

　2は「調和」の数。人と協調し、環境と馴染む。その姿勢を少しだけでも心がけてみるといいだろう。そうすれば、「あと一歩」という溝は確実に埋められる。成果は出しやすくなるはずである。

【6-4】

　6は奉仕を意味する数。人の期待に応えることに喜びを感じ、課せられた義務や責任にも忠実なナンバーである。一方、4は計画性を持ち、常に実際的な労働を心がけるナンバーである。

　双方とも勤勉かつ生真面目。共通点も多いので、なんらかの目的を持って努力を傾け

ている場合には特に問題はないだろう。しかし、ひとたび不協和音が響き始めると協力体制は崩れる。損得勘定にシビアな4からすると、6の身を粉にして働く奉仕的な姿勢は極めて厄介。そんなジレンマを埋めてくれるのがブリッジ・ナンバー2なのである。

　2は人との調和を志す数。人のため、あるいはなにかのため、という自分以外のものへの愛を持って行動することが重要な鍵となる。

【7−5】

　7は探究心や分析力を表す数。「知る」ことを第一に考えるナンバーである。一方、5は自由と冒険心の数。経験することを重要視するナンバーである。

　好奇心の強さにおいては同レベルのナンバーではあるが、行動スタンスは正反対。あなたの内面では、このふたつのナンバーは常にあわただしく入れ替わっているのではないだろうか。新たなことを知るとそれを実践したくなる。すぐにやりたい、でもまだ調べ足りない……といったように。

　そんな衝動をおさめてくれるのがブリッジ・ナンバー2である。2は「調和」を意味する数。つまり、人の意見に耳を傾けることである。人に判断や協力を仰いでみることで、あなたの中の焦燥感は静まるはずである。

【8−6】

　8は権威を意味する数。自らの責任で場を取り仕切ることにやりがいを感じるナンバーである。一方、6は奉仕や謙虚さを意味する数。人の役に立つことを喜びとするナンバーである。

　双方とも義務感や使命感に忠実なナンバーであるため、かかわる社会や人々との関係がスムーズであれば問題は生じない。しかし、独裁的な上司を持った場合、あなたの中の8の性質はストレスを感じてしまう。そんなジレンマに解決の糸口を見せてくれるのがブリッジ・ナンバー2である。

　2は調和と受動性の数。つまり、とにかくいったん受け入れる。それでも対処に困るときは協力者を求めてもいい。人を頼りにすることを厭わない姿勢が鍵となるだろう。

【9−7】

　9はこの世のすべての人との共感と相互理解を目指す数。一方、7は飽くなき探究心によって、この世の真理を解明しようとするナンバーである。真実を求めていく点で共通しているこのふたつは、自然と足並みが揃うナンバーではある。

しかし、7の発想の中に「共感」の意図はない。そのため、7の衝動が優先されると、あなたの世界は狭くなり、9のグローバルなセンスは発揮されない。そうした状況を改善してくれるのがブリッジ・ナンバー2である。2は人との調和を表す数。つまり、まずは身の回りの人との協力体勢を強める。自分に共感してくれる人とのつながりを広げることで、あなたのいる世界の狭さや不活発さは緩和されていくだろう。

Bridge Number：3

Bridge Number of Core Numbers

【4－1】

4は実際性を重んじる数。建設的な発想をもとに行動し、確実に結果を出していこうとするナンバーである。一方、1は積極性と主体性を表す数。行動力に富んでいる点では共通しているナンバーである。

しかし、4は先のことを考えるのに対して、1はまずは行動というスタンス。このふたつは似ているようでまるで性質が異なっている。安定志向とチャレンジ精神の葛藤は尽きない。

その葛藤を静めてくれるのがブリッジ・ナンバーの3である。3は創造性と楽天性の数。つまり、クリエイティブな発想、オリジナリティあふれる方法が鍵となるということ。ただ行動するのではなく、自分の人生を楽しんで創造していく、という意識が重要であろう。

【5－2】

5は自由と冒険心の数。リスクを厭わずに、未知のものにも挑戦していくナンバーである。一方、2は「調和」を表す数。平穏さを好むナンバーである。

性質の異なるこのふたつが同居していると、多かれ少なかれ葛藤は生じてくる。生活が安定してくると変化を求め、不安定な状態が続くと穏やかな暮らしが恋しくなる……といったように。

そんな振り子のようにさ迷う心をおさめてくれるのがブリッジ・ナンバーの3である。3は楽天性を意味する数。つまり、とにかく明るい未来を見ていくことである。次は大丈夫、この次はこんなことをしよう。そうした発想をしていく限り、停滞することなく穏やかな生活を営むことも可能となっていくだろう。

【6-3】

　6は奉仕を意味する数。人の期待に応えることに喜びを感じ、課せられた義務や責任にも忠実なナンバーである。一方、3は楽天性を意味する数。「楽しさ」を第一に考えるナンバーである。

　性質の異なるこのふたつの間に葛藤が生じることは容易に想像ができるだろう。6の見地からは、3のスタンスは身勝手にも見えてしまう。自分で自分を責めることも少なくないのでは？　そんなジレンマを解消してくれるのがブリッジ・ナンバーの3である。つまり、まずは3の衝動を満たすのである。どちらの姿勢を取るかを迷った際は楽しめるかどうかを判断基準にするといいだろう。そうすることで喜びは倍増する。あなた自身も周囲の人も幸せにすることが可能となる。

【7-4】

　7は探究心や分析力を表す数。「知る」ことになにより価値を置くナンバーである。一方、4は現実性や実利を意味する数。目に見える価値を重要視するナンバーである。

　どちらも主張の激しいナンバーではないので、日々の生活の中で葛藤を起こすことは少ないかもしれない。しかし、長期的な目標へと向かう場合、7の理論派の性質と4の実際性を重んじる姿勢は衝突する。そのジレンマをおさめてくれるのがブリッジ・ナンバーの3である。3は「表現」の数。つまり、知り得たことは自分の内に溜めておかずに表現することが重要な鍵となるということだ。表現することで人々にも影響を与えられる。そうなれば、実利も得ることができるはずである。

【8-5】

　8は「権威」を意味する数。権力志向で支配欲の強いナンバーである。一方、5は「自由」を表すナンバーである。

　自由を求める5の見地からは、8のスタンスは息苦しく感じるだろう。支配しようとすれば環境に縛られる。自由になるために力を得たのに、その力に縛られるというパラドックス……。そんな身動きの取りづらい状況を緩和してくれるのがブリッジ・ナンバーの3である。

　3は楽天性を意味する数。行き詰まったときこそ、問いかけていきたいのは「今、自分は楽しんでいるか」ということである。自由になるために自由になるのではなく、力を握るために力を握るのではなく、楽しむこと。それを忘れずにいれば葛藤は氷解していくはずである。

【9－6】

　9はこの世のすべての人との共感と相互理解を目指すナンバーである。一方、6は「奉仕」を意味する数。人の役に立つことを喜びとするナンバーである。

　双方とも慈愛にあふれたナンバーだが、6は身近な同胞にサービス精神を発揮するのに対して、9はグローバルにそのエネルギーを注いでいこうとする。その点でこのふたつのナンバーは大きく異なるのである。

　その架け橋となってくれるのがブリッジ・ナンバーの3。3は表現と楽天性を意味する数である。つまり、小さなことにこだわらず、決して深刻にならず、言いたいことを口にしていくこと。不具合があればその都度調整する。柔軟に取り組むことで、あなたの望む愛の世界は形作られていくだろう。

Bridge Number : 4

Bridge Number of Core Numbers

【5－1】

　5は自由と冒険心の数。リスクを厭わずに、未知のものにも挑戦していくナンバーである。一方、1は「革新」を意味するナンバーである。

　このふたつは共通点も多いがやはり差異がある。1は目的へとまっすぐに向かう性質を持つが、5は目的に縛られること自体を嫌う。「自由」を感じられなくなった場合には、あなたの中でこのふたつはバラバラに動き始めてしまうだろう。そんなときはまさにブリッジ・ナンバーの4の出番である。

　4は「安定」を意味する数。そう、とにかくいったん立ち止まってみる。そして、足もとを見つめる。そうすることで、その次にどう選択すべきかがわかり、新たな可能性や充実感も見いだされていくだろう。

【6－2】

　6は「奉仕」を意味する数。人の役に立つことを喜びとするナンバーである。一方、2は「調和」を表す数。平和的で優美な環境を趣向するナンバーである。

　双方とも主張の強いナンバーではないので葛藤は生じにくい。しかし、ひとたび苦境に陥ると、あなたの中の2の性質は弱音を吐き始める。6は比較的ストイックな資質を持つが2は汚れ役を嫌う傾向にある。そんな葛藤を緩和してくれるのがブリッジ・ナンバーの4である。

4は計画性と忍耐力を表す数。つまりは逃げないことである。そして、しっかりと状況を秩序化して、ゴールを設定する。そうすることで、双方の良さはきちんと活かされ、具体的な功績へと落とし込むことも可能となるだろう。

【7－3】

7は探究心を表す数。この世の真理と神秘を究明し、人々に伝えることを目指すナンバーである。3は楽天性を意味する数。楽しさを追求し、それを人々と分かち合おうとするナンバーである。

世の中に伝えたいという姿勢は共通しているが、その伝えようとする内容が異なるのがこのふたつのナンバー。進むべき方向性を迷うことはしばしばあるかもしれない。そんな葛藤をおさめてくれるのがブリッジ・ナンバーの4である。

4は実際性を重んじる数。つまり、口で伝えるだけではなく実際にやってみる。そして、その価値と成果を見てみるのである。そうしてリアルな視点を取り入れることで、あなた自身、より自己表現することに意義を見いだしていくだろう。

【8－4】

8は権威や達成を意味する数。自分や他者との戦いに勝ち抜くことを望むナンバー。一方、4は「安定」を表す数。秩序を重んじ、常に平常心と現状維持を心がけるナンバーである。

努力家である点は共通しているが、決定的に異なるのはその野心の度合いである。8は完全な権力志向であるのに対して、4はあくまでも安定を願う。将来のヴィジョンが具体化し始めると、この葛藤は強まってくるだろう。そんなときこのブリッジ・ナンバーの4が重みを持ってくる。

要するに、まずは4の衝動を満たし、それから8の野心に活躍してもらう。その段取りでいくと滞っていた物事はスムーズに運びやすくなるだろう。

【9－5】

9は寛大さを意味する、ある種、達観した性質のナンバーである。一方、5は自由と冒険心の数である。

9の見地からすると、5の性質は子どもっぽく無邪気な印象であろう。あなたの中にはものわかりの良い大人とヤンチャな子どもが同居している、そんな状態だと言える。当然ながら、葛藤は生じる。訳知り顔の大人といたずらっ子があなたの内面で張り合う

のだから。そのジレンマを緩和してくれるのがブリッジ・ナンバーの4である。

　4は実際性を重んじる数。つまり、地に足をつけた発想を心がけることである。夢物語や単なる善意でもなく、イタズラ心でもなく、リアルな視点で状況を見ていくことで、あなたの長所は余すことなく活かされていくだろう。

Bridge Number : 5

Bridge Number of Core Numbers

【6－1】

　6は奉仕や謙虚さを意味する数。人の役に立つことを喜びとするナンバーである。一方、1は能動的な行動やリーダー性を意味する数。あくまでも自分を主体とするナンバーである。

　性質の異なるこのふたつを協調させるのは容易なことではない。6の衝動を優先し、人の期待に応える姿勢を取り続ければ、1の性質は日の目を見ることはない。そればかりか、常に欲求不満を抱えることになるだろう。もちろん逆もまたしかりである。

　こうしたギャップを埋めてくれるのがブリッジ・ナンバー5である。5は自由や変化を表す数。要するに、柔軟に変えていく姿勢が架け橋となるということである。葛藤が生じてきた際には、遊び心を持って状況に変化を加えてみよう。

【7－2】

　7は探究心や分析力を表す数。物事の内側や細部へと入り込んでいくナンバーである。一方、2は「調和」を表す数。人間関係をなにより大切に考えるナンバーである。

　性質の異なるこのふたつを協調させようとすると、当然ながら葛藤が生じる。7の衝動を優先し、孤独な探求を続けていけば、あなたの中の2の性質は息も絶え絶えになる。常に寂しさを感じ、空虚な気持ちを抱えることになるだろう。逆もまたしかりである。

　こうしたギャップを埋めてくれるのがブリッジ・ナンバー5である。5は自由や変化を表す数。つまり、内と外とを自由に行き来することができるよう、ふたつの境界線を外し、扉を開放しておけば良いのだ。そうした柔軟な発想が現状打破の鍵。新しいことにいつも心を開いていよう。

【8－3】

　8は権威や達成を意味する数。責任ある立場にやりがいを感じるナンバーである。一

方、3は楽天性を意味する数。「楽しさ」を第一に考えるナンバーである。

相反するとも言えるこのふたつを協調させるのは、当然ながら難しい。8の衝動を優先し、ひたすら権威を求めていけば、あなたの中の3の性質は退屈で息苦しささえ感じるようになる。逆の場合も葛藤は避けられない。

こうしたギャップを埋めてくれるのがブリッジ・ナンバー5である。5は自由や変化を表す数。ひとつのやり方にこだわらず、状況に応じて変化を加えていくようにすればどちらの願望も満たされるであろう。日々の生活に溺れることなく、また変化を恐れず、理想を追及していきたい。

【9－4】

9はこの世のすべての人との共感と相互理解を目指す数。一方、4は現実性や実利を意味する数。地に足をつけた発想を志向するナンバーである。

このふたつを協調させることができればあなたは心身ともに満たされた人生を送れるはずである。しかし、無自覚なままに9の衝動を優先し、損得勘定を無視して世のため人のために立ち働けば実利はついてこない。逆に実利を追求すれば精神性はおろそかになる。そうした極端な結果になりかねないのだ。

このバランスを取ってくれるのがブリッジ・ナンバー5である。5は自由や変化を表す数。「こうあるべき」という信念を貫き通すのではなく、その都度良いと思われる選択をしていく。そうした柔軟な姿勢が葛藤を緩和する鍵となる。

Bridge Number : 6

Bridge Number of Core Numbers

【7－1】

7は探求心や分析力を表す数。一方、1は「スタート」を表すナンバーである。

片やすでにあるものに対して興味を向けていき、片や新しいことを始めようとする。このふたつの異なる衝動に動かされていると、しばしば行動に一貫性がなくなる。エネルギーが分散するからである。そうなると得られるはずの成果も取りこぼすことにもなる。

それを回避するにはブリッジ・ナンバー6を意識することである。6はバランスや奉仕を意味する数。つまり、ひたすら自分の欲求を満たそうとするのではなく、人の要望も聞き入れる。そして、周囲とのバランスをはかっていく。そうした環境に従順な姿勢

が結果としては、すべての願望を満たすことにつながるのである。

【8−2】

8は権威や達成を意味する数。自分や他者との戦いに勝ち抜いていくことを望むナンバー。一方、2は「調和」を表す数。人々と平和的に協調しながら生きることを願うナンバーである。

このふたつは社会的に活躍する年代になると明確に差異が出てくる。人づき合いを取るか仕事を取るか。そうしたジレンマに苦しむ時期もあるかもしれない。どちらも捨てがたい欲求であるから、ふたつの衝動のにらみ合いは延々と続くのである。

その葛藤をおさめてくれるのがブリッジ・ナンバー6である。6はバランスや奉仕を意味する数。8の願望を優先させるのであれば、ときには意識してサービス精神を発揮する。手柄を仲間と分け合うという姿勢も重要となるだろう。

【9−3】

9は寛大さを意味する数で、ある種、達観した性質のナンバーである。一方、3は楽天性を意味する数。人生を丸ごと遊ぼうとするナンバーである。

このふたつはそれほどハッキリとは衝突しない。なぜなら、9はすべてのナンバーを内包している数なので、3の衝動をコントロールすることが可能となる。つまり、あなたの中の遊び心は、諭されおとなしくさせられるのである。

この状態が続けば3の性質は退屈してしまう。常に欲求不満を抱えることになるだろう。それを解消してくれるのがブリッジ・ナンバー6である。6はバランスや奉仕を意味する数。身近な人の期待に応えて喜んでもらう。そうした経験を積むことで、充実感は増してくるだろう。

Bridge Number : 7

Bridge Number of Core Numbers

【8−1】

8は「権威」を意味する数。力を得、それを維持しようとするナンバーである。一方、1は常に新しい目標へと向かっていくナンバーである。

このふたつが手を取り合えば次々と目標は達成される。1は漫然と現状が維持されることを好まないからである。しかし、あなたの中にある力を保持しようとする8の衝動

はそれを許さない。そこで葛藤が生じるのだ。

　このギャップを埋めてくれるのがブリッジ・ナンバー7である。7は真理を探究していこうとする数。つまり、ただひたすら行動し、結果を出そうとするのではなく、真に正しい選択肢はどれなのか、と慎重に探ってみる。いったん立ち止まって考える余裕を持つことでふたつの願望はずっと融合させやすくなるはずである。

【9-2】

　9は完全性を表す数。この世のすべてを包み込むナンバーである。一方、2は美と調和を表す数。汚れたものを嫌い、美しいものを趣向するナンバーである。

　9は選り好みをしないのに対して、2は独自の審美眼によって物事を選択する。2の衝動が優先されると、居心地の良い環境が保持されるが世界は狭くなり、9が優先された場合は、無限に活躍の幅は広がるが美醜もろとも受容する必要性が出てくる。この葛藤をほぐしてくれるのがブリッジ・ナンバー7である。

　7は分析力を表す数。つまり、ひとつひとつの物事を好き嫌いの感情で判断せず、じっくり検証してみること。内奥や裏側まで分析することで、ふたつの願望を歩み寄らせることが可能となるだろう。

Bridge Number : 8

Bridge Number of Core Numbers

　ブリッジ・ナンバーの8は、1と9の組み合わせの場合のみに登場する。1は「スタート」、9は「終わり」を意味する数。正反対のこのふたつを協調させるのは容易なことではない。

　9はすべての数を内包するナンバーであり、もちろん1の性質もそこには含まれる。しかし、純然たるナンバー1は、なにものにも飲み込まれたがらない。あくまでも自分が主導権を握りたいのである。9の考え方や方法論にはどうしても反発してしまう。そんなジレンマを緩和してくれるのがブリッジ・ナンバー8である。

　8は「達成」を意味する数。つまり、まずは結果を出す。成果を上げれば立場が確保でき、自由な発言権も手にできる。双方の欲求が満たされることとなるだろう。

レッスン 2
インテンシティ・テーブルと
プレーンズ・
オブ・エクスプレッション
―才能・性格・特性を知る―
Lesson_2 Intensity Chart & Planes of Expression

　本章では、前章で解説したコア・ナンバーズほど一般的ではないものの、その人の持つ特性をより詳細に分析していく際に有効となるふたつのテクニック――「インテンシティ・テーブル」と「プレーンズ・オブ・エクスプレッション」を紹介していく。
　より一層あなたという人物像が深く立ち現れ、鮮明に照らし出されることになるだろう。

インテンシティ・テーブル
Intensity Chart

　「インテンシティ・テーブル（Intensity Chart）」は、そのまま日本語に訳すと「強度表」となる。その人の性質の中で強調されている部分、あるいは逆に不足している部分がこの表によって導き出される。表は名前をもとに作成していく。

　では、ここではヤマダタロウという名前を例としてインテンシティ・テーブルを作ってみよう[xxiv]。

まずは名前をアルファベットで表記する。
TARO YAMADA

名前を構成しているそれぞれのアルファベットをレッスン１
でも使用した対応表にしたがって、すべて数に変換する。

1	2	3	4	5	6	7	8	9
A	B	C	D	E	F	G	H	I
J	K	L	M	N	O	P	Q	R
S	T	U	V	W	X	Y	Z	

```
T A R O   Y A M A D A
2 1 9 6   7 1 4 1 4 1
```

次に、それぞれ数がいくつあるかをカウントし、その合計数を次のように表に記入していく。「1」がいくつあるのか、「2」がいくつあるのか、順にカウントしていくとわかりやすいだろう。

1	2	3	4	5	6	7	8	9
4	1	−	2	−	1	1	−	1

　表を一覧すると、ヤマダタロウという名前には3と5と8の数が欠けていることがわかる。この欠けているすべての数がその人の「ライフ・レッスン・ナンバー」となる。

　人によっては、すべてのナンバーを持っている場合もある。

　一方、集中して多く出ている数を探してみると、1であることがわかる。それがその人の「インテンシティ・ナンバー」。しばしば、この最も多く出てくる数は「プライム・インテンシィフィアー（Prime Intensifier）」、すなわち「最強度のナンバー」と呼ばれることもある[xxv]。

　では、ライフ・レッスン・ナンバーとインテンシティ・ナンバーが、実際にどういう意味を持っているのかをそれぞれ順に説明していこう。

[Lesson 2] ライフ・レッスン・ナンバー
Life Lesson Number

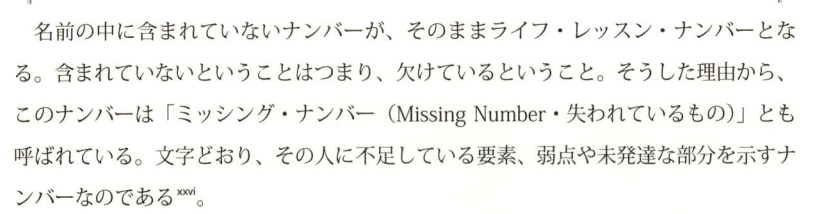

　名前の中に含まれていないナンバーが、そのままライフ・レッスン・ナンバーとなる。含まれていないということはつまり、欠けているということ。そうした理由から、このナンバーは「ミッシング・ナンバー（Missing Number・失われているもの）」とも呼ばれている。文字どおり、その人に不足している要素、弱点や未発達な部分を示すナンバーなのである[xxvi]。

　このナンバーは、しばしば人と比べて劣っている要素として本人には自覚される。どんなことにコンプレックスを感じやすいか、それが明示されるのである。そのため、このナンバーが示すメッセージは、人によっては見たくない、聞きたくないと思うものもあるかもしれない。

　しかし、コンプレックスには多くの恩恵が宿っている。気になるから、そこを意識して補う。劣っているから、その部分を練磨する……。そうしているうちに苦手だったはずの「それ」は、段々とあなたの得意分野となっていく。そういった成長過程をたどり、その道のスペシャリストになっていた人の例には事欠かない。

　そういった意味合いも込められて、このナンバーには「レッスン」という名が与えられているのだろう。欠けている点に向き合うこと、それは「成長のためのレッスン」にほかならない[xxvii]。

　またこのナンバーは、「カルミック・レッスン・ナンバー（Karmic Lesson Number・カルマとして学ぶべき数）」とも呼ばれる。前世から今生へと持ち込まれた課題、今生において意識的に学ばなければならないレッスンがなんであるかを示すナンバーだとも言われる[xxviii]。

　人は最大限に可能性を発揮して生きることが、ひとつの天命であるとも言える。このナンバーが示す事柄に目を向けることで、あなたを天命へと導く可能性の扉がまたひとつ開くだろう。願わくば「苦手なんです」と小さく開き直ることなく、課題と向き合っていきたい。

Life Lesson Number 1 / One of the

ナンバー1のキーワードとしては「自己アピール力」や「リーダー性」などが挙げられる。

ナンバー1を持たないあなたは、自分を強く押し出すのに躊躇することが多いだろう。なんとか自己主張をしてみても、後々「あれで良かったのだろうか」と必要以上に反省してしまう……。悠々と言いたいことを言っている人を見ると、うらやましいのを通り越して、妬みやイライラ感が生じてくることもあるかもしれない。

ライフ・パス・ナンバー、あるいはディスティニー・ナンバーが1の人の場合は、なおさらこうしたジレンマを感じざるを得ない。リーダー性があるとか、人々を引っ張っていく使命があるとか言われても「そんなことはない」と反論したくもなるだろう。

しかし、いずれにしてもライフ・レッスン・ナンバーが1の人には役目が回ってくる。あるいは、自分からあえて前に出なければならない場面も巡ってくるだろう。いずれにしても、レッスンに取り組んだなら、あなたはまたひとつ殻を破り、さらに輝ける存在感を放つようになるはずである。

Life Lesson Number 2 / Two of the

ナンバー2のキーワードとしては「調和」や「協調性」などが挙げられる。

ナンバー2を持たないあなたは、人に合わせることにストレスを感じることが多いのではないだろうか。そのため、つい人と一緒に行動することを避けてしまう。気を遣って体裁を取り繕うよりはひとりでいることを選ぼうとするかもしれない。

ライフ・パス・ナンバー、あるいはディスティニー・ナンバーが2の人は特に、こうしたジレンマを感じやすい。「人づき合いが大切」とか「調和をもたらす人」とか言われてもまるでピンとこないことだろう。

しかし、いずれにしてもライフ・レッスン・ナンバーが2の人は、人と深くかかわるチャンスには人一倍恵まれる。あなたとつながりを求めてくる人は後を絶たないだろう。ネガティブな感情がわき上がってくる相手ほど向き合ってみる価値はある。あえて歩み寄ってみたい。異なる感性を持つ人と協調することで、あなたの新たな可能性が広がるはずだから。巡りくるご縁はすべてレッスンだと捉えていくといいだろう。

Three of the 3 Life Lesson Number

　ナンバー3のキーワードとしては「表現力」や「楽天性」などが挙げられる。
　ナンバー3を持たないあなたは、自分を表現することに苦手意識を持っているのではないだろうか。人前に出て、なにかを発言する必要のある場合、平常心を保ちにくいのでは？　緊張感の中、深刻に考え込んでしまうこともあるだろう。
　ライフ・パス・ナンバー、あるいはディスティニー・ナンバーが3の人は特にジレンマを感じやすい。「あなたは人を楽しませる人」などと言われても納得できないだろう。
　しかし、いずれにしてもライフ・レッスン・ナンバーが3の人の中には、表現欲求が内在している。ゆえに、人前に出るチャンスを引き寄せてしまう。ともかく、訪れたチャンスには精一杯取り組んでみたい。恐れがあなたの自信とやる気を奪いそうになったら、「1回だけ」と自分に言い聞かせて臨むといい。一歩踏み出してしまえば、軌道に乗ることができるはずだから。「なんとかなる」という楽天性を身につけることも課題のひとつである。

Four of the 4 Life Lesson Number

　ナンバー4のキーワードとしては「実際性」や「堅実さ」などが挙げられる。
　ナンバー4を持たないあなたは「ルール」に対して苦手意識を持っているのではないだろうか。約束事にプレッシャーを感じたり、計画に則って物事を進める際に束縛感を覚えたり。あるいは、なにかをコツコツと持続させるのも得意ではないかもしれない。
　ライフ・パス・ナンバー、あるいはディスティニー・ナンバーが4の人は特にこの点について劣等感を抱きがちだろう。真面目だとか忍耐強いと言われてもピンとこないはずである。
　しかし、いずれにしてもライフ・レッスン・ナンバーが4の人の潜在意識には、「きちんとしたい」という願望が宿っている。だから、コンプレックスを感じるのだ。レッスンの第1段階としてはまず、良い習慣を身につけること。そして、達成し得る小さな計画や目標を立て、それに向かっていくことである。ひとつひとつクリアしていくごと、あなたは自信を手にしていく。誰よりも手堅い歩みをする人になっていくだろう。

Five of the 5 Life Lesson Number

ナンバー5のキーワードとしては「冒険心」や「変化」などが挙げられる。

ナンバー5を持たないあなたは非常に警戒心の強い人かもしれない。新しいことや未知のものに対しては、どうしても固くなって躊躇してしまうことが多いのでは？　このままじゃいけないと思いながら、行動を先送りすることはしょっちゅうなのではないだろうか。

ライフ・パス・ナンバー、あるいはディスティニー・ナンバーが5の人は特に、自分のこの臆病さにコンプレックスを感じがちだろう。「可能性に賭ける勇気を持つ人」などと言われてもピンとこないはずである。しかし、苦手意識を持つ分、ライフ・レッスン・ナンバーが5の人は現状打破したい願望を常に潜在意識下で抱いている。

レッスンの第1段階としてはひとり旅や留学を計画してみるといいだろう。または、装いのイメージチェンジをはかり、新しいものをどんどん取り入れていく。そうして勢いづけていけば、人の成長には欠かせない「変化」をむしろ楽しみにすることもできるようになるだろう。

Six of the 6 Life Lesson Number

ナンバー6のキーワードとしては「責任」や「義務」などが挙げられる。

ナンバー6を持たないあなたは、決められたことをやり遂げるのに困難を感じるのではないだろうか。意欲が続かず、途中で投げ出してしまうこともあるのでは？　しかし、投げ出して自由になれるかと思いきや、内面は罪悪感でいっぱい……。責任感のなさを自分で責め、落胆することも少なくないだろう。

ライフ・パス・ナンバー、あるいはディスティニー・ナンバーが6の人は特に、責任ある立場や義務にプレッシャーを感じがちだろう。できれば、避けて通りたいもののひとつだと思っているかもしれない。

しかし、罪の意識を感じるくらいなら立ち向かおうとする意識はいずれあなたにも生まれてくる。なぜなら、そのほうがずっと精神的に楽だからである。レッスンの第1ステップとしては、日々、人の役に立つことをなにかひとつやること。それが習慣になれば、気づいたときにはあなたは仲間内で誰よりも頼れる人物へと成長していることだろう。

Seven of the 7 Life Lesson Number

　ナンバー7のキーワードとしては「知識」や「知性」「探究心」などが挙げられる。

　ナンバー7を持たないあなたには、やや粗忽な一面があるかもしれない。なにかと早合点して判断を誤ったり、注意力のなさゆえに大切なことを見逃したり……。自分のそそっかしさに呆れてしまうこともあるのではないだろうか。

　ライフ・パス・ナンバー、あるいはディスティニー・ナンバーが7の人は特に、自分は頭の回転が鈍いというコンプレックスを抱きがちだろう。苦手意識を持ち始めたら、研究熱心な7の資質はさらに影を潜めてしまう。劣等感は上塗りされることになる。

　しかし、ミスが多ければ、次第に注意するようになるものである。やがてあなたは、誰よりも正確な仕事をする人になっていくだろう。とはいえ、まずは勉強嫌いと努力嫌いの克服が第1のレッスン事項。「苦手なものを克服する方法」という件名で情報を収集することから始めてみては？　徹底的にリサーチすることで、探求することの楽しさにきっと目覚めていくだろう。

Eight of the 8 Life Lesson Number

　ナンバー8のキーワードとしては「権威」や「財力」などが挙げられる。

　ナンバー8を持たないあなたは、権力を持つことに人一倍恐れを抱く人である。自分の責任で場を取り仕切り、管理しなくてはならない場合、途端に自信のなさを感じてしまうのではないだろうか。「自分はそんな器じゃない」と……。また、セルフコントロールも苦手だろう。健康や金銭管理の甘さも弱点かもしれない。

　ライフ・パス・ナンバー、あるいはディスティニー・ナンバーが8の人は特に、自分の気弱さやルーズさに、自分自身でいつもダメ出しをしているのではないだろうか。

　しかし、いずれあなたは権威ある人になりたいと強く思うようになる。そして、自他ともに厳しい目を向け、やるべきことを達成していく。野心に目覚めたなら、あなたの成長は加速されるだろう。レッスンの第1段階としては、まずは健康のための体力作りを習慣化してみてはどうだろう？　自己管理がうまくいけば、外への影響力も次第に発揮していくことができるようになるはずである。

Nine of the Life Lesson Number 9

　ナンバー9のキーワードとしては「寛大さ」や「完全性」などが挙げられる。

　ナンバー9を持たないあなたは、人に対して自分を明け渡すことに強い恐れを抱いている。日ごろから人を信頼するのに時間がかかるほうなのでは？　また、些細なことにこだわりがちで、少し思いどおりにいかないことがあると、それまでの成果や実績をすべてひっくり返してしまう……。そうした投げやりさもあるかもしれない。

　ライフ・パス・ナンバー、あるいはディスティニー・ナンバーが9の人は特に、そんな自分の狭量さや不器用さをなんとかしたいと考えていることだろう。

　しかし、いずれあなたも広いものの見方を身につけていく。後悔するたびに反省し、経験を糧にしていくだろう。そして、人に失敗しない方法を教える師ともなる可能性がある。

　レッスンの第1段階としては、「人に委ねる」ということを学びたい。人を「信頼する」と決めて任せるのである。そうすることであなたは投げやりにならない。そして、寛大さも身につけていくようになるだろう。

[Lesson 2] インテンシティ・ナンバー
Intensity Number

　名前の中に多く登場するナンバーがそのままインテンシティ・ナンバーとなる。このナンバーはインテンシティ・ポイント（Intensity Points）」とも呼ばれており、日本語に訳すと「強調されたポイント」となる。

　その意味するところは、前述のライフ・レッスン・ナンバーと比較すると理解しやすいだろう。ライフ・レッスン・ナンバーがその人の不足している要素、弱い部分を示しているのに対して、このインテンシティ・ナンバーは、その人の中の強い部分、際立っている要素を表す。

　また、このナンバーは「ヒドゥン・パッション・ナンバー（Hidden Passion Number・隠された情熱）」[xxix]とも呼ばれる。人の長所や個性というものは、その実、自分自身はあまり自覚できないことも多い。「すごいね」などと人に言われて初めて、自分がその部分において長けていることを知ったりする。自分にとっては当たり前のことは、自分では「すごい」とは思わないから、当然と言えば当然であろう。

　自分としてはできて当たり前のことを、わざわざ自分ではアピールポイントとは意識しない。ゆえに、しばしばこのナンバーが示す事柄は、その人自身に対して「隠されて」いる。この部分を意識化することによって、あなたの「売り」はまたひとつ増えるだろう。インテンシティ・ナンバーは自分がなにものであるのかを表現していくのに、有効なヒントを与えてくれるはずである。

One of the 1 Intensity Number

　1のナンバーが強調されているあなたはリーダー性に富んだ人。そんなつもりはなくても、気づくと周囲の仲間を仕切る立場になっていることもあるのではないだろうか。

　あなた自身は、自分よりも優れた人はいる、自分なんかまるで頼りない、と思っているかもしれない。けれども、あなたの身近にいる人は知っている。あなたがとても決断力にあふれ、いざというときに適切な指示や助言をくれることを。あなたがやるならわたしもやってみよう。あなたが行くならわたしも行きたい。そんな風にあなたは周囲に

影響を与えているはずである。

　自分の自主性や行動力、独創性に目を向けてあげてほしい。気づいてあげれば、あなたの中のその1の要素はいっそうのびのびと自己表現を始める。今のあなたがもし、さらに成長したい、現状より先へと進みたいと願っているなら、なおさらあなたの中のこのインテンシティ・ナンバーを強めるべきだろう。まずはただその要素があることを認めたい。そうすれば、おのずとなにかが始まっていく。

Two of the 2 Intensity Number

　2のナンバーが強調されているあなたは居心地の良い環境を作る達人かもしれない。あなたがいるだけで、その場は和やかになってリラックスムードが漂う。あなたの思いやりの深さ、きめ細やかな気遣いには、多くの人が助けられていることだろう。

　おそらく、あなたにそんなことをしている自覚はない。むしろ、「自分なんて」と自己卑下してしまうことのほうが多いのではないだろうか。あなたの周りにはたくさんの笑顔があるはずなのに。あなたから安らぎや喜びをもらって……。

　しかし、自分の才能やセンスを自慢したりしない控えめなところも、インテンシティ・ナンバー2の成せるわざである。内向的だったり受動的であったりすることは決して悪いことではない。受容力というものは、心の広さのことであり、最終的にはなによりも強いのだから。自分の中の豊かな感性、感受力をただ認めてあげてほしい。表現することを自分に許せば、あなたの魅力はさらにバージョンアップしていくだろう。美的な才能も開花する可能性が高い。

Three of the 3 Intensity Number

　3のナンバーが強調されているあなたは、表現者としてのセンスにあふれている人。話したり書いたり、言葉や文字を使ったコミュニケーションに長けているのではないだろうか。もしかすると、幼いころからおしゃべりだったかもしれない。授業中には毎回発言し、休み時間は、仲間におもしろおかしく昨日の出来事などを話して聞かせたりして……。口ベタだと言うあなたの場合にも、心の動きや体験した状況などを言葉に置き換え、文章にすることは苦もなく自然にやっていたはずである。

そんなあなたのコミュニケーション能力を、ウェブログなどで発揮する程度で留めておくのは惜しい。この分野のセンスにおいては「自分は特別」と思ってもいいのではないだろうか。「おもしろい」「すごい」と周囲に誉められたときには素直に受け取り、その喜びや向けられる期待感を次のステップへの糧にしたい。

なによりあなたは表現することが楽しいはずである。自分を人前に押し出し、評価を受けていけば、さらにあなたの長所はグングン伸びていくだろう。

Four of the 4 Intensity Number

4のナンバーが強調されているあなたは、計画性に富み、優れた現実感覚を持つ人。今自分がなにに必要とされているか、現状におけるニーズはなにか、常にそれを踏まえて動いている人かもしれない。そして、その行動が状況にどんな影響をもたらすかを推測することも怠らない。周囲の人からは、「この人に任せておけば安心」となにかにつけ信頼されて任せられることが多いのではないだろうか。

あなた自身は、自分は単なる心配性で、生真面目で堅い人間だと思っていたりもするのだろうが、周りの人たちはおそらくそうは見ていない。あなたの計画性やリアルな視点には一目置いている。そればかりではない。あなたの姿勢は人目には実に懸命に映る。言ったことは実行するし、言わなくてもやるべきことはこなす。その義理堅さに仲間は熱い情熱さえ感じていたりもするはずである。

自信を持って引き受ける。口に出して「任せておけ」と言う。それだけであなたの存在感は、今以上に大きくなり、実際的な価値づけも高まっていくだろう。

Five of the 5 Intensity Number

5のナンバーが強調されているあなたはプレゼンテーションの達人。自分自身をアピールするのはもちろん、自分が良いと思ったものや、人に対して良いと思うものを薦めたり、紹介したりするテクニックにも長けている。人の好奇心や意欲を駆り立てるのがうまいのである。周囲の人は、あなたのことを「エネルギッシュな人」だと思っているのではないだろうか。

あなたはただ自分の感想を述べているだけなのだろうが、声のトーンにしろ、言葉の

選び方にしろ、すべてにおいてあなたの演出力は冴えている。だから、あなたの言うこと、やることをそのまま受け入れ、真似る人も出てくるのである。

　自分のことを「調子が良いだけ」とか「わがままなだけ」などと卑下しないでいただきたい。あなたのこのアピール力は使いようによっては実りある結果を生み出すのだから。これからはただ言うだけではなく、「伝えよう」と意識してみたい。それだけでも、あなたのパフォーマンスの輝きは倍になる。注目してくれる人の数も格段に増えるだろう。

Six of the 6 Intensity Number

　6のナンバーが強調されているあなたはサービス精神旺盛な人。仲間と食事や宴会に出かければ、サクサクとオーダーを取り、空いたグラスを常に気遣い、食べ終われば進んでお金の計算をしたりして……。人より先に「気づいて」しまうために、どうしても仕事が多くなってしまうのである。そんなあなたがいてくれて助かっている人は少なくないだろう。

　おそらく、幼いころからあなたは、そうして周りの人が過ごしやすいよう、そして、人に迷惑をかけたりしないよう行動することを習慣としていたのではないだろうか。だから、今やそれは当たり前のことになっている。本当は特筆すべき素晴らしい長所であるにもかかわらず。

　機転が利いてしまうがために、損な役回りを担うことになる場合も少なくないだろう。実際のところ「損」ではないとしても、あなたはもう少し自分の価値づけを高くしてもいいはずである。人の役に立っている自分に自信を持つ。そういう意識で行動するだけでも、あなたに感謝する人は増えるはずである。

Seven of the 7 Intensity Number

　7のナンバーが強調されているあなたは冴えた視点の持ち主。分析力と洞察力が非常に鋭く、ほかの人には見えていない真実に気づいたり、誰も思いつかないようなアイディアを思いついたりして、周囲の人を驚かせているのではないだろうか。

　しかし、あなたにとっては普通のこと。なにをそんなに珍しがったり、びっくりする

ことがあるのか、そのほうが不思議でならなかったりもするのでは？　次第に自分は浮いた存在なんだ、理解してくれる人はひとりもいない……。そんな風に閉鎖的になる時期も若いころはあったかもしれない。

　目立つことを嫌って発言することを控えるようになると、あなたの中のインテンシティ・ナンバー7の要素は、ないも同然の振る舞いをする。斜に構えてひねくれてしまう。今のあなたはそんな状態に陥ってはいないだろうか。それでは間違いなく宝の持ち腐れである。思いついたことを書き留めたり、誰かに話すなどして発想自体をもっと大切にしていこう。些細な気づきや思いつきも、あなたには当たり前でも人には大きな実りをもたらすものとなり得るのだから。

Eight of the 8 Intensity Number

　8のナンバーが強調されているあなたは人に対する影響力を持つ人。あなたのふとしたひと言で状況が一変したり、相手に大きな気づきをもたらしたり。あなたの物事に対する姿勢や言動を見て「わたしもがんばろう」と思う人もいるだろう。口には出さずとも、あなたの後についていきたいと考えている人はきっと多いに違いない。

　あなたとしては、自分に威厳や発言力があるなどと思ってはいないだろう。なにか言った後は「ちょっと偉そうだったかな？」なんて、反省したりすることもあるかもしれない。確かに、ときには目上の人に食ってかかって「しまった」ということもあるのだろうが、おそらく相手は、それほど気にしてはいない。むしろ、「言ってくれてありがとう」と感じている人のほうが多いだろう。

　影響を及ぼすことを恐れず、権力を持つことを怖がらないでほしい。大切な人や仲間を幸せにしたいという願いのもと、振るう力は美しいのだから。意識して行使することで、あなたは本当に人を幸せにすることのできる人になるだろう。

Nine of the 9 Intensity Number

　9のナンバーが強調されているあなたはとても感受性が豊かな人。あらゆるものを理解し、受け止め、許していく。そんなあなたの寛容さには、周りの人は随分と助けられていることだろう。

「そんなに善い人なんかじゃない」とあなたは言うだろうか？　自分は意志が弱くて、考えがブレやすい優柔不断な人間だと思っていたりもするのだろう。それも事実なのだろうが、あなたの受容性はそんなにネガティブな性質のものではない。あなたはちゃんと、ひとりひとりの感情をキャッチし、ひとつひとつの物事の意味を深く見極めている。主体性なく、ただ周囲に合わせているのとはわけが違うのだ。

　あなたとしては考えてやっていることではないだろうが、周りの人は「なんでわかるの？」と思うほどに、あなたの共感力には尊敬の念を抱いているはずである。

　今一度、意識して「感じて」みてほしい。そして、それを人にわかりやすい形にして伝える。アートや美の世界にも、あなたの力を発揮する場はあるかもしれない。

プレーンズ・オブ・エクスプレッション
Planes of Expression

　プレーンズ・オブ・エクスプレッションというこの手法を用いる数秘術師※※※によれば、人間が持つすべての能力は、感覚（Physical）、精神（Mental）、情動（Emotional）、直観（Intuitive）の4つの次元に分類できると言う。主にどんな考え方をするのか、どんなことに重きをおいた発想をするのか。そういった人の思考パターンがこの計算法を用いることで明確になる。

　数秘術で使用する基本的なナンバーである1から9の数は、それぞれこの4つの次元に分類することができる。そのルールに則って、名前のアルファベットから変換した数字を4つにより分けていく。すると、どの次元が最も多くてどの次元が最も少ないか、あるいは全体的にバランスが取れているかが集計結果によって見えてくる。

　このプレーンズ・オブ・エクスプレッションという手法は、その人の能力のバランス、どういう基本的な気質を持つかを知るのに非常に有効である。

　以下は、名前のアルファベットの数価、及びそれと対応する4つの次元である。

　　　　　4と5…………感覚の次元（フィジカル・プレーン）
　　　　　1と8…………精神の次元（メンタル・プレーン）
　　　　　2と3と6………情動の次元（エモーショナル・プレーン）
　　　　　7と9…………直観の次元（インテュイティヴ・プレーン）

　ここでヤマダタロウという名前をもとに、プレーンズ・オブ・エクスプレッションによる表を作成してみよう。

　　　　　まずは名前をアルファベットで表記する。
　　　　　Ｔ Ａ Ｒ Ｏ　　Ｙ Ａ Ｍ Ａ Ｄ Ａ

　　　　　次に名前を構成しているそれぞれのアルファベットをレッスン1でも利用した対応表にしたがって、すべて数に変換する。

1	2	3	4	5	6	7	8	9
A	B	C	D	E	F	G	H	I
J	K	L	M	N	O	P	Q	R
S	T	U	V	W	X	Y	Z	

```
TARO  YAMADA
2196  714141
```

さらに、上記のアルファベットの数価と4つの次元の対応表にもとに、それぞれの数をカウントしてまとめてみると次のようになる。

1	2	3	4	5	6	7	8	9
4	1	－	2	－	1	1	－	1

感覚（4または5の数）：2……………フィジカル・プレーン
精神（1または8の数）：4………………メンタル・プレーン
情動（2、3または6の数）：2……エモーショナル・プレーン
直観（7または9の数）：2……インテュイティヴ・プレーン

このことからヤマダタロウという人物は、精神的な次元が特に強いということがわかる。

次からはプレーンごとに最も多い場合、少ない場合、また全くなかった場合において、それぞれの気質や能力はどのように作用しているのかを示していこう。

すべてのプレーンをバランス良く持っている人
Planes of Expression

　それぞれのプレーンの文字が同数、あるいは差異がひとつだけのあなた。すべてのプレーンをほぼ同じ割合で持っているあなたはバランス感覚に富む人である。自分の中にあらゆる視点が備わっているため、偏った考えに陥ることはない。

　たとえば、エモーショナル・プレーンが先走ることがあっても、その心のどこかで「冷静になれ」と囁く声も響いている。怒りを感じて拳を振り上げるほど感情が高ぶっても、クールなメンタル・プレーンがあなたに理性を思い出させてくれるのである。

　もちろん、そのほかのプレーンも要所要所であなたの人生をサポートしてくれるだろう。もしかするとあなたは、自分があまりにも多様な衝動や欲求を持つために、自分が本当はどういう人間なのか、自分でも理解しかねているのかもしれない。しかし、人は誰しも複数の側面を持っていて、それによって独特のキャラクターとなっている。あなたは、生来、引き出しの多い人である。自信を持って、いろいろな分野を股にかけて活躍することも考えていくといいだろう。

【フィジカル・プレーン／感覚：4,5】
全体の中で最も多い人
Physical Plane : 4,5

　感覚型の思考パターンを持つあなたは主に「感覚」で判断する人。しかし、ここで言う感覚とは、一般的に良く使われる「なんとなくそう感じる」というものとは異なる。身体的な感覚。すなわち、五感のことである。

　肉体に備わった五感をフルに活用して、この世の出来事を判断していく。それがあなたがなにかを理解するときのやり方。目で見て、耳で聴いて、触れて嗅いで味わって確かめていく。実際に体験してみることで、その対象の是非を答えようとするのである。

　4が多い場合は特に、確かめることのできない曖昧なものは絶対的に受けつけない。「証拠」の明示されないものを警戒し、確認作業に時間をかけていく。そのため、判断や決断はスローになりがちかもしれない。

　5が多い場合は、「五感が悦ぶもの」ということを物差しにして、状況を判断していく傾向にある。ゆえに、身体的にのびのびできなかったり、きつい労働を要求されたりする環境は、ほかにどんなメリットがあっても抜け出したいと切望することだろう。

【フィジカル・プレーン／感覚：4, 5】
全体の中で最も少ない人
Physical Plane : 4 , 5

フィジカル・プレーンが最も少ないあなたは、身体的な感覚を軽視しがちな人。身体的な感覚というのは、目で見て耳で聴いて、触れて嗅いで味わって……という五感のことである。

フィジカル・プレーンは、肉体を維持するためには必要不可欠な要素である。なぜなら、口へと食物を運ばなければ、わたしたち人間は生きていくことはできない。そして、その生きるための食物を得るにはお金がいる。つまり、このプレーンが少ないと生活を営む力そのものが弱くなりがちなのである。

基礎体力がなくて疲れやすかったり、不摂生や寝不足のために体調を崩したり。金銭管理が甘くていつもお金に困っているとか、仕事が続かないとか……。そんな悪循環の中であえいでいる人も中にはいるかもしれない。

あらゆるチャンスは肉体あってこそものにすることができる。いざというときに身体が言うことを聞かない、ということになれば、どんなに素晴らしいナンバーを持っていたとしても意味がない。まずは生活のリズムを整えることから始めてみては？

【フィジカル・プレーン／感覚：4, 5】
全くない人
Physical Plane : 4 , 5

フィジカル・プレーンの文字（D、M、V、E、N、W）を持たないあなた。「フィジカル」とは肉体のことではあるが、その要素がないからといって、あなたが肉体的に欠けている部分があるとか、人より劣っているとかそういうことではない。

ただ、「欠乏」というものは、そこに意識を向けると欲求が生まれる。あなたがもし、一度でも自分が肉体的な感覚、すなわち五感が人より鈍感だと劣等感を抱いたことがあるとしたら、その要素は、あなたにとって特別に手に入れたいものとなるだろう。足りないと思えば、補おうとするのが人の心。結果として、そのフィジカル・プレーンの示す分野において長けてくる場合もある。あなたの資質の中で飛び抜けて目立つ要素ともなり得るのだ。

聴覚が研ぎ澄まされたり、味覚が練磨されていったり。そうして、その分野で生きる人になっていく場合もある。ただし、身体のことに関してはかなり無頓着かもしれない。習慣的な健康管理は、あなたにはぜひとも意識して心がけてほしい一点である。

【メンタル・プレーン／精神：1,8】
全体の中で最も多い人
Mental Plane : 1, 8

　メンタル・プレーンが強いあなたは精神性をなによりも重んじる人。精神性とは、あらゆるものに宿るスピリットのようなものだと言えばわかりやすいだろうか。

　たとえば、初めて会った人のことをほかの人に紹介するときに、あなたはどんな風に表現するだろうか。「考え方のしっかりした意志の強い人」だとか「スピリチュアルな人」といったように、その人の精神的な特徴にフォーカスするはずである。それがフィジカル・プレーンのタイプなら、背が高くて声が大きいといったように身体的な印象を語るだろう。目に見えないものにこそ真実を感じるのがメンタル・プレーンなのである。

　また、このタイプは精神の力こそが物事を動かす原動力であると考える傾向にある。精神力で乗り切れないものはないと信じ、ストイックなまでに目の前の現実に向かっていくパワフルさは、ときに周囲の人を圧倒することもあるかもしれない。

　ただ、見た目の現実を軽視しがちな点は少々厄介。調子に乗ると発想が飛躍しがちなところは幾分自制していきたい。

【メンタル・プレーン／精神：1,8】
全体の中で最も少ない人
Mental Plane : 1, 8

　メンタル・プレーンが最も少ないあなたは、目に見えないものに対する猜疑心が強い人。噂や評判などの言葉の情報、人が生み出すアイディアなど、手に取って確かめることのできない思考の産物を軽視しがちな傾向にある。

　たとえば、ある人があなたに「これはとても素晴らしい商品だ」と切々と語り出す。あの人も使っている、この人も購入してくれた……。有名人の名前まで出して品物の良さをアピールしてくる。あなたはどう思うだろうか。「うさんくさい」と思うのでは？

　自分で使用して確かめてみるまで、それに対する判断を保留するのではないだろうか。

　あなたの姿勢は場合によっては正しいこともあるだろう。しかし、すべてのクリエイティブな作業はイマジネーションの力によってなされる。なにもないところから目に見える成果を生み出すには活発な精神活動が不可欠である。特に変化や好転を期待する際は、答えを急がずに想像力を膨らませていくよう心がけたい。イメージの中で遊ぶこと

が決して無駄ではないと気づくはずである。

【メンタル・プレーン／精神：1,8】
全くない人
Mental Plane : 1, 8

　メンタル・プレーンの文字（A、J、S、H、Q、Z）を全く持たないあなた。メンタルとは「精神」のことではあるが、その要素がないからといって、あなたが精神的に欠けているとか、人より劣っているということではない。

　しかし、精神性を高めるためになにかを学んだりすることには、ほとんど無頓着かもしれない。読書をしたりアート鑑賞をしたり。趣味のスキルを練磨したり勉強したり。そうしたことには興味がないのでは？　あるいは逆のパターンもある。知識不足のために恥ずかしい思いをした経験が一度でもあった場合には、周囲が感心するほどの勉強熱心な人になることも。失敗体験やコンプレックスというものは、とかくその人を挑戦者にする。劣等感の度合いによっては、博覧強記の人となることもあるだろう。

　どちらにせよ、偏った発想は誤った判断を生む。学ぶことや知ることを軽視するのも、ひたすら知識の収集に走るのも、客観性を失った行為である。人の声に耳を傾けることがミスを防ぐ重要なキーとなるだろう。

【エモーショナル・プレーン／情動：2,3,6】
全体の中で最も多い人
Emotional Plane : 2, 3, 6

　エモーショナル・プレーンが最も強いあなたは「感情」をなによりも重んじる人。自分がどう感じるか、あるいはかかわる相手がどう思うか。なにかにつけ、そういった情動にフォーカスするのがこのタイプの特徴である。

　エモーショナル・プレーンの良いところは心優しく仲間を大切にする点である。同情心に厚く、面倒見の良さも抜群。自分にとって大切な人のためなら、なにはさておきせっせと愛情を注いでいくことだろう。といっても、優しいのは好む人に対してだけ。好まない人には、ときとして素っ気なく冷たく接してしまうこともあるのでは？　口や顔には出さずとも、好き嫌いはわりにはっきりしているほうだろう。

　ただ、すべてにおいて、「楽しいか楽しくないか」とか「好きか好きじゃないか」といった単純な判断をしがちな点は少々厄介。プレッシャーを感じる立場、面倒で退屈な役割へのオファーやお誘いを、いとも簡単に「嫌です」と言って断る……。そういっ

た、子どもっぽい自分のわがままさに気づくことがこのタイプの課題である。

【エモーショナル・プレーン／情動：2,3,6】
全体の中で最も少ない人
Emotional Plane : 2, 3, 6

　エモーショナル・プレーンが最も少ないあなたは、ウエットな感情や依頼心を嫌う人。情に流されてズルズルと決断を先延ばしにしたり、嫉妬心をメラメラと燃やしたり。あるいは、人に甘えたり甘えられたり……。そういった感情がまとわりつくような関係性には人一倍警戒心を抱いていることだろう。

　でも、なぜだかあなたの周りには、その苦手なタイプが集まってくる。そして、助けを求めてきたりしているのでは？　「甘えるな！」と怒鳴りたくなることもあるかもしれない。

　しかし、現実はあなたの映し鏡である。一見、他人に対してイラ立っているようでも、あなたは実は、自分自身に対してイラ立っている。「甘えてはいけない」と自分で自分に禁止しているから、気安く甘えてくる他者が気に入らないのである。

　自分の弱さを認めたところで、あなたは決して「弱虫」なんていうレッテルは貼られない。頼ったり頼られたりすることのありがたさを素直に認めていきたい。そうすることであなたはさらに豊かな人になれるはずだから。

【エモーショナル・プレーン／情動：2,3,6】
全くない人
Emotional Plane : 2, 3, 6

　エモーショナル・プレーンの文字（B、K、T、C、L、U、F、O、X）を全く持たないからといって、あなたが感情的に欠けているとか、人より劣っているということはもちろんない。

　しかし、「感受性」というものについては、無意識ながら軽視する傾向はあるかもしれない。たとえば、絵画などのアートを目にした場合、あなたはどんな風に感想を述べるだろうか。美しいとか美しくないとか、好きとか好きじゃないとか……。そういった感情的な印象のみを語るのはエモーショナル・タイプ。そうではないあなたは、筆や色の使い方、構図やデッサンなどのスキル、金銭的価値……といった具象的なところにも目を向けるのでは？

　どちらが良いということはない。ある物事の情報を他人に伝えようとした場合、双方

の見方があってこそ、それは明確な輪郭を浮かび上がらせることができるのだから。けれども、ときには「ただ感じる」ことも楽しんでみたい。感じることで、あなたの人生はさらに豊かさを帯びていくだろう。

【インテュイティヴ・プレーン／直観7,9】
全体の中で最も多い人
Intuitive Plane : 7 , 9

　インテュイティヴ・プレーンが最も強いあなたは直観的な判断を重要視する人。インテュイティヴとは「直観」を意味する。

　「直観的な人」というと、閃きの鋭い、どこか神がかり的な人物を想像するかもしれない。しかし、ここで言う「直観」とは霊感の類ではない。俗に言う動物の勘、あるいは本能的な衝動と言ったほうが適切だろう。本能が発するシグナルを、思考や理性を挟まずに外へと表現し、行動していく。正しいか正しくないか、やるべきかやらざるべきか……。目の前の物事を瞬時に判断していくのがこのプレーンタイプの特徴である。

　帰納的な発想をする場合もあるが、それは直観あってこそ。あくまでも最初に直観ありきで、それを証明するためにリサーチして理屈づけする。一見、理性的なようでも、合理的な理由や動機からは動かないのである。

　本能が命じることに嘘はない。しかし、衝動に任せるばかりでは「身勝手な人」というレッテルを貼られかねない。客観性を身につけ、環境とのバランスを取っていくよう心がけたい。

【インテュイティヴ・プレーン／直観7,9】
全体の中で最も少ない人
Intuitive Plane : 7 , 9

　インテュイティヴ・プレーンが最も少ないあなたは、根拠のないものを信じない、慎重なタイプの人かもしれない。閃きがやってきても「本当にそう？」と自分で自分の発想を疑ってしまう。何度も検証し、人に聞いたり情報を集めたり……。アイディアを形にするまでに、かなりの時間を要するのではないだろうか。

　しかし、時間をかけて確かめて、果たしてあなたはなにを得ただろうか。新たな発見をすることもあるだろうが、たいていの場合、安心感と自己満足感を覚えて終了、という感じでは？　結局、最初の閃きに戻るということも多かったことだろう。もちろん、リサーチは必ずしも徒労ではない。多くの人々からの信頼を得るためには、根拠が必要

な場合もあるだろう。けれども、中には瞬発力やスピードが命、というものもある。タイミングを逃してしまったら意味がないということも少なくない。

自分の本能の力を信じることは、あなた自身の成長と、あなたの人生の発展を促すことにもつながる。自分を信じる気持ちは忘れずにいたい。

【インテュイティヴ・プレーン／直観 7, 9】
全くない人
Intuitive Plane : 7, 9

インテュイティヴ・プレーンの文字（G、P、Y、I、R）を全く持たないあなた。インテュイティヴとは「直観」を意味する。

おそらくあなたには、直観によって物事を判断するという習慣はないだろう。「直観」というのは、ある事柄に遭遇した際、その意味を瞬時に感じ取ること。「○○だから」という理由づけのないままに感じて決断していく人が、ここで言う「直観的な人」である。

さて、あなたはどうだろう？　自分の閃きを信じているだろうか。もしかすると、信じてみたら失敗した……。そんな経験を持つ人もいるかもしれない。欠けている要素はときに「コンプレックス」という意識を生む。そして、そこを強化しようという発想が生まれる場合も実に多いものである。直観力を磨くことに、並々ならぬ興味を抱き、努力している人も実はこのタイプには多く存在する。

弱点を強みに変えることは、あなたの場合、それほど難しいことではないだろう。あえて苦手なことに挑戦するのは、あなたの魂の成長に役立つはずである。

レッスン 3
ファミリー・ネーム・ナンバーと
グロース・ナンバー
―先天的・後天的資質を知る―
Lesson_3 Family Name Number & Growth Number

　ファミリー・ネームとは家族の名前、すなわち名字のことである。つまり、ファミリー・ネーム・ナンバーは家系として引き継ぐものを表す。先祖から伝えられてきたもの、先天的な才能や資質が示されるのである。また、このナンバーはしばしば、スピリチュアルな本質、人生に対する無意識的な反応となって現われることもある。

　一方、グロースとは「成長」。つまりグロース・ナンバーは、人生を生きていく中で、その人がどのように成長していくかを示す数である。

　ファミリー・ネーム・ナンバーが先天的なものだとすると、グロース・ナンバーは後天的に身につけていく資質。つまり、「先天的なものは○○だけれど、成長するにつれて◇◇に変わっていきました」といったプロセスが、このふたつのナンバーを鑑みることで見て取れる。

(1) ファミリー・ネーム・ナンバー

　ファミリー・ネーム・ナンバー（Family Name Number）は、ラスト・ネームを加算することで導き出される。

　では、ここではヤマダタロウという名前を例としてファミリー・ネーム・ナンバーを導き出してみよう。

　　まずはラスト・ネーム（名字）をアルファベットで表記する。
　　Ｙ Ａ Ｍ Ａ Ｄ Ａ

次に名前を構成しているそれぞれのアルファベットをレッスン1でも使用した対応表にしたがって、すべて数に変換する。

1	2	3	4	5	6	7	8	9
A	B	C	D	E	F	G	H	I
J	K	L	M	N	O	P	Q	R
S	T	U	V	W	X	Y	Z	

Y A M A D A
7 1 4 1 4 1

それぞれの数をすべて加算し、一桁の数になるまで分解し、さらに還元する。

7 + 1 + 4 + 1 + 4 + 1 = 18 → 1 + 8 = 9
……ファミリー・ネーム・ナンバー

もし計算の過程で、マスター・ナンバーである11、及び22の数が現れたら、それらは一桁へと還元せずにそのままそれをファミリー・ネーム・ナンバーとする。

(2) グロース・ナンバー

グロース・ナンバー（Growth Number）は、ファースト・ネームを加算することで導き出す。

先ほどと同じようにヤマダタロウという名前を例としてグロース・ナンバーを導き出してみよう。

まずはファースト・ネーム（名）をアルファベットで表記する。

T A R O

次に名前を構成しているそれぞれのアルファベットを前記の
対応表にしたがって、すべて数に変換する。

ＴＡＲＯ
２１９６

それぞれの数をすべて加算し、一桁の数になるまで分解し、
さらに還元する。
２＋１＋９＋６＝18→１＋８＝９……グロース・ナンバー

　もし計算の過程で、マスター・ナンバーである11、及び22の数が現れたら、それら
は一桁へと還元せずにそのままそれをグロース・ナンバーとする。

　以上の計算からヤマダタロウはファミリー・ネーム・ナンバーは9、グロース・ナン
バーは9ということがわかる。

　次からはあなたが先天的にどんな資質を持っているのか、また成長するにしたがって
どんなことを身につけていくのか、見ていくこととしよう。

Column
結婚後の名前について

　数秘術で名前を用いる場合に、しばしば質問されることとして、結婚して名字が変わった場合はどうするのか、というのがある。
　数秘術の基本的な考え方にしたがうなら、その場合も、生まれたときの名前を用いるべきである。生まれたときにつけられた名前こそが、その人の生涯変わらない本質を意味する。したがって、結婚で名字が変わったとしても（あるいは養子になったり、改名などによって変わった場合も）、あくまで重要なのは出生時の名前のほうであり、生まれたときの名前の持つ力を変えてしまうことはできない。
　ただし、新しい名前は、出生時の名前の持つ本質を変えないとはいえ、全く影響を及ぼさないわけではない。それは、その人に新しい数のエネルギーを付加するものとみなされる。

[Lesson 3] ファミリー・ネーム・ナンバー
Family Name Number

One of the 1 Family Name Number

　ファミリー・ネーム・ナンバーの1は、その家系がなんらかの始祖となる資質を引き継いでいることを示す。あなたは先天的にフロンティア・スピリットを持って生まれてきている人なのだと言えるだろう。

　実際のところ開拓者としての立場ではないとしても、先祖や親がやってきた仕事は、その分野に新しい刺激をもたらすものだったはずである。新しいものを開発したり、古いものを改良したり。そうした試みは、仕事に限らず、日々日常の中でやってきたことだろう。

　あなたにはその素質があるということである。ソウル・ナンバーなど、ほかのナンバーに2や6などの謙虚な性質のナンバーが入っているあなたの場合、自分にはフロンティア・スピリットなどないと思うかもしれない。でも、本当にそうだろうか。自分の成長の歴史を今一度振り返ってみてほしい。あなたにも、怖いもの知らずの子ども時代があったのでは？　せっかくの素晴らしい資質、ぜひ思い出したい。そして、人生の充実のために使っていきたいものである。

Two of the 2 Family Name Number

　ファミリー・ネーム・ナンバーの2は、その家系が「人と人とをつなぐコーディネーター」としての資質を引き継いでいることを示す。あなたは先天的に人々に和をもたらす役割を担って生まれてきているのだと言えるだろう。

　「人と人とをつなぐ」ということにはいろいろと方法がある。人が集うことのできる場を提供したり、文字どおり、紹介や派遣で人と人を結びつけることもできる。また、争いごとの調停役なども、2のナンバーが得意とするところだろう。

　また、芸術的な感性に富むのもファミリー・ネーム・ナンバー2の特徴である。あな

たの育ってきた環境には常にアートフルなものがあふれていたのではないだろうか。特別素晴らしい芸術作品はなかったとしても、調度品の配置や色調にはハーモニーが奏でられていたはずである。

　あなたの中にはこうしたセンスがすべて内包されている。今ひとつピンとこないあなたは、改めて家族との関係をはぐくみ直したい。幼いころの写真を紐解いてみるだけでもいい。すぐに「和」の感触を取り戻すはずである。

Three of the 3 Family Name Number

　ファミリー・ネーム・ナンバーの3は、その家系が「後世へと伝える表現者」としての資質を引き継いでいることを示す。あなたは先天的に、人々に人生をより良く生きるためのメッセージを伝える役割を担って生まれてきているのだと言えるだろう。

　この世の中にはあらゆる表現法がある。言葉による表現、ダンスなどのパフォーマンスによる表現、音楽や絵画などによるアートフルな表現……等々。その中でも特にあなたが受け継いでいるのは、言葉を使った表現、手作業の巧みさによるアート表現の才である。

　「手」はその人の知性と結びついている。つまり、あなたの家系が持つ才能というのは俊敏かつ器用な知性。それを使って表現することが家族全体のテーマだと言える。

　そうした家系で育った以上、あなたは多くの知性を磨く体験を与えられてきたことだろう。子どもの頃から、多くの習いごとをさせてもらっていたのではないだろうか。そのときのことを思い出してみると、改めて気づくことがあるかもしれない。

　技術面の吸収が人一倍速かったり、いち早く習ったことを自分のものとし、どんどん自分流に工夫していったり。片鱗は必ず現れていたはずである。

　いずれにしても、あなたの中には豊かな表現力が宿っている。大事にしまっておいたりせず、いろいろと工夫して遊んでみたい。試すことから、すべての気づきは始まっていくだろう。

Four of the 4 Family Name Number

　ファミリー・ネーム・ナンバーの4は、その家系が「秩序を創るオーガナイザー」としての資質を引き継いでいることを示す。あなたは先天的に、場を組織的にまとめるセンスを持って生まれてきているのだと言える。

　もしかすると、あなたの祖先やご両親は経営者としての経験を持つ人かもしれない。そうでなくてもルールを創る役割を担ったことはあるだろう。職場を始め、家庭内、属するコミュニティにおいて、彼らの存在はかなり大きなものだったはずである。

　あなたの場合も同じことが言える。あなたがいることによって、その場が引き締まったり、急に具体的に物事が進展し始める、ということはおそらく良くあることだろう。

　あなたのほかのナンバーに、3や5などの自由を志向するナンバーが入っていると、このナンバーの恩恵には気づきにくい場合もある。今ひとつ自分の中の組織力や責任感、他者への影響力を認めることができない人は、家族や先祖の足跡をたどってみるといい。必ず心に響くものが発見できるだろう。

Five of the 5 Family Name Number

　ファミリー・ネーム・ナンバーの5は、その家系が「夢とロマンを伝える冒険者」としての資質を引き継いでいることを示す。あなたは先天的に、未知の世界へと挑むチャレンジ精神を携えて生まれてきているのだと言えるだろう。

　人は大人になると、とかく夢やロマンを忘れてしまいがちである。しかし、あなたの先祖やご両親には、その傾向はあまり見られないはずである。夢を追いかけること、可能性を追求することは、人が生きるうえでの義務であり、大切な権利である。そのような教えをあなたも家庭の中で学んできたのではないだろうか。

　だからもし、今のあなたがご両親の言い分にしたがわず、反抗的になっているのだとしても、それほど罪の意識を感じる必要はない。時期がくれば必ず理解し合えるだろう。口では厳しいことを言ったとしても、応援してくれているに違いない。

　年を重ねてからも大いに冒険をしたい。守りに入った時点であなたのエネルギーの源は枯渇し始める恐れがある。夢とロマンを大事にしていこう。

Six of the 6 Family Name Number

ファミリー・ネーム・ナンバーの6は、その家系が「人を助け導く養育者」としての資質を引き継いでいることを示す。あなたは先天的に、人をサポートしたり育てたりする優れたセンスを持って生まれてきているのだと言える。

あなたの先祖やご両親は、もしかするとかなり教育熱心な人だったかもしれない。あなたの可能性を引き出すため、習いごとをさせてくれたり、あらゆることを試すチャンスを与えてくれていたのではないだろうか？　日々の生活の中でも、教育のためにおこなっていたことは、あなたが気づいていないとしても多かったことだろう。

もしピンとこないのなら、習慣として身についていることを改めて見直してみるといい。食事の仕方、挨拶、礼儀作法や人に対する気遣いの示し方などは、家系からの恩恵にほかならない。

あなたは豊かな愛情を受けて育っている。あなたは人一倍「愛」を知っている人なのだ。だから、あなたも人に愛を教えてあげることができる。惜しむことなく、必要とする人に愛を与えていきたい。

Seven of the 7 Family Name Number

ファミリー・ネーム・ナンバーの7は、その家系が「洞察力に富んだ研究者」としての資質を引き継いでいることを示す。あなたは先天的に、物事の本質や裏側を知り得る才覚を持って生まれてきているのだと言える。

小さいころのあなたはおそらく好奇心旺盛な子どもだったことだろう。そして、なにか珍しいものを見つけると「これはなぁに？」と聞く。雨が降ったり風が吹いたりなどの自然現象、虫や動物を観察しては、「どうして？」「なんで？」と質問攻めにし、身近な大人を追及したことがあったのではないだろうか。通常、子ども相手にまともに答えてくれる大人はそう多くはないが、おそらくあなたのご両親は丁寧に答えようとしてくれただろう。その姿勢をあなたはちゃんと学び取っているはずである。

「知りたい」という衝動は、あなたにとって宝物の在りかを教えてくれるサインとなる。ひいては先祖やご両親とのつながりを再確認する要素ともなるだろう。好奇心を大事に感じたい。そして、抑えずに探求していこう。

Eight of the 8 Family Name Number

ファミリー・ネーム・ナンバーの8は、その家系がなんらかの「権威者」となる資質を引き継いでいることを示す。あなたは先天的に、人を圧倒する存在感と影響力を秘めて生まれてきているのだと言えるだろう。

「権威者」というと偉い人物を想像するかもしれないが、要はその道のプロのことである。単なるプロではなくプロを教えるくらいの立場。そうした才覚をあなたの家系は持っているのである。実際にそうした役割を担っていないとしても、日々生活の中でその手腕は発揮されているだろう。

たとえば経済に関しては専門家と同じくらいの知識を持っていて、仲間内では相談役として信頼されているとか、突出した得意技を持っていて指導を頼まれている、といった光景を目にしたり、耳にしたことはないだろうか。

おそらく、あなた自身も同様だろう。なにかというと意見を求められたりするのは、あなたの言動に威厳があるからに相違ない。あなたがもう少し自覚を持って行動したなら、その場をあなたの思うとおりに動かすことも可能だろう。より大きな仕事をし、豊かな成果を上げるよう導くこともできるはずである。

Nine of the 9 Family Name Number

ファミリー・ネーム・ナンバーの9は、その家系がヒーラーやセラピストとしての資質を引き継いでいることを示す。あなたは先天的に、命あるものを癒し、救う力を秘めて生まれてきているのだと言えるだろう。

言うまでもなく、ヒーラーやセラピストというのはひとつの例である。人を癒すということは、書物でもできるし、音楽や絵画でもときにはヒーリングが起こる。人の心を潤すものを世の中に送り出したり、あるいは、存在自体が癒しとなる力をあなたの先祖やご両親は持っているのである。

あまりピンとこない人は考えてみてほしい。あなたが動物や植物など、小さな命に対して優しい気持ちを持てるのはなぜだろう？ 育った環境にその素養があったからに相違ない。その受け継いだ資質に感謝し、祝福を送りたい。そうすることによって、あなた自身、その恩恵を自分のものとして使うことができるようになるだろう。

この資質を開花させるには、多くの人とかかわっていくことである。世の中に出ていくことを恐れず、行動範囲を広げていきたい。

Eleven of the 11 Family Name Number

ファミリー・ネーム・ナンバーの11は、その家系が「人々を啓蒙するマスター」としての資質を引き継いでいることを示す。あなたは先天的に、人々に大いなる気づきをもたらす力を秘めて生まれてきているのだと言えるだろう。

マスター・ナンバーである11はスピリチュアリティの高さを表すが、ファミリー・ネーム・ナンバーで出てきた場合はまさしくそうである。つまり、あなたの家系そのものが霊性に敏感な資質を持つということである。インスピレーションによって人を導いてきた歴史が、あなたの先祖やご両親にはあるかもしれない。本人は意識せずとも、魂レベルでは宇宙的なつながりを感じているはずである。

あなたにもその素養はある。ふとした閃きやアイディアは、「ただの思いつき」と流さずに、形にして人々に伝えていきたい。どんな意味を持つかは、伝えた相手が判断してくれる。あなたはメッセンジャーなのである。率直に気づいたことを伝えようとすることで、さらにスピリチュアリティは開花していくだろう。

Twenty two of the 22 Family Name Number

ファミリー・ネーム・ナンバーの22は、その家系が「理想郷を建築するマスター」としての資質を引き継いでいることを示す。あなたは先天的に、理想的な世界を築くための力を秘めて生まれてきているのだと言えるだろう。

マスター・ナンバーである22は特別な使命を与えられているナンバーだとされるが、ファミリー・ネーム・ナンバーで出てきた場合はさらにその傾向は強まる。つまり、あなたの家系そのものが大きなミッションを持つということである。世界平和のため、全宇宙のために働いてきた歴史が、あなたの先祖やご両親にはあるのかもしれない。少なくとも、広く役に立つことをしたいと願っていただろう。

「本当にやりたいこと」を求めていたあなたは、今、気づいたのではないだろうか。あなたは今まで目の届く範囲で目的を探していたから、見つけることができなかったの

だ。あなたのターゲットは世界。いや、宇宙規模である。家系から受け継いだ愛と情熱を感じながら、大きく可能性を試していきたい。

[Lesson 3]

グロース・ナンバー
Growth Number

One of the 1 Growth Number

　グロース・ナンバーが1のあなたは、成長するにつれてリーダー性を身につけていくだろう。ファミリー・ネーム・ナンバーやソウル・ナンバーが2、4、6といった控えめなナンバーだった場合、その変化はかなり急速となる。あるひとつのきっかけから、引っ込み思案だったあなたが、突然、積極的な人に変貌するかもしれない。

　たまたまほかにやる人がいないからと仕切る役割を担って、それ以来そのポジションが定番になる、というのもありそうな話である。

　一方、ほかのナンバーに1、3、5といったアクティブな性質のナンバーを持つ場合は、年を重ねるごとにエネルギッシュになる。そして単なる子どもっぽいわがままから、責任を持って主体的な行動を取る、という姿勢へとシフトするはずである。

　いずれにしても、このグロース・ナンバーを持つあなたには「スピーディーさ」が期待されている。物事を始め、身につけ、さらに拡大して……。常に前向きな発想で目の前の事柄に取り組み、周囲を導いていきたい。

Two of the 2 Growth Number

　グロース・ナンバーが2のあなたは、成長するにつれて協調性を身につけていくだろう。人と力を合わせてなにかに取り組んだり、場の雰囲気を考えて言動を選んだり。平和主義的な発想のもと、すべてを選択するようになる傾向にある。

　ファミリー・ネーム・ナンバーやソウル・ナンバーが1や5などのアクティブな資質のナンバーだとすると、ある時期から、急に「おとなしくなったね」とか「落ち着いたね」と言われることが多くなるかもしれない。人の目から見て明らかなほど、穏やかで和やかな価値観を持つようになるだろう。

　いずれにしても、このグロース・ナンバーを持つあなたは場を調和させるムードを持

つ人である。あなたがひとりいるだけで、その場が和んだり、自然な会話が生まれたり、ということもあるだろう。目立つ存在ではないかもしれないが、だからこそ、自由に動き回ることができる。合わせようと構えずとも、しなやかに対応できる人。その境地を目指していくと、人脈から得る恩恵には事欠かない人となるだろう。

Three of the 3 Growth Number

　グロース・ナンバーが3のあなたは、成長するにつれてクリエイティブなセンスを発揮するようになるだろう。あるときから急に絵や音楽が好きになり、趣味として取り組んでいるうちに才能を開花させることもあり得る。

　また、成長とともに楽天性を育てていくのも、このナンバーを持つ人の特徴である。人は、年を重ねるごとに、怖いもの知らずではいられなくなる。ときとして守りに入り、中には、起こり得る危機的状況に備え、予防対策に時間を費やしてばかりの生活を送っていく人もいるだろう。

　けれども、あなたはむしろ恐れを手放していく。人生は楽しみや喜びに満ち、もし、なにか問題があっても、それは必ず乗り越えられる。そう本気で信じるようになるのだ。そうして自分の人生を信頼できるから、楽天的になれるのである。

　その人生への信頼は、内なるクリエイティビティと連動している。創造的な発想で目の前の物事に向き合うことで、自分には「創る」力があることを知る。だから、人生も自分の手で創ることができる、という考え方が自然と身につくのだ。自分で創れるから、人生においてなにが生じてきても動揺しない。いかようにも人生を創り変えることが可能だと理解しているからである。

　現実の重みにつぶされることなく、どこまでも楽天的に創造性を育て、人生をクリエイトするのがあなたの生きるうえでのひとつの課題だと言える。あなたのその生きざまは周りの人に喜びと明るさを与えていくだろう。

Four of the 4 Growth Number

　グロース・ナンバーが4のあなたは、成長するにつれて計画性を身につけていくだろう。幼いころはひとりではなにもできないような頼りなげな子どもだったとしても、次

第に、自立心旺盛なしっかり者に変貌する。明日の準備はきちんと前日に整え、朝も自分で目覚ましをかけて起床、といった具合に。自分なりにルールを定め、秩序立ったクリーンな暮らしを好む人になっていくだろう。

ただ、そうして「きちんと」するのは、自分で自分に厳しくしているせいであり、常に自己反省をしている。自分にダメ出しをするのが、習慣のようになってしまうこともある。それが度を越すと、自分ばかりか、人を責めるようにもなる場合がある。完璧主義に陥ってストレスを溜めないよう気をつけたい。

大切なのは、スムーズに事が運ぶことである。ひとつも間違えないように進めることではない。そのことに気づくことができたときに、あなたは人から有用とされ、頼られる人物へと成長するだろう。ひたすら「きちんと」こなそうとするのではなく、それがなにゆえの計画なのか、その意義にフォーカスすることが大切である。

Five of the 5 Growth Number

グロース・ナンバーが5のあなたは、成長するにつれて人を惹きつけるパフォーマンス力を身につけていくだろう。パフォーマンス力とは「魅せる力」のこと。自分自身、あるいは自分の言いたいことをプレゼンテーションすることに長けていくのである。

実際に俳優やアーティストを目指すようになる人もいるかもしれない。ファミリー・ネーム・ナンバーやソウル・ナンバーに、2、6などの控えめな資質のナンバーを持っている場合、人前に出ることには躊躇するだろうが、年を重ねるにつれ、オリジナリティあふれるプレゼン法を見つけるだろう。

また、年とともに好奇心とチャレンジ精神を強めていくのも、このナンバーを持つ人の特徴である。未知のものに目を輝かせ、勇気を持って飛び込んでいくときのあなたは、いつにも増してキラキラした魅力を放っている。そのあなたの姿勢は、かかわる人々を明るく希望に満ちた気持ちにさせることだろう。

今のあなたがなんとなく本当に「生きていない」と感じているのなら、まずは内なる好奇心の声に耳を傾けたい。その声とともに生きたなら、自然と魅力的なパフォーマンス力が発揮されていく。生き生きと生きることをはっきりと意識し始めれば、チャンスはおのずと引き寄せられてくる。大いに自分をアピールしていきたい。

Six of the 6 Growth Number

　グロース・ナンバーが6のあなたは、成長するにつれて「人を気遣う心」を養っていくだろう。自分以上に人を気遣うということは、幼いうちは、なかなかできるものではない。けれども、なんらかのきっかけで、「こうすると人は喜んでくれるんだ」と気づく。そんな場面に度々出会ううち、気遣う行為が心地良くなってきて、それが習慣になるという具合に。あなたの周りには、良いサンプルとなる大人が存在しているのかもしれない。

　あるいは逆のケースもあるだろう。あなたのそうした「機転が利く」という長所は、人の顔色をうかがう癖がもとになって磨かれていく場合もある。その癖による行為が習慣比されていた場合、成長するにつれて表面化するのは、なにかと媚びを売りがちな八方美人な姿勢となってしまう。

　自分がなにを動機としてサービス精神を発揮しているか、今一度、問い直してみたい。愛によって気遣いを示していないとしたら、あなたの今の苦しみの元凶はそこにある。気遣いとは本来、喜びが伴ってしかるべきものであるのだから。

Seven of the 7 Growth Number

　グロース・ナンバーが7のあなたは、成長するにつれて「沈思熟考の姿勢」を身につけていくだろう。沈思熟考とは、ただ単に慎重だということではない。あらゆる可能性を想定し、疑問や不明なことを解き明かそうと試みる。それが、ナンバー7のスタイルである。

　もしかすると幼少期のあなたは、せっかちでそそっかしい子どもだったかもしれない。けれども、あるときふとあなたは考え始める。「これってなにでできてるんだろう？」「これ、どんな仕組みになっているんだろう？」といったように。そうした「なぜ」に出会うことで、あなたのものの見方は一変するだろう。すべての物事を裏の裏まで推理しつつ観察するようになっていくのだ。

　今のあなたが生きることに退屈しているとしたら、とにかく身の回りを観察してみるといいだろう。あなたが気づきさえすれば、あなたの中のグロース・ナンバーは目覚めるはずだ。一度、目覚めたなら、あなたの知識はどんどん豊富になっていく。博識な人

へとぐんぐん成長していくだろう。

Eight of the 8 Growth Number

グロース・ナンバーが8のあなたは、成長するにつれて、人に対する大きな影響力を持つようになるだろう。その影響力を裏づけるのは、努力と忍耐によって培ったスキルや知識、持ち前の洞察力である。

もしかすると幼少期のあなたは、引っ込み思案で、教室の片隅で小さくなっているような子どもだったかもしれない。けれども、あるときあなたは「これだ！」というものを見つける。強く興味を駆り立てられ、それにのめり込んでいく。そして、気づいたときには、その分野においてはかなり優秀な人材になっていたりする。人に強力な影響を与えるほど、能力が磨かれていくのである。

もし現在のあなたが自分は今ひとつ認められていない、と感じているのなら、まずは熱中できるなにかを求めるべきであろう。「なにがなんでもこれがやりたい」「どうしてもこれが欲しい」と思うものを全身全霊で探してみるといい。目的さえ見つかれば、あなたの中のナンバー8の資質が動き出すはずだ。迷いは消え去り、希望だけが目前に輝き出すだろう。

Nine of the 9 Growth Number

グロース・ナンバーが9のあなたは、成長するにつれて「グローバルな感性」を身につけていくだろう。

あるとき、あなたは自分の住んでいる世界の常識に疑問を感じるようになる。「このやり方はほかの国や地方でも通用するのか？」といった具合に。あるいは、自分の家庭では普通のことがほかではそうではないことを発見したりする。そうした小さなカルチャー・ショックを積み重ねるうちあなたは気づく。自分の知ることだけが真実ではないと。そして、もっと広い世界を知りたいと思うようになるのである。

年を重ねるごとにあなたの興味の範囲は広がるだろう。自分と年齢もなにもかも違う人に近づき親交をはかったりするなど、あらゆる人との間に共感を育てることにも意欲的になれるはずだ。早い時期から、留学を志すこともあるかもしれない。

もし現在のあなたが未来の可能性を信じられなくなっているのなら、思い切って今いる場所から飛び出してみたい。世界はあなたが思う以上に広い。そのことが実感できれば、ストップしていたあなたの成長は加速されるだろう。

Eleven of the 11 Growth Number

グロース・ナンバーが11のあなたは、成長するにつれて段々と「使命感」に目覚めていくだろう。

ナンバー11は、1＋1＝2となり、ナンバー2の要素も内包している。2も11も、繊細で鋭敏な感受性を持つ点は同様だが、2よりも11のほうが感性は洗練されており、より精妙なものに気づくことができる。幼いころのあなたはおそらく2の傾向が強く出ていたのではないだろうか。長じて活動範囲が広がるとともに、11のセンスは発揮されているはずである。

11のセンスが開花されると世の中の歪みに気づき始める。そして、正義感に燃えて改革の旗手となろうとしたり、改変を求める運動に協力するようになったり。年とともに、思っているだけではなく具体的な行動へと足を踏み入れていくだろう。

あなたは今も多くの問題点に気づいていることだろう。世界中にあふれるねじれ、身の回りのこと……。自分ひとりの力ではなにもできないなどと思わず、気づいたことには声を上げていきたい。あなたのひと言で世界が変わる可能性もあるのだから。

Twenty two of the 22 Growth Number

グロース・ナンバーが22のあなたは、成長するにつれて、直感的かつ精力的、あらゆる魅力的な要素を持った人になっていくだろう。そして、段々と人を導く存在としての自覚を持つようになるはずである。

ナンバー22は2＋2＝4で、ナンバー4と共通する資質を多く持つ。双方とも実際性がキーワードであり、具体的に行動を起こし、結果を出すことをモットーとするナンバーである。ゆえに、スピリチュアリティが高いとされるマスター・ナンバーではあるが、22は精神性に走ることなく、地に足をつけていく姿勢を取る。幼いころのあなたは夢見がちな子どもだったかもしれないが、そのときに描いていた夢物語も、成長した

あなたの手にかかったら実現される可能性がある。あなたはイメージを具現化させる大いなる力を手にしているのである。

　人はみんな豊かな想像力を持っているが、使いこなしている人は意外に少ない。そうした人たちにとってのあなたはマスターとなれる。自身の成長過程はすべて人のために役立てるべきだろう。

レッスン 4

チャート解釈①
―パーソナリティー・チャートの読み方―
Lesson_4 Sample Reading for Personality Chart

　ここからは、これまで解説してきたコア・ナンバーズの算出法と性質や傾向を復習しつつ、実際にパーソナリティー・チャートを読む練習をしていこう。

【コア・ナンバーズ】
パーソナリティー・チャートの読み方 I
― 資質や才能、使命、魂の傾向を読み解く ―

　1979年10月22日生まれ、「ツカワリョウ」さんのパーソナリティー・チャートを作り、実際にリーディングしていくこととする。

(1) まずは基本となる6つのナンバーを導き出す。

①ライフ・パス・ナンバー

　誕生年、誕生月、誕生日をすべて加算する。

1979年10月22日

| ライフ・パス・ナンバー | （11と22が出た場合はマスター・ナンバーのためそのままとする） |

ライフ・パス・ナンバー

$1979 + 10 + 22 = 2011 \quad \square\square = 4 \quad (\square\square)$

生まれ年　　生まれ月　生まれ日　　合計　　一桁に還元（11、22の場合はそのまま）

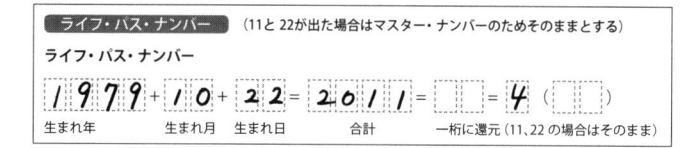

②ディスティニー・ナンバー

　氏名をアルファベットで表記し、数字へと変換。すべての数字を加算する。

> **ディスティニー・ナンバー**　（11と22が出た場合はマスター・ナンバーのためそのままとする）
>
> 氏名をアルファベットで表記する
>
> `R Y O   T S U K A W A`
>
> 変換表をもとにアルファベットを数字へと置き換える
>
> `9 7 6   2 1 3 2 1 5 1`
>
> = 37　　　　　　　　合計（全ての数字を足す）
>
> = 1　　　　　　　　一桁に還元（11、22の場合はそのまま）

③ ソウル・ナンバー

氏名の母音のみを取り出し、数字へと変換。すべての数字を加算する。

> **ソウル・ナンバー**　（11と22が出た場合はマスター・ナンバーのためそのままとする）
>
> 氏名の母音（A・I・U・E・O）のみを取り出す。
>
> `O U A A`
>
> 変換表をもとにアルファベットを数字へと置き換える
>
> `6 3 1 1`
>
> = 　　　　　　　　　合計（全ての数字を足す）
>
> = 11　　　　　　　　一桁に還元（11、22の場合はそのまま）

④ パーソナリティー・ナンバー

氏名の子音のみを取り出し、数字へと変換。すべての数字を加算する。

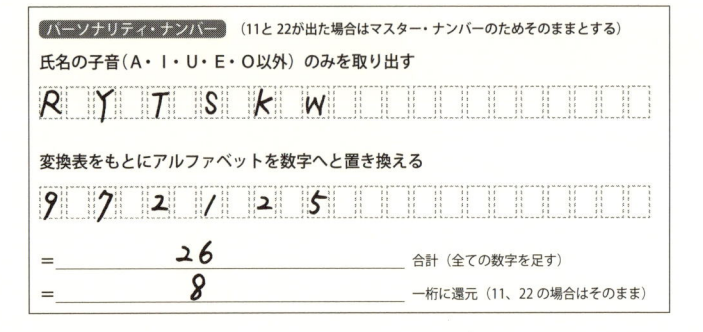

> **パーソナリティー・ナンバー**　（11と22が出た場合はマスター・ナンバーのためそのままとする）
>
> 氏名の子音（A・I・U・E・O以外）のみを取り出す
>
> `R Y T S K W`
>
> 変換表をもとにアルファベットを数字へと置き換える
>
> `9 7 2 1 2 5`
>
> = 26　　　　　　　　合計（全ての数字を足す）
>
> = 8　　　　　　　　　一桁に還元（11、22の場合はそのまま）

⑤マチュリティー・ナンバー

ライフ・パス・ナンバーとディスティニー・ナンバーを加算する。

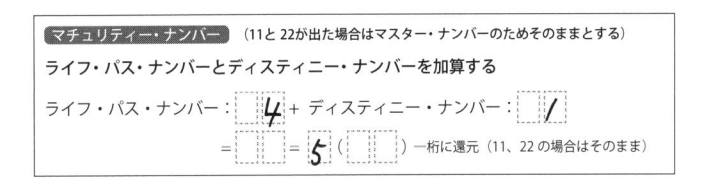

> **マチュリティー・ナンバー** （11と22が出た場合はマスター・ナンバーのためそのままとする）
> ライフ・パス・ナンバーとディスティニー・ナンバーを加算する
> ライフ・パス・ナンバー：4 ＋ ディスティニー・ナンバー：1
> ＝ 5（　　）一桁に還元（11、22の場合はそのまま）

⑥バースデイ・ナンバー

誕生日がそのままバースデイ・ナンバーとなる。

1979年10月22日生まれの場合、22はマスター・ナンバーなので、そのまま22がバースデイ・ナンバーとなる。

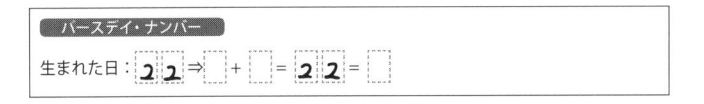

> **バースデイ・ナンバー**
> 生まれた日：22 ⇒ 　＋　＝ 22 ＝

(2) パーソナリティーの大まかな全体像をつかむ。

ライフ・パス・ナンバー：4
ディスティニー・ナンバー：1
ソウル・ナンバー：11
パーソナリティー・ナンバー：8
マチュリティー・ナンバー：5
バースデイ・ナンバー：22

4：安定・保守性・実際的・秩序……
1：主体性・好戦的・独創的……
11：天啓を意味するマスター・ナンバー
8：力・野心・物質主義……
5：変化・冒険・進化……

22：計画性・ヴィジョンのマスター・ナンバー

　イントロダクションにあるナンバーごとに挙げたキーワードから、全体的なバランスを見てみる。
　現実性や実際性という意味で、ライフ・パス・ナンバーの4とパーソナリティー・ナンバーの8には共通点が見られる。また、行動的である点でディスティニー・ナンバーとマチュリティー・ナンバーは相通ずるものがある。マスター・ナンバーは中立的なナンバーであるので、この人物のパーソナリティーは、比較的統合されやすいナンバーによって構成されていることがわかる。
　これは比較的矛盾の少ないケースだとも言えるが、ひとりの人物のナンバーにおいて、大きく性質の異なるナンバーが出てくる場合ももちろん少なくない。そのギャップについては、この後のブリッジ・ナンバーを読んでいく際に順次解説していく。

(3) ライフ・パス・ナンバーとディスティニー・ナンバーを読み解く。

　これまでに算出した6つのナンバーは、そのナンバーが司る役割として大きくふたつに分けることができる。
　ライフ・パス・ナンバー、ディスティニー・ナンバー、マチュリティー・ナンバー、バースデイ・ナンバーは、その個人の生き方に深くかかわるナンバーである。
　後のふたつ、ソウル・ナンバーとパーソナリティー・ナンバーは対になるナンバーで、前者は内面性、その人のごくプライベートな一面を表し、後者は外面性、その人のオフィシャルな側面を表すナンバーである。

　才能や資質（ライフ・パス・ナンバー）が4、使命や役割が（ディスティニー・ナンバー）が1であるこの人は、自己管理能力に長けた努力家。実際的な行動力にも富み、物事をしっかりと形作るプランニング力の持ち主である。そして、その資質や才能を持って、彼はナンバー1が示す使命へと導かれていく。
　1は開拓者、創始者としての役割を担うナンバーである。このふたつのナンバーを鑑みるだけでも、この人物がパワフルに現実を動かしていく姿が立ち浮かんでくるだろう。

(4) バースデイ・ナンバーを活用する。

　才能と資質（ライフ・パス・ナンバー）をサポートするのがバースデイ・ナンバーである。

　もしこの人物が、自分自身ではナンバー4（ライフ・パス・ナンバー）の才能と資質を発揮できていないと感じている場合、このバースデイ・ナンバーの22のメッセージが役立ってくる。22は、足して4になるナンバーであるゆえ、4の性質も内包している。よって、4からすると22の恩恵は受け入れやすい。

　22が4と異なるのは、スピリチュアルな視点を取り入れる点。天啓に耳を傾けるナンバーなのである。すべてを自力でコントロールしようとするのをやめたとき、彼はナンバー4の才能と資質を存分に享受し、発揮することができるだろう。

(5) マチュリティー・ナンバーを読み解く。

　これまで見てきた3つのナンバーの恩恵をすべて享受し、生かした場合、結果として表れてくるのがマチュリティー・ナンバーである。

　22（バースデイ・ナンバー）によってさらに開花した4（ライフ・パス・ナンバー）と、1（ディスティニー・ナンバー）が結実したとき、そこにナンバー5（マチュリティー・ナンバー）が成就する。

　つまり、この人物は、才能と資質を生かし、使命を全うしていった結果、ぐんぐん進化を遂げていくということ。あらゆる限界を超え、制限やルールを塗り替えていく人になるだろう。

　ここで、秩序や安定を重んじるナンバー4（ライフ・パス・ナンバー）との矛盾が生じてくるようにも見えるが、彼が使命を忠実に遂行した挙句、塗り替えられていく秩序は、そのときにいたれば当然の摂理と実感できるはずである。守るために壊し、変えるべきことが必要なときもあるのだから。

(6) パーソナリティー・ナンバーとソウル・ナンバーを読み解く。

　パーソナリティー・ナンバーが8で、ソウル・ナンバーが11のこの人物のキャラクターは、社会的には野心的でバリバリ仕事をするリアリスト。存在感のあるなんらかの権威者としての役割を演じる傾向にある人だが、その魂には、スピリチュアリティに対

するピュアな信頼感が秘められている。

つまり、現実主義者のようで、実は繊細な感受性とセンシティブな魂を持つ人であることがわかる。彼の自宅は、氣の流れに敏感であるゆえに、非常に美しく清潔かもしれない。その行動力も、天啓から得たものに裏づけられている場合も多いはずである。

(7) ブリッジ・ナンバーを活用する。

ブリッジ・ナンバーは任意のふたつのナンバーを引き算して導き出す。

それぞれのナンバーのギャップ

ブリッジ・ナンバー	（11や22はあらかじめ2と4に還元しておく）
それぞれのナンバーの大きい数から小さい数を引く	
「ライフ・パス・ナンバー」と「ディスティニー・ナンバー」	3
「ライフ・パス・ナンバー」と「ソウル・ナンバー」	2
「ライフ・パス・ナンバー」と「パーソナリティー・ナンバー」	4
「ライフ・パス・ナンバー」と「バースデイ・ナンバー」	0
「ディスティニー・ナンバー」と「ソウル・ナンバー」	1
「ディスティニー・ナンバー」と「パーソナリティー・ナンバー」	7
「ディスティニー・ナンバー」と「バースデイ・ナンバー」	3
「ソウル・ナンバー」と「パーソナリティー・ナンバー」	6
「ソウル・ナンバー」と「バースデイ・ナンバー」	2
「パーソナリティー・ナンバー」と「バースデイ・ナンバー」	4

ライフ・パス・ナンバーとディスティニー・ナンバー：4－1＝3

このふたつのナンバーの性質にギャップがあると、人生の要所要所で葛藤が生じてくる。その人の資質と使命が相容れないのであれば、それも当然のことだろう。努力をしても自分の理想や夢が結実していかない場合、おそらくその解決のヒントはここにある。ブリッジ・ナンバーを参考にすることで、スムーズなつながりができるはずである。

この人物の場合を見てみよう。維持や継続を得意とするナンバー4の資質からすると、新規開拓の使命を持つナンバー1の役割は、ときとして厄介に感じることもある。そこ

でブリッジ・ナンバーの3が役立つのである。

　3は創造性と楽天性の数。ブリッジ・ナンバーは意識の持ち方についてのヒントを与えてくれるものである。要するに、楽しむこと。先のことを考えて案じるより、「今」を楽しみ、現在にフォーカスすることで、4の実際性も発揮され、1の物事をスタートさせるという使命も果たされるのである。

ライフ・パス・ナンバーとソウル・ナンバー：4－2＝2
　（マスター・ナンバーは一桁に還元する）
　ライフ・パス・ナンバーはその人の資質と才能を表すが、その背景にはいつもこのソウル・ナンバーが息づいている。なぜなら、ソウル・ナンバーはその人の魂の求めるもの、本能的な欲求を示すからである。人は、望まないものをあえて求めることはしないし、自分の中に取り入れようともしない。自分の中に内在している資質でも、それを自らが欲求し、重宝がらない限り、発揮しようともしない傾向にある。よって、このふたつが調和しやすいナンバーだと、当然ながら才能は顕現しやすくなる。
　この人物の場合、4と2のどちらもが安定志向のナンバーであり、さらにはブリッジ・ナンバーも2。つまり、ふたつの架け橋となるナンバーも、ソウル・ナンバーと同様であるということになる。
　こうした場合、順番としては、ライフ・パス・ナンバーとソウル・ナンバーのふたつのナンバーのうち、後者の願望や訴えることを優先するのが順当である。つまり、2が求める魂の欲求を満たしてからのほうが、才能や資質は開花されやすいということである。現実的な利益や実際性にこだわる前に、心の安らぎや平和を確保する。そうすることで、心の葛藤はおさまり、より生きやすい人生となるだろう。

ライフ・パス・ナンバーとパーソナリティー・ナンバー：8－4＝4
　（大きい数から小さい数を引き算する）
　才能や資質（ライフ・パス・ナンバー）と社会的な役割（パーソナリティー・ナンバー）を結ぶことは、社会的な活躍の場を得たいと望む場合には必要不可欠である。社会から要求される役割が自分の得意分野であれば、需要と供給が一致するわけで、当然、評価は得やすいゆえに成功への道筋も整いやすくなるはずである。
　この人物の場合、4と8のどちらもが実際性を重んじる、社会性に富んだナンバーであり、さらにはブリッジ・ナンバーも4である。つまり、ふたつの架け橋となるナンバーも、ライフ・パス・ナンバーと同様であるということになる。

こうした場合、順番としては、ライフ・パス・ナンバーとパーソナリティー・ナンバーのふたつのナンバーのうち、前者の資質や目指すことを優先する。つまり、4の持つ才能を存分に発揮していくことで、結果として8のキャラクターがクローズアップされていく。最初から、社会的な役割を演じることを意識しないほうが、かえってスムーズに自分の活躍の場も得られるだろう。

ライフ・パス・ナンバーとバースデイ・ナンバー：4－4＝0
（マスター・ナンバーは一桁に還元する）
バースデイ・ナンバーはそもそもライフ・パス・ナンバーをサポートするナンバーであるゆえ、このふたつに差異がない、つまり同数だということは、ブリッジ・ナンバーを要しないということ。この場合、この人のライフ・パス・ナンバーは、その資質をそのまままっすぐに伸ばしていくことで開花されていく。

ディスティニー・ナンバーとソウル・ナンバー：2－1＝1
（マスター・ナンバーは一桁に還元、大きい数から小さい数を引き算する）
このふたつが結びついていると、生きる喜びや充実感を得やすい。なぜなら、与えられている使命と魂の求めるものが調和したなら、生きていくうえでの葛藤は少ない。どんなに厳しい使命であっても、やりがいを覚えていくことができるのである。

この人物の場合、新規開拓していくナンバー1の使命を持ち、そして、その内面には、平和と愛を望むナンバー2の魂が宿っている、ということになる。2の魂から見ると、1の使命はいかにも危なっかしく、安心できないものに感じられることもあるだろう。

このふたつの願望や目的はそもそも相容れないものであるため、常に葛藤は生じる。無自覚でいると、双方が譲らずに綱引き状態となる。そんなときは、ブリッジ・ナンバーと同数であるディスティニー・ナンバーの1のほうをまず優先させる。ナンバー2にいったん待っていてもらい、1の目的を遂行するのである。

そうすることで、場面は動き出す。どっちつかずの緊張状態から解放されることによって、2の魂も安寧の場を再度獲得していくことだろう。

ディスティニー・ナンバーとパーソナリティー・ナンバー：8－1＝7
（大きい数から小さい数を引き算する）
このふたつが結びついていると、職業や人生上の選択が容易い。使命（ディスティニー・ナンバー）と期待される役割（パーソナリティー・ナンバー）が馴染んでいれ

ば、「この道は違う」という不満が生じにくいからである。

　この人物の場合、8も1もどちらもリーダー性を発揮するナンバーであるゆえに、一見、葛藤が少ないようにも見える。しかし、1は「新しさ」にこだわり、8は立場や力を維持することに執着する傾向にある。つまり、本来の使命を遂行しようとするとき、社会的な役割に縛られて身動きがとれない、といった事態に陥りやすいのである。そんなとき、助けてくれるのがブリッジ・ナンバーの7である。

　7は真理を探究していこうとする数。つまり、ただひたすら行動し、結果を出そうとするのではなく、真に正しい選択肢はどれなのか、と慎重に探ってみる。いったん立ち止まって考える余裕を持つことで、人生の道筋は明るく、逆に進むスピードも速くなっていくだろう。

ディスティニー・ナンバーとバースデイ・ナンバー：4−1＝3

（マスター・ナンバーは一桁に還元、大きい数から小さい数を引き算する）

　バースデイ・ナンバーは人生を歩んでいくうえで助けとなるものを示すナンバーであり、それが使命を表すディスティニー・ナンバーと密接に結ばれた状態にあると、リズミカルな人生が展開される。なぜなら、目的を達成していくうえで、「サポート」は重要な鍵となる。そのサポートが受け入れやすいものか、そうでないかでその進展のスピードも成就の度合いも異なってくるのである。

　この人物の場合、新規開拓を目指すナンバー1の使命をサポートするのが、安定と実際性のナンバー4だということになる。つまり、このまま解釈すると、新しく開拓していくために安定させる、といった矛盾したストーリーが出てきてしまう。そんなとき、役立つのがブリッジ・ナンバーの3である。

　3は創造性と楽天性の数。つまり、クリエイティブな発想、オリジナリティあふれる方法が重要な鍵となるということ。ただ行動するのではなく、自分の使命や役割を楽しもうという意識を持つことで、使命も果たすことができ、安定させるべきところには落ち着きがもたらされていくはずである。

ソウル・ナンバーとパーソナリティー・ナンバー：8−2＝6

（マスター・ナンバーは一桁に還元、大きい数から小さい数を引き算する）

　このふたつが密接に結ばれていると、内なる自己と外なる自己とに矛盾がなく、表裏のないキャラクターが形成される。無理に役割を演じる必要がないので、魂は常にリラックスしていられるのである。

この人物の場合、内面性（ソウル・ナンバー）を表すのが平和と愛を求めるナンバー2、一方、外面性（パーソナリティー・ナンバー）を表すのが「野心家」や「権威者」のキーワードを持つナンバー8。このふたつは社会的に活躍する年代になると明確に差異が出てくる。魂は穏やかな人間関係を望むのに、社会的には雄々しく場を取り仕切る役割を担うよう期待されたりするのである。

　当然、こんな生活が続けば、魂は疲弊する。その葛藤をおさめてくれるのがブリッジ・ナンバー6である。6はバランスや奉仕を意味する数。どちらか一方に偏らないよう、オンとオフの切り替えを明確にしたり、お手柄を仲間と分け合ったりという姿勢が、双方のナンバーにとってメリットをもたらすだろう。

ソウル・ナンバーとバースデイ・ナンバー：4－2＝2

（マスター・ナンバーは一桁に還元、大きい数から小さい数を引き算する）

　バースデイ・ナンバーは人生を歩んでいくうえで助けとなるものを示すナンバーであり、それが魂の欲求を表すソウル・ナンバーと密接に結ばれた状態にあると、生きていくうえでの葛藤は少ない。

　なぜなら、魂の欲求が満たされないと感じるのは、たいてい、ディスティニー・ナンバーやパーソナリティー・ナンバーばかりが優先されている状態にあるときであり、バースデイ・ナンバーは、この部分を緩和してくれる働きをしてくれるからである。

　この人物の場合、4と2のどちらもが安定感や穏やかさを志向するナンバーであるため協力体勢を整えやすい。ブリッジ・ナンバーも2であることから、このケースにおいては、とにかくまず2の魂の欲求を満たすことが先決。そうすることによって、バースデイ・ナンバーが必要性を訴える「安定感」ももたらされていくことになるはずである。

パーソナリティー・ナンバーとバースデイ・ナンバー：8－4＝4

（マスター・ナンバーは一桁に還元する）

　バースデイ・ナンバーは人生を歩んでいくうえで助けとなるものを示すナンバーであり、それが「社会的な役割」を示すパーソナリティー・ナンバーと密接に結ばれた状態にあると、社会的な成功が導かれやすい。なぜなら、生きるテクニックとも言えるナンバーが、その人の役割をサポートするのだから。スムーズにチャンスや評価を得ていくことができるのである。

　この人物の場合、社会的には権威や達成を意味するナンバー8のキャラクターを演じる。その人生をサポートしてくれるのが、秩序を重んじ、平常心と現状維持を心がける

ナンバー4となる。さらには、ブリッジ・ナンバーも4であることから、この人が社会的立場は、4の姿勢を意識することで大成する。

まずは、土台作りに精をだし、時間と労力をかけて能力や経歴を充分に安定させてから、権力ある立場を担うなら担っていく。そうすることで、揺るぎない成功を手にすることができるだろう。

【インテンシティー・テーブル】
パーソナリティー・チャートの読み方 II
― 長所・短所を読み解く ―

(1) 氏名をアルファベットで表記し、変換表をもとに数字に置き換える。そして、それぞれのナンバーがいくつあるかカウントし、その合計数を表に記入していく。

【インテンシティー・テーブル】-------------------------------- Intensity Table

氏名をアルファベットで表記する

RYO TSUKAWA

変換表をもとにアルファベットを数字へと置き換える

976 2/32/5/

それぞれ数がいくつあるかをカウントし、その合計数を記入

1	2	3	4	5	6	7	8	9
3	2	1	ー	1	1	1	ー	1

(2) 記入したら、カウントの全くないナンバー、カウントの最も多いナンバーを導き出す。全くないのがライフ・レッスン・ナンバーで、多いのがインテンシティー・ナンバーとなる。

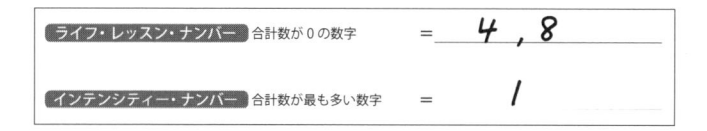

ライフ・レッスン・ナンバー 合計数が0の数字	= 4, 8
インテンシティー・ナンバー 合計数が最も多い数字	= 1

ライフ・レッスン・ナンバーは、その人に不足しているナンバーであり、一方、インテンシティー・ナンバーは、その人の特性を示すナンバーである。短所と長所といった

意味合いを持つ対となるナンバーであるため、これらふたつは、比較しながら読むことで、その人のキャラクターがより明確に浮かび上がってくる。

(3) それぞれのナンバーを導き出したら、大まかに長所と短所をつかんでみる。

     4：安定・保守性・実際的・秩序……
     8：力・野心・物質主義……
     1：主体性・好戦的・独創的……

 大まかに鑑みるだけでも、この人物が4、8が示す事柄、実際性や社会性、現実生活を営む力が不足していることがわかってくる。一方、強調されているのはナンバー1が示す主体性。行動力にかけては、この人は優れた特性を持つということになる。

(4) コア・ナンバーズとのバランスを見てみる。

     ライフ・パス・ナンバー：4
     ディスティニー・ナンバー：1
     ソウル・ナンバー：11
     パーソナリティー・ナンバー：8
     マチュリティー・ナンバー：5
     バースデイ・ナンバー：22

 ここまで読み進めてきた熱心な読者諸氏なら、すでにお気づきかもしれない。「チャートの読み方Ⅰ」で見てきたように、この人物のコア・ナンバーズには、今ここで問題視している4も8も含まれていた。そう、この数秘術の算出法には、こうした矛盾がつきものなのである。
 この例題の彼は、ライフ・パス・ナンバーが4、パーソナリティー・ナンバーに8を持っている。それなのに、4と8が不足しているとはどういうことか。それは、「不足」という言葉を使うから、ちょっと複雑になってしまっているだけで、答えは単純である。要はこの人にとっては、それが人生における重要課題だということである。
 不足は渇望を生む。もっと欲しい、うまくなりたいと願う。そう渇望することで、その部分が磨かれ、強調され、特異な才能となっていく。才能の開花のプロセスとして

は、いかにもオーソドックスな形である。

　若い頃の彼は、ライフ・パス・ナンバーの恩恵には気づきにくいだろう。けれども、このナンバーを持っている以上、いずれ「レッスン」の機会が訪れる。よって、磨かれていくのである。

　パーソナリティー・ナンバーについても全く同様。社会に出れば遅かれ早かれ、ナンバー8の役割を要請される場面に遭遇する。その試練を乗り越えることで、その分野においては欠かせない権威者ともなっていく。苦手意識を克服して、自分のものとしたスキルや能力は苦労して身につけたゆえに、人に教えることも可能となる。よって、ブレない強い資質となるのである。

　また、コア・ナンバーズと照らし合わせてみると、インテンシティー・ナンバーとディスティニー・ナンバーが同数であることがわかる。つまりナンバー1の特性は、そのままディスティニー・ナンバーをサポートするものとなる。すなわち、使命や人生上の目的を達成していくときに、このナンバー1が前面に出てくる。リーダー性がクローズアップされていくことだろう。

【プレーンズ・オブ・エクスプレッション】
パーソナリティー・チャートの読み方 Ⅲ
― 思考パターン・気質タイプを読み解く ―

(1) 氏名をアルファベットで表記し、変換表をもとに数字に置き換える。そして、それぞれのナンバーがいくつあるかカウントし、その合計数を表に記入していく。

【プレーンズ・オブ・エクスプレッション】-------------------- Planes of Expression

氏名をアルファベットで表記する

RYO TSUKAWA

変換表をもとにアルファベットを数字へと置き換える

976 2/32/5/

それぞれ数がいくつあるかをカウントし、その合計数を記入

1	2	3	4	5	6	7	8	9
3	2	1	―	1	1	1	―	1

(2) 次元ごとに分類し、それぞれのカウント数の合計を出す。

　　　　　感覚（4・5）：1……………… フィジカル・プレーン
　　　　　精神（1・8）：3……………… メンタル・プレーン
　　　　　情動（2・3・6）：4…………… エモーショナル・プレーン
　　　　　直観（7・9）：2……………… インテュイティヴ・プレーン

(3) それぞれの次元のバランスを見る。

| 感　覚 (4と5の合計数) | 1 | 精　神 (1と8の合計数) | 3 |
| 情　動 (2、3と6の合計数) | 4 | 直　観 (7と9の合計数) | 2 |

　それぞれの数値を比べてみると、この人物は「情動」が強く、「感覚」が弱いことがわかる。
　エモーショナル・プレーンが強い人は、「感情」をなによりも重んじるタイプ。自分がどう感じるか、あるいはかかわる相手がどう思うか。なにかにつけ、そういった情動にフォーカスするのがこのタイプの特徴である。
　一方、フィジカル・プレーンは、実際性や現実的な感覚を表すため、この要素が弱いと、生活を営むうえでの秩序や管理能力に、少々問題が生じる場合がある。
　感情が強く、感覚面が弱いということは、この人物は、実際的な論証なく、感情で物事を判断する傾向があるということ。プラス面としては、現実的な制限に囚われることなく、のびのびと感受性を発達させる人であると言える。情緒的には豊かで、人づき合いや仲間を大切にする心優しい一面を持つ人である。

【ファミリー・ネーム・ナンバーとグロース・ナンバー】
パーソナリティー・チャートの読み方 Ⅳ
―― 先天的・後天的才能と資質を読み解く ――

(1) ファミリー・ネーム・ナンバーを導き出す。

　名字をアルファベットで表記し、数字へと変換。すべての数字を加算する。

【ファミリー・ネーム・ナンバー】-- Family Name Number
名字（ラスト・ネーム）をアルファベットで表記する。

TSUKAWA

変換表をもとにアルファベットを数字へと置き換える

2 1 3 2 5 1

= _____15_____ 合計（全ての数字を足す）

= _____6_____ 一桁に還元（11、22 の場合はそのまま）

(2) グロース・ナンバーを導き出す。

下の名前をアルファベットで表記し、数字へと変換。すべての数字を加算する。

【グロース・ナンバー】-- Growth Number
(11と22が出た場合はマスター・ナンバーのためそのままとする)
下の名前（ファースト・ネーム）をアルファベットで表記する。

RYO

変換表をもとにアルファベットを数字へと置き換える

9 7 6

= _____22_____ 合計（全ての数字を足す）

= _____ 一桁に還元（11、22 の場合はそのまま）

(3) ファミリー・ネーム・ナンバーとグロース・ナンバーのバランスを見る。

　　　　　　　ファミリー・ネーム・ナンバー：6
　　　　　　　グロース・ナンバー：22

　この人物にとっての家系から引き継ぐもの、先天的な才能や資質を示すファミリー・ネーム・ナンバーは6、一方、その人がどう成長していくかを示すグロース・ナンバーは、マスター・ナンバーである22である。

ファミリー・ネーム・ナンバーの6は、この人物の家系が「人を助け導く養育者」としての資質を引き継いでいることを表す。彼は、先天的に、人をサポートしたり育てたりする優れたセンスを持って生まれてきているのだと言える。
　グロース・ナンバーの22は、彼が、直感的かつ精力的、あらゆる魅力的な要素を持つ人へ成長することをサポートする。マスター・ナンバーであるゆえ、本人としても、段々と人を導く存在としての自覚を持つようになっていくだろう。
　つまりこの人物は、先天的にも後天的にも、「人を導く」というテーマを持っていることがわかる。年を重ねるにつれ、その資質は開花し、スピリチュアリティも高まっていくだろう。幼少期は地味なポジションにいることが多くとも、次第に人から注目を集める人になっていく可能性は高い。

(4) 才能や資質を示す他のナンバー（ライフ・パス・ナンバー、インテンシティー・ナンバー、ライフ・レッスン・ナンバー）とのバランスを見てみる。

　　　　　　　　ライフ・パス・ナンバー：4
　　　　　　　　ライフ・レッスン・ナンバー：4・8
　　　　　　　　インテンシティー・ナンバー：1

　ここまで読み進めてきた熱心な読者諸氏なら、すでに疑問に思い始めているかもしれない。才能や資質と言えば、そう、ライフ・パス・ナンバーである。それと先天的な資質というのは、どう違うのかと問いたくなっているのではないだろうか。
　ファミリー・ネーム・ナンバーから導き出される先天的資質というのは、家系から引き継ぐもの。言わば、家族全員が共有している才能である。一方、ライフ・パス・ナンバーは、言うまでもなく個人的な才覚を表す。生年月日から導き出される点でも、その意味合いの違いはご理解いただけるはずである。
　つまり、この人物の場合、家系から人を導き育てる資質を受け継いでいて、それをベースに、ライフ・パス・ナンバーの4が示す才能や道を開拓していくことになる。4は、物事を秩序立てたり、計画したりする才に富むナンバーであるゆえ、彼は、社会において具体的なメリットを生み出し、提供する資質を持つ人だと言うことができるだろう。
　ライフ・レッスン・ナンバーの4、8の側面も鍛錬し、さらにはインテンシティー・ナンバーの1の特性を生かしていったなら、かなりパワフルなアピール力を持つ人物となっていくはずである。

第Ⅱ部
Section 2

レッスン5

メジャー・サイクル
―人生における3つのサイクルの時期を知る―

Lesson_5　Major Cycle

　レッスン5からレッスン8までは、未来予測のための数秘術のさまざまなテクニックを紹介していく。

　ただし、ここで断っておかなければならないのは、未来予測といっても、数秘術におけるそれは、未来に実際に起こる出来事を具体的に予言するものではない。

　というのも、数秘術の背景には、「未来」は、今の自分自身がなにを意図してどう行動するか、その選択の積み重ねによって創られていくものだという発想がある。したがって、ここで紹介する「未来予測」のテクニックを明らかにすることは、あなたの未来そのものではなく、未来に向かうためのヒントに過ぎない。

　とはいえ、気の遠くなるようなずっと先の未来へと思いをはせるとき、方向性を見失ってしまっているときなどは、このメジャー・サイクルという数秘術の技法は大まかな青写真を描き出すのに有効な道具となるだろう。

メジャー・サイクル
Major Cycle

　「メジャー・サイクル」とは3つの年齢サイクルの総称である。生まれてから青年期へ、青年期から生産期へ、生産期から成熟期へ、これら3つのサイクル・ナンバーを導き出していくと、それぞれの年齢域において「向き合うべきテーマ」が明らかになってくる。出会うであろう人やもの、出来事や体験のヴァリエーションも推測可能となる。

　3つのサイクルの開始時期は人によって異なる。次のようにライフ・パス・ナンバーによって割り当てられている。

ライフ・パス・ナンバー	ファースト・メジャー・サイクル (時期／歳)	セカンド・メジャー・サイクル (時期／歳)	サード・メジャー・サイクル (時期／歳)
1	0 − 26	27 − 53	54以降
2と11	0 − 25	26 − 52	53以降
3	0 − 33	34 − 60	61以降
4と22	0 − 32	33 − 59	60以降
5	0 − 31	32 − 58	59以降
6と33	0 − 30	31 − 57	58以降
7	0 − 29	30 − 56	57以降
8	0 − 28	29 − 54	55以降
9	0 − 27	28 − 54	55以降

ファースト・メジャー・サイクル　　　　　　　　　　　First Major Cycle

　ファースト・メジャー・サイクルは「人生の発達の時期」を表している。おおよそ生まれてから28年間に相当するとされる。

誕生月の数がそのままファースト・メジャー・サイクル・ナンバーとなる。

　7月生まれなら7、12月生まれなら1と2を足した数の3。このように二桁の誕生月は一桁に還元（リデュース）するが、11月生まれの場合は、そのままマスター・ナンバー・メジャー・サイクルとして扱う。

セカンド・メジャー・サイクル　　　　　　　　　　　Second Major Cycle

　セカンド・メジャー・サイクルは「人生の生産的な時期」を表している。それはファースト・メジャー・サイクルが終わってから25〜28年間に相当するとされる。

誕生日の数がそのままセカンド・メジャー・サイクル・ナンバーとなる。

　たとえば15日生まれの人は、1と5を足した数の6となる。
　11日と22日のマスター・ナンバー以外の二桁の誕生日は一桁に還元（リデュース）する。

サード・メジャー・サイクル　　　　　　　　　　　　　Third Major Cycle

　サード・メジャー・サイクルは、「人生の収穫の時期」を表している。それはセカンド・メジャー・サイクルが終わってからの後半生に相当するとされる。

**　　　誕生年の数がそのままサード・メジャー・サイクル・**
**　　　ナンバーとなる。**

　四桁をすべて加算し、一桁に還元（リデュース）していく。
　マスター・ナンバーが現れても、すべて一桁に還元する。
　たとえば、1988年生まれならば1と9と8と8を足し、一桁に還元した数の8となる。

　今、あなたはどのサイクルの時期にいて、どんなことやどんな人と向き合うことになるのか、サイクル・ナンバーからのヒントを受け取っていこう。

[Lesson 5] ファースト・メジャー・サイクル・ナンバー
First Major Cycle Number

【ファースト・メジャー・サイクル・ナンバー：1】
1月・10月
First Major Cycle Number

　あなたのファースト・メジャー・サイクルは、早く自立したいという明確な意識のもと、アクティブに活動する年代である。若いうちから決断力を持って行動するしっかり者だったのではないだろうか。

　あなたは、幼いころから人に甘えることを嫌う少し大人びた子どもだったかもしれない。周りの大人が「大丈夫？」と声をかけてきても、「自分でやるから平気」ときっぱり言ってのけたりしたこともあるだろう。

　あるいはその逆で、ご両親にベッタリの臆病で人見知りの子どもだった、というケースもあるだろう。「しっかりしなさい」と言われるたび、悔しくて落ち込んで……。そしてあるとき、「強くなるんだ！」と決意した。頼りない自分を知っているからこそ、その反動で自立心を育てようと自分なりに意図した場合もあるかもしれない。

　いずれにしても、あなたのファースト・メジャー・サイクルの年代は目まぐるしい成長が見られる時期。このサイクルにおいては、常に新しい発見をし、殻を破って変容していこうとする意識を持つことが重要な課題である。

【ファースト・メジャー・サイクル・ナンバー：2】
2月
First Major Cycle Number

　あなたのファースト・メジャー・サイクルは栄養を蓄える年代。のちに必要となる知識やスキルを蓄えるよう、あらゆるチャンスが与えられる時期である。人とのかかわり方、美的センスや感受性なども、このサイクルの年代において吸収されていく。

　「蓄える」ということがメイン・テーマであるゆえ、あなたの人生のスタートは比較的ゆったりペースとなる。周囲の大人からは、「こんなにのんびりしていて大丈夫？」などと心配されることもあるかもしれない。けれども、瞬発力や自主性に欠ける点はあるにしても、行動がスローな分、見たことや聞いたことなどをしっかりと自分の体験に

していくという、豊かさの基本とも言える姿勢を身につけることができる。

あなたのファースト・メジャー・サイクルの年代は、のちの人生のサクセスの基盤を形成する時期である。心のうちからわき上がる好奇心やワクワクする気持ちを大事に環境とかかわっていきたい。人からの薦めやサポートによって可能性が広がる時期なので、意識的に社交性を磨くことも重要な課題である。

【ファースト・メジャー・サイクル・ナンバー：3】
3月・12月
First Major Cycle Number

あなたのファースト・メジャー・サイクルは、さまざまな人々との出会いやつき合いを楽しめる年代。「若さ」を堪能して生きることのできる時期である。

若さの特権はいろいろとあるが、そのひとつに「なに者でもないこと」というのも挙げてもいいだろう。社会に出る以前のモラトリアムの時代は方向を探ることが、言わば最大の仕事。結果を出す必要もなく、重い責任を担うこともない。興味の赴くままに飛び回り、可能性を追求していく。いや「追求しよう」とすらも思わないかもしれない。結果を求めないからこそ純粋に楽しめる。あなたのファースト・メジャー・サイクルはそんな時代であろう。

楽しみが豊富な時期ではあるが、自分がどうなっていくか、果たしてこれからどこへ行くのか、そうした不安はいつも抱えている。青年期特有の悩みは尽きないだろう。しかし、自立心旺盛な仲間を尻目に焦ることもあるだろうが、そんなときこそ、あえて笑っていたい。「大丈夫、なんとかなる」という自己への信頼を培うことも、この年代のテーマでもあるのだから。

【ファースト・メジャー・サイクル・ナンバー：4】
4月
First Major Cycle Number

あなたのファースト・メジャー・サイクルは、堅実なライフスタイルを身につけていく年代。生まれてから20代の中ごろまでの年齢は、誰もが生きる基盤を形成していくが、あなたの場合は特にそう。「人生を歩むうえでの型」というものがここでしっかりと築かれることとなる。

厳格な両親のもと、礼儀作法や社会性を叩き込まれることもあるかもしれない。挨拶をしないと叱られ、朝寝坊をしたり、怠けたりすれば厳しく諭され、習慣的なことも周

囲の大人からきっちりと教えられることだろう。

　あるいは逆に、まるでルーズな家庭で育つ場合もある。両親や身の回りの大人を反面教師に、思春期を過ぎるころから、自分に厳しいストイックな生活を送るようになるタイプの人も中にはいる。

　また、若いうちから責任感が強いのもファースト・メジャー・サイクル・ナンバーが4の人の特徴である。この時期にしっかりとした社会性を学んでおくことは、のちの将来性を分けることにもなる。面倒な立場や役割も、チャンスがあるならあえて担っていきたい時期である。

【ファースト・メジャー・サイクル・ナンバー：5】
5月
First Major Cycle Number

　あなたのファースト・メジャー・サイクルは自由と冒険の年代。あえて人がやらないようなことをやってみたり、行ったことのない場所に行ってみたり。いたずらっ子の魂を思いっきり表現していく時期である。毎日が夏休みのような、刺激的でキラキラした少年・少女時代を送ることだろう。

　ただ、新鮮な刺激を栄養に生きているようなものなので、当たり前の生活に対する忍耐力に欠けてしまいがちなのが少々難点。やりたいと言って始めた習いごとや趣味はすぐにあきてしまい、社会に出るようになってからは、職を転々として、なかなか生活を安定させることができない場合もあるだろう。本当にやりたい仕事、のめり込める「天職」を探すべく、長い自分探しの旅に出たりするのも、ナンバー5のやりそうなことである。

　こらえ性のなさは否めないが、この時期に身につける変化や多様さへの適応力は、生涯の宝となる。急な変化や事件にも柔軟に対応できるたくましさを培うことこそ、この年代のテーマなのだから。大いにあらゆる経験を求めていきたい。

【ファースト・メジャー・サイクル・ナンバー：6】
6月
First Major Cycle Number

　あなたのファースト・メジャー・サイクルは人の中で鍛えられる年代。この年齢域においては、誰しもが親の庇護のもとで育つ。それゆえに、養育者の影響はどうしたって子どもに及ぶ。あなたの場合は特にそう。親や家族、生まれ育つ環境からもらう愛情、

助言や叱咤激励に特に恵まれるのがこのファースト・メジャー・サイクル・ナンバーが6の人の特徴なのである。

　常に周囲から見守られて育つため、幼少期のあなたはとても「良い子」だったかもしれない。けれども、思春期ともなれば自分の主張をしたくもなる。「良い子」をやめたくなる時期もあるだろう。しかし、そうした10代の若者に特有の反抗心も、社会に出ていくころには感謝の念に変わっていく。いかに自分が恵まれた環境で育ってきたかに気づくからである。

　周りの意見に耳を傾けることやその場の雰囲気を察知すること、そうした人間関係の基礎は育った環境で身につけられるものである。このサイクルの時代には、意識して家族や身近な人との交流を深めていくと有益かつ豊かな経験を手にすることができるだろう。

【ファースト・メジャー・サイクル・ナンバー：7】
7月
First Major Cycle Number

　あなたのファースト・メジャー・サイクルは内面を熟成させる年代。興味を抱いた対象に没入し、高揚感を味わう。そしてそれによって夢や希望を温め、さらに知識を得ることに熱心になる。そうした内なる成長や体験にリアリティを感じるため、日々の生活におけるひとりの時間は人よりかなり多くなる。幼少期から孤独に強い子どもだったのではないだろうか。

　なにをするにも自分の内面と対話をし、それからゆったりと行動を起こすので、学校などではのんびり屋のキャラクターとして定着するかもしれない。周囲になじめずに孤立感を覚えるという厳しい体験をしがちなのもこのナンバー7の特徴である。

　しかし、もし友人が少なかったり、人の輪の中に入るのが苦手だったりしても大きな心配はいらない。むしろ、ひとりの時間があなたを強くするからである。

　このサイクルの時代には探究心が育成される。この年ごろに学ぶ意識を培うのと培わないのとではのちの知識の幅や能力に雲泥の差が出る。大いに独学する力を身につけていきたい。

【ファースト・メジャー・サイクル・ナンバー：8】
8月
First Major Cycle Number

　あなたのファースト・メジャー・サイクルは野心的に自分を打ち出していく年代。このサイクルにあなたは、なにかに駆り立てられるように人より前へと出ようとするかもしれない。その結果、自己アピール能力に長けてくることもあるだろう。

　しかし、目的が定まらなかったり、得意分野がこれといって見つからなかったりした場合は、ただひたすら負けん気を発揮するのみの「ヤンチャなガキ大将」という役割に留まってしまう。

　学校などの組織においては、その存在感ゆえにリーダーに抜擢されることも少なくないだろう。実際にリードする立場にならずとも、弱い者いじめをする人がいれば助けに入り、困っている人がいれば力を貸したりと、「みんなのヒーロー」を自ら買って出ることもありそうなことである。

　このサイクルの時代には、自分の力がどれくらいのものなのかを知る体験をする。目上の人との折り合いが悪くなる場合もあるが、どれもこれも内在するリーダー性と正義感を磨くためのレッスンである。大いに「力」を発揮していきたい。

【ファースト・メジャー・サイクル・ナンバー：9】
9月
First Major Cycle Number

　あなたのファースト・メジャー・サイクルは発見と達観の年代。9というナンバーから人生を始めるあなたは、若いころからどこか「悟った」ところのある人かもしれない。幼いながらも人の本音を見抜いたり物事の真理に近づいたり。鋭い観察眼によって周囲の大人たちを驚かせたこともあったのではないだろうか。

　納得のいかないことがあると「なんで？　どうして？」と食ってかかり、駄々をこねるような子どもっぽいことはおそらくあなたはしたがらない。「そういうもんだ」と実にスマートに理解を示すことだろう。

　しかし、こうした姿勢は自然と備わるわけではない。むしろあなたは人一倍無邪気な子どもだったはずである。周囲の大人たちの言動、物事の裏側に直面させられる出来事に遭遇することで「見る目」が磨かれていくのである。

　「まだあなたには早い」という言葉はあなたには似つかわしくない。若いうちから、意識して人の心の機微や物事の真実に触れていきたい。理解力や共感能力を培うことで

さらに「悟る」力は定着していくだろう。

【ファースト・メジャー・サイクル・ナンバー：11】
11月
First Major Cycle Number

　あなたのファースト・メジャー・サイクルは光り輝く年代である。マスター・ナンバーの11はスピリチュアリティーの高さを示す数。この時期、あなたは数多くのスピリチュアルな体験をするかもしれない。

　スピリチュアルな体験というと劇的な展開を想像するかもしれないが、なんら特別なことではない。ふとした出会い、舞い込んでくるお誘い、突如としてやってくる閃きやインスピレーション……。そういった些細なことも「お導き」のひとつなのである。それに気づくことのできる環境で育つなら、あなたは若いうちから脚光を浴びる存在になるだろう。

　しかし、あまりにも堅実で頑なリアリストのもとで成長した場合には、天の恩恵に気づく機会は遠のく。与えられているのに受け取ることができない、という実にもったいない状況に陥るかもしれない。

　このサイクルにおいて学ぶべきなのは「気づく」ことである。できるだけ先入観を外し、子どもらしい曇りのないピュアな感性を大事に育てていくこと。それが重要かつ必須の課題である。

[Lesson 5] セカンド・メジャー・サイクル・ナンバー
Second Major Cycle Number

【セカンド・メジャー・サイクル・ナンバー：1】
1日・10日・19日・28日
Second Major Cycle Number

　あなたのセカンド・メジャー・サイクルは、本当の意味で「自分らしさ」に目覚める年代。それまでは周囲の期待に応えたり、控えめな姿勢で環境に溶け込んでいたあなたも、このころから主体性を発揮していくことになるだろう。

　意図してアクティブに動き出す場合もあるだろうが、たいていの場合「偶然」のきっかけから始まる。なんらかの集まりの際に「あなたにリーダーをやってほしい」と依頼されたりする。最初はしぶしぶ引き受けるものの、次第に魂が活気づいてくる。内面に巣食っていた自信のなさや気弱さなどのコンプレックスは、この年代に溶解していくだろう。

　しかしもちろん、流れに乗らず、また、魂の叫びを聞かずして、「わたしは引っ込み思案で」などと開き直ってしまえば、当然ながら可能性は狭まる。この時期に「自分で始める」というエネルギーを使わないと、のちの人生はあまりにも単調で退屈なものとなってしまうかもしれない。それも人生ではある。あなたはどの人生を選ぶだろうか。選択するのはあなたである。

【セカンド・メジャー・サイクル・ナンバー：2】
2日・20日・29日
Second Major Cycle Number

　あなたのセカンド・メジャー・サイクルは人の恩恵に預かる年代。それまではなんでも自力でこなし、人を頼らずに歯を食いしばってがんばってきたあなたも、この年齢域に入ると心に余裕が生まれる。人の手を借りることがイコール「弱さ」という発想もなくなるだろう。

　もともと依頼心の強かったあなたの場合は、人に支えられることによって自立心を育てていく。自分の居場所を見つけ、ようやく地に足の着いた生活が送れるようになるかもしれない。

いずれにしても、セカンド・メジャー・サイクルに2が現れるあなたは、この年代では「つながり」や「調和」を学ぶだろう。自己主張をしたり、注目を集めようと張り切ったりすることには興味が薄れ、人の輪の中で自分を発揮しようとする。そのほうが合理的かつ豊かであることに気づくのである。

　また、この時期は感受性を磨くことも重要なテーマである。大いに美しいものに触れよう。そうすることで、のちの人生の豊かさの度合いが変わる。できるだけクオリティの高い良質のものにかかわっていきたい。

【セカンド・メジャー・サイクル・ナンバー：3】
3日・12日・21日・30日
Second Major Cycle Number

　あなたのセカンド・メジャー・サイクルは表現とコミュニケーションの年代である。それまでは養育者の庇護のもと、従順かつ堅実に生きてきたあなたも、このころから内なる表現欲求に動かされるようになる。自分はなにものであるか、そして、今向き合っている相手は誰なのか。自己主張の必要性を感じると同時に、好奇心を持って外界とかかわっていくようになるかもしれない。

　このサイクルにおいては、「今なにを感じ、なにを表現したいか」ということに常にフォーカスしていきたい。「今ここにいる自分」を大いに味わってほしいのである。確かに明日も明後日もこなすべき課題も多く山積みされている年代には違いない。1年後、5年後の計画を立てて準備を進めるのも大切なことである。しかし、そう突っ走っていては見失うことがある。未来の幸せのために、「今」を犠牲にすることは決してお勧めしない。

　まずはあなたの今の幸せと充実感を見つめよう。そして、じっくりと堪能する。楽しむことを忘れがちな年代だからこそ、意識して楽しんでみたい。

【セカンド・メジャー・サイクル・ナンバー：4】
4日・13日・31日
Second Major Cycle Number

　あなたのセカンド・メジャー・サイクルは社会貢献の年代。社会において有用な人材として成長し、意義ある仕事を成していく。自分にも周囲にも多くの実りをもたらすような生産的な行動に意識が向かう年代となる。それまで自分の居場所を見つけられず、自分に自信を持てなかったあなたとしても、この年齢域に入るころから、目に見えて

落ち着きを見せていくことだろう。

　このサイクルにおいては、なにをするにも「生み出す」ことを念頭において行動していきたい。極端な話、「生まない」行動は一切やめる。それくらいの決意で臨んでいくと、あなたの立場はどんどん豊かになっていくはずだ。

　今やろうとしているこの行為は、後々の自分にどんな影響をもたらすだろうか。将来、周囲へどんな風に波及していくだろうか。そうひとつひとつの言動を大事に考え、選んでいきたい。なんらかのメリットを「生む」行為かどうか。それを見極めていくことによって、確実に無駄なエネルギーを浪費することはなくなる。豊かさも連鎖していくだろう。

【セカンド・メジャー・サイクル・ナンバー：5】
5日・14日・23日
Second Major Cycle Number

　あなたのセカンド・メジャー・サイクルは可能性を追求する年代。この年齢域に入るころ、あなたはもう一度、自分の生きていく道について思いを巡らせることになるかもしれない。

　目の前のことに懸命に立ち向かっていた若い世代から、ひと呼吸つくことができる年齢となり、「本当にこれでいいのか」「もっとほかになにかあるのではないか」と考え始める。そして、若いころは時間もなく、金銭的な自由もあまりないためにあきらめていたことをやってみたりする。サーフィンを始めたり好きな音楽活動に精を出したり。本当の意味での自分探しがここで始まっていく。ファースト・サイクルのころと異なるのは、自分で責任を担う意識が根底にある点。そういう意味で、セカンド・サイクルのナンバー5は極めて自由度が高い。

　わたしたちはなにかにつけ年齢を理由にする。しかし、この時期のあなたにだけはそれをやってほしくはない。年を重ねてますます弾ける。未知のものに目をキラキラと輝かせるピュアで無邪気な心を取り戻すことがこの年代の大きなテーマのひとつである。

【セカンド・メジャー・サイクル・ナンバー：6】
6日・15日・24日
Second Major Cycle Number

　あなたのセカンド・メジャー・サイクルは奉仕と育成の年代。それまでは自分の夢を叶えるため、自分の楽しみのために生きてきたあなただとしても、このサイクルに入る

ころから、身の回りの人に対する感謝の念が自然とわいてくるようになる。役に立ちたいという思いから、属すコミュニティのため、職場や会社のため、家族のために、進んで心を砕いていくようになるだろう。

　いずれにしてもこの時期は、家族や仲間との関係を見直すのに最適である。その結果、結婚願望を強めていく場合もあるだろう。仕事面においても、ひとりよりふたり、ふたりよりもっと複数で取り組んだほうが、より大きなことができると実感する出来事もあるかもしれない。

　人とかかわりを持つと、そこには責任が生じる。約束や義務も担わなくてはならない場合もある。しかし、そうした絆を持っていくことであなたは愛を知り、本当の強さと豊かさを理解するようになる。あえて面倒なことにかかわっていくのも実り多いことである。意識して奉仕の心を養っていきたい。

【セカンド・メジャー・サイクル・ナンバー：7】
7日・16日・25日
Second Major Cycle Number

　あなたのセカンド・メジャー・サイクルは沈思熟考の年代。一般的には家庭を持ったり、社会において活躍の場を広げていったりする年齢ではあるが、あなたの場合は、その正反対と言っていいかもしれない。この時期、意識は内面へ内面へと向かっていく。あるいは、なんらかの気になるテーマについてとことん研究し、没入していく。ときには日常生活が疎かになるほどに、ひとりの世界に入っていくこともあるだろう。

　いずれにしても、家族や社会に依存する生き方に疑問を感じやすい年代である。その結果、生き方を見直し始める。都会に住んでいるあなたの場合、田舎暮らしを求めたくなることもあるだろう。

　このサイクルにおいては、世間一般の評価に流されない「価値観」を養いたい。そのためには自分の指針、美意識を練磨し、はっきりさせる必要がある。なにしろ出会うものに対してクリアな姿勢で接してみる。先入観を挟まないものの見方を身につけることで、あなたの可能性はさらに広がる。眠っていた才能も発見できることだろう。

【セカンド・メジャー・サイクル・ナンバー：8】
8日・17日・26日
Second Major Cycle Number

　あなたのセカンド・メジャー・サイクルは野心と現実化の年代。このサイクルに入る

まで積極的に社会参加してきたあなたにとっては、大きく飛躍する時期となるだろう。

　大きく変わるのは、「権威」というものを恐れなくなる点である。それまで上司や教師など、権力を持つ人物にあらゆる複雑な感情を持っていたあなたの場合は、なおさら自分の劇的な心境の変化にびっくりするかもしれない。しかし、なにも驚くことはない。大きな力にひるまなくなるのは、あなたが自分自身に自信を持てるようになり、内面に揺らがない軸を立て続けることができるようになるゆえのことなのだから。

　このサイクルにおいては、権威というものにあえて触れていきたい。自分が力を持つことを恐れないでほしい。そして、もうひとつ大事なのはできるだけ「本物」に接することである。偽ブランドではいけない。どんなに似ていても、クオリティ的に相違ないものでも、類似品と本物では宿る氣が異なる。その審美眼を養うこともこの時期の重要な課題のひとつである。

【セカンド・メジャー・サイクル・ナンバー：9】
9日・18日・27日
Second Major Cycle Number

　あなたのセカンド・メジャー・サイクルは広い視野を手に入れる年代である。年齢的には修行期間を終え、さらに飛躍や成功を求めていく年代ではあるが、あなたの場合そうはならない。もちろん、あなた自身としてはそれを願ってやまないだろう。けれども、周囲から要求されるのはもっと別のことだったりするのである。

　ああしてこうして……。あなたの頭の中には今も華やかな未来ヴィジョンが描き出されているかもしれない。けれども、この時期に立ち現れてくるのは、それとは違う仕事や環境。それが具体的にどんなものなのかはライフ・パス・ナンバーやディスティニー・ナンバーなどによっても異なってくる。ともかく「そんなつもりじゃないのに」と思うことの連続だろう。けれども、受容していくとそこからなにかが始まる。「これを求めていたんだ」とお導きに感謝する経験をしたりするのである。

　このサイクルにおいて、あなたは天恵の奥深さを学ぶことになるだろう。自分のやり方や願いを追及することだけがサクセスへの道ではないことに気づくはずである。さて、あなたの今の意図は天意に添っているだろうか。柔軟な発想で物事を見つめていきたい。

【セカンド・メジャー・サイクル・ナンバー：11】
11日
Second Major Cycle Number

あなたのセカンド・メジャー・サイクルは光り輝く年代である。11はマスター・ナンバーであり、その意味するところは「光」。周囲を明るく照らす存在となれるよう自分自身を練磨したい時期である。

人を導く立場にあるあなたの場合は、このサイクルに入るとさらに周囲からの注目度は高まるだろう。そうでないとしても、次第にそうした方向へと導かれる可能性は高い。

ファースト・メジャー・サイクル時代と大きく変わるのはその意識。ただ自分の価値を証明するためだけではなく、本当に人々の役に立ちたいと願うようになる。とはいえ、なにもなく精神的な成長が進むわけではない。その境地にいくには試練がある。しかし、それによって大きな感謝の念が芽生え、スピリチュアルな感性が養われていくのである。

このサイクルにおいては、人の心の機微というものを学ぶことになるだろう。「人は変われる」という確信を持てるようにもなるかもしれない。あなた自身、大きく変容するこの時期、伝えたいメッセージを明確にして生きていきたい年齢である。

【セカンド・メジャー・サイクル・ナンバー：22】
22日
Second Major Cycle Number

あなたのセカンド・メジャー・サイクルはグローバル・マインドを育てる年代である。マスター・ナンバー22が意味するのは「建築」。設計して作り上げる。その行為にエネルギーを注ぐ時期である。

このサイクルにおいてあなたは、なにかを作り上げることの意義、やりがいや情熱を知るだろう。しかも、あなたが作り上げようとするのは、この世に生きるすべての人のためのもの。要するに、自己の存在を証明しようという青臭い姿勢からは卒業していくのである。

今のあなたにはまだきれいごとに聞こえるかもしれないが、そんなあなただから、あえて取り組んでみたい課題である。世の中のためになにができるだろう？　なにをすればこの世界はより良い方向へと向かうのか。そう考えながら、グローバルな視点で今自分が生きている世界を鑑みる。

そのうえで、自分の今やっていることを省みるといいだろう。すると、自分の存在の大きさ、あるいは小ささに気づくはずだから。自分のスケールを知ることも、この年代の重要な課題のひとつである。

[Lesson 5] サード・メジャー・サイクル・ナンバー
Third Major Cycle Number

【サード・メジャー・サイクル・ナンバー：1】
1
Third Major Cycle Number

　あなたのサード・メジャー・サイクルは自立と変革の年代である。今のあなたがまだこのサイクルよりもずっと若い年ごろなのだとしたら、当然、現在よりも落ち着いた「成熟期」というものをイメージしているかもしれない。しかし、ナンバー1を迎えてしまう以上、決してそうはならない。年を重ねてなお精力的に躍進しようとする、そんな大人になっていくことだろう。

　組織を卒業して独立したり、家庭に入っていた女性の場合、パートナーを頼りにするばかりの生活にふと疑問を感じ、自分で生計を立てるべく仕事を始めたりする可能性もある。いずれにしても、このサイクルにおいてあなたは、それまでの流れを収束させることになるだろう。そして、新たな可能性を追求する。人間として成長していくためには、変わることが必要であることを痛感するだろう。

　年齢があきらめる理由にならないことを、あなたは身をもって体感するはずである。そしてあなたは、それを周囲に伝えていく。それもこの時期のあなたに課せられている重要なミッションだと言える。

【サード・メジャー・サイクル・ナンバー：2】
2
Third Major Cycle Number

　あなたのサード・メジャー・サイクルは受容と共感の年代である。このサイクルの年ごろには、バリバリ仕事をしていた人も、第一線から退き、後進を育てる側に回ることが多いだろう。あなたの場合も例外ではなく、世の中の経済活動を一歩引いて見守る立場になる可能性が高い。驚くほど気持ちが平穏になるかもしれない。

　この年代においては「幸せとはなにか」ということが一番の命題となりやすい。経済的な豊かさか、家族愛か、仲間に恵まれることか……。いろいろと考えさせられるようなことにも遭遇するだろう。そんな中であなたは、きっと本当の愛と幸せに気づいてい

く。

　この時期は若いころのようなギラギラとした意欲は失われがちだが、その代わりに当たり前の生活を生きることの喜びに目覚めていくはずである。あえて流されてみる。そして、与えられたことを従順にこなす。そうして、誰かのため、なんらかの大きな目的のために貢献することで、自分の生きる意味や価値を真に実感する瞬間に出会える。その体験は生涯、生きる心の支えともなることだろう。

【サード・メジャー・サイクル・ナンバー：3】
3
Third Major Cycle Number

　あなたのサード・メジャー・サイクルは創造性を開発する年代である。それまで仕事を懸命に続けてきた人は特に、このサイクルに入るころから「自分らしい人生を送りたい」という衝動に目覚めるかもしれない。そして、早期退職をして、若いころの夢を取り戻そうとしたり、やめていた趣味を復活させたりする。いずれにしても、なにか表現したいという気持ちに駆られることだろう。

　この年代においてあなたは、人生は自分の手でクリエイトするものだ、ということを改めて知ることになるだろう。あきらめかけていたものに再度取り組んでみたら、いとも容易く実現してしまった……。そんな奇跡的な体験をする可能性も高い。そんな積み重ねから、あなたはまた人生を信頼するようになる。可能性というものを信じて、新しいことに挑戦し、学んでいこうとする意欲を新たにするのだ。

　新たなものに出会い、生み出し続ける。年齢を理由に守りに入り、おっくうがったりしない限り、あなたはますます若々しくエネルギッシュになっていくだろう。

【サード・メジャー・サイクル・ナンバー：4】
4
Third Major Cycle Number

　あなたのサード・メジャー・サイクルは持続と倹約の年代である。揺るがない土台を築き、それを維持していくことに精を尽くしたい時期。この年齢域に入るころに、長年勤め上げた組織を引退するという人も少なくないだろうが、あなたの場合、そう簡単に隠居はしない。あなた自身、まだ自分にはできることがあると感じることだろう。

　このサイクルにおいてあなたは、物事を持続させることの大切さ、難しさを知る。もしかすると若いころのあなたは、同じことを淡々と続けることを軽視していたかもしれ

ない。でも、今はどうだろう？　なにひとつ続けてきたものがないとしたら、あなたは少し肩身の狭い思いをしないだろうか。

持続するということは、それだけで人の信頼を勝ち得る要素となる。ともかく、続けてみるという姿勢を培いたい。

また、倹約することもこの時期に重要な課題のひとつである。金銭だけではなく、無駄にエネルギーを浪費しない。生産的なものにのみ投資する。そうした姿勢で人生を創っていきたい年代である。

【サード・メジャー・サイクル・ナンバー：5】
5
Third Major Cycle Number

あなたのサード・メジャー・サイクルは解放と発散の年代である。熟成期とされるサイクルではあるが、あなたの場合、熟すというよりは「弾ける」といったほうが適切だろう。

あなたにとってのこの年代は物事が熟すのを、決してジッと待つような時期とはならない。むしろ、今まで溜めてきたエネルギーを放出していく方向へと向かう。組織から開放されることをきっかけに、趣味や遊びへと熱心にエネルギーを注ぐようになるかもしれない。

いずれにしても、このサイクルにおいてあなたは、人生初だと言っていいくらい「自分らしく生きる」ということのなんたるかを実感することになるだろう。それまでいかに自分が、自分で判断し決断することを怠っていたか、世間的な評判や社会的なルールに判断力を委ねていたかを知ることになる。今までの常識が覆され、愕然とするような場面もあるだろう。

制約から逃れ、溜めていたものを発散し、すべてを出し切ったとき、あなたの本当の人生は始まると言える。恐れずに、内なる衝動を解放させていきたい年代である。

【サード・メジャー・サイクル・ナンバー：6】
6
Third Major Cycle Number

あなたのサード・メジャー・サイクルは人を守り育てる年代である。このサイクルに入ってあなたは、人のために生きる喜びを知ることになるだろう。

若い世代はとかく自分のことで精一杯になりがちである。人の役に立つべく働こうと

いう意志を持って活動している人でも、結局のところ、自分のやりがいや満足のためだったりする。その事実にありありと気づくのがこの年代なのである。おのずとあなたは、自分の過去と現在を省みるようになる。日々反省。謙虚さも身についてくる。そして、家族のため、育ててくれた環境のために、力を注いでいこうという気持ちになっていくことだろう。自然な流れで慈愛の心が育っていくのも、このサイクルにおいてナンバー6を迎える人の特徴的な変化である。

　この年代においてあなたは、命をつなぐことの大切さを学ぶだろう。自分の知識や体験を伝えることは、自分自身の成長にもつながる。あなたの命が学んできたことを臆することなく、またもったいぶることなく後進に伝えていきたい。

【サード・メジャー・サイクル・ナンバー：7】
7
Third Major Cycle Number

　あなたのサード・メジャー・サイクルは魂を進化させる年代である。

　野心的に活動していた成功者が、人生のある時点から急速にスピリチュアルな考え方によっていくことがある。すべてのかかわる人たちを祝福して尊敬し、感謝の気持ちを持つこと。そうした姿勢を前面に出すようになる場合があるが、あなたにとってのこの年代は、まさにそうした時期となるだろう。

　このように達観するのは、もう今になって自分の能力の素晴らしさを殊更アピールする必要がないせいでもある。しかし、それだけではない。本当に自分の力だけでは乗り越えられない場面に遭遇するのである。だから「わかる」のである。

　いずれにしても、あなたはこのサイクルにおいて劇的に魂の進化を遂げることになるだろう。人を知って人生を知る。天啓を知り、今現在の自分を知るのである。この時期は、願わくばあわただしい生活に流されることなく、自分を見つめる時間を常に確保していたい。この年代のあなたにとって、自分の人生について深慮することは必要不可欠な課題なのだから。

【サード・メジャー・サイクル・ナンバー：8】
8
Third Major Cycle Number

　あなたのサード・メジャー・サイクルは成功と達成の年代である。

　このサイクルの年のころにどうなっていたいかと問われたら、おそらくかなりの人が

「落ち着き」や「豊かさ」といったものを得ていたいと答えるだろう。ゆったりと穏やかかつ優雅に過ごす老後を夢見ている人もいるかもしれない。

けれども、あなたの場合はどうやらそうはならないようである。落ち着きや豊かさは手に入れられるだろうが、しかし、果たしてゆったりと過ごせるかどうか……。それは全く保障できない。なぜなら、8はなんといっても「野心」のナンバーなのだから。

このサイクルにおいてあなたは、目標を定め、それを達成することの喜びを改めて知る。つまり、現状に甘んじることがないのである。世の中の歪を正そうと会社を立ち上げたり、なにかの運動に取り組んだり。そうしたエネルギーも秘めている年代である。

いずれにしても、「今よりも上」を目指す姿勢を忘れずにいたい。そうすることで、本当の意味での豊かさをあなたは手に入れることができるだろう。

【サード・メジャー・サイクル・ナンバー：9】
9
Third Major Cycle Number

あなたのサード・メジャー・サイクルは成熟と完成の年代である。成熟期のサイクルに統合の数であるナンバー9がきているのだから、この年代におけるあなたのテーマは実に明確だろう。

それまでやってきたことを完成させたり、続けてきたことが特にない人も、今までの人生で体験してきたことがここへきて統合される場合もある。人の経歴というのはいつなんどき役に立つかわからない。そうした出来事が積み重ねられていく中であなたは人生には無駄なことなどなにひとつないことを実感するだろう。

偶然は必然。そう思わざるを得ない出来事も体験する。だから、このサイクルにいたってあなたは自分の歩んできた道のすべてに誇りを持てるようになる。すると、人生経験から得た知識を人々のために役立てることも可能となってくるのである。

あなたはこの年代において人の運命についてじっくりと考える機会を得る。しかし、そのためにはいくつになっても「学ぶ」という姿勢を持ち続けること。「そんなものだ」と投げやりになり、知ろうとすることを怠らないのが大切である。

レッスン6

パーソナル・イヤー・ナンバー／パーソナル・マンス・ナンバー／パーソナル・デイ・ナンバー

―自分の運命周期を知る―

Lesson_6　Personal Year Number, Personal Month Number, Personal Day Number

(1) パーソナル・イヤー・ナンバー

　ある特定の年がその人にとってどんな影響与えるか、その1年を通して学ぶべきテーマ、課せられるレッスンがどのようなものであるかを表すナンバーである。
　パーソナル・イヤー・ナンバーの計算は次のとおりである。

誕生月＋誕生日＋ある特定の年
＝パーソナル・イヤー・ナンバー

　たとえば、2月10日生まれの人が、2009年という年の
パーソナル・イヤー・ナンバーを計算すると
2＋10＋2009＝2021
2＋0＋2＋1＝5
すなわちパーソナル・イヤー・ナンバーは5ということに
なる。

　もちろん、2月10日生まれの人のパーソナル・イヤー・ナンバーは、その次の2010年が6、さらに2011年は7、2012年は8となる。すなわち、パーソナル・イヤー・ナンバーは、必ず順にひとつずつ数が上がっていく構造になっている。
　ここで使用するのは1から9のナンバーのみ。したがって、パーソナル・イヤー・ナンバーは、1から9までが順番に繰り返されることになる（マスター・ナンバー11と22についても一桁に還元する）。ヌメロロジストは、これをナイン・イヤー・サイクル (the Nine Year Cycle) と呼んでいる。

そのサイクルは、ある物事が始まってから、いくつかのプロセスを経て完成するまでの流れになぞらえられており、数字が進むごとにステップアップしていく仕組みになっている。それぞれのナンバーがどういったプロセスを差すのか、簡単な意味を列挙しておこう。

パーソナル・イヤー1……はじまり
パーソナル・イヤー2……結びつく
パーソナル・イヤー3……創造する
パーソナル・イヤー4……建設する
パーソナル・イヤー5……変化する
パーソナル・イヤー6……育てる
パーソナル・イヤー7……見直す
パーソナル・イヤー8……拡張する
パーソナル・イヤー9……完成する

(2) パーソナル・マンス・ナンバー

ある特定の月がその人にとってどんな影響を与えるか、その人の生活の中のどの分野がクローズアップされるのかを表すナンバーである。パーソナル・マンス・ナンバーの導き方は次のとおりである。

パーソナル・イヤー・ナンバー＋ある特定の月の数
＝パーソナル・マンス・ナンバー

ちなみに、カレンダーの月に対応する数は下記のとおり。

1月……1
2月……2
3月……3
4月……4
5月……5
6月……6

7月……7
8月……8
9月……9
10月……1（1＋0）
11月……2（1＋1）
12月……3（1＋2）

たとえば、2009年12月における2月10日生まれの人の
パーソナル・マンス・ナンバーは次のようになる。

まず、2009年のパーソナル・イヤー・ナンバーは
2＋10＋2009＝2021
2＋0＋2＋1＝5

ここで出たパーソナル・イヤー・ナンバーに、
12という月の数を足す。
5＋3（1＋2）＝8

したがって、パーソナル・マンス・ナンバーは8ということ
になる。

(3) パーソナル・デイ・ナンバー

　ある特定の日がその人にどんな影響を与えるか、どんなことを心がけるのが適切であるかを表すナンバーである。パーソナル・デイ・ナンバーの導き出し方は次のとおりである。

　　　　パーソナル・マンス・ナンバー＋ある特定の日の数
　　　　　＝パーソナル・デイ・ナンバー

前述の2月10日生まれの人の場合を例に取ると、2009年12月のパーソナル・マンス・ナンバーは8。

たとえば、この人の2009年12月24日のパーソナル・デイ・ナンバーを導き出すと次のようになる。

8 + 24 = 32
3 + 2 = 5

したがって、パーソナル・デイ・ナンバーは5ということになる。

11と22のマスター・ナンバーの場合も一桁に還元する。

次頁からは年、月、日という順でその影響について紐解いていく。来年、来月、明日、いったいどんなことが起こりうるのだろうか。

[Lesson 6]
パーソナル・イヤー／マンス／デイ・ナンバー
Personal Year / Month / Day Number

Personal Year Number

1の年

　パーソナル・イヤー・ナンバーが1の年のテーマは「スタート」。再び新たなサイクルが始まるこの1の年は、心機一転、意識して流れを変えていきたいときである。

　自然とチャンスが巡ってくる可能性もあるが、自ら動いたほうが良いのは言うまでもない。なににしろこの1というナンバーは先頭を切る数。自分がトップバッターにならなくては、得られる恩恵も少なくなってしまうからである。

　もしやってみたいと思っていたことがあるなら、早急に着手したい。温めていた計画などがない場合は、とにかく、新たな「出会い」を求めていこう。引っ越しをしたり、通勤や通学のルートを変えたり、遊びに行く場所のテリトリーを広げてみたりと、行動範囲に変化を加えていくだけでも有意義だろう。ほんの些細なきっかけが実りある縁につながっていく期待も十分である。

　とにかく、行く末がどうなるかはさておき、この1年はあらゆる種をまいていきたい。行動することで、自分の意志も明確になってくるだろう。

2の年

　パーソナル・イヤー・ナンバーが2の年のテーマは「つながり」。1の年に始めたことは、2の年にいたり、環境や媒体と結びついて定着していく。1から2の年へのプロセスは、そういう流れになっている。まいた種が根を生やしていく段階に入るのである。

　たとえば、前年に新しい仕事を始めた人は、2の年に入るころには、その職場にしっかりとした立場を得るだろう。同僚、クライアントなど、仕事にまつわる人たちとのつながりも段々と強化され、その人脈による恩恵も受ける。この2の年は、人とのご縁から多くの援助を受けられるときでもあるのだ。与えてもらえるものは素直に受け取ろ

う。そして、もらったら返していく。そのギブ＆テイクの姿勢を忘れないことが幸運の波に乗っていく秘訣である。

　プライベート面においても「人間関係」は重要なテーマのひとつとなる。恋人や家族とのコミュニケーションの問題にも真摯に取り組んでいきたい。なお、結婚の機運も高まる時期。願望の強い人は周囲にアピールしておくといいだろう。

3の年

　パーソナル・イヤー・ナンバーが3の年のテーマは「創造」である。1の年に始めたことは2の年にいたって定着。定着した土台をもとに、新たなものを創造していくのが3の年。1から3へのプロセスはそういった流れになっている。

　すでに手にしている道具や状況をまずは見てみる。そして、なにができるかと考える。おぼろげにでも「こんなことがやってみたい」というヴィジョンが生まれてきたら、今度は、それにはなにが必要か思案する。そうしてアイディアを膨らませ、工夫をして、計画を具体化させる。その好循環を創っていくと、幸運の波に乗っていくことができる。

　あんなことやこんなこと……心惹かれるものにはどんどん触れていきたい。見るだけでなく、実際に自らで体験して試してみることが肝要。そうすることで、それは自分に合うか合わないか、その方法は適切かそうでないかがわかるのである。

　欲求に忠実に。魂を解放させるほどにクリエイティビティは開拓され、あなたの中で眠っていた表現力、芸術性が自然と開花していくはずである。

4の年

　パーソナル・イヤー・ナンバーが4の年のテーマは「具現化」である。1の年に始めたことは2の年にいたって定着。その土台をもとにあらゆる可能性が試され、そして、それをいよいよ具体化していくのが4の年。1から4へのプロセスはそうした流れになっている。

　見比べたり、情報を集めたり、「とりあえず」という軽いスタンスで着手してみたり……。そうした計画の「お試し期間」はこの年のころには終了したい。とにかく、実際にやってみる。「あんなことをやってみたい」とか「こうなったらいいな」とか、口先だけで語っていないで行動することが肝要。本腰を入れて、エネルギーを注ぐことが大

切である。

　なぜなら、もうこの4の年には、あなたはすでに準備を整えている。願望や計画を具現化させる道具は手にしているはずだからである。もし、自信がないとしても、足りない点を補強すれば問題はないだろう。

　とにかく、できることをやるべきである。少しでも人の役に立って、結果を出す。それが明日へのサクセスの礎になっていくだろう。

5の年

　パーソナル・イヤー・ナンバーが5の年のテーマは「変化・変容」である。1、2、3のプロセスを経て、4の年に計画を具現化させる。5の年にいたると、その具現化させたものを今度は変化変容させていく段階に入っていく。

　なぜ変化させる必要があるのかと思う人もいるかもしれないが、「安定」はいずれ「停滞」となる。そして、やがて朽ちていく。むしろ、変化するほうが自然なことなのである。

　この5の年は、今までの自分ならやらなかったことにも目を向けていきたい。少なくとも、舞い込んできたオファーには乗っていこう。波乗りするがごとく、スピーディーに変化に対して柔軟な対応をするのが「機」をつかむコツである。

　執着やこだわりはできる限り手放していきたい。過去の業績、前例、自分の価値観や美意識も、あなたの未来の可能性を狭めるものとなるだろう。変化はときとして痛みを伴ってやってくる。しかし、すべてはあなたの魂の成長のためには必要なレッスンである。そう受け止めることで、実り多い結果を導くことも可能となる。

6の年

　パーソナル・イヤー・ナンバーが6の年のテーマは「育成」である。1、2、3、4のプロセスを経て、5の年に大きく変化し、6の年にいたると、ようやく今度はそれをはぐくむという段階に入る。1の年に始めた計画が本当の意味で安定するのはこのころからだと言えるだろう。

　たとえば、新しい仕事を始めたとする。その仕事が本当に自分のものとなった、と言えるようになるのはどのレベルからだろう？　後輩にそれを教え、育てる側に回ったとき、その仕事においてはようやく一人前なのではないだろうか。

つまり、6の年は、ただがむしゃらに進むのではなく「余裕」を手に入れたい。自分のためではなく、人を気遣い、育て、敬う心を養いたいときである。

文字どおり、家庭を持つ人は子育てにエネルギーを注ぐのも良いだろう。地域の子どもの面倒を見たり、教育問題に力を注いだり。活躍の場は数多くあるはずである。

全般的なスタンスとしては、自分だけが利益を得るのではなくみんなで発展繁栄していこうという意識を持っていたい。

7の年

パーソナル・イヤー・ナンバーが7の年のテーマは「**内省**」である。1から5のプロセスをへて、6の年に、それまで培ってきたことを「育てる」という形でアウトプットしてきた。

そうして、人を育て導く段階にいたって初めて見えてくることがある。それは、過去の自分がいかに不完全であったかということである。たとえば、こんなシチュエーション。「これ、どういうことですか？」と予想外のことを尋ねられて、返答に詰まる……。新米教師には、ありそうなことである。こういった形で、真の自分の技量がはかられていくのだ。そうなれば、否応なく今までやってきたことを見直さざるを得なくなる。だから、6の次にくる7の年は「内省」がテーマなのである。

人から後れを取っているように感じたり、落ち込んだりしがちな時期ではあるが、自分を知る良い機会。自己練磨にふさわしい1年だと言える。足りない点を補い、好ましい点はさらに磨く。そうして自分の長所や短所が明確になってくるのも7の年の特徴である。

7の年は外に向かって働きかけるより、自分の内側を熟成させるべきとき。多くの啓発的な書物、映画などに触れるといいだろう。気になるものがあれば、ワークショックやセミナーへも積極的に参加していきたい。向上心の高い人と交流を持つことで、あなたの意識レベルも上がり、魂の成長が加速されるだろう。

8の年

パーソナル・イヤー・ナンバーが8の年のテーマは「**拡張**」である。1からの6のプロセスを経て、7の年に充分に内省してきたあなたは、当然、エネルギーが蓄えられているはず。自分の弱点を補い、長所はさらに磨き、売りどころが明確になっているのだ

から。

　8の年にいたるとあなたは、前年と違う存在感を放つようになる。仕切り役、リーダーの立場を任されることも多くなるかもしれない。影響力は拡張する一方であろう。1の年に始まったあなたの計画は、ここへきて飛躍的に大きく成長する可能性がある。

　この時期は、力を振るうことを惜しまずにいたい。責任ある立場に押されたなら、快く引き受けていこう。精力的にあらゆる仕事、役割をこなしていくことによって、あなたを認める人は多くなる。権威者と知り合ったり、上司や先輩からの引きが強まり、サクセスへの階段を上り始めるかもしれない。

　大切なのはあきらめないこと。「引かない」という粘り強さ、「手に入れる」という貪欲さを持つことが幸運をつかむ鍵となる。

9の年

　パーソナル・イヤー・ナンバーが9の年のテーマは「完成」である。1の年に始まった計画はいよいよ9の年にいたって収束させるときを迎える。

　意図的に持続してきた物事、なんとなく続いてきたこと、なかなか進めることができずに棚上げされていたもの……などなど。人間関係も含めて、続いてきたものがここでいったんストップする可能性がある。しかし、より良い形へと変わる兆しであり、成長の機会であるのは間違いない。いずれにしても、中途半端になっている物事は、この年のうちに決着をつけたい。

　また、9というナンバーは、1から9までのすべての数の資質を備えたナンバーである。そのため、あらゆる分野における活躍が期待できるときでもある。バラバラなものがひとつにまとまるような感覚があるかもしれない。

　「完成」とは「たどり着く場所」という意味であり、必ずしも実り豊かな計画の成就を意味しない。限界を冷静に見極め、次のステップへの準備や計画を立てていくのも、この年の重要な課題のひとつである。

Personal Month Number

Personal Year / Month / Day Number

1の月

　パーソナル・マンス・ナンバーが1の月は、新しいことを始める好機である。自分で意図し、自ら行動を起こして流れを創っていく。そういった主体的な姿勢が鍵となる。就職活動、転身、独立にはチャンスの月なので仕事を変えたいと思っていた人には絶好の月である。この月のうちなら、スムーズに初めの一歩が踏み出せるだろう。ルートやプロジェクトの新規開拓、新機軸も幸先の良いスタートを切れる可能性が高い。特になにか始める予定のない人も、新しい「出会い」を求めていきたい。多くの気づきがあるだろう。引っ越し、イメージチェンジをはかるにも最適の月である。

2の月

　パーソナル・マンス・ナンバーが2の月のテーマは「コミュニケーション」。人とのかかわりを意識的に求めていきたいときである。とはいっても、自分をアピールするというよりは、できるだけ聞き役に回りたい。しかし、ただ「聞く」だけでは意味がない。人の話に興味を持って耳を傾け、きちんと自分の中に下ろしていくことが肝要である。それでこそ、得るものが多いだろう。また、この時期は美的感性を高めるのにもふさわしい。美しいアート、景色や建築などに触れていくことも心がけたい。インテリアの買い替え、模様替えをするのも好ましい月である。

3の月

　パーソナル・マンス・ナンバーが3の月のテーマは、ひと言で言うと「JOY」。楽しむことである。魂が楽しいと思うことに触れて、もし、ストレスが溜まっているなら発散していこう。そして、エネルギーをチャージする。そうすることによって、あらゆることに気づける繊細な感受性、人をも楽しませる表現力やクリエイティビティが活性化される。楽しめば楽しむほど生活も良い意味であわただしくなるはずである。表現法のひとつとして、ウェブログや日記を書くことをお勧めしたい。旅行をするのもいいだろう。イマジネーションが刺激される体験を求めていきたい月である。

4の月

　パーソナル・マンス・ナンバーが4の月のテーマは「安定」である。行動スタンスと

しては「動」ではなく「静」。静かに立ち止まって、動いているものを鑑みるのも有意義だろう。ともかく、できるだけ揺らがない姿勢を心がけたい時期である。もし、日ごろから生活が不安定だと感じているのなら、軌道修正をする良い機会だろう。早寝早起きを心がけて生活のリズムを一定に保つこと、お金の使い方を見直すこと、健康のために運動をしたり、食の改善をはかったりなど。自分なりにルールや目標を定めて行動を起こせば結果は出せるはずである。悪癖を絶つ好機にもなるだろう。

5の月

　パーソナル・マンス・ナンバーが5の月のテーマは「チャレンジ」である。平和で安定した日常に染まりきることなく、新しいものを求めていきたいとき。とにかく、なんらかの変化を生活にプラスしていこう。ほんの少しでも胸が踊るような新鮮な体験を味わうことによって、あなたの魂はエネルギーをチャージできる。具体的な成果やメリットを望むよりも、遊び心を持って日々を彩っていきたい。また、「こんなことわたしには無理」と思う物事にこそ恩恵がある。可能性に賭ける勇気が幸運を呼んでくれるのがこの5の月。勇気を持って挑戦していきたい。

6の月

　パーソナル・マンス・ナンバーが6の月のキーワードは、「奉仕」と「責任」。人の役に立つ喜びに目覚めたい時期である。なんらかの世話役、幹事やコーディネーターなど、縁の下の力持ち的な役割にこそツキが宿る。この月に舞い込むオファーは、できるだけ引き受けていくことで好展開が導かれる。中には損な役回りもあるだろうが、この時期、世のため人のために奉仕をすることは今後のあなたの活躍の土台作りにもなり得る。大いにサービス精神を発揮していこう。また、身体の本格的なメンテナンスに乗り出す好機にも。自分のケアも怠りなく。

7の月

　パーソナル・マンス・ナンバーが7の月は「学び」がテーマ。といっても、その範囲はとても広い。成績を上げるために勉強をするのも有意義なことだが、ここで言う「学び」は勉学のことだけではない。大切なのは「知りたい」という気持ち。その好奇心や向学心を原動力に、あらゆるものを調べたり体験したり、とことん追及していきたい。そうすることで、実り多い結果を手にできる時期である。ほんの些細なことでも、腑に落ちない点があったなら「どうして？」「なぜだろう？」と問いかけてみよう。そこか

ら大発見につながる可能性も大いにある。

8の月

　パーソナル・マンス・ナンバーが8の月は「目標達成」の機運が高まるとき。あなた自身、意欲的になれるこの時期は、飛躍的に現状からステップアップできる可能性がある。進みたい方向性が決まっているのなら、目指すレベルは最初から一番上のラインに設定しておこう。また、かかわる人やもの、環境も一流どころを選んでいきたい。そうすることによって、自分の限界を越えることが容易くなる。一方、やりたいことが定まっていない人は、あえて責任ある役割を買って出るのも後々の自分の成長のためには有意義。自分の中にある可能性に気づくことができるだろう。

9の月

　パーソナル・マンス・ナンバーが9の月は「広く大きな視野」を持つよう心がけたいとき。どれだけ、自分のこだわりや価値観、好き嫌いの感情からも離れて、物事を客観的に見ることができるか。その度合いによって運命が二極化する時期だと言える。細部にこだわって大局を見失うと、思わぬ判断ミスをしたり、損失をこうむりかねない。幸運を取り逃がすこともあるだろう。可能な限り、グローバルな視点で物事を見ていきたい。また、この時期は自分の限界が見えるときでもある。「とことんやりきる」という姿勢で臨むことで、新たな可能性が見えてくるだろう。

Personal Day Number

Personal Year / Month / Day Number

1の日

　パーソナル・デイ・ナンバーが1の日は「新しさ」がキーワード。外出の予定があるなら、下ろし立ての洋服を着たり、新規オープンのお店に出かけたり。新鮮な氣の漂うものに触れていきたい。

　また、対人面においてはアピール力が高まるとき。伝えたいこと、説得したいことがあるなら、ぜひこの日にプッシュしていきたい。恋のアプローチ、難しい交渉ごとも有望である。

　なお、1の日は向こう9日間の流れを決める重要な日。この日始めた生活習慣は尾を引きやすいので、ぜひとも気を引き締めていきたい。早寝早起きを心がけたいのは言う

までもないだろう。

2の日

　パーソナル・デイ・ナンバーが2の日は「コミュニケーション」がキーワード。なにごとも独力でやるのではなく、人と協力しておこなえばこそ功を奏する日である。日ごろの考え、迷いや悩みを、身近な人に聞いてもらっては？　きっと、今のあなたに必要なアドバイスが得られるだろう。

　また、逆にあなたが人の相談に乗るのも有意義。あなた自身、気づくことも多いはずである。

　なお、ナンバー2は「美」を司る数でもある。花咲く庭園、美術館、ジュエリーショップなどなど、美しい場所へ足を運ぶのもお勧め。心が癒されると同時に、感性が研ぎ澄まされていくだろう。

3の日

　パーソナル・デイ・ナンバーが3の日は「フットワークの軽さ」がキーワード。軽やかな足取りで過ごしたい日である。

　「おもしろそうだな」とか「楽しそうだな」とか、ふと興味の駆り立てられるものがあったら、気軽に触れていこう。もしそれがお金のかかる物事であっても、この日ばかりはケチケチせずにいきたい。結果としてなにかが残るわけではなくても、あなたには「体験」というものが残るのだから。この日ばかりは無駄足を恐れずにいたい。

　また、表現力の高まりが期待できる日でもあるので、個人のウェブログやHPを持っている人はぜひとも更新しよう。

4の日

　パーソナル・デイ・ナンバーが4の日は「実際性」がキーワード。「実際性」とは、実際に役立つか否か、具体的に運用されていくかどうか、ということ。計画したり、思案したりするだけではなく、行動を起こしていくことで状況の好転が促されるときである。

　「やったほうがいい」と思うことは、即、着手するべし。日ごろ、後回しにしがちな掃除やダイエットに取り組むのも好ましい。仕事においては、期限のまだこない書類や提出物を整理し、準備をしておくと後々のために有益だろう。

　また、この日は約束厳守を心がけたい。遅刻はもちろん、時間の延長も控えたい。

5の日

パーソナル・デイ・ナンバーが5の日は「冒険心」がキーワード。守りに入ってしまうと、なにかとチャンスを取り逃がす恐れがある。やるかやらないかで迷ったなら、当然、やるべきである。

わざわざスリルを求める必要はないが、この日ばかりはリスキーなものに挑戦してみるのもいいだろう。いつもは警戒している人やものにあえて近づいてみたり、言いたいけれど、言いづらくて言えなかったことを目上の人に伝えてみるのも有意義である。

いずれにしても、この日は活動的に過ごしたい。友人と遊びに行く計画を立てるなり、大いに「冒険心」を持って楽しもう。

6の日

パーソナル・デイ・ナンバーが6の日は「サービス精神」がキーワード。心がけたいのは自分のためではなく「他者のため」という姿勢である。人に心地よく過ごしてもらおう、といった意識で行動することで、結果としてあなたにも利益が巡ってくる日である。

いつにも増して細やかな気遣いができるときなので、料理やガーデニングに力を入れたり、ホームパーティーを計画して仲間と語らう時間を持つのも有意義だろう。

ただ、この日はなにかにつけ安請け合いしやすく、多忙を極める場合もある。負担を抱え過ぎないようスケジュール調整することも重要な課題である。

7の日

パーソナル・デイ・ナンバーが7の日は「静観」がキーワード。なにをするにもまず心を落ち着けて、いったん立ち止まってから取り組みたい日である。

あるいは、できることなら新たな行動は控え、計画は温めておくのが賢明。というのも、ひと晩寝かせることによって、最初は気づかなかったマイナス点が見つかったり、より良いアイディアが浮かんだりするからである。いずれにしても、リサーチや再考の時間はたっぷり取りたい。妥協は禁物である。

この日はひとりの時間を充実させることで英気が養われる。セラピーやヒーリングを受けてみるのも有意義だろう。

8の日

パーソナル・デイ・ナンバーが8の日は「貪欲さ」がキーワード。欲深いことは一般

的にあまり良いとされないけれど、この日ばかりは別である。なにをするにも欲望ありき。欲しいものは欲しいと言うことによって、一見、どうにもならないと思われた物事をも動かすことができたりする。少なくとも、なにも言わず、なにもやらないままにあきらめることのないようにしたい。

また、滞っている人間関係、仕事上の問題はビジネスライクに考えることで好転の兆しが見える。情に流されず、プロ意識を持って乗り切りたい。この日は投資をするにも好機。大きな買い物や物件探しは有望だろう。

9の日

パーソナル・デイ・ナンバー9の日は「共感」がキーワード。あらゆるものに心を開いていきたいときである。日ごろ、「気が合わない」とか「苦手だな」と思っている相手とも、この日は避けずにコミュニケーションをはかってみよう。意外な共通点が見つかるなどして、わだかまりが解ける可能性がある。

嫌いなもの、苦手なもの、縁がないもの、そう思い込んでいるものにこそ、恩恵が宿る日。制限を越えることで、今まで気づかなかった可能性を発見するはずである。

また、旅行の計画を立てたり、スピリチュアルな書物やセミナーに触れてみるのも有意義だろう。

レッスン 7

ユニヴァーサル・イヤー・ナンバー／ユニヴァーサル・マンス・ナンバー／ユニヴァーサル・デイ・ナンバー
―宇宙の運命周期を知る―

Lesson_7 Universal Year Number, Universal Month Number, Universal Day Number

　ユニヴァーサル・イヤー・ナンバー、ユニヴァーサル・マンス・ナンバー、ユニヴァーサル・デイ・ナンバーは、いずれも個人のテーマやレッスンを示すものではない。ユニヴァーサル（普遍的、あるいは全宇宙）という語からもわかるように、個を超えた全体としての宇宙が、ある特定の年、月、日になにが必要とされているのかを示すナンバーである。

　平たく言うと、世の中的にはどんな年か、どんな月、どんな日であるかを表すナンバーである。たとえば、メディアの世界を思い浮かべるとわかりやすいかもしれない。昨年まではまるで脚光の浴びなかったジャンルのものが今年に入ってから流行り始める、ということがある。世の中のブームは数年単位で動くことが多い。起こる事件の傾向、経済動向、結婚観……などなど。そういった社会的な潮流もこのナンバーから推察することができる。

　しかし、すでに前章で述べたように、数秘術による未来予知は、生じ得る出来事を「当てる」ことに主眼を置いてはいない。どうしてそれが起こったか。それを考えてゆくことが大切である。もし、ネガティブな問題が生じてきたのであれば、その現象はなにゆえに、どんな社会の歪みによって出てきたものなのか。そこにフォーカスしてこそ、この数秘術の手法を使いこなすことができた、ということになる。重要なのは自分も世の中の一員であるという意識を持つこと。環境の被害者とならないために、有効に活用していきたいナンバーである。

（1）ユニヴァーサル・イヤー・ナンバー

> **ユニヴァーサル・イヤー・ナンバーは、ある特定の年をすべて加算し、一桁にすることで導き出される。**

たとえば2010年にどんなことが生じ得るのか
知りたい場合には
2010を加算し、一桁にする。
2010年⇒2＋0＋1＋0＝3

(2) ユニヴァーサル・マンス・ナンバー

ユニヴァーサル・マンス・ナンバーは、ある特定の年とある特定の月をすべて加算し、一桁にすることで導き出される。

たとえば、2010年1月にどんなことが生じ得るのか
知りたい場合には
2010と1を加算し一桁にする。
2010年1月⇒2＋0＋1＋0＋1＝4

(3) ユニヴァーサル・デイ・ナンバー

ユニヴァーサル・デイ・ナンバーは、ある特定の年とある特定の月とある特定の日をすべて加算し、一桁にすることで導き出される。

たとえば、2010年1月15日にどんなことが生じ得るのか
知りたい場合には
2010と1と15を加算し、一桁にする。
2010年1月15日⇒2＋0＋1＋0＋1＋1＋5＝10→1＋0＝1

11と22のマスター・ナンバーの場合も一桁に還元する。

[Lesson 7] ユニヴァーサル・イヤー／マンス／デイ・ナンバー
Universal Year / Month / Day Number

Universal Year Number

1の年

　ユニヴァーサル・イヤー・ナンバーが1の年のテーマは「再生」。世の中全体が今までの流れから脱し、新たなスタートへと意識を向けるときである。

　あらゆる分野において新たな試みがなされ、新鮮なムードが波及していく。思い切ったテストケースもあり、中にはスムーズに展開しないものもあるだろう。けれども、「失敗は発明の母」という言葉のごとく、経験はより良い世界を創るのに役立っていく。社会の一員であるわたしたちも、新たなものに心を開いていたい。すべての出来事に意味を見いだしていくことで、確実に、どんな新たな一歩も有意義なものとなるのだから。

2の年

　ユニヴァーサル・イヤー・ナンバーが2の年のテーマは「共生」。1の年にスタートさせたことが、世の中の人々にどう影響するか。それを意識し、すべての人が発展繁栄する基礎を創ろう、という流れに入るのが2の年である。

　人と人、社会と社会、国と国。協力して取り組まなくては対処し切れない問題が起こり、結束が固まる可能性も高い。

　世界の一員であるわたしたちにもできることはある。今、手にしているこの書物も多くの人の手を経て、あなたのもとに届いている。その恩恵とつながりをしっかりと感じたい。感じることができれば、やるべきことに気づくはずである。

3の年

　ユニヴァーサル・イヤー・ナンバーが3の年のテーマは「創造」である。前年までに築いた土台の上に、新しい試みを成していくこと。こうしてみたらどうかと工夫をこらし、ときには遊びを取り入れたり。創造作業に力を入れるべき年である。

ひとつのやり方にこだわらず、あらゆる方法を試していく。一見すると不安定で、優柔不断な姿勢に見られる場合もあるが、思考錯誤することは決して無駄ではない。法案や決定事項が二転三転するのは、より良い結果を導くためのプロセスだと理解しよう。しなやかに軽やかに軌道修正する労を怠らずに進んでいきたい。

4の年

　ユニヴァーサル・イヤー・ナンバーが4の年のテーマは「建設」である。前年までに試みてきたことをここで確実に形となす。具体的に行動を起こし、世の中へと働きかける段階にいたるのが4の年である。

　この年には、あらゆる結果が出る。力や準備の足りなさが露呈したり、逆に、実力が認められ、さらに広く通用していくものも出てくるだろう。法案や経済システムに穴が見つかり、それを補うものが台頭してくるかもしれない。

　大切なのは、他人事だと思わず、今立っている場所を見直すことである。社会が滞りなく運営されていく土台を強化するのも、ほかならぬわたしたち社会の一員の役割なのだから。

5の年

　ユニヴァーサル・イヤー・ナンバーが5の年のテーマは「変化」。過去を手放して変化していく。その流れに乗ることができたら、たいていのことは発展繁栄へと向かう年となる。

　しかし、創り上げたものを手放すのは勇気がいる。つい大事に保持したくなる。そして、次第に風通しの悪い状況が創られるのだ。そうなると、当然ながら世の発展は止まる。人の世において「変化」は成長のための絶対条件だからである。

　この年は、全世界的に「変わる」ものが多く出てくる。社会の一員であるわたしたちも変化を受け入れる柔軟性を持ってこそ、あらゆる恩恵に預かれるだろう。

6の年

　ユニヴァーサル・イヤー・ナンバーが6の年のテーマは「調整」。物事を進めるうえで大切なプロセスである「メンテナンス期」を迎える。

　プロのスポーツ選手でも、成長のためにフォームの改変を試みることがある。自分のやり方を変えるのは容易ではないが、それに取り組むことで限界を越えられる。そのように、すでにある一定の型、常識やルールに変化を加え、調整するのがこの年の流れで

ある。

　また、この年は「教育」も重要課題。育てたり教えたりすることは導く側にも大きな気づきをもたらす。育てることにフォーカスすると社会全体が繁栄するだろう。

7の年

　ユニヴァーサル・イヤー・ナンバーが7の年のテーマは「熟考」。じっくりと考えていく慎重さが重要となる年。物事の流れはスローダウンして見えることが多いだろう。

　たとえば、ダイエットをしていて、あるときからなにをやっても体重が落ちなくなることがある。けれども、そこを粘ればやがて成果が加速し始める。そういった静かな忍耐が鍵となる一年である。

　法案等はまとまりにくいが、打開策は綿密に練られるだろう。練磨する姿勢に恩恵が宿るときなので、見た目以上に結果は有望なはずである。啓発的なセミナーや書物がもてはやされる可能性も高い。

8の年

　ユニヴァーサル・イヤー・ナンバーが8の年のテーマは「拡大」。前年までに蓄えてきた栄養をここで大きく広げていく。滞っていた物事は特に、この年にいたると動き出す可能性は高い。

　この時期、世の中の流れは大きく発展繁栄へと向かう。突如として飛躍する人物、業界、会社も出てくるだろう。また、力のある魅力的なリーダーの登場も期待できる年である。

　わたしたち社会の一員としては、消費活動にブレーキをかける姿勢を避けたい。得たものは世の中に流す。貯めるために貯めるのは控え、流通に参加することで世界全体が潤沢な豊かさを蓄えていくだろう。

9の年

　ユニヴァーサル・イヤー・ナンバーが9の年のテーマは「完成」。続いてきた流れをいったんここで収束させる。懸案事項はこの年にいたるころから決着へと向かうだろう。

　この年は法的な問題に審判が下される可能性がある。それによって、停滞感から解放される人も多いはずである。社会的な枠組みが大きく塗り替えられることで、なにかにつけ自由度が高まる。メディアや企業の働きのおかげで、国内だけではなく、国と国と

の距離が接近する出来事が生じる場合もあるだろう。

　ターゲットは世界。日常の生活の中でも日々、広い世界を意識して活動していきたい。

Universal Month Number

Universal Year / Month / Day Number

1の月

　ユニヴァーサル・マンス・ナンバーが1の月は、あらゆる分野において新しい動きが出てくるとき。新奇なものに対しても寛容な姿勢が広がるため、世の中全体が加速する。新ルールが決定したり、政治経済でも新基軸が導入される傾向に。新規オープン店など、新しい氣の宿る場所に幸運が集まりやすい月である。

2の月

　ユニヴァーサル・マンス・ナンバーが2の月は、世の中全体に調和的ムードが広がるとき。こじれていた人間関係、訴訟問題等は円滑に運びやすい。平和を訴えるような企画提案が好評価を得る傾向に。事件や事故など、なにか問題があってもこの時期なら大事にはなりにくい。助け合う精神で社会参加すると世界全体が潤っていく。

3の月

　ユニヴァーサル・マンス・ナンバーが3の月は、世の中全体が明るいムードにわくことを求めている。メディアなどでは、ホッとするような楽しい話題がクローズアップされる傾向に。重厚なものより、ポップでお手軽なものがもてはやされやすい。なお、道徳的観念が緩みやすくなりがちな点は個人個人が注意を喚起したい。

4の月

　ユニヴァーサル・マンス・ナンバーが4の月は、世の中全般に具体性や建設的な計画性が望まれるとき。あくまでも、結果を出すことにこだわるムードが色濃く浸透するときなので、内容が薄いもの、実証されていないものは、価値を認められにくい。また、秩序のない場所にはメスが入れられ、大幅な調整がおこなわれる場合も。

5の月

　ユニヴァーサル・マンス・ナンバーが5の月は、世の中全般が変化に富む時期である。潮流はスピーディーで、月の初めと終わりのほうではかなりムードは変わっているかもしれない。長期計画で物事を進める際は、ちょくちょくプランの調整をする必要があるだろう。なにごとも決めてかからず、柔軟性のある目で判断していきたい。

6の月

　ユニヴァーサル・マンス・ナンバーの6の月は「育成」がテーマ。養育したり、鍛えたり、練磨したり。そうした行為に期待と賞賛が集まりやすい時期である。教育や医療の問題がクローズアップされる場合も。また、なかなか解決策の見いだせなかった事柄、争いごとなどは、組織ぐるみで行動すると快方へと向かうだろう。

7の月

　ユニヴァーサル・マンス・ナンバーが7の月は、世の中全般が比較的静かなムード。控えめな姿勢が好ましいとされ、逆に派手な動きは警戒される傾向にある。不言実行のスタンスが信頼を得る秘訣に。自他ともに厳しくあれる人に恩恵が降り注ぐとき。仕事内容については、スピードより正確さ、クオリティの高さが望まれる。

8の月

　ユニヴァーサル・マンス・ナンバーが8の月は、社会における「権威」がクローズアップされるとき。政治的な変動、法律や制度の大幅な見直しがおこなわれたり、世の常識的観念が調整される可能性がある。ただ、この時期は誰もが野心的になりやすく、勢力争いが生じやすい月である。個人個人が確かに自制心を持っていたい。

9の月

　ユニヴァーサル・マンス・ナンバーが9の月は、世の中の人すべてにグローバルな意識が目覚めやすいとき。国、人種、年齢、性別、職業……などなど、あらゆる「境」を越えたムーブメントが起きる可能性のあるこの時期、ビジネスの世界では驚くほど大きなヒット商品が生み出される可能性も。なお、争いごとは収束へと向かうだろう。

Universal Day Number

Universal Year / Month / Day Number

1の日

　ユニヴァーサル・デイ・ナンバーが1の日は、世の中全般がリニューアル・ムード。新しいことを始めたり、イメージ・チェンジをしたり、「変わろう」という意識が強まる傾向に。そのため、新鮮なものがもてはやされる。新商品や新企画を世に送り出すには最適の日だと言える。なにしろ、スタートさせるには幸先良好である。

2の日

　ユニヴァーサル・デイ・ナンバーが2の日は、世の中全体が平和的なムード。この日にいたって、争いごとが奇跡的に収束へと向かうこともある。小さなレベルにおいては、組織や家族間における調和が取り戻されたり、国家レベルのパートナーシップの回復が見られる場合もある。協調性が物事をスムーズに運ばせる鍵となる。

3の日

　ユニヴァーサル・デイ・ナンバーが3の日は、世の中全体が軽やかなムードで包まれるとき。深刻な話題は鳴りを潜め、明るいニュースがクローズアップされるだろう。荒削りでも新鮮な発想が受け入れられやすい傾向にもあり、日ごろはチャンスを得にくい若年層も社会において大きな活躍の場を獲得できる可能性が高い。

4の日

　ユニヴァーサル・デイ・ナンバーが4の日のテーマは「安定」。不安定な物事、無秩序な環境や場所など、落ち着きの足りないところには、大幅な変更が加わる可能性がある。ルールが制定されたり、監視が強まったりする場合も。

　なお、経済動向は比較的に平穏無事な動きを見せるとき。手堅い運用が幸運の鍵となるだろう。

5の日

　ユニヴァーサル・デイ・ナンバーが5の日のテーマは「変化」。流動的に物事が変化していくときである。経済動向も活発で朝と夜では状況が一変している場合もあるだろう。世の中全体的なムードとしては好戦的でアクティブ。組織同士、個人同士において

も、良い意味でライバル意識を持ち、高め合っていくことができるだろう。

6の日

　ユニヴァーサル・デイ・ナンバーが6の日は、世の中全般に慈愛に満ちた優しい空気が広がるときである。利他的なスタンスで動いていくと、個人レベルにおいても思わぬ恩恵を得られることもある。ボランティア活動に精を出すのも賢明。弱い立場の人へのサポートに力を入れたい。そうすることで社会全体が活性化していく。

7の日

　ユニヴァーサル・デイ・ナンバーが7の日のキーワードは「静寂」。整然と静かに物事が進行していくときである。しかし、淡々と推移する分、なにかにつけ些細なミスや不備が大きく取りざたされやすい。言葉遣い、表記の正確さ、礼儀正しさにはくれぐれも注意を払いたい。物事を判断する情報量は多いほど、好ましいとされる傾向に。

8の日

　ユニヴァーサル・デイ・ナンバーが8の日は、権威あるものがクローズアップされるときである。昨日今日の思いつきのプラン、若い人材、裏づけや前例のない物事など、重厚さに欠けるものは世の中全般、軽んじられる傾向に。伝統的なもの、本物志向のものを選択していきたい。また、権力志向に陥りやすい点は要注意である。

9の日

　ユニヴァーサル・デイ・ナンバーが9の日のテーマは「解放」である。あるひとつの流れが収束し、解放されていくとき。小さなテリトリーから、大きな舞台へとプロジェクトが成長する場合もある。なにしろ、思いのほか影響力が広がるときである。メッセージを発信する際は、ターゲットを広めに意識したほうがいいだろう。

レッスン8

ピナクル・ナンバーズ
―人生の山場を知る―
Lesson_8 Pinnacle Numbers

　ピナクル・ナンバーズは、「ファースト・ピナクル（First Pinnacle）」、「セカンド・ピナクル（Second Pinnacle）」、「サード・ピナクル（Third Pinnacle）」、「フォース・ピナクル（Fourth Pinnacle）」の全部で4つから成る。それぞれのピナクル・ナンバーは、人生の特定の時期を支配していると考えられている。

　ピナクルとは日本語に訳すと「頂点」。山の頂上といった意味になる。古来より、人生を山登りにたとえることは良くあることで、このナンバーはまさにその発想がもととなっていると思われる。わたしたちは、人生を生きていくうえでいくつもの「山」を越えていく。仕事、結婚、家庭、金銭等々、それぞれの分野において山場はあるだろう。その山場はいつごろ、どんな風に訪れるのか、抱いている理想や目的は果たしてどの程度達成できるのか、その可能性を示すのがこのピナクル・ナンバーズである。

　4つのピナクル・ナンバー各々の時期とその導き出し方は次のとおりである。
　加算をした結果、二桁以上になる場合には、必ず還元して一桁のナンバーを導き出すようにする。
　なお、11と22のマスター・ナンバーの場合は一桁に還元しない。

ファースト・ピナクル

【ファースト・ピナクル・ナンバーの導き出し方】
　誕生月＋誕生日

【ファースト・ピナクルの時期の導き出し方】
　ファースト・ピナクルで導き出されたナンバーが支配するのは0歳から少なくとも27歳、人によっては35歳まで。すなわち、人によってファースト・ピナクルが支配す

る時期にばらつきがある。その正確な時期は、36からその人のライフ・パス・ナンバーを引くことで導き出される。

たとえば、ライフ・パス・ナンバーが7の人の場合
36 − 7 = 29

すなわち、この人のファースト・ピナクルの支配する時期は0歳から29歳までだということになる。

セカンド・ピナクル　Second Pinnacle

【セカンド・ピナクル・ナンバーの導き出し方】
誕生日＋誕生年

【セカンド・ピナクルの時期の導き出し方】
ファースト・ピナクルの支配する時期の終わりから、さらに9年間がセカンド・ピナクルの時期となる。

先ほどのライフ・パス・ナンバー7の人の例で言えば
29 + 9 = 38

すなわち、この人のセカンド・ピナクルの支配する時期は29歳から38歳までだということになる。

サード・ピナクル　Third Pinnacle

【サード・ピナクル・ナンバーの導き出し方】
ファースト・ピナクル・ナンバー＋セカンド・ピナクル・ナンバー

【サード・ピナクルの時期の導き出し方】
セカンド・ピナクルの支配する時期の終わりから、さらに9年間がサード・ピナクルの時期となる。

先ほどのライフ・パス・ナンバー7の人の例で言えば
38＋9＝47

すなわち、この人のサード・ピナクルの支配する時期は38歳から47歳までだということになる。

フォース・ピナクル

Fourth Pinnacle

【フォース・ピナクル・ナンバーの導き出し方】
　誕生月＋誕生年

【フォース・ピナクルの時期の導き出し方】
　サード・ピナクルの支配する時期の終わりから、その先ずっとがフォース・ピナクルの時期となる。

　先ほどのライフ・パス・ナンバーの7の人の例で言えば47歳以降がフォース・ピナクルの支配する時期ということになる。

　現在、そしてこの先、どんな山場を迎えることになるのだろうか。次頁から時期別に各ピナクル・ナンバーを説明していこう。またこのナンバーは、人事上のあらゆる物事のポテンシャル（可能性）の度合いを見るナンバーなので、円グラフを利用して人生の重要事項をパーセンテージで表していくこととする。

[Lesson 8] ファースト・ピナクル・ナンバー
First Pinnacle

【ファースト・ピナクル・ナンバー：1】
First Pinnacle Number : 1

　1というナンバーは文字どおり「始まり」を意味する数である。ファースト・ピナクルの時期においてあなたは、あなた自身をスタートさせる。すなわち、「個」を発祥させるのである。この年代は、個性や独自の才能を発現させることが重要課題であり、それが最大限にできるときでもあるのだ。

　幼少期から仲間内のリーダーとなり、親の庇護のもとからは、早い段階からは巣立つよう志すかもしれない。そして青年期にいたれば、早々に独立したり起業をしたりと、血気盛んにチャレンジしていくだろう。

　若さも手伝っているゆえ、あなたのファースト・ピナクルは、おそらくは、人生のうちで最もエキサイティングかつエネルギッシュに過ごせる時期となる。ただ、本人にとってすべてはプロセス。今が人生の「山場」であることなど、少しも思わないだろう。しかし、意識していくことによって、出せる結果のクオリティとボリュームは異なる。さらに自分で駆り立てていくことで、あなたの成す「仕事」はより大きく広く波及していくだろう。

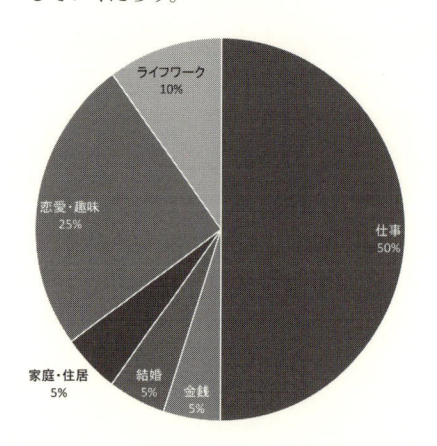

　人生の最初のピナクルであるため、なにをするのも初めてとなる。ゆえに、実はすべての分野においてポテンシャルは高い時期である。しかし、自分自身の個性の発現は、若い世代においては目標を持つことによって成されるものである。便宜上、仕事の項目が高い数値を示しているが、天職や夢への実現の兆しも見えてくる可能性はある。

- 仕事 50%
- 恋愛・趣味 25%
- ライフワーク 10%
- 家庭・住居 5%
- 結婚 5%
- 金銭 5%

【ファースト・ピナクル・ナンバー：2】
First Pinnacle Number : 2

　ファースト・ピナクルで現れるナンバー2は、あなたの人生のスタートをゆったりとしたものとさせる。がむしゃらに自分の存在を証明していくのではなく、他者との協力関係を育てていく。穏やかな育成期だと言えるだろう。

　幼少期は自分からなにかを求めていこうという姿勢は、あまり積極的に見せないかもしれない。青年期にいたっても、自己主張をするより、まず周囲との調和を考える。仕事や社会的な活躍という意味では、わりとスロースターターだと言える。

　けれども、人とのコミュニケーションやパートナーシップ、家族関係や家庭にまつわることにおいては、かなり有望な時期だろう。それこそ、人間関係の豊かさという点では最盛期だと言える。この年代においてあなたは、生涯をともにしたいパートナーと出会い、結婚をし、早々にマイホームを購入したりする可能性は高い。

　あなたが今このピナクルを登っている最中なら、ぜひとも地に足をつけて歩むことを心がけてほしい。一歩一歩進めば必ず、あなたは行きたい場所へたどり着けるはずである。

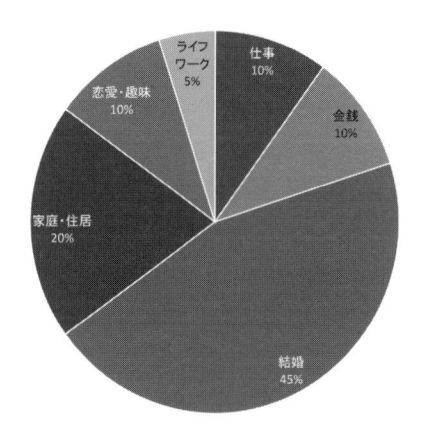

　結婚の項目の数値が最も高くなっているが、要はプライベートな人間関係がクローズアップされる時期であるということである。温かな人づき合い、家族関係の中で多くのことを学び、恩恵を受けるだろう。結婚の機運が高まるとともに、生活の安定を望むようになり、結果、住居や金銭面の充実も促されていく。

【ファースト・ピナクル・ナンバー：3】
First Pinnacle Number : 3

　ファースト・ピナクルで現れるナンバー3は、あなたの人生のスタートを軽快なものとさせる。フットワーク軽くあらゆる可能性を試すこと、それがこの時期の最大のテーマ。そして、それが最大限にできるときでもある。

　この年代は「試す」ことに重点が置かれているので、なにかを成すということに意識は向かわない。本人はなにかひとつを熱心に求めているつもりでも、結果としてやっていることは多種多様なものだったりする。この時期のあなたの潜在意識下には、ひとつのことに囚われてしまうことへの警戒心が潜んでいるからである。

　この年代のころのあなたの中には、常に不安定な感覚があるかもしれない。しかし、同時に未来への可能性を感じている。いずれ自分は本当の自分を見つける、という奥底にある自信によって日々を生きる。そうした時代なのである。

　ゆえにこの時期のあなたは、仕事や結婚、金銭面等、人生の重要事項において「山場」を迎えることはない。しかしだからこそ、楽しめるときだと言えるだろう。大いに自分の表現方法を模索していきたい。

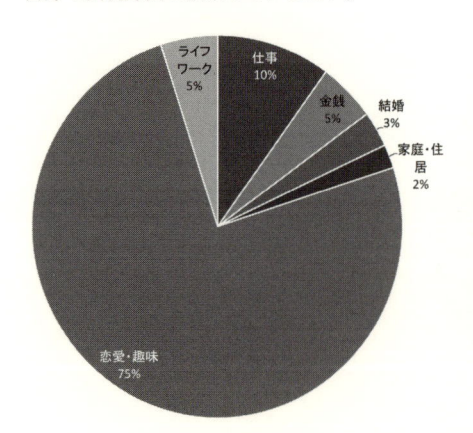

仕事 10%
ライフワーク 5%
金銭 5%
結婚 3%
家庭・住居 2%
恋愛・趣味 75%

　すべてにおいて「お試し」期間となるピナクルであるため、なににしろ「達成」できる可能性は低い。よって、プロセスそのものを楽しむことのできる恋愛・趣味の数値が高くなっている。とはいえ、人それぞれにプライオリティはあるはずで、ライフ・パス・ナンバーなどによってほかの項目の可能性が上がる場合もある。

【ファースト・ピナクル・ナンバー：4】
First Pinnacle Number : 4

　ファースト・ピナクルで現れるナンバー4は、あなたの人生のスタートを地に足のついたものとさせる。あなたはこの時期、揺らぐことのない人生の基盤を作ろうという方向へ意識を向かわせていく。そして、それが可能となる年代でもあるのだ。

　人の世は常に変化を求めている。しかし、「やっぱりこうでなくちゃ」という伝統的、習慣的な考え方も根強い。あなたはこの若い時代において、その根強いものを継承していこうとし、実際に結果を出していく。幼少期から、しっかりと人生設計をしているような子どもだったのではないだろうか。10〜20代のうちから結婚をし、住居をかまえる可能性は多分にある。

　貯蓄をし、土地を買って、家を建てる。そこまでのプランを完成させたなら、あなたはこのナンバー4の時期を満喫したことになる。

　家を建てることがなにになるのか。そう思う人も中にはいるかもしれないが、そのメリットははかりしれない。あなたのもとに人は集い、多くの信頼を得るだろう。名実ともに豊かさが実現されるのである。

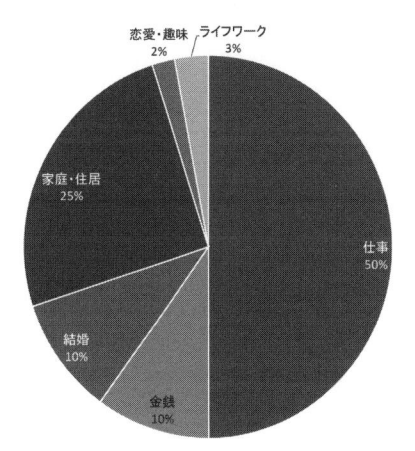

　このピナクルはしっかりと現実と向き合う時期となる。よって、仕事の項目の数値が高くなっているが、日々やるべき課題、仕事をクリアするだけではなく、健康面にも自己管理能力を発揮する時代となるだろう。家庭や住居を安定させることで、さらなる社会的な活躍も期待できる。恋愛や趣味は、将来を見すえたものなら有望である。

- 仕事 50%
- 家庭・住居 25%
- 結婚 10%
- 金銭 10%
- ライフワーク 3%
- 恋愛・趣味 2%

【ファースト・ピナクル・ナンバー：5】
First Pinnacle Number : 5

　ファースト・ピナクルに現れるナンバー5は、あなたの人生のスタートを華々しく自由に満ちたものとさせる。あなたはこの時期、あらゆることにチャレンジ精神を駆り立てられるだろう。実際、多くの制約を越えて、自由奔放な生活をすることが可能となるのがこのピナクルである。

　この時期は、後々振り返ってみても「あのときはいろんなことがあったな」と思う年代となるだろう。

　渦中にいるときは実感しにくいかもしれないが、このピナクルにおいてあなたは、多くの「初めて」に出会うはずである。そのときは「楽しい」とか「へぇ」とか、その程度で済ませてしまうものが殆どであろう。しかし、そうしたふとした出会いの中にこそ、その後の人生の基盤となる素材が隠されている。なにしろこの時期は、あなたの生活が「新鮮な刺激」で彩られる最盛期なのだから。心して出会うものたちと触れ合い、大切に味わっていきたい。

　ロマンスであれ趣味であれ、どれだけ夢中になれるものを見つけられるかが、この年代の充実度を決める。

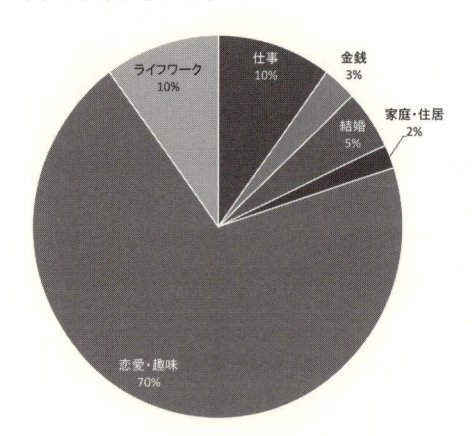

項目	割合
ライフワーク	10%
仕事	10%
金銭	3%
結婚	5%
家庭・住居	2%
恋愛・趣味	70%

　5というナンバーの性質上、恋愛・趣味の項目の数値が高くなっているが、中には、仕事から、日々新鮮な刺激を得ていく人もいるだろう。意欲を持って取り組んだり、ワクワクしながら挑んだり。そうできるなら、なんであれそれは5のピナクルにふさわしい課題である。ライフワークとしてやっていきたいテーマを見つける可能性もある。

【ファースト・ピナクル・ナンバー：6】
First Pinnacle Number : 6

　ファースト・ピナクルに現れるナンバー6は、あなたの人生のスタートを愛と契約に守られた揺るぎないものとさせる。

　あなたはこの時期、家族や属するコミュニティ、社会の価値観から多大な影響を受けるだろう。そして、あなた自身も周りの人にならい、期待に応えることを喜びに感じていくようになる。実際、この年代のあなたは、周囲の人との密度の高いかかわりの中で多くの恩恵を得る可能性は高い。そして年を重ねるとともに、育ててくれた環境のために大いに役立てる時期ともなるだろう。

　思春期には、周囲の影響力が重荷に感じることもあるかもしれない。けれども、人のために立ち働く喜びを知っておくことは、人生において迷いが生じた際には大いにプラスとなるだろう。家庭や職場、人間関係からあなたへと掲げられる期待と制約は、あなたの大人としてのポテンシャルを広げるのに必ず役立つはずである。

　この時期は家庭を持ったり、子育てをおこなうのにはぴったりの年代である。結婚願望の強い人はこのピナクルに照準を定めるのもいいだろう。

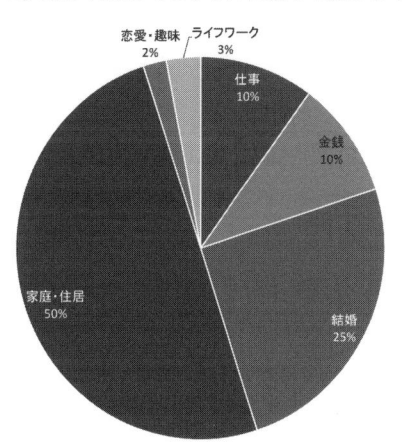

恋愛・趣味 2%
ライフワーク 3%
仕事 10%
金銭 10%
家庭・住居 50%
結婚 25%

　家族関係にまつわる願望が現実化しやすいピナクルであるため、家庭・住居の項目の数値が高くなっている。家族的な関係の人との交流が活発になるだろう。仕事は、大切な誰かのため、世のため人のためという意識で取り組む限り、発展性は高い。当然ながら、経済的な充実度も上がるだろう。

【ファースト・ピナクル・ナンバー：7】
First Pinnacle Number : 7

　ファースト・ピナクルに現れるナンバー7は、あなたの人生のスタートを「深い思索」を伴う感傷へといざなう。あなたはこの時期、今自分がいる環境に違和感を覚えたり、孤立感の中で内面と向き合わざるを得ない事態に遭遇するかもしれない。

　しかし、そうして内面との対話を熟成させることによって、あなたは心眼を磨いていく。人の心の機微やあらゆる物事の真実を知ることで傷つくこともあるだろうが、知識を得ることが実に爽快な体験だと気づくだろう。静かに深くエキサイトできる年代でもあるのだ。年を重ねてからナンバー7の時期を迎えるのと、若くして迎えるのとでは感動の度合いが違うのである。

　あなたはこの年代のある時期、ニヒリズムに陥ることもあるだろう。そして、厭世感に包まれ、すべてに意欲を失うこともありそうなことである。しかし、そんなあなただからこそ、キラキラした宝物を見つけることができる。「これだけは真実」と生涯疑い得ないものに、あなたはこの時期、出会うことになるだろう。大いに真実を探索していきたい。

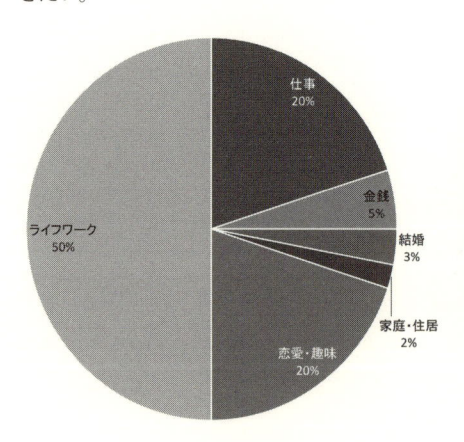

- 仕事 20%
- 金銭 5%
- 結婚 3%
- 家庭・住居 2%
- 恋愛・趣味 20%
- ライフワーク 50%

　ナンバー7のピナクルは、現世的な楽しみには心が躍らない時期となる。仕事で出世すること、恋愛や趣味も、どこか刹那的な気がしてのめり込めないのである。よって、それらの項目は低い数値となっている。しかし、啓発的な書物、人物に出会うことで、人生をかけて取り組みたいテーマ（ライフワーク）が見つかる可能性は高い。

【ファースト・ピナクル・ナンバー：8】
First Pinnacle Number : 8

　ファースト・ピナクルに現れるナンバー8は、あなたの人生のスタートをパワフルな空気で満たしてくれる。

　あなたはこの時期、懸命に環境へと働きかけていくだろう。もちろん、うまくいかないこともある。けれども、困難な事態に遭遇するたび、あなたは意欲を新たにする。ファースト・ピナクルの中盤以降、特にあなたは野心的に「トップ」を目指し、結果を出すことにこだわっていく。そして実際、この年代は、狙った結果を見事に得やすいときでもあるのだ。

　あなたは若いうちから、権力を持つ立場を得ていく可能性は高い。いや、ファースト・ピナクルにおいて8の時代を迎えた以上、ここでは確実になんらかの権威としての力はつかんでおきたい。そうすることによって、セカンド、サード、フォースと控えている人生の山場が乗り越えやすくなるのは明らかである。

　ともかく意欲的でい続けることが財産となる。怖いもの知らずと言われようと、生意気だと言われようと「上」に行く。その意識を維持したいものである。

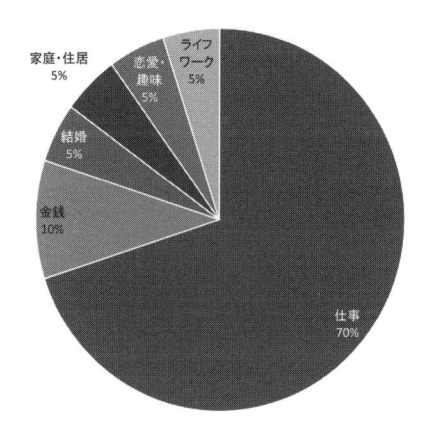

家庭・住居 5%
恋愛・趣味 5%
ライフワーク 5%
結婚 5%
金銭 10%
仕事 70%

　ナンバー8の性質上、このピナクルは仕事一辺倒の時代になり得る。よって、それ以外の項目は低い数値となっている。若い世代だけに、恋愛もするだろうがプライオリティはどうしたって仕事となる。ストイックな姿勢が強まるときなので、健康管理、体力作りでも結果は出しやすいだろう。

【ファースト・ピナクル・ナンバー：9】
First Pinnacle Number : 9

　ファースト・ピナクルに現れるナンバー9は、あなたの人生のスタートをあらゆる恩恵に満ちた豊かなものとさせる。

　9というナンバーは、1から8までのすべてのナンバーの性質を内包している。ゆえに、引き出しの多さは抜きん出ている。よって、ある種達観した性質を持つナンバーなのである。あなたは幼いころから、大きな愛を本当の意味で実感できる子どもだったかもしれない。「ありがとう」という言葉が素直に出るのは、この9のナンバーの恩恵にほかならない。

　実際、あなたは多くの幸運に恵まれるだろう。なにかを望めば、自然とそれにつながるチャンスや人脈がもたらされる。あるいは、後々の人生のために必要なことを身につけるよう、自然と環境から促されていく。意図せずして、多くの可能性を開発し、実現していく時期なのである。

　このピナクルにおいては、不可能なことも可能となり得る。魂の声に耳を傾けて、多くの気づきを重ねていってほしい。もたらされることを「当たり前」と黙殺せず、大事に生かしていこう。

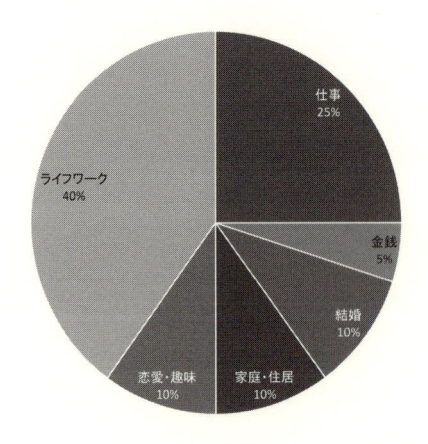

仕事 25%
金銭 5%
結婚 10%
家庭・住居 10%
恋愛・趣味 10%
ライフワーク 40%

高い数値を示している「ライフワーク」というのは、人生をかけて取り組みたいテーマを意味する。スピリチュアリティを高めること、心身の健康を養うこと、世のため人のために尽くすことなども含まれる。それらのことをビジネスとしておこなうなら、グラフで低い数値を示している仕事、金銭面においても充実していく。

【ファースト・ピナクル・ナンバー：11】
First Pinnacle Number : 11

　ファースト・ピナクルに現れるナンバー11は、あなたの人生のスタートを神聖なパワーで満たしてくれる。11はマスター・ナンバーであり、一桁の数と違って特別な使命を与えられているナンバーだとされている。

　この時期あなたは、多くの天啓を得ることになるだろう。とはいえそれは、必ずしもインスピレーションという形では訪れない。ふとした出会いやきっかけ、人からの助言……。そうした外からの働きかけも、神聖なお導きである可能性が高い。何度も同じことを言われたり、不思議と目についたり。そうして繰り返し意識に分け入ってくるものがあれば、それはナンバー11の恩恵だと受け止めていいだろう。

　そうした天啓に気づけば気づくほど、あなたはこの年代において多くの喜びを得ていく。さりげなく人を導き、そして、そのお礼としてお返しをいただく。そうした好循環を創ることが可能な時期なのである。大切なのは「メッセージ」を信じることである。それはあなた自身の良心、内なる神を信じることから始まる。

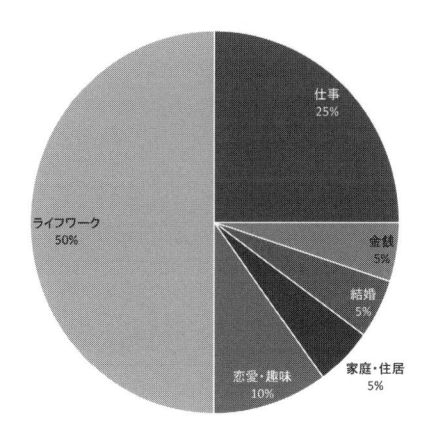

- ライフワーク 50%
- 仕事 25%
- 金銭 5%
- 結婚 5%
- 家庭・住居 5%
- 恋愛・趣味 10%

　マスターナンバー11のピナクルは、本来、どの項目についても、それを本気で望むのなら、夢の実現が期待できる時期である。グラフにおいてはライフワークの項目が高くなっているが、これは人生そのものが充実してくることを示す。「人生をかける」という意識が成果を上げる鍵となるだろう。

【ファースト・ピナクル・ナンバー：22】
First Pinnacle Number : 22

　ファースト・ピナクルに現れるナンバー22は、あなたの人生のスタートを生産性に満ちたものとさせる。22はそれぞれの桁を足すと4となる。よって、このピナクルは4にも同時に支配されていることになる。

　あなたはこの時期、スケールの大きな目標へと意欲を駆り立てていくだろう。そして、それが達成可能な年代でもある。

　目標といってもあなたが掲げるのは「ビックになりたい」といった漠然としたものではないはずである。たとえば、大きなビルディングを指差し、「あれが欲しい」と言い切る。幼少期のころのあなたは、欲しがるものからして「ビック」だったのではないだろうか。10～20代の若いうちから、ビジネスに興味を持ち、経営者、監督、建設者としての手腕を身につけようとする人もいるだろう。

　このピナクルにおいて大切なのは、計画したことをやり遂げることである。あなたが今この年代の渦中にいるなら、この期間を終えるころにどうなっていたいか明確なヴィジョンを掲げておくべきだろう。

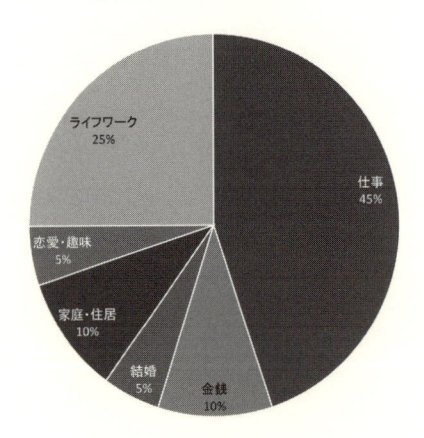

　　生産性に満ちたナンバー22のピナクルは、なんであれ、計画した物事を具現化しやすいとき。仕事に次いでライフワークの項目が高い数値となっているが、自他ともにメリットをもたらすものであれば、それがなんであれ実現される可能性は高い。心身の健康も期待できるゆえ、家庭環境も円満に保てるだろう。

- 仕事 45%
- ライフワーク 25%
- 金銭 10%
- 家庭・住居 10%
- 恋愛・趣味 5%
- 結婚 5%

[Lesson 8]
セカンド・ピナクル・ナンバー
Second Pinnacle

【セカンド・ピナクル・ナンバー：1】
Second Pinnacle Number : 1

　セカンド・ピナクルで現れるナンバー1は、その数字のとおり、あなたにトップの座を与えてくれる。

　この年のころは、たいていの場合、壮年期と呼ばれる年代であろう。そのうえ、アクティブかつ闘争心も秘めているナンバー1の時代を迎えるのだから、この時期のあなたは、どうしたっておとなしくなり得ない。抜きん出た立場になるためのチャンスを得るだろうし、実際、狙ったとおりの結果も出せる可能性の高い時期である。

　もし、ファースト・ピナクルにおいて、今ひとつ意欲的に仕事に取り組むことができなかった場合には、ここで再度新たな人生のスタートを切ることになるかもしれない。いずれにしても、この年代においてあなたは大きな転機を迎える。より自分が「生きている」と感じられる環境へと移ろうとするだろうし、求めるならそれは確実に得られるはずである。

　あなたがもし今現在、この山場に差しかかっているのなら、現状に甘んじる姿勢からはそろそろ卒業したい。念願だった夢やビジネスを具体化していくこともできるだろう。

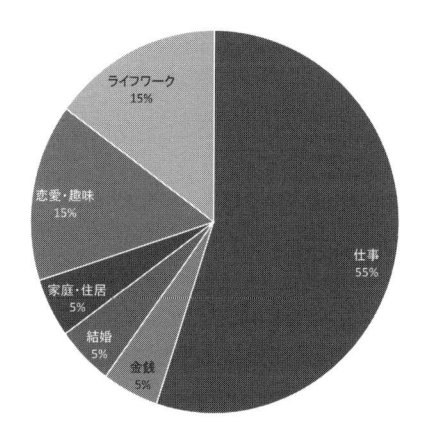

ライフワーク 15%
恋愛・趣味 15%
家庭・住居 5%
結婚 5%
金銭 5%
仕事 55%

仕事の項目が最も高い数値となっているが、人生の再スタート期となるこのピナクルはあらゆる面において転機を迎える。よって、恋愛や対人関係、趣味の面でも新たな広がりがあるだろう。ライフスタイルによっては、仕事以外のことでも大いに成果を上げられるときである。

【セカンド・ピナクル・ナンバー：2】
Second Pinnacle Number : 2

　セカンド・ピナクルで現れるナンバー2は、あなたに穏やかかつ豊かな9年間を与えてくれる。

　ファースト・ピナクルにおいて3や5などの自由度の高いナンバーの時代を迎えていたあなたの場合は、この時期にいたってようやく「落ち着く」年代に入る。独身ライフを謳歌していた人も自然と自分の居場所を安定させようという方向へ意識を向ける。結婚願望も強まり、実際にそれが叶う可能性は高い。しかも、この年代に出会う相手は、あなた自身に浮ついた発想がなく、じっくりと向き合おうという姿勢があるゆえに将来有望である。人生の道を歩んでいくうえで大いに頼りになるパートナーとなるだろう。

　また、セカンド・ピナクルの2の時期は人間関係に恵まれるのも特徴である。人に支えられて生きていると実感するような出来事にも多々遭遇するだろう。

　人とのかかわりの中で知ることをいかに自分の中に取り入れていくか。その度合いによって人生の華やかさ、充実度は雲泥の差となっていく。出会ったものを柔軟に受け入れていこう。

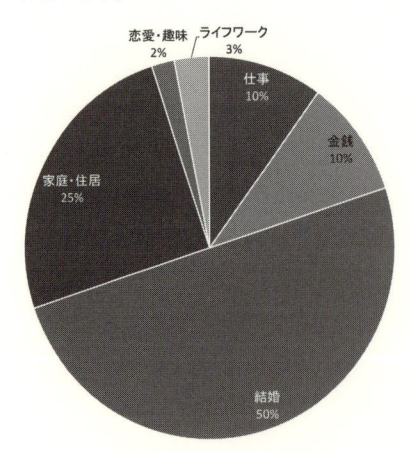

恋愛・趣味 2%
ライフワーク 3%
仕事 10%
金銭 10%
家庭・住居 25%
結婚 50%

　結婚の項目の数値が高くなっているのは、パートナーシップが充実する時期であるゆえのことである。家族のほか、一般的なコミュニケーションも円滑にはぐくまれるとき。恋愛・趣味の項目が低くなってはいるが、これは浮ついた発想のものは実りにくいという意味であり、縁に恵まれないということではない。

【セカンド・ピナクル・ナンバー：3】
Second Pinnacle Number : 3

　セカンド・ピナクルで現れるナンバー3は、あなたに楽天的な生き方の素晴らしさを教えてくれる。

　ファースト・ピナクルにおいて4や6、8といった計画性に富んだナンバーの時代を迎えていたあなたの場合、この時期にいたって初めて「遊び心」というものを知るかもしれない。仕事のため、誰かのため……。そうした義務感や責任感から解放され、自分のために生きる幸せを実感するだろう。しかし、ライフ・パス・ナンバーなどもそれら慎重派気質のナンバーだとすると、おそらくすぐにシフトすることはできない。降ってわいたような、自分を表現するチャンスに戸惑うこともあるだろう。

　しかし、いずれにしても、動き始めればあなたの中にしまってあった宝箱は開いていく。少年少女のころのようにこの世には夢と希望と不思議があふれていると再認識するようになるだろう。

　あなたがもし今この「山場」に差しかかっているのだとしたら、「もうこんな年だから」という言葉は禁句にしたい。新しいことを学んだり旅行をしたり。大いに楽しみを生活に取り入れていこう。

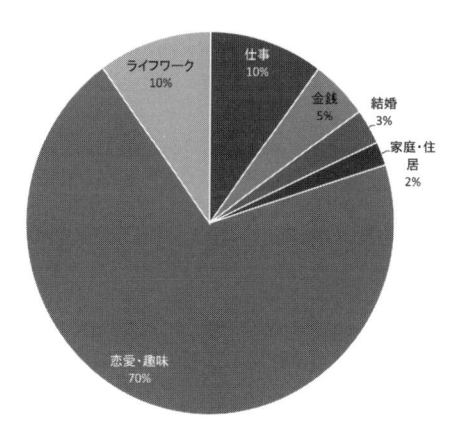

- 仕事 10%
- ライフワーク 10%
- 金銭 5%
- 結婚 3%
- 家庭・住居 2%
- 恋愛・趣味 70%

　恋愛・趣味の項目の数値が高くなっているのは、このピナクルのメインテーマが「楽しむこと」であるゆえのことである。仕事にしろ、パートナーシップにしろ、楽しもうという姿勢で臨んでいくのなら、相応の成長度は見せるはずである。なにかを達成することより、経験が充実する時期となるだろう。

【セカンド・ピナクル・ナンバー：4】
Second Pinnacle Number : 4

　セカンド・ピナクルで現れるナンバー4は、あなたに並外れて生産的なパワーを与えてくれる。目に見える結果を出せる時期なので、自己評価も高まってくるのが嬉しい点である。

　この時期にいたって初めて人の役に立つことの喜び、目的を達成することの充実感を知る人もいるだろう。責任感や義務感の大切さにも目覚めるはずである。

　安定した居を構えようという意識も芽生えやすいため、貯蓄をし、土地を買い、家を建てる、という未来ヴィジョンを持つ傾向にもある。早いうちに仕事で成功をおさめることができた人は、どんと一括払いで家や車を購入し、それをステイタスのひとつとして満喫する場合もあるだろう。

　居を構えたり、面倒を見るべき部下、家族などが増えてくれば当然、責任は重くなる。ときとして重圧に耐えがたい気持ちになることもあるだろうが、責任を担うということは、自分の意志ですべてを決定できるということでもある。責任を担うことで本当に自分の足でこの世に立つことができるということを忘れずにいたい。

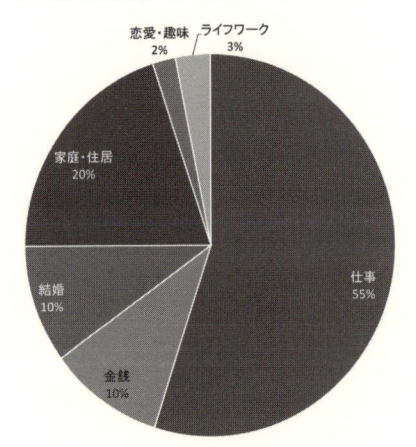

円グラフ：
- 仕事 55%
- 家庭・住居 20%
- 結婚 10%
- 金銭 10%
- 恋愛・趣味 2%
- ライフワーク 3%

　地に足をつけた生活が実現する時期であるゆえに、仕事に次いで、家庭・住居の項目が高い数値となっている。自分の居場所を見つけることによって、さらに活躍の場を広げていく可能性もある。経済面での充実も期待できるだろう。恋愛・趣味の項目が低い数値になっているが、将来性につながるものであれば有望である。

【セカンド・ピナクル・ナンバー：5】
Second Pinnacle Number : 5

　セカンド・ピナクルで現れるナンバー5はあなたに、自由とエキサイティングな変化が目白押しの9年間を与えてくれる。

　ファースト・ピナクルにおいて2や6、7といった内向性の強いナンバーの時代を迎えていたあなたの場合、この時期にいたって初めて「自分らしさ」とはなにかということを考えるようになるかもしれない。あらゆる出会いによって刺激を受け、いかに自分は今まで受動的であったかということに気づかされるのである。そして、あなたは「自分はなにをやりたいのだろう」と本気で模索するようになる。第2の青春、自分探しの旅の始まりである。

　セカンド・ピナクルの5は、ときとしてあなたの人生を一変させる。積み上げた経歴を投げ打って新しいことを始めるよう導かれることもあるだろう。それまで手堅く生きてきた人にとってはリスクは高い。しかし、胸の鼓動に耳を傾け、歩を進めるならばあなたは自分の人生に再び恋をするだろう。チャレンジや冒険ができる最後の年代とも言えるこの時期、どう生きるかはあなた次第である。

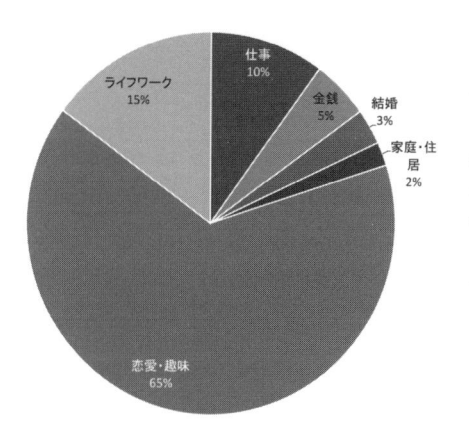

仕事 10%
ライフワーク 15%
金銭 5%
結婚 3%
家庭・住居 2%
恋愛・趣味 65%

　恋愛・趣味の項目が最も高い数値となっているが、これはほかのことが達成できないという意味ではない。ナンバー5のピナクルの課題は、チャレンジと冒険であり、もちろん、仕事においても挑戦する姿勢で臨むのであれば、得がたい体験が待っている。ただし、安定を望む場合、落ち着かない時期となる可能性もある。

【セカンド・ピナクル・ナンバー：6】
Second Pinnacle Number : 6

　セカンド・ピナクルで現れるナンバー6はあなたに、人とのつながりから得る安心感、そして絆と制約の学びを与えてくれる。

　ファースト・ピナクルにおいて3や5といった自由度の高いナンバーの時代を迎えていたあなたの場合、この時期にいたって初めて、人のために生きる喜びを知ることになるだろう。とはいえ、このピナクルに切り替わったばかりのころは、家族や職場からの自分への期待値が上がることに躊躇するだろう。息苦しさを感じることもあるかもしれない。けれども、手応えを得るたび、あなたは安心感を覚えていく。それまでの自由な生き方に興味が薄れていくことだろう。

　この時期は、他者の面倒を見ることになる可能性が高く、子どもや親戚とのかかわりも濃密になる。家族的なつながりを重要視する年代である分、結婚生活は安定するだろう。せっかくこの時期にナンバー6を迎えるのだから、9年間、できる限り人のためにエネルギーを注いでみてもいいのではないだろうか。逃げない生き方は次世代への教えともなるはずである。

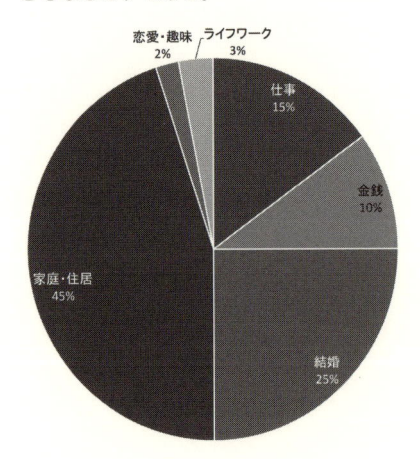

恋愛・趣味 2%
ライフワーク 3%
仕事 15%
金銭 10%
結婚 25%
家庭・住居 45%

　グラフのとおり、このピナクルにおいては家庭や住居など、プライベートな面での充実度が期待できる。心の安定も手に入れられる可能性も高く、人によっては、より一層、仕事にエネルギーを注ぐことができるようになる場合もあるだろう。リスクの高い計画は達成しにくいが、愛する者のためにおこなうことは円滑に運ぶはずである。

【セカンド・ピナクル・ナンバー：7】
Second Pinnacle Number : 7

　セカンド・ピナクルで現れるナンバー7はあなたに、すべてを解き明かそうとするほどの並外れて強力な探究心を与えてくれる。

　あなたは、この年代に入ると、一見、社会の表舞台から退いているかのような立場へと向かう場合がある。野心的に結果を出そうとするより、興味ある対象の本質を探ろうという方向に意識が向かっていくのだ。来る日も来る日も研究室に閉じこもる、そんな日々を過ごすかもしれない。あるいは閉じこもらないまでも、あるひとつの物事にこだわり続け、そして、それと一体になったような生活を送るようになる可能性は高い。

　ただ単にのめり込むだけだとしたら、「オタクな趣味」に過ぎないが、この時期はきちんと結果を出せる。世に認められるほどの真実、場合によっては世間をもおびやかし、常識を覆すほどの真実を炙り出し得る時期なのである。

　いずれにしても、「専門性」が重要なキーワードとなる。人生のうちの9年間、マニア的な生き方を極めるというのも豊かなことではないだろうか。

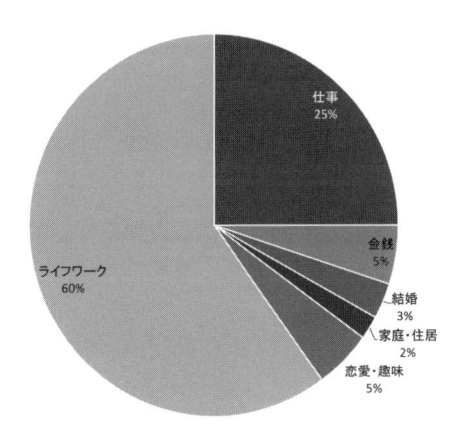

仕事 25%
ライフワーク 60%
金銭 5%
結婚 3%
家庭・住居 2%
恋愛・趣味 5%

　研究や探求がテーマとなるピナクルであるゆえ、なににしろ目に見える利益は上げにくいときである。ゆえに、仕事の項目の数値は低めで、ライフワークの項目が高くなっている。しかし、興味を向ける方向性によっては、仕事とライフワーク、あるいは仕事と趣味が同調して達成される可能性はある。

【セカンド・ピナクル・ナンバー：8】
Second Pinnacle Number : 8

　セカンド・ピナクルで現れるナンバー8は、あなたにパワフルな目的達成力を与えてくれる。壮年期らしく、意欲的にやりがいを持って生きる9年間。多忙な時期となるのは間違いないだろう。

　ファースト・ピナクルからの流れで同じ仕事を続けていく場合、管理職にまで昇る可能性は高い。あるいは、独立して会社のトップとして手腕を奮うことになる場合もあるだろう。いずれにしても、財力、権力ともに手にしていくことになる。

　ただ、そうした立場を維持するには、当然、あらゆる合理的な判断、シビアな損得勘定も必要となってくる。よって、「情」の部分は捨て置かれることになる。ソウル・ナンバーなどが2や5などのマイペースな気質のナンバーだと心労は絶えないかもしれない。

　仕事とプライベートのバランスが取りにくい年代ではあるが、目指している夢、描いている未来ヴィジョンは、ここで力を出し切れば確実に実現の兆しを見せる。中途半端な生き方を仕切り直すにはまたとない機会であることを覚えておこう。

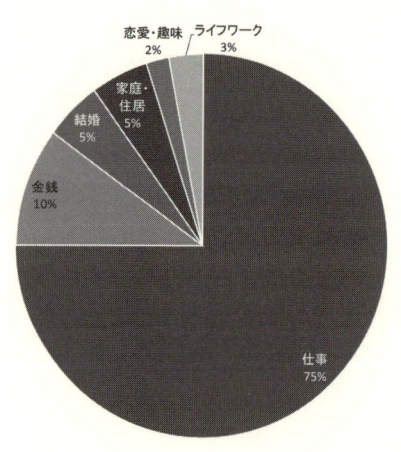

　仕事の項目の数値が高くなっているが、ほかの分野において可能性がないわけではない。ナンバー8のエネルギーは、それを十分に自分のものとして運用するならば、なにしろ目的を達成することは可能となる。よほど非現実的なことでない限り、成就の兆しは見えてくるだろう。

- 仕事 75%
- 金銭 10%
- 結婚 5%
- 家庭・住居 5%
- 恋愛・趣味 2%
- ライフワーク 3%

【セカンド・ピナクル・ナンバー：9】
Second Pinnacle Number : 9

セカンド・ピナクルで現れるナンバー9は、あなたに「成熟」と「完成」の感覚を与えてくれる。年のころとしては壮年期で「まだまだこれから」という時期ではあるが、あなた自身の意識としては、「今までやってきたことをまとめ上げたい」という方向へと向かっていくだろう。実際、それまで歩んできた人生を完成させるようなチャンスや出来事が生じてくる時期でもある。

あなたはこの年代にいたって「つながる」という多くの体験をするだろう。あらゆる人やものと出会う中で、今までバラバラだった物事が一本の糸につながる。そんな気づきを得て、また新たにライフワークを見つけていく可能性は高い。

そうした気づきは、仕事によって得られたり、癒しやスピリチュアルな活動を通してやってくる場合もある。なにがどのように成熟し、完成されていくかはそれまでにあなたがなにに触れてきたかによって異なる。けれども、あなたはなにかを確実に得るはずである。そして、それがその後の生涯を生きるうえでの指針となっていくだろう。

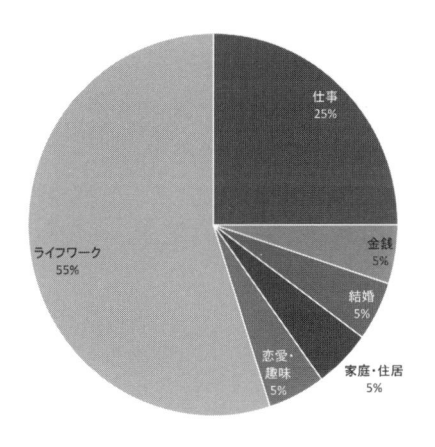

新たな人生上の目的を探す時期ともなるので、ライフワークの項目が高い数値になっている。ナンバー9の性質上、このピナクルは、それまでの人生をまとめる方向へと向かわせる。目指してきた夢がある場合、ここで達成する可能性もあるが、同時に自分の限界を知ることにもなり得る。夢が仕事になる人も中にはいるだろう。

【セカンド・ピナクル・ナンバー：11】
Second Pinnacle Number : 11

　セカンド・ピナクルで現れるナンバー11は、あなたにスピリチュアルな感受性を与えてくれる。必ずしもスピリチュアルな世界へと傾倒するとは限らないが、人智を超えた力というものを認識するようにはなるだろう。あなたの中では、「なにかを伝えたい」「なにかやらなくてはいけない」といった使命感が芽生える。そして、動き出すことによって、それが実現可能となる時期なのである。

　ファースト・ピナクルにおいて、4や8などの現実的思考の強いナンバーの時代を迎えていたあなたの場合、心境の変化はかなり大きくなる。世界有数の成功者はときに「神が降りてくる」といった表現を使うことがあるが、あなたもその境地に達していくのだと言える。なんらかの試練を乗り越え、自分の努力だけでは越えられないものがあることを知り、天啓や愛の力に目覚めていくのだろう。

　あなたが今この世代にあるなら、できるだけ「委ねる」ということを学びたい。そうすることで、さらに多くの恩恵に気づくことができるだろう。

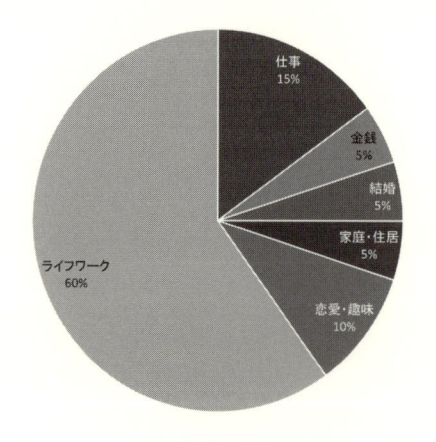

　スピリチュアリティの向上が、このピナクルにおいては最も目覚しく見られる点である。それが仕事を通して成される場合もあれば、パートナーシップ、趣味を通して実現されることもあるだろう。よって、便宜上はライフワークの項目が高い数値となっているが、実際は仕事面での活躍の幅が広がる可能性も高い。

- ライフワーク 60%
- 仕事 15%
- 金銭 5%
- 結婚 5%
- 家庭・住居 5%
- 恋愛・趣味 10%

【セカンド・ピナクル・ナンバー：22】
Second Pinnacle Number : 22

　セカンド・ピナクルで現れるナンバー22は、あなたに壮大な計画を形にするパワーを与えてくれる。この年のころは、仕事をしている場合はたいていの人が壮年期と言われる働き盛り。あなたの場合、それに加えてマスター・ナンバーである22の時代をここで迎えるのだから、当然、このセカンド・ピナクルは、実にパワフルかつ大きな結果の出せる時期である。

　ファースト・ピナクルにおいて、まるで生きる方向性が定まらなかったあなただとしても、この年代にいたるころから、地に足をつけて活動できるようになっていく。仕事や結婚も順調に運び、公私ともに安定感が増していく可能性が高い。

　ただし、意識が目の前の現実にばかり向けられていると、せっかくのナンバー22の恩恵は受け取ることはできない。並外れて高い生産性を手にすることができるこの年代、ぜひとも目標は大きく持ちたい。世界中の人のために役立つなにかを創り、提供する。それくらいの壮大な計画を立てることで、あなたの豊かさは保証される。好循環が脈々と続く土台が完成するだろう。

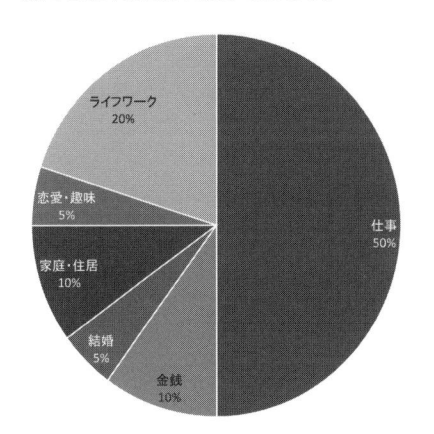

- ライフワーク 20%
- 恋愛・趣味 5%
- 家庭・住居 10%
- 結婚 5%
- 金銭 10%
- 仕事 50%

あらゆる人や環境のために役立つものを生み出せる可能性が高いため、仕事の項目が最も高い数値を示している。仕事面においては、ひと回りもふた回りも大きくなれる時期。家庭に入っている人の場合も、地域の活動に参加したり、独自の趣味や得意なことを通じて社会とかかわることで、活躍のフィールドが広がるだろう。

[Lesson 8] サード・ピナクル・ナンバー
Third Pinnacle

【サード・ピナクル・ナンバー：1】
Third Pinnacle Number : 1

　サード・ピナクルで現れるナンバー1は、あなたをトップの座に押し上げてくれる。あなたはここへきて、まさに人生の「山場」を迎えることになるかもしれない。ファースト、セカンドのピナクルをどう生きてきたかによって、その実感の度合いは異なるだろうが、この時期あなたは、なんらかの分野において抜きん出るチャンスに恵まれる。そして、実際に「一番」を獲得するはずである。

　それまでの流れでリーダー役を任せられる場合もあるだろうし、あるいは、この年代に開始したことがスムーズに展開する可能性もある。

　いずれにしても、1というナンバーは「始まり」を意味する数であるからして、この時期は、人生の新たな1ページがスタートする。それまでと同じ人生が脈々と続くということは少なくともあり得ない。このピナクルは、間違いなくあなたの人生において、メインイベントが目白押しの9年間となるだろう。

　あなたはこの年のころにいたり、まだ「始める」ことができる。新たな可能性が待っていることを覚えておきたい。

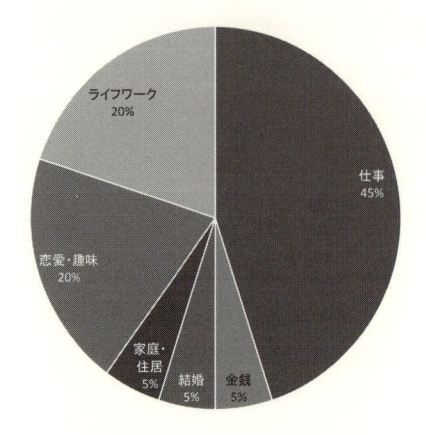

仕事 45%
ライフワーク 20%
恋愛・趣味 20%
家庭・住居 5%
結婚 5%
金銭 5%

　このピナクルは、人生の再スタートの時期となる。仕事の項目が最も高い数値となっているが、人によってはパートナーシップ、恋愛や趣味、家族関係において仕切り直しを促されるかもしれないし、自らそれを望んで行動に移す場合もあるだろう。新しく塗り変われば当然、人づき合いも広がる。あらゆる面で快方の兆しが見える可能性も高い。

【サード・ピナクル・ナンバー：2】
Third Pinnacle Number : 2

　サード・ピナクルで現れるナンバー2は、あなたに人とのご縁から得る豊かさをもたらしてくれる。

　この時期にいたるとあなたは、とても従順な性質を帯びた人になってくる。特にライフ・パス・ナンバーなどの主要なナンバーに、1や8などの自己主張の強いナンバーを持つあなたは、その変化は唐突に始まるかもしれない。とにかく、あなたは素直さを手にする。そして、他者のサポートに頼ることに警戒心や罪の意識を感じなくなる。よって、あなたはこの年代にいたり、ひとりではできない大きなことを成し遂げることもある。

　ファースト、セカンドのピナクルにおいて野心的に働いてきたあなたの場合、ここで第一線から一歩退き、自分の好きなことにエネルギーを注ぎたいと思うようになるだろう。家族やパートナーとの交流など、プライベートな時間を充実させることを最優先に、あらゆる選択をしていくようになっていく。

　あなたがこの年代において得るのは、人とつながっている安心感。揺らがない自分の居場所である。ゆえにあなたはさらに強く、たくましく、優しくなれるのだ。弱みを見せることを恐れずにいたい。

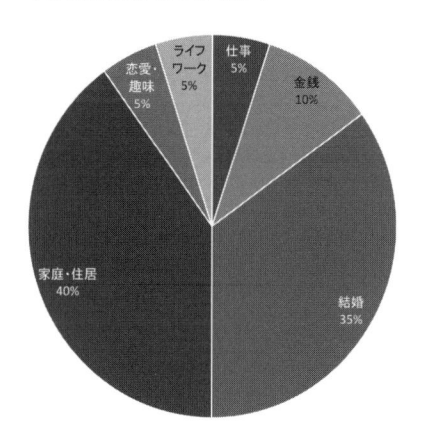

- 仕事 5%
- 金銭 10%
- 結婚 35%
- 家庭・住居 40%
- 恋愛・趣味 5%
- ライフワーク 5%

　結婚、家庭・住居の項目が高い数値となっているのは、人との縁が充実する時期だからである。仕事にプライオリティを置く人の場合は、人脈によってビジネスが拡大する可能性もある。社会における飛躍的な活躍が暗示されていないピナクルではあるが、心身の充実度は高い。良き趣味に出会える期待もある。

【サード・ピナクル・ナンバー：3】
Third Pinnacle Number : 3

　サード・ピナクルで現れるナンバー3は、あなたにピュアな好奇心とクリエイティビティを与えてくれる。

　この時期あなたは、再度、子ども心を思い出す体験をするだろう。ファースト、セカンドで2や4、6といった安定志向のナンバーの時期を過ごしたあなたの場合、特にその傾向は顕著になる。早いうちに結婚をし、子どもを授かっていたとするなら、そろそろ手のかかる年ごろは過ぎているわけで、自分の時間を持てるようになるのである。ある程度大きくなった子どもと一緒に習いごとを始めるなどして、眠っていた創造性を目覚めさせるかもしれない。

　いずれにしても、この年代はクリエイティビティを展開させたい時期である。絵画や楽器をたしなんだり、文章を書いたり……。分野は問わず、興味の惹かれるものにチャレンジしてみたい。それが副業となったり、その後のライフワークとして成長する可能性もある。

　あなたが今この時期を迎えているのなら、ぜひとも年齢をやらない理由にしないでほしい。あきらめない限り、可能性はそこにあり続けるのだから。

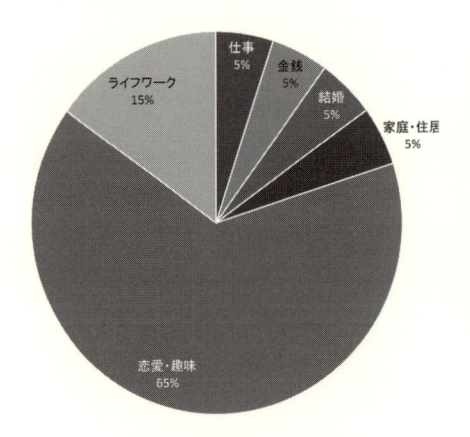

　このピナクルは、内なる創造性を使うことによってあらゆる可能性が広がる時期。恋愛・趣味の項目の数値が高くなっているが、充実するのはそれだけではない。クリエイティビティを生かすのなら、仕事や家庭、住居に関することのほか、生活全般において多くのことが成就されるだろう。独自の発想を形にすることが肝要である。

【サード・ピナクル・ナンバー：4】
Third Pinnacle Number : 4

　サード・ピナクルで現れるナンバー4は、あなたにそれまでの人生における努力に対してご褒美をもたらしてくれるだろう。

　ご褒美というのは、もちろん「豊かさ」である。あなたはこの時期、がんばってきたことに見合う報酬を得るだろう。それは生活の安定であり、揺らがない立場であり、安全な生活環境である。あなたはこの時期にいたって、生活の基盤となるものをすべて手に入れるチャンスに恵まれる。貯金が目標額に達し、念願のマイホームを手に入れたり、あるいは、家を建て替えたり。なんらかの大きなローンを抱えていた場合は、円満に解消されていくだろう。

　ステイタスを得る分、義務感や責任感を担うことにはなる。プレッシャーを感じることもあるだろうが、同時に、自分を守ってくれている環境のありがたさも実感するはずである。

　あなたはこの年代においてはまだまだ壮年期である。生活の基盤を得た以上、ここからが本領発揮のとき。現状に甘んじることなく、成長していこうとすることが幸せを維持する秘訣だと覚えておきたい。

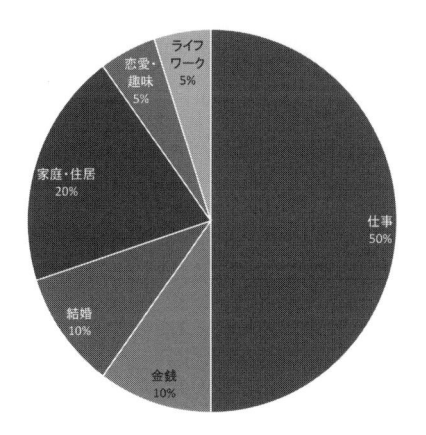

- 仕事 50%
- 家庭・住居 20%
- 結婚 10%
- 金銭 10%
- 恋愛・趣味 5%
- ライフワーク 5%

　実際性を重んじるナンバー4の性質上、仕事の項目が高い数値となっている。地に足のついた生活が実現するということなので、家庭内のコミュニケーションも充実するだろう。ただし、当たり前の努力を怠っていたり、あまりにもリアリティのない夢や理想を抱いてきた場合は、このピナクルで仕事や家庭面の軌道修正を促される場合もある。

【サード・ピナクル・ナンバー：5】
Third Pinnacle Number : 5

　サード・ピナクルで現れるナンバー5は、あなたにもう一度人生に挑戦してみようという意欲を与えてくれる。
　この時期あなたは「青春を取り戻したい」という衝動に駆られる。それまでの年代において、4や6、8といった仕事熱心なナンバーの時代を迎えていたあなたの場合は、なおさらその傾向は顕著だろう。義務や責任を果たすため、やりたかったことを我慢してきた分、ここへきて弾けたい願望を強めていくのである。
　きっかけはほんの些細なことだろう。ふと見た映画やテレビかもしれない。とにかく、はたと思うのである。「わたしは今までなんのために生きてきたのだろう？」と。
　あなたはこの年のころには、家庭を持っていたり、仕事において重要な責務を果たす立場にある可能性は高い。一か八かの賭けに出るにはリスクが大きいと感じるだろう。

　しかし、守りに入るのはお勧めしない。ただ抑え込むだけでは衝動は強まるばかりなのだから。年数などの制限を設けてチャレンジしてみるのもいいのではないだろうか。得るものは必ずあるはずである。

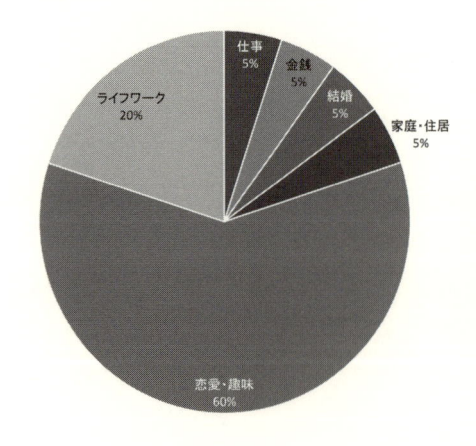

仕事 5%
金銭 5%
結婚 5%
家庭・住居 5%
ライフワーク 20%
恋愛・趣味 60%

恋愛・趣味の項目が最も高い数値となっているが、これは、ほかの項目が不活発であるということを意味してはいない。義務や責任に囚われることなく過ごすことが、このピナクルのテーマであるゆえのこと。仕事において「もう一度一旗あげたい」と思う情熱を抱く人には、ビジネス上でもチャンスはあるだろう。

【サード・ピナクル・ナンバー：6】
Third Pinnacle Number : 6

　サード・ピナクルで現れるナンバー6は、あなたに人のために尽くしたいという心の余裕を与えてくれる。

　この時期あなたは、「人はひとりでは生きていけない」という事実をありありと実感する。人に窮地を助けられたり、人と一緒になにかを成し遂げたりと、人とのつながりから多くの恩恵を受け、慈愛の心に目覚めていくのである。

　若い年代において3や5といった自由度の高いナンバーの時代を迎えていた人は、この時期にいたって初めて、ごく個人的なパートナーシップを求めるようになるかもしれない。すでに所帯を持っている人は改めて相手の存在の大切さを認識し、独身者、離婚経験者は、この年代において生涯のパートナーを得る可能性は高い。「人生を分かち合えるか否か」という意識でパートナー選びをしていくため、揺るぎない相手をつかまえることができるのである。

　一生ひとりで生きていくかもしれない。今はそう思っているあなただとしても、この年代になれば確実に考え方は変わる。ぜひとも幸せな未来を期待していてほしい。

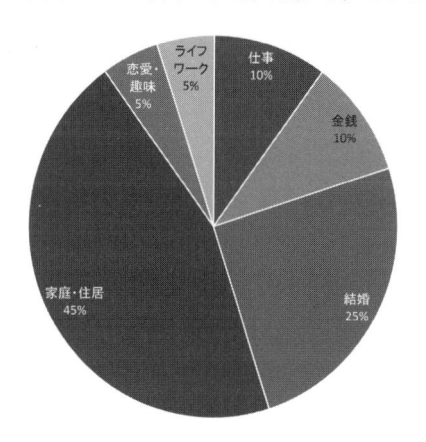

家庭・住居、結婚の項目の数値が高くなっているのは、人とのつながりに関するありがたさを知る時期であるゆえのこと。そのほかの面でも、人と協力し合う姿勢で臨んだなら、あらゆる夢や目標が達成される可能性はある。人の役に立ちたいという気持ちで動くのであればいろいろな恩恵に預かれるだろう。

- 仕事 10%
- 金銭 10%
- 結婚 25%
- 家庭・住居 45%
- 恋愛・趣味 5%
- ライフワーク 5%

【サード・ピナクル・ナンバー：7】
Third Pinnacle Number : 7

　サード・ピナクルで現れるナンバー7は、あなたに魂の進化を遂げるチャンスを与えてくれる。

　この時期あなたは、「仕事や結婚だけが人生ではない」ということを実感し始める。ファースト、セカンドのピナクルにおいて、公私ともども多忙な時期を過ごしていたとするなら、なおさらその傾向は顕著だろう。

　人のためや誰かのために生きること、物欲や愛憎の中で生きることに疲れを感じるのだ。次第に社会の雑踏から身を引こうとするかもしれない。そして、内面生活の充実をはかるべく、探究心に駆られるままに学んだり、自己練磨に励んだりするのである。そうした自己を熟成させる機会を得られるのがこの年代。孤立感はあっても、壮年期の大人としては、自由度の高さからしてもかなり贅沢な環境だと言える。実際に隠れ家的な部屋や別荘を持ったりできる可能性も高い。

　これぞという研究テーマを見つけるまでは、モチベーションの低い時期となりがちではある。けれども、あきらめさえしなければ、あなたは人生における真実の知恵に出遭うだろう。

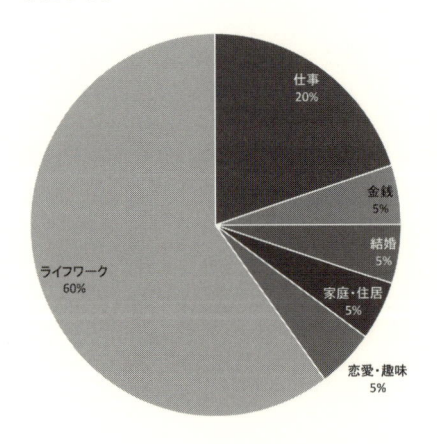

- 仕事 20%
- 金銭 5%
- 結婚 5%
- 家庭・住居 5%
- 恋愛・趣味 5%
- ライフワーク 60%

ナンバー7のピナクルは、内面の充実度がはかられる時期なので、社会とのかかわりは薄い。ライフワークの項目が高い数値となっているが、これは人生をかけて取り組みたいテーマを発見するという意味。また、健康や心の探求もこれには含まれている。研究テーマによっては仕事上で結果を出せる場合もある。

【サード・ピナクル・ナンバー：8】
Third Pinnacle Number : 8

　サード・ピナクルで現れるナンバー8は、あなたに夢や目的を達成するためのパワーを与えてくれる。

　この時期あなたは、人生を歩むうえでの未来ヴィジョンを新たにする。現状に甘んじることなく、常に今より上を目指す。まさに壮年期らしい働き盛りとなるだろう。

　ファースト、セカンドのピナクルにおいて、3や5といった遊び感覚を大事にするナンバーの時代を迎えていたあなたの場合、この年代にいたって初めて、仕事というものに真剣に向き合うことになるかもしれない。

　いずれにしても、サード・ピナクルの8はあなたをやり手のビジネスマンに押し上げる。語った夢や希望はすべて叶えられていくほど、あなたの「機」を引き寄せるパワーはここへきて最大級に達すると言える。仕事に関しては間違いなくここが、人生上一番大きな山場となるだろう。

　あなたはこの年代において、多かれ少なかれ権力を握ることになる。願わくば、力を持つことを恐れずにいたい。恐れを取り払った分だけ、あなたのサクセスのスケールは大きくなるだろう。

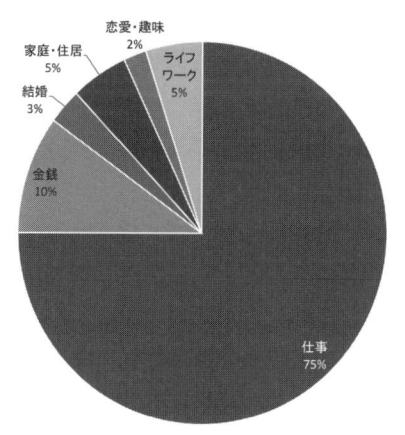

- 恋愛・趣味 2%
- 家庭・住居 5%
- ライフワーク 5%
- 結婚 3%
- 金銭 10%
- 仕事 75%

　仕事の項目が最も高い数値になっているが、それ以外のことが全く振るわないということではない。仕事を引退し、家庭に入っていた場合、新しくやりがいを感じられるライフワーク、趣味を見つける可能性もある。ただし、社会参加することに意欲的になる分、家族関係など、プライベートにかけるエネルギーは減るだろう。

【サード・ピナクル・ナンバー：9】
Third Pinnacle Number : 9

　サード・ピナクルで現れるナンバー9は、あなたにそれまでの人生において、学んだことを統合する機会を与えてくれる。

　この時期あなたは、「今までの人生をひとつの形にしたい」という衝動に駆られる。ただ漫然と生きていくことに、なにか罪の意識のようなものを感じ始めるのだ。生きてきた証を残したい……。そうした思いから、やり残していたことに着手し始めたり、かつて使っていたけれど今はしまいこんでいた知識やスキルを掘り起こしてみたりし始めるのである。

　そうした意識から環境に目を向けていくと、あなたの意欲を駆り立てる問題が数多くあることに気づく。自分ならこうする、といったようにアイディアは次々と浮かんでくるだろう。そうしているうちに、人を教える立場へと導かれたり、なんらかの運動をあなた自身が起こすということもあり得る話である。

　あなたの人生はここでいったん「集大成」される。どんな過去も無駄でなかったことが明らかになるだろう。これからこのピナクルを迎えるあなたは、心して今の日々を大事に送っていきたい。

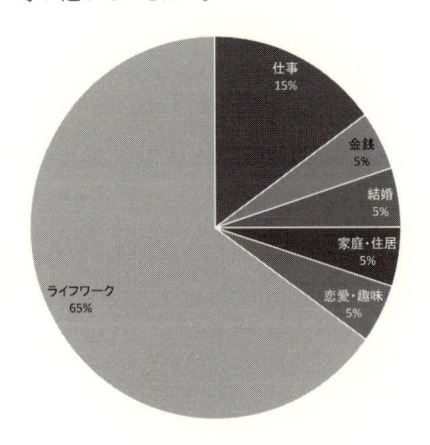

項目	割合
仕事	15%
金銭	5%
結婚	5%
家庭・住居	5%
恋愛・趣味	5%
ライフワーク	65%

　ライフワークの項目が最も高い数値になっているが、これは、人生をかけて取り組みたいテーマを見つけ、それがある程度実現することを意味する。しかしながら、人生上のテーマと仕事とが調和している場合、ビジネスの面でも多くの目的が成就されるだろう。集大成期であるゆえ、あらゆる面で充実度の高い時期となる。

【サード・ピナクル・ナンバー：11】
Third Pinnacle Number : 11

　サード・ピナクルで現れるナンバー11はあなたに、広く人々にメッセージを届ける機会をもたらしてくれる。

　この時期あなたは、多くの意味ある偶然に導かれ、あらゆるチャンスをつかんでいく。あなた自身は、ただ流れに添っていくだけ。それで幸運を手にすることができるのである。

　ナンバー11はメッセンジャーとしての役割をあなたに付与するので、あなたはどうしても隠れてはいられない。それまで培ってきたなんらかの能力によって、脚光を浴びることになるだろう。

　あなた自身は、身近な同胞の幸せをただひたすら願う。それ以上の願望はあまり強く持つことはないだろう。けれども、あなたはこの年代において、人の輪の中へ、人の前面へと押し出されていく。人々を導く人になっていくのである。

　「わたしになにができるのだろう？」と不安になることもあるかもしれない。しかし、謙虚であることは、必ずしも美徳ではない。チャンスがもたらされるのは天から愛されている証である。大いに愛を受け止めていきたい。

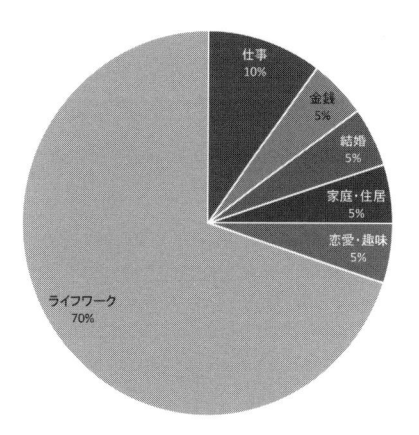

- 仕事 10%
- 金銭 5%
- 結婚 5%
- 家庭・住居 5%
- 恋愛・趣味 5%
- ライフワーク 70%

　仕事ではなく、ライフワークの項目が最も高い数値となっているのは、それだけこのピナクルで成し得ることは幅広いということである。仕事を通してメッセージを伝える場合もあるだろうし、もちろん、趣味やボランティア活動によって、なんらかのテーマを伝えていく立場になる可能性もあるだろう。

【サード・ピナクル・ナンバー：22】
Third Pinnacle Number : 22

　サード・ピナクルで現れるナンバー22はあなたに、かかわるすべての人に実りをもたらすパワーを授けてくれる。

　この時期あなたは、「このままでは終わりたくない、もっと大きなことをしたい」という願望を強めることだろう。そして実際、それを成し遂げることが可能となる。あなたが明確な未来ヴィジョンを持って、主体的に行動を起こしていく限り、あなたは壮大な計画を成功させる可能性は高い。それも、あなたの生活が潤うだけではなく、属している環境、ひいては世界中が実りゆく仕事を成し得るのである。自分にはそんなことができるのか、まるで想像がつかないという人も中にはいるだろう。

　しかし、そんな大げさなことではない。ただあなたは、天啓によって冴えた視点とアイディアをもたらされ、それを無視することなく形にしていけばいいのだから。素直に受け取り、素直に行動する。それ以外になにも必要はないのである。コントロールすることをやめたとき、あなたのもとにこのナンバー22の恩恵は存分に降り注ぐだろう。

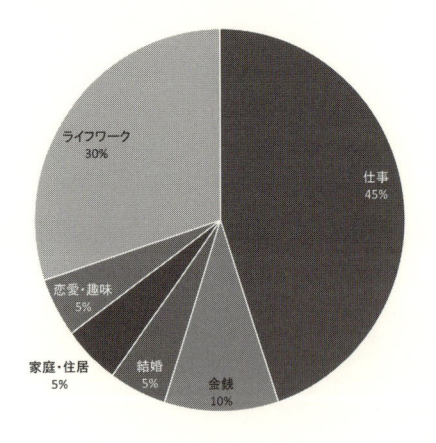

- 仕事 45%
- ライフワーク 30%
- 金銭 10%
- 結婚 5%
- 家庭・住居 5%
- 恋愛・趣味 5%

　仕事、ライフワークの項目が高い数値となっているが、22のピナクルにおいては、このふたつはたいていの場合連動する。ただ単に責任を果たすのではなく、人生をかけて取り組む。そのモチベーションがあらゆる面におけるサクセスの鍵となる。そのほかの面でも、それくらい真摯に向き合っていけばあらゆる目標を達成できるだろう。

[Lesson 8]
フォース・ピナクル・ナンバー
Fourth Pinnacle

【フォース・ピナクル・ナンバー：1】
Fourth Pinnacle Number : 1

　フォース・ピナクルで現れるナンバー1は、あなたに新しいことに挑戦するパワーと自信を授けてくる。

　あなたはこの年代にいたってなお、人生を新たに始めていく。熟年期へと移っていくこの時期にライフスタイルを一変させていくのである。

　これ以前のピナクルにおいて、培ってきたこと、積み重ねてきたことは、ここでいったんクリアにされる。かねてから温めていた計画を実行に移したり、あるいは、この時期に得たインスピレーションによって、新たな道へと導かれる場合もあるだろう。

　仕事をリタイアしてから「いよいよ」ということでスタートさせるか、頃合を見計らって独立起業という形で転身するか。詳細な時期は人それぞれだろうが、いずれにしてもまだまだ落ち着いてしまわない年代であるのは間違いない。望むのであれば、人生で一番エキサイティングなときを過ごすこともできる。人生の黄昏などという言葉は似つかわしくない。さて、あなたはもうひと花咲かせたいと思うだろうか。思うなら自分を奮い立たせていこう。

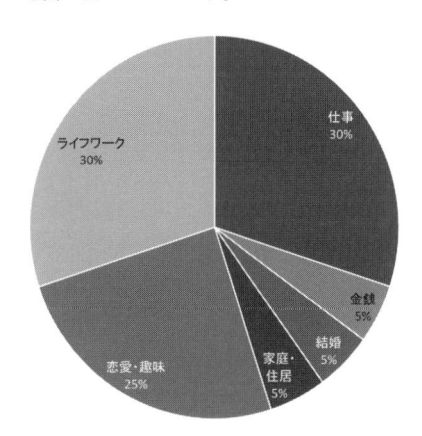

　仕事、ライフワーク、恋愛・趣味の項目が高い数値となっているのは、フォース・ピナクルの場合、人それぞれのライフスタイルによって、興味を向かわせる方向が全く異なるゆえのことである。新しく始めるたいていのことは順調に運ぶだろう。生活が変われば、当然、人間関係も変化する。新しいご縁を得ることであらゆる分野が活性化するだろう。

- 仕事 30%
- ライフワーク 30%
- 恋愛・趣味 25%
- 家庭・住居 5%
- 結婚 5%
- 金銭 5%

【フォース・ピナクル・ナンバー：2】
Fourth Pinnacle Number : 2

　フォース・ピナクルで現れるナンバー2は、あなたにゆったりとした心の余裕を授けてくれる。

　この時期あなたは、あらゆるルール、義務や責任にわずらわされることなく、のんびりと過ごすことを強く望むようになるだろう。若いころからずっと仕事を続けていた場合は、なおさらその傾向は顕著になる。親しい仲間、愛する家族と過ごす時間を大切にして生きよう、という方向に意識は向かう。そして実際に、それが可能となる状況は創られていくはずである。

　人とのつながりの大切さを再認識する時期となるので、それ以前に結婚をしていた人はより一層家族を大事にするようになるだろう。独身者、離婚経験者の場合は、ここへきて生涯のパートナーと巡り会える可能性がある。

　このままの流れに乗っていけば、あなたは愛する者に囲まれながら、年を重ね、豊かな老後を送ることになるだろう。もし今のあなたが孤独な余生を恐れているのなら、それは回避できる。あなたの望む幸せは、あなたがあきらめない限り手に入れることができるだろう。

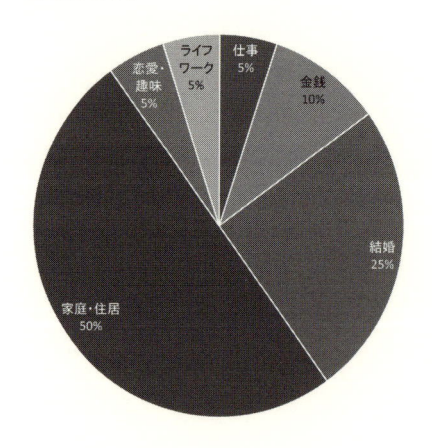

- 仕事 5%
- 金銭 10%
- 結婚 25%
- 家庭・住居 50%
- 恋愛・趣味 5%
- ライフワーク 5%

　家庭・住居に次いで結婚の項目が高い数値となっているが、仕事面がまったく振るわないということではない。しかし、人とのつながりを意識したほうが、なんであれスムーズに運んでいく可能性が高まる時期である。趣味に関しても、ひとりでやるものより、仲間と力を合わせて取り組むものを選ぶと有意義だろう。

【フォース・ピナクル・ナンバー：3】
Fourth Pinnacle Number : 3

　フォース・ピナクルで現れるナンバー3は、あなたに「未来は明るい希望に満ちている」という期待を授けてくれる。

　この年代にいたってあなたは、次第に「自分を表現したい」といった欲求に駆られるようになる。そして、その方法を模索する。仕事、趣味、人間関係……。あらゆることにエネルギーを注いでいくことだろう。そうこうしているうちに、あなたは「これだ」と思うものに出会う。それに対して、かつてないくらいに夢中になり、自分のものとしていくことだろう。

　それ以前のピナクルにおいて、4や6、8などの勤勉なナンバーの時代を迎えていた人は、仕事の楽しさに初めて目覚める場合もある。いかに自分が愛からではなく、義務感から動いていたかに気づかされるのである。

　あなたがこうして本当に好きになれるものを見つけることができるのは、ようやくこの年代になってから、それまで抱えていた不安要素がすべて片づくのも大きな要因のひとつである。

　あなたの未来には多くの夢と希望がある。ぜひ、年を重ねることを楽しんでいきたい。

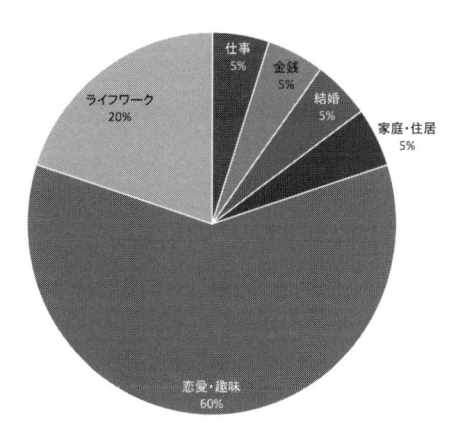

仕事 5%
金銭 5%
結婚 5%
家庭・住居 5%
ライフワーク 20%
恋愛・趣味 60%

　恋愛・趣味、ライフワークの項目の数値が高くなっているが、これは、損得勘定に囚われずに楽しむことが重要であることを示す。よって、そうした姿勢で臨むのであれば、低い数値を示している仕事においても、実りある成果を上げることは可能だろう。恋愛に限らず、友人関係も広がることが期待できる時期である。

【フォース・ピナクル・ナンバー：4】
Fourth Pinnacle Number : 4

　フォース・ピナクルで現れるナンバー4は、あなたに地に足のついたリアルな価値観を与えてくれる。

　この時期あなたは、自分の城を築きたい願望に目覚めるかもしれない。文字どおり、マイホームを持とうとしたり、仕事上で役職についていなかった人は、確固たる地位を得るべく、労働に精を出す場合もあるだろう。フリーランスの立場だったなら、事務所を構えたり、法人化していくことも視野に入れ始める可能性もある。いずれにしても、自分がなに者であるのかを証明できる場所、立場を、この時期あなたは確保していくことになるのだろう。

　もし、責任を担うことを恐れて、こうして城を築くことを後回しにしていると、あなたの経済状況は伸び悩むことは明らかである。倹約生活もナンバー4の時期を過ごすのには、ふさわしいスタンスではあるが、恩恵を最大限に受け取るならば、なにかを成し遂げたい。生きてきた証をここでなんらかの形で残す。そうすることで、あなたは余生を自信を持って生き抜くことができるはずである。

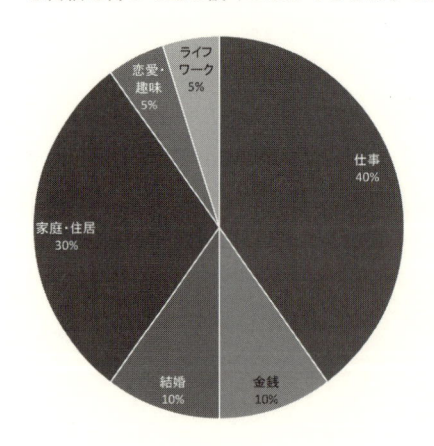

項目	割合
仕事	40%
家庭・住居	30%
結婚	10%
金銭	10%
恋愛・趣味	5%
ライフワーク	5%

仕事に次いで家庭・住居の項目が高い数値となっているのは、生活の基盤が安定するゆえのことである。そのほか、ライフワークや趣味として力を入れてやっていることがある場合、その分野での成果もはっきりと出るだろう。健康、体力も充実しやすいときなので大いにあらゆることに精を出したい時期である。

【フォース・ピナクル・ナンバー：5】
Fourth Pinnacle Number : 5

　フォース・ピナクルで現れるナンバー5は、あなたに自分らしく生きる勇気と開放感を授けてくれる。

　この時期あなたは、自分の殻を破りたい衝動に駆られるだろう。なぜなら、まだ自分は本当の意味で「生きていない」と感じるからである。これ以前のピナクルにおいて、2や6といった控えめな性質のナンバーの時代を迎えていたあなたの場合は、ここへきて意識が転倒する。なぜ、自分はそれほど従順だったのか、なぜ、自分は人の顔色をうかがってきたのか……。人生を振り返り、愕然とする瞬間もあるかもしれない。

　精神的に自立する年齢は人それぞれである。あなたの場合、この年代において本当の意味で自主的な生き方を手に入れることになるだろう。きっかけは、経済的な心配から開放されることも大きな誘引となる。出会いの豊富さも、あなたを意欲的にさせる要素のひとつである。

　あなたはまだまだのんびり落ち着いて隠居してなどいられない。本当のあなたがデビューするかもしれないこのピナクル。大いに愉快に年を重ねていきたい。

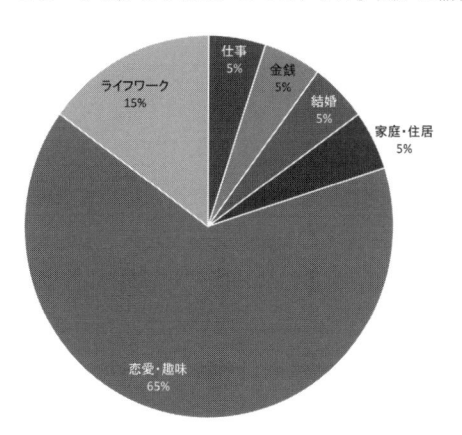

恋愛・趣味の項目が最も高い数値となっているのは、ナンバー5のピナクルが、新鮮な刺激に満ちた時代となるゆえのことである。チャレンジ精神を失わないのなら、ビジネスにおいても大きな飛躍を遂げる可能性は高い。いまだかつてやったことのない体験を求めることで、意欲と健康の増進にもつながる。ライフワークも充実するだろう。

- 仕事 5%
- 金銭 5%
- 結婚 5%
- 家庭・住居 5%
- ライフワーク 15%
- 恋愛・趣味 65%

【フォース・ピナクル・ナンバー：6】
Fourth Pinnacle Number : 6

　フォース・ピナクルで現れるナンバー6は、あなたに人生に対する信頼と慈愛の心を授けてくれる。

　この年代にいたってあなたは、自分よりもまず人を気遣う心の余裕を手に入れる。ごく自然に同胞へとサポートの手を伸ばし、彼らの喜ぶ顔を見ることによってまた、なにかをしてあげたい気持ちになる。そういった好循環があなたの心の中にでき上がるようになる。

　こうしてあなたが安らかな気持ちになれるのは、家族や仲間の支えがあってこそ。信頼できる絆があるから、あなたは人に優しくなれるのである。

　人のために生きる喜びに目覚めたあなたは、地域の活動やボランティアにも精を出すかもしれない。あるいは、これまで培ってきた知識やスキルを活かして、若い世代を導く立場になる可能性もある。いずれにしても、社会とのつながりを保っていくことになるだろう。

　この年代において、あなたは多くの愛を知る。もし今のあなたが孤独感の中にいるのだとしてもたどり着く場所はある。愛ある生活が待っていることを覚えておきたい。

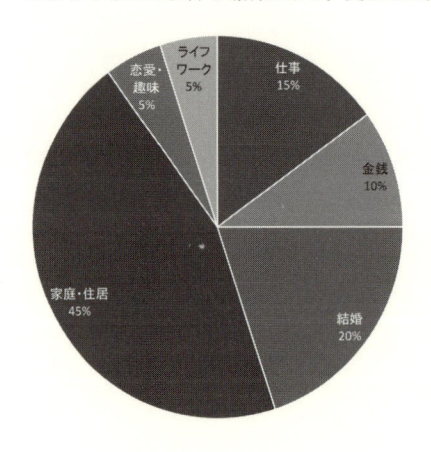

仕事 15%
金銭 10%
結婚 20%
家庭・住居 45%
恋愛・趣味 5%
ライフワーク 5%

　ナンバー6の性質上、家庭・住居の項目が最も高い数値となっているが、これは「人のため、愛するもののため」という意識こそが、あらゆる可能性の具現化につながるという意味である。慈愛の心を持って臨むのなら、仕事はもちろん、恋愛・趣味も実り多い成果を得ることができるだろう。

【フォース・ピナクル・ナンバー：7】
Fourth Pinnacle Number : 7

　フォース・ピナクルで現れるナンバー7は、あなたにスピリチュアルな成長を遂げる機会を与えてくれる。

　この年代に入るとあなたは、次第にひとりでいたいと思うことが多くなるかもしれない。人づき合いがわずらわしいというわけではなく、精神性を深める時間を持つことのほうが、人生の優先事項に思えるからである。

　実際、このころからあなたは、愚痴を言うために同僚と飲み歩いたり、漫然と遊びに出かけたりすることをしなくなるだろう。周囲からは「つき合いが悪い」と言われるのは当然の成り行き。しかし、そうなると見えてくるのが真の絆というものである。あなたの姿勢、あなたの考え方に賛同してくれる仲間も出てくるだろう。この時期、親密になった友人とは、生涯、同志としてあらゆる体験を分かち合い、励まし合っていくことができる関係になれる可能性は高い。

　この年代において、あなたは劇的に魂の進化を遂げるだろう。それは信じた道をひた進み、孤独を恐れず、たゆまぬ自己練磨を続けた者にのみ可能となることである。

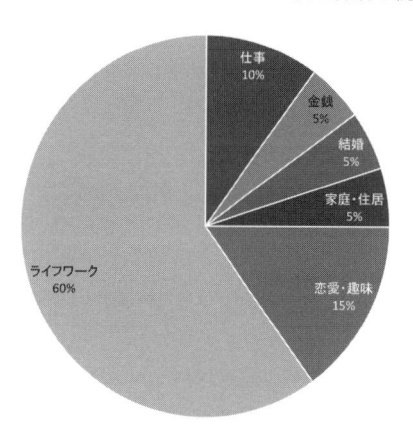

- 仕事 10%
- 金銭 5%
- 結婚 5%
- 家庭・住居 5%
- 恋愛・趣味 15%
- ライフワーク 60%

　ライフワークというのは、文字どおり、人生をかけて取り組みたい課題を示す。このピナクルは精神性の向上がテーマのひとつではあるが、それは必ずしも、修行のような活動を通して成されるわけではない。真摯に向き合う限り、仕事や人間関係、趣味もあらゆる気づきを与えてくれるものとなるだろう。

【フォース・ピナクル・ナンバー：8】
Fourth Pinnacle Number : 8

　フォース・ピナクルで現れるナンバー8は、あなたに不可能を可能にするほどのパワーを授けてくれる。

　この年代に入ってもなお、あなたはまだまだ働き盛り。いやむしろ、このピナクルに入るころから、野心に目覚める場合もある。自分が出したひとつの企画提案がうまくいくなどして、業務そのものが加速し、引退する年齢になっても抜けるに抜けられない、という事態になったりする。あなた自身も辞めたいとは思わないだろうし、周囲もあなたをリタイアさせる気など全くないかもしれない。

　あるいは、続けていた趣味がプロの領域に達するという可能性もある。そして、師範になり、その筋の権威者となっていくという未来もあり得るだろう。

　いずれにしても、あなたはのんびりとした余生などを送ることはできない。なぜなら、あなたはひとつの課題をクリアしても、さらに達成したい目標を見つけるだろうから。今のうちから、知力・体力を蓄えておきたい。あなたの人生において、最もサクセスフルな時期となるはずである。

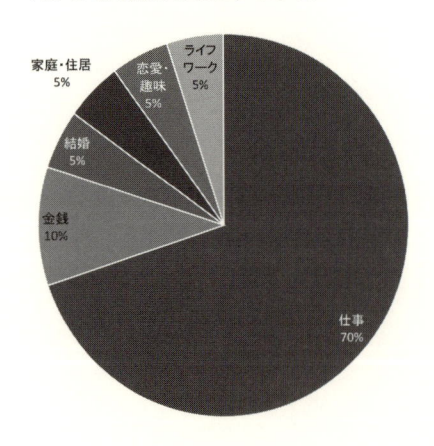

家庭・住居 5%
恋愛・趣味 5%
ライフワーク 5%
結婚 5%
金銭 10%
仕事 70%

　仕事の項目が最も高い数値となっているのは、この時期は「実利」が得られる可能性が高いからである。ライフスタイルによっては、低い数値を示しているライフワーク、趣味が利益を生むようになる場合もある。豊かさを生み出す意識で目の前の物事に向かえば、あらゆる面において具体的な成果を上げられるだろう。

【フォース・ピナクル・ナンバー：9】
Fourth Pinnacle Number : 9

　フォース・ピナクルで現れるナンバー9は、あなたに心身両面の豊かさを授けてくれる。それまで培ってきた経験がすべて集約されていくような、そんな感覚があるかもしれない。

　あなたはこの時期、あらゆる方面からのオファーを受けるかもしれない。実際に誘われる場合もあるし、ふとしたきっかけから、ある分野が気になり始めて自分から傾倒していく、ということもあるだろう。いずれにしても、活動の範囲が広がるのは間違いない。

　そうした体験の中であなたは、自分自身の中に眠っていたあらゆる可能性に気づいていく。学んでおきながら使っていなかった知識やスキルの発揮の場に恵まれたりもするだろう。「ここにたどり着くために自分は生きてきたんだ」とさえ思うほどのエキサイティングな出遭いが待っている可能性もある。

　また、グローバルな視点を得られるのもこのピナクルの特徴である。余生を海外で過ごすということも、望むなら可能であろう。あなたの最後の山場は成就の感覚とともにやってくる。大いに期待したい年代である。

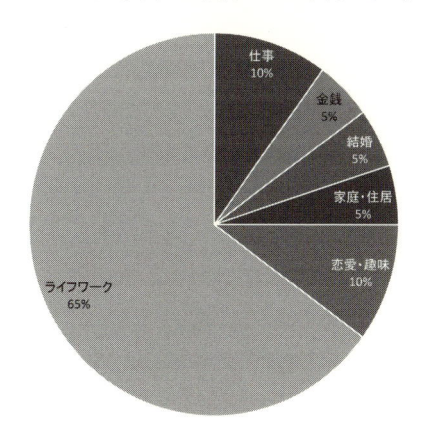

仕事 10%
金銭 5%
結婚 5%
家庭・住居 5%
恋愛・趣味 10%
ライフワーク 65%

　ナンバー9の性質上、このピナクルにおいて達成し得る物事のポテンシャルは多岐にわたる。ライフワークの項目が高い数値を示しているが、これはあらゆる分野からの引きが強まることを示す。仕事を通して活動の幅を広げる場合もあるし、また新たになんらかの事業に参加する可能性も出てくるだろう。

【フォース・ピナクル・ナンバー：11】
Fourth Pinnacle Number : 11

　フォース・ピナクルで現れるナンバー11は、あなたに光り輝く存在感とスピリチュアルな感受性を授けてくれる。

　この時期あなたは、なにかに駆り立てられるように社会とのかかわりを持っていこうとするかもしれない。新しい仕事を始めたり、続けてきた仕事がある場合は、改善案をせっせと出していったり。とにかく、あわただしく活動していくことになるだろう。

　あなたをそうさせるのは天啓である。あなたの身体を借りて、天が仕事を成そうとしているのだと考えたい。ただ単に衝動や閃きのままに行動しているだけでも、あなたは使命を果たすことができる。しかし、天の意向、ひいては世の人々のニーズに同調することを意識して動いたほうが「なんでこれをやるのだろう？」という疑問や迷いがない分、スムーズに物事が運ぶのは間違いない。

　流れに乗っていくことで、あなたは自然と脚光を浴びる立場になっていく。今までの人生で最高に華々しい時期を迎える可能性も高い。結婚、仕事、人間関係……。望むなら、あなたはすべての幸せの要素を得ることができるだろう。天啓を信じる気持ちが重要な鍵となる。

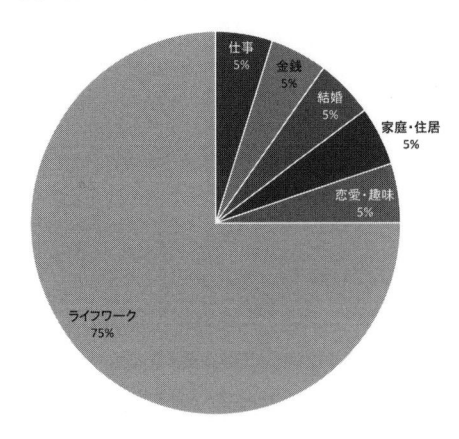

円グラフ：
- ライフワーク 75%
- 仕事 5%
- 金銭 5%
- 結婚 5%
- 家庭・住居 5%
- 恋愛・趣味 5%

ライフワークの項目が高い数値を示しているが、これは、このピナクルにいたってなお人生が充実してくるということを表す。あらゆる理想や夢は叶いやすく、新たに人生をかけて取り組みたいテーマが見つかる可能性もある。美意識、感受性が高まるため、恋愛や趣味など、プライベート面での充実も期待できるだろう。

【フォース・ピナクル・ナンバー：22】
Fourth Pinnacle Number : 22

　フォース・ピナクルで現れるナンバー22はあなたに、壮大なプロジェクトを計画し、実行するパワーとリーダーシップを授けてくれる。

　この年代にいたってもなお、あなたは大きな夢を抱いていく。たとえば、家族や友人がなんらかのトラブルに遭遇する。対処に当たっているうち、それが生じるのは社会のルールそのものに歪みがあるからだとわかる。そんなことから、社会改革というものに興味を持っていくようになることもある。要するに、「身近な人のため」が「世の中の人のため」に発展し、結果として「大きな夢」を持つようになるのだ。

　この時期始めることはあなたが思う以上に大きなスケールのものに成長していく。ゆくゆくはあなたの手を離れていく可能性さえある。独立起業したとするなら、あなたの目が届かないくらい豊かなビジネスになっていくかもしれない。

　どうやら、あなたは隠居させてはもらえない。夢はますます大きくなる一方なのだから。環境への興味を失わないことがモチベーションの維持につながるだろう。

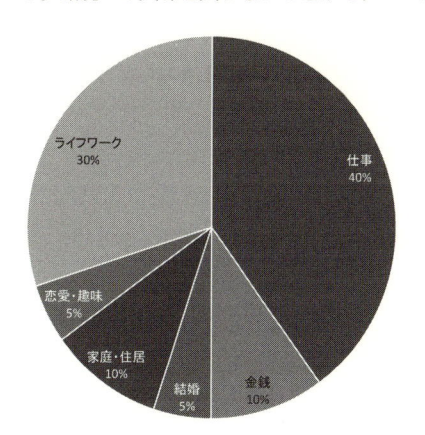

- 仕事 40%
- ライフワーク 30%
- 金銭 10%
- 結婚 5%
- 家庭・住居 10%
- 恋愛・趣味 5%

　仕事の項目が高い数値を示しているが、これは「具体的な結果を出す」という姿勢がこのピナクルにおける重要課題であることを意味している。理想主義に走らず、夢物語で終わらせないこと。その意識を持ってすれば、どんな活動も成就していく可能性は高い。心身の健康の充実にも期待できる時期である。

レッスン 9

チャレンジ・ナンバーズ
―人生の課題を知る―

Lesson_9 Challenge Numbers

　チャレンジ・ナンバーズは、「ファースト・チャレンジ・ナンバー（First Challenge Number）」、「セカンド・チャレンジ・ナンバー（Second Challenge Number）」、「サード・チャレンジ・ナンバー（Third Challenge Number）」、「フォース・チャレンジ・ナンバー（Fourth Challenge Number）」の全部で4つから成る。それぞれのチャレンジ・ナンバーは人生の特定の時期を支配していると考えられている。

　レッスン8で紹介したピナクル・ナンバーズとは時期の区分も全く同様であり、このふたつは言わば表裏一体とも言えるナンバー群である。

　チャレンジ・ナンバーとは、文字どおり「挑戦」のナンバーである。人生の中で人が直面し、克服しなければならない物事を意味している。
　ピナクル・ナンバーがその期間において達成可能な事柄を示すのに対して、このチャレンジ・ナンバーは課題として持ち上がることやトラブルなどを暗示する。

　もしピナクル・ナンバーに現れていることがスムーズに実現されない場合、その背後には、このチャレンジ・ナンバーが示す乗り越えるべき問題が隠されている可能性がある。つまり、このチャレンジ・ナンバーを調べることによって、つまずきの原因が明らかになる。原因がわかれば、当然目的や願いが叶えられるポテンシャルは格段に上がる。人生設計をする際には、大いに有効なヒントとなる情報だろう。

　4つのチャレンジ・ナンバーと各々の時期の導き出し方は次のとおり。それぞれの支配する時期は、ピナクル・ナンバーで導き出したものと同様である。
　もし計算の過程でマスター・ナンバーである11、及び22の数が現れたら、それらは一桁へと還元せずにそのままそれをチャレンジ・ナンバーとする。

ファースト・チャレンジ・ナンバー

First Challenge Number

【ナンバーの導き出し方】
誕生日－誕生月

誕生日から誕生月を引く（大きいほうの数字から小さいほうの数字を引き、二桁以上の場合は一桁になるまで還元）。

【時期の導き出し方】
36－ライフ・パス・ナンバー…①⇒0～①歳

ファースト・チャレンジで導き出されたナンバーが支配するのは0歳から少なくとも27歳、人によっては35歳まで。すなわち、人によってファースト・チャレンジが支配する時期にばらつきがある。その正確な時期は、36からその人のライフ・パス・ナンバーを引くことで導き出される。

たとえば、ライフ・パス・ナンバーが7の人の場合
36－7＝29

すなわち、この人のファースト・チャレンジの支配する時期は0歳から29歳までだということになる。

セカンド・チャレンジ・ナンバー

Second Challenge Number

【ナンバーの導き出し方】
誕生年－誕生日

誕生年から誕生日を引く（二桁以上の場合は一桁になるまで還元）。

【時期の導き出し方】
①＋9…②⇒①～②歳

ファースト・チャレンジの支配する時期の終わりから、さらに9年間がセカンド・チャレンジの時期となる。

先ほどのライフ・パス・ナンバー7の人の例で言えば
29＋9＝38

すなわち、この人のセカンド・チャレンジの支配する時期は29歳から38歳までだということになる。

サード・チャレンジ・ナンバー　　　　　Third Challenge Number

【ナンバーの導き出し方】
セカンド・チャレンジ・ナンバー－ファースト・チャレンジ・ナンバー

セカンド・チャレンジ・ナンバーからファースト・チャレンジ・ナンバーを引く（大きいほうの数字から小さいほうの数字を引き、二桁以上になった場合は一桁に還元）。

【時期の導き出し方】
②＋9…③⇒②〜③歳

セカンド・チャレンジの支配する時期の終わりから、さらに9年間がサード・チャレンジの時期となる。

先ほどのライフ・パス・ナンバー7の人の例で言えば
38＋9＝47

すなわち、この人のサード・チャレンジの支配する時期は38歳から47歳までだということになる。

フォース・チャレンジ・ナンバー　　　　　Fourth Challenge Number

【ナンバーの導き出し方】
誕生月－誕生年

誕生月から誕生年を引く（大きいほうの数字から小さいほうの数字を引き、二桁以上になった場合は一桁に還元）。

【時期の導き出し方】
③以降

サード・チャレンジの支配する時期の終わりから、その先ずっとがフォース・チャレンジの時期となる。

上記のような計算で導き出されたチャレンジ・ナンバーは、場合によっては、その結果の数が0になってしまう場合も出てくる。

チャレンジ・ナンバー0の場合、その人は1から9までの数のチャレンジすべてをすることもできるし、全くチャレンジをしないでいることもできる数だとみなす。そして、そのどちらかを決めるのは本人であり、その人はチャレンジ・フリーで生きることもできる。

[Lesson 9]
ファースト・チャレンジ・ナンバー
First Challenge Number

【ファースト・チャレンジ・ナンバー：1】
First Challenge Number : 1

　あなたがファーストの年代にチャレンジするべき課題は「自立」である。とはいえ、幼少期はもちろん、養育者の庇護のもとで育つわけで、ひとりで生きることを促されることはないだろう。しかし、要所要所で「あなたはどう思う？」「あなたはどちらがいい？」といったように、意見を求められることは、一般的な子どもに比べて多いかもしれない。そこできょとんとしていると、あなたは周囲の影響力に飲まれていく。「この子はおとなしいから」という見方をされ、段々と「あなたはこれでいいでしょ」と、要望を聞いてもらえないままに決めつけられてしまいがちになる。

　あるとき、自分がいかに自分自身で決断するという労を怠ってきたか、ということに気づき始めるだろう。謙虚さは必ずしも美徳ではない。あなたの場合、自分の意見を飲み込むこと、人任せにすることは、むしろ「逃げること」に等しい。ぜひ気づいた時点で発言していきたい。

　本当の自立とは、他者に支えてもらうべく、自分の要望をはっきり言える強さを持つことである。

【ファースト・チャレンジ・ナンバー：2】
First Challenge Number : 2

　あなたがファーストの年代にチャレンジするべき課題は「環境に調和して生きること」である。

　幼い子どもは実に好奇心に忠実である。なにかひとつのものに興味を惹かれてそれに向かっていったとしても、その道すがら、おもしろそうなものを見つけるとそちらに気を取られてしまったりする。当然、人の迷惑など省みない。「もう少し落ち着きなさい」と叱られることなど、数え切れないほどあったかもしれない。

小学生まではそれでいい。しかし、そのまま10代、20代を迎えてしまうと、おそらくあなたはどこかで行き詰まりを感じる。周囲から後れを取っているような気がしてくるのだ。両親や教師などからは、努力の足りなさを幾度となく諭されることだろう。そこで心して姿勢を改めていけば、あなたの目の前の壁は崩れ、緩やかに道は開かれていく。

ひとつのことを続けること、忍耐強く努力すること、そして、その場の空気を読むこと。それらの課題を日々心がけ、意識しなくても自然にできるようになるよう身体に染みこませていきたい。

【ファースト・チャレンジ・ナンバー：3】
First Challenge Number : 3

あなたがファーストの年代にチャレンジするべき課題は「自己表現」である。

あなたはこの期間のどこかで、ありありと気づかされるだろう。自分の表現力のなさ、想像力、アイディア力の足りなさに……。目標は明確で行動力もやる気もある。それなのに創造性が不足していて計画が形にならない。そういった事態に最低一回は遭遇するはずである。幼少期にそれを体験した場合は、あなたはその後の人生、なにかとあきらめがちになってしまうかもしれない。

あなたが今この時代を生きているなら、自分で自分の才能や可能性を制限してはいないか振り返ってみてほしい。「どうせ」という言葉が口ぐせになっていないだろうか。もし気づいたなら、今すぐ動き出そう。文章を書いたり、絵画や楽器をたしなむのもいいだろう。あなたを表現する手段を模索したい。そうすることによってもつれた糸はほどけ、本来の使命や目標をまっとうすることも可能となる。

人からの誘いやオファーはできる限り受けていきたい。そうすれば流れは加速していくだろう。

【ファースト・チャレンジ・ナンバー：4】
First Challenge Number : 4

あなたがファーストの年代にチャレンジするべき課題は「セルフコントロール」であ

る。

　幼少期は誰しもが、養育者から生活全般を守られ管理されている。そうしないと、生命を維持することができないから、子どももしたがうほかない。しかし、守られ過ぎてしまうのも問題で、世話を焼き過ぎる養育者に育てられた子どもは、ときとして自己管理が苦手な子になってしまう。なにかにつけ、見ていてくれる人がいないと怠けるようになる場合がある。

　あなたも幼いころは相当な甘えん坊だったかもしれない。今はどうだろう？　いまだに、朝ひとりで起きるのが苦手だったり、不摂生な生活をしていたり、約束や金銭管理がルーズだったりと、自分でも「直したほうがいい」と思う部分があるのではないだろうか。「それはない」というあなたは、おそらくこの時代、きちんと自分の課題に向き合った人なのだろう。

　自分を管理できずして、人を動かすことなどできない。自分を律することはサクセスと成長には不可欠な要素だと言える。心しておこう。

【ファースト・チャレンジ・ナンバー：5】
First Challenge Number : 5

　あなたがファーストの年代にチャレンジするべき課題は「枠を越えていくこと」である。

　幼少期は誰しもが、悪戯をして身近な大人に叱られた経験を持っているだろう。けれども、学校教育などのおかげで年を重ねるごとに「秩序」を身につけていく。必要に応じて「いい子」を演じることもできるようになるのだ。あなたは特にその傾向が強かったのではないだろうか。優等生的に振る舞ったり、「危ない」ということには手を出さなかったり。場合によっては臆病な子どもに見られていたかもしれない。

　その姿勢のまま大人になっていくと、型にはまった考え方が癖になってしまう。マニュアルを覚えるのは得意だけれど、自分らしい自由な発想を要求されると、途端に口ごもってしまったりするのだ。

　この時期、あなたは自分の殻を破るチャンスに幾度となく恵まれるはずである。そんなときは「できない」と思ってもチャレンジしてみたい。思いのほか、容易くあなたの可能性の扉は開くだろう。枠を広げることで叶う夢も多いはずである。

【ファースト・チャレンジ・ナンバー：6】
First Challenge Number : 6

　あなたがファーストの年代にチャレンジするべき課題は「奉仕と責任」である。
　「奉仕と責任」だなんて、おもしろみのないテーマに思えるかもしれないが、要は「他者のために労を尽くそう」ということ。人の役に立つべくサービス精神を発揮し、必要なら人の面倒を見たり、そして、かかわりを持った人たち、環境に対しての義務と責任を果たしていく。「社会の一員として当たり前の姿勢を身につけていこう」というのがこの課題の意味である。
　この若い世代にこうした課題が掲げられているということはつまり、あなたには、そのお役目が回ってくるということである。甘えたい、人任せにしたい、面倒な仕事を辞めたい、重たい人間関係から逃れたい……。そうした不満が持ち上がることもあるだろうが、そんなときこそ、あえて尽くしてみたい。進んで周囲を喜ばせることにチャレンジしていきたい。

　そうすることであなたは、自分の意識が変われば現実が変わるという事実をまざまざと実感するはずである。夢をつかむ自信もわいてくるだろう。

【ファースト・チャレンジ・ナンバー：7】
First Challenge Number : 7

　あなたがファーストの年代にチャレンジするべき課題は「内なる自己の探求」である。この年代の若者にとっては、7というナンバーは馴染みやすくもあり、相容れない部分も多いだろう。
　7は「内省」というテーマを持つナンバーであるため、あなたに掲げられるこの時期のテーマも、自分を見つめ、自分の内的成長を目指すことなのである。思春期のころは、誰しもが一時期、若さを持て余すときがあるだろう。夢と現実とのギャップに気づき、ニヒリズムに陥ることもあるかもしれない。そこで、自暴自棄になることなく、逃げずに自分をしっかりと見つめていく。わからないことがあれば、書物を紐解いたり、専門家の門を叩くのもいいだろう。人の心を掘り下げていくうち、必ずなんらかの光が見えてくるはずである。

社会に出てからも、ひとりで内省する時間は常に持っていたい。「本当はもっと追求したいのに、とりあえずやるべき仕事をこなす」という大人の妥協に流れていかないこと。それがこの時期、最も心がけていきたいことである。

【ファースト・チャレンジ・ナンバー：8】
First Challenge Number : 8

あなたがファーストの年代にチャレンジするべき課題は「自信と自己アピール能力を磨くこと」である。

あなたが今現在この世代を生きている最中なら納得できるのでは？　もっと自分に自信を持てたら」とか「もっと自分をうまく表現できたら」と常に思っているのではないだろうか。あるいは、常に考えていないまでも自信満々な人を見るとうらやましく感じたり、イラ立ったりすることはあるだろう。

あなたが、そうして堂々としたタイプの人に対して心が動かされるのは、それがあなたのテーマであるゆえのこと。そろそろ本気でチャレンジするべきときがきているというサインだと考えたい。

いずれにしてもこの時期、あなたのもとには自信を試されるような出来事が数多くやってくる。そんなときは逃げずに受け止めたい。「気負う」という言葉はあまり良い意味では使われないが、この時期のあなたには必要な姿勢だろう。奮起して挑む。それでこそ、なりたい自分のスケールへと、自分のサイズを広げていくことが可能となるのである。

【ファースト・チャレンジ・ナンバー：9】
First Challenge Number : 9

あなたがファーストの年代にチャレンジするべき課題は「あらゆるものに対する共感能力を育てること」である。

幅広い世代や世界の人々と共感し合うことができれば、当然、あなたの活躍のフィールドは拡大していく。狭いところにいることは、むしろ許されなくなるだろう。この若いファーストの世代に、わざわざこのナンバー9のテーマが掲げられているということはつまり、あなたは、広く世の中に出ていくことを要求されているのである。9の示す

課題を身につける必要性のある人は、周囲からの期待度も高い。願わくば、「自信がないので」とか「わたしなんてそんな器じゃありませんから」などと、せっかく訪れたチャンスを棒に振ることはしないでほしい。

できるだけ、異なる価値観を持つ人と接していきたい。国と国との境など、あなたなら容易く越えて「共感」という橋を架けられるだろう。「理解し合えなかったら？」という臆病なハートも、一歩踏み出してしまえばすぐに「わかる」だろう。理解は、理解しようとする気持ちから始まると。

【ファースト・チャレンジ・ナンバー：11】
First Challenge Number : 11

あなたがファーストの年代にチャレンジするべき課題は「スピリチュアルな感性を磨くこと」である。ナンバー11はマスターナンバーと呼ばれており、ほかのナンバーと比べて特別に大きな使命を持つナンバーだとされている。この時期あなたは、もし真摯にこのテーマに取り組んでいったなら、「自分はスピリチュアルなメッセンジャーである」という意識に目覚めるだろう。天が送り届けてくれるアイディア、多くのインスピレーションに気づき始めるはずである。

あなたはこの年代のどこかで、自分の努力だけではどうすることもできない問題にぶつかるかもしれない。頭をひねって出てくる策はすべてやってみた……。そんなとき、あなたはどうするだろうか。ともかく、祈るような気持ちになるのではないだろうか。謙虚に天の采配に身を委ねようとするとき、きっとあなたの可能性の扉はまたひとつ開くに違いない。

「Release & Surrender（手放して委ねること）」がスピリチュアルな感性を開く一歩となるだろう。

【ファースト・チャレンジ・ナンバー：22】
First Challenge Number : 22

あなたがファーストの年代にチャレンジするべき課題は「大きな理想の実現」である。

誰だって理想が実現されることを願っている。もちろんこれは、この年のころのあなたにとってだけ必要なテーマではない。重要なのはそこではなく「大きな」という点である。
　幼少期のあなたは、「大きくなったらなにになりたい？」と聞かれたとき、どう答えていただろうか。少なくとも「大富豪になって世界を救う」などと大きく出た人はいないだろう。つたない言葉で、謙虚過ぎるかわいらしい夢を語っていたのではないだろうか。
　それが悪いということではない。夢のサイズに大きいも小さいもないのだから、自分の希望は大切に温めるべきである。しかし、夢のその先を見ていきたい。夢が叶えられた結果、なにをしたいのか。自己満足で終わることなく、身近な人のため、ひいては世の中の人のためになにができるだろうかと考えたい。

　そうすることによって、あなたの抱いている夢の多くは具現化するだろう。それこそ、世界規模へと発展していく可能性も出てくる。

[Lesson 9] セカンド・チャレンジ・ナンバー
Second Challenge Number

【セカンド・チャレンジ・ナンバー：1】
Second Challenge Number : 1

　あなたがセカンドの年代においてチャレンジするべき課題は「自分の人生の指揮者になること」である。
　このテーマが掲げられているということは、この時期あなたは、多くの人に支えてもらえる環境で過ごすということである。そして、なにか重要な決断や選択をしなくてはならない際は、常に助言者がいてくれる。すべて周りの人に任せておけば安心だったりするのかもしれない。「自分はそれほど依存的ではない」と言いたいあなただとしても、人の評価は気になるはずである。今だっておそらく、人一倍、人の期待に応えようとがんばっていることだろう。少しでも人前で色めく自分に思い当たるなら、あなたは判断を他者に委ねていることになる。

　この時期あなたは、属する社会において主導権を渡される場面に度々遭遇するだろう。その際は進んで引き受けていきたい。そうすることで、自分の弱さと向き合うことができる。クリアするべき課題が明確になるだろう。自分が指揮者になることで、人のせいにしない前向きな人生が展開されていくはずだ。

【セカンド・チャレンジ・ナンバー：2】
Second Challenge Number : 2

　あなたがセカンドの年代においてチャレンジするべき課題は「バランス感覚を磨くこと」である。
　この期間は、たいていの人が社会の一員として自分の居場所を見つけつつある時期に入っているだろう。社会にはあなたより目上の人もいれば、年下の人もいる。考え方も異なるあらゆる人がいる。そんな中でうまくやっていこうとすれば、当然、バランス感覚が必要となるだろう。つまり「空気を読む」というセンスである。今、自分はなにを

要求されているのか。それを瞬時にキャッチする能力。願わくばこの時期、それをしっかりと身につけていきたい。

　おそらく、あなたはこの期間、自分の意見が通りにくい状況に長くいることになるかもしれない。けれども、自分の考え方をいったん胸におさめることで気づくこともある。もしかすると、新たな可能性が広がる場合もある。なぜなら、他者やその場の流れに委ねることによって違う視点を手に入れることができるからだ。

　自分の価値観に固執していては、社会人としても人間的にも進歩はない。そのことに気づく時期にもなるだろう。

【セカンド・チャレンジ・ナンバー：3】
Second Challenge Number : 3

　あなたがセカンドの年代においてチャレンジするべき課題は「独自性を磨くこと」である。

　壮年期へと入っていくこの世代、それまで好きなことを好きなようにやっていた人も、ふと「そろそろ落ち着こう」と思い始めるころだろう。日々、義務と責任を果たし、そして今いる場所での出世と昇給をひたすら目指していく……。

　もちろん、仕事に生きることは悪いことではない。ルーティンワークをこなすのも大切なことだろう。しかし、その人生に「あなた」は存在しているだろうか。チャレンジ・ナンバーに3を迎えるこの時期のあなたには、ぜひその点にフォーカスしてもらいたい。そして、要所要所で人生を振り返ってみてほしい。

　あなたらしい生き方や表現方法、自分にしかできない仕事……。そういう意識を持って、目の前の現実に当たっていきたい時期である。もし行き詰まりを感じた際は、迷わず流れを変えていこう。

　新しいことを始めたり、人脈を広げていくといい。保守的な発想を手放したとき、あなたの人生は大きく飛躍し始めるだろう。

【セカンド・チャレンジ・ナンバー：4】
Second Challenge Number : 4

　あなたがセカンドの年代においてチャレンジするべき課題は「責任感を養うこと」である。

　壮年期へと入っていくこの年代、仕事を継続してきた人は、重責を担う立場への昇進も経験するだろう。あなた自身、楽なスタンスで仕事をしていたいとしても、周囲がそれを許してくれなくなるのだ。好きなことを職業とすることができたあなたの場合、その傾向はもっと顕著かもしれない。のびのびとやりたいのにもかかわらず、期限に追われたり、クライアントの厳しい要請に応えなくてはならなかったりして、窮屈な思いをすることもあるだろう。

　自分らしく生きることは大切なことである。しかし、それと義務や責任から逃げることとは違う。あなたのスキルや能力を認め、それに対する報酬をくれる相手に、あなたは相応のお返しをしなくてはならない。それがビジネスであり、需要と供給というものである。そのビジネスの仕組みをしっかりと把握し、自分のものとして安定させることでまた、あなたの未来の可能性は大きく広がっていくだろう。

【セカンド・チャレンジ・ナンバー：5】
Second Challenge Number : 5

　あなたがセカンドの年代においてチャレンジするべき課題は「自由を獲得すること」である。

　壮年期へと入っていくこの年代、仕事をしている人は重責を担うようにもなるだろうし、主婦となった人も子育てに追われたりと、ほとんどの人が相当にあわただしい生活を送っているはずである。そんな時期に「自由」など得られるわけがない、そう思う人もいるかもしれない。

　しかし、本当にそうだろうか、と考えてみたい。あなたは環境のせいにして、チャレンジすることを怠っているのではないだろうか。そもそも今現在、あなたのいる場所は誰のせいでもなく、あなた自身が選んでそこにいる。あなたはあなたの意志で、今の生活を営んでいる。そのことに気づきさえすれば、すぐさまあなたは自由への切符を手にすることができるだろう。なぜなら、自分で選んだその環境を、自分で選び直す自由を

あなたは手にしているのだから。

　得たものを手放すことは自由への道であり、成長するためには不可欠なプロセスであると覚えておきたい。

【セカンド・チャレンジ・ナンバー：6】
Second Challenge Number : 6

　あなたがセカンドの年代においてチャレンジするべき課題は「人を助け、尽くし、養うこと」である。
　早い時期に結婚をした人は、このころに子どもを授かる可能性は高いだろう。あるいは、この年代に入って早々に家庭を持つ人も年齢的には多いはずである。そうなれば、当然、パートナーや家族に対して責任を担う必要が出てくる。おそらくあなたは、まだまだ家庭を最優先にする気にはなれないだろうが、相手や周囲の人々に促されて決意せざるを得なくなるのだ。独身ライフは唐突に幕を閉じることになるだろう。
　あなたはこの期間のどこかで、「わたしの人生これでいいのだろうか」と思うかもしれない。自分のやりたいことを我慢し、貯金をし、嫌なことがあっても耐え、仕事を続け……。そんな日々に疲れを感じたりもするだろう。しかし、あえて人のために生きてみる。

　人に尽くし、養い育てることに労を払ってみるのである。そうすることで、あなたはさらに強くなれる。守るべきものを持つと人は強くなれるという事実に気づくことだろう。

【セカンド・チャレンジ・ナンバー：7】
Second Challenge Number : 7

　あなたがセカンドの年代においてチャレンジするべき課題は「内なる葛藤と向き合うこと」である。
　壮年期に入っていくこの年代は、あらゆることがあわただしく過ぎていくだろう。ひとつひとつの物事を取り上げて、これは自分にとって必要か不必要かなどといったように判断する暇はないかもしれない。ただやりこなす。次々と目の前にやってくる「やら

なくてはならないこと」をクリアすることにエネルギーを費やしがちだろう。

　しかし、魂はそんなことで眠ったりはしない。本来の生きる目的と異なることを長々と続けていれば警鐘を鳴らしてくるはずである。内なる葛藤は無視をすればするほど激しくなるだろう。

　あわただしいときほど、生きる意味を問い直す必要がある。なんのために今、自分はここにこうしているのか。なにを求め、なにを知り、なにを成していきたいのか。ため息をついている自分に気づいたときには、あえて生活をストップさせてでも向き合いたい課題である。思い切った小休止がのちへの多大な栄養源となっていくだろう。

【セカンド・チャレンジ・ナンバー：8】
Second Challenge Number : 8

　あなたのセカンドの年代においてチャレンジするべき課題は「権威ある立場と承認を得ること」である。

　たとえば、ある程度の豊かさを得ている人でも、それとは傍目にわからないことがある。「あの人はどういう人？」といったように、なにを生業としている人なのか、近い環境にいる人でさえ知らなかったりする場合も多いものである。あなたがこの期間において目指したいのは、誰が見ても「あの人は○○をやっている人」とわかる立場。少なくともあなたが属す業界においての認知度は上げたい。

　この期間には、あなたは世に出る機会を多く与えられるだろう。しかし、それを持続させ、さらなる豊かさへと結びつけることができるかどうかはあなたの意志にかかっている。チャンスは与えられども、維持するのはあなたの努力と意図次第なのである。いや、本当のところもっと大切なのは、意地を張らずに与えてもらえる恩恵、人からの助けを受け取ることである。

　人に支えてもらってもいいという心の余裕を持ててこそ、あなたはさらに活躍の場を広げることができるだろう。

【セカンド・チャレンジ・ナンバー：9】
Second Challenge Number : 9

　あなたのセカンドの年代においてチャレンジするべき課題は「ひとつの物事を成熟させ、完成させること」である。

　以前から続けてきたことがあるとするなら、このセカンドに入るころには、かなりのスキルアップが見られるはずである。さらに持続していったなら、当然、その道では熟練の域と呼ばれる境地へと達することも可能だろう。願わくば、そこまでいきたいのがこの時期である。

　とはいえ、ひとつの物事をやり続け、それを完成させるというのは、そう簡単なことではない。仕事にしても、すでに転職を重ねている人も少なくないだろう。今、このテキストを読み進めているあなたも、その実、将来の方向性を考えあぐね、新たな職業を模索している最中だったりするかもしれない。しかし、いずれにしてもこの期間に開始したことは完成させる、ある程度のレベルに達するまでやめない、ということを心がけていきたい。

　少なくとも好きで始めたことは続けていこう。そうすることで、あなたの未来の可能性の幅は大きく広がるはずである。

【セカンド・チャレンジ・ナンバー：11】
Second Challenge Number : 11

　あなたのセカンドの年代においてチャレンジするべき課題は「メッセンジャーとしての立場を獲得すること」である。

　メッセージを伝える立場にある人は、なによりも人々が「耳を傾けたい」と思う存在感を持っていなくてはいけない。願わくばこの時期、あなたにはそうしたメッセンジャーとしての資質を身につけてもらいたい。

　あなたにとってこの期間は、人のことなど気にかけていられないくらいあわただしい時期かもしれない。けれども、そうは言ってもマスター・ナンバーである11をチャレンジ・ナンバーに迎えている以上、あなたはこの期間のどこかで天啓を授かる。仕事を任せられたり、思いもよらないオファーが舞い込んできたり、スピーチや執筆の依頼があったりしたなら、それがそうである。「わたしにはできない」などと言わずに素直に

引き受けていきたい。

　あなたにとって地位と名声は求めてしかるべきものである。それでこそ、あなたのメッセージは人々に届きやすくなる。さらにやりたいことがあるなら、それも可能となるだろう。

【セカンド・チャレンジ・ナンバー：22】
Second Challenge Number : 22

　あなたのセカンドの年代においてチャレンジするべき課題は「壮大な計画を成し遂げること」である。

　このセカンドの時代はまさに「人生これから」という時期ではあるが、実際のところは、結婚をして家庭を持ったり、住居を構えるなどして、堅実な発想へと偏りがちになってくるときでもある。しかし一方で、「新しいことにチャレンジするなら今しかない」という気持ちが生まれてくる時期でもあろう。ファーストのころから夢を追いかけている人は特に、そうした焦燥感は強まるに違いない。

　願望を温め続けてきた人ほど、「やるなら大きく！」「一発逆転！」と勢い込みたいところだろう。ただし、ファーストの年代とは違って、情熱とやる気だけでは乗り切れない。計画性と実力、そして十分な準備が必要不可欠である。しかし、それさえあればあなたは確実に現状を打破できる。

　できるだけ大きな未来絵図を描こう。それがなにより大切なこと。そうすることで、今ある問題点の解決法は容易く見つかったりもするだろう。

[Lesson 9] サード・チャレンジ・ナンバー
Third Challenge Number

【サード・チャレンジ・ナンバー：1】
Third Challenge Number : 1

　あなたのサードの年代においてチャレンジするべき課題は「主導権を握ること」である。
　壮年期から熟年期へと差しかかっていくこの期間、野心を新たにするか、落ち着いて地道な活動を心がけるか、生き方としては大きく二手に分かれていく時期ではある。
　チャレンジ・ナンバーとして1を迎える以上、あなたの場合、絶対的に前者の姿勢を取らざるを得ない。あなた自身は後者を望みたいとしても周囲が落ち着かせてくれないのだ。「なにかやってくれるんじゃないか？」という期待の目であなたを見てくる。「どうしたらいい？」「あなたならどうする？」と。要望や助言を求める声も後を絶たないだろう。

　周囲からの声を愚痴や文句だと受け取ってしまうこともあるかもしれない。けれども、それはあなたのマインド次第。聞きようによっては、賞賛の言葉やリーダーへと押す声にも聞こえるはずである。いずれにしても、人を取りまとめる役割は、チャンスがあれば担ってしかるべき。その後の人生がより実り多いものになるはずである。

【サード・チャレンジ・ナンバー：2】
Third Challenge Number : 2

　あなたのサードの年代においてチャレンジするべき課題は「人を頼ること」である。
　「人を頼ること」が課題だなんて不思議に思う人もいるかもしれないが、自立心が旺盛な人ほど人に任せることをしたがらない。そうしたしっかり者タイプに尋ねると、返ってくるのは決まって「人に任せるより、自分でやったほうが早い」といった答え。結果、しっかり者はひとりで仕事を抱え込むことになる。
　この年代は、誰しもが多かれ少なかれ「なにか」を背負っているだろう。しかし、ひ

とりで抱え込む必要はないはずである。実際、本当に「できる人」は人を使うのがうまい。発展繁栄の条件はここに凝縮されているとも言える。トップに立つ人が自立しているというのは大きな間違いである。多くの人に支えられ、依存しているのがリーダーなのだ。

　自分ひとりでできることでも、ときには人の手を借りてみる。そうすることで、後身を育てることにもつながったりする。この時期は大いに人を頼りたい。人との信頼関係をはぐくむことは人生を豊かにする条件のひとつである。

【サード・チャレンジ・ナンバー：3】
Third Challenge Number : 3

　あなたのサードの年代においてチャレンジするべき課題は「楽天性を身につけること」である。
　セカンドからサードへと移り変わるころ、誰しもが理想と現実の相違をまざまざと突きつけられる経験を一度はするだろう。自分の能力の限界を知り、可能性を制限されたかのような気分に陥ることもあるかもしれない。子育てやパートナーシップの問題、家庭内で深刻なトラブルが浮上する場合もあるだろう。
　そんなときは当然、それらの問題点にあなたの意識は集中する。そして、来る日も来る日も、その一点へとエネルギーを注いでいくことだろう。しかし、ネガティブなポイントに目を向けていくと、あなたのマインドもネガティブに染まっていく。それはあなたの態度や表情、言葉遣いにも反映され、そうなると、円満だったはずの人間関係もおかしくなってきたりするのだ。

　難しい事情も生じがちな年端だからこそ、あえて楽天的な発想を心がけたい。深刻なマインドからは、深刻な現実しか生まれないことにはあなたもすぐに気づくはずである。

【サード・チャレンジ・ナンバー：4】
Third Challenge Number : 4

　あなたのサードの年代においてチャレンジするべき課題は「継続すること」である。

このサードの期間には、子育てが一段落ついてホッと胸をなで下ろす人もいるだろう。ある人は、それまで続けてきたことに限界を感じ、「これが最後のチャンス」と第2の道を模索し始めるかもしれない。人生のターニングポイントであることをチャレンジ・ナンバーに4を迎えるあなたは特に実感するに違いない。

しかし、もし今のあなたがまさにこの世代を生きているのなら、衝動的に動きたくなるそのハートを暴走させるのは、今しばらく待ってほしい。我慢するべきだと言っているのではない。あなたはその現状において、本当にやり残したことはないだろうか。あなたの変わらない愛と助力を必要としている人がいるのではないだろうか。その問いを頭に置きながら、今一度、周囲をぐるりと見つめてみたい。

現状維持とは「変化しないこと」とイコールではない。今の状況を続けながら、自分の内面、スキルや知識を深化させることは可能なのだから。

【サード・チャレンジ・ナンバー：5】
Third Challenge Number : 5

あなたのサードの年代においてチャレンジするべき課題は「古い価値観を手放すこと」である。

このサードの期間に入るころには、誰しもがなんらかの成功体験を持っているだろう。自慢できることのひとつくらいはあるはずである。その喜びが大きければ、当然、その状況を維持したいと思うのが人の心。2匹目のどじょうを狙いにいくこともあるに違いない。しかし、2度3度うまくいくことがあったとしても4度目はない。なぜなら、物事は変化するものなのだから。時が経てば、あなたも変わるし、環境もニーズも変化する。同じやり方が通用しなくなって当然なのである。

状況が動かなくなったときは、即座に変化を加える勇気を持ちたい。なるべくなら、古いやり方はすべてやめて、新しい方法を模索するのが賢明だろう。

この時期は、今まで触れたことのない世界とのつながりも生まれやすいときである。好奇心と保守的な発想が葛藤した場合、前者に加勢したい。冒険心を忘れずにいることは、若さを維持し、可能性を開くことにもつながるだろう。

【サード・チャレンジ・ナンバー：6】
Third Challenge Number : 6

　あなたのサードの年代においてチャレンジするべき課題は「善きサポーターとなること」である。
　壮年期から熟年期へと向かっていくこの期間、仕事を続けていた人は、身体を張ってバリバリ働く立場から、役職につく人も少なくないだろう。家事中心に生活を営んでいる人の場合も、子育てから解放されていき、多少自分の時間を得られるようになるのではないだろうか。
　あなたとしては、まだまだ第一線で活躍したいし、子どもの世話を焼きたいし、好きなことを楽しみたい気持ちもあるかもしれない。せっかく、自分で自分のすることに責任を取ることができる立場になっているのだから、やりたいようにやらせてほしい。そんな願望も強まることだろう。

　しかし、あなたが一歩退き、応援する立場に回ることで、そこには余裕が生まれる。職場では後輩が育ち、家庭内では家族の自立心が養われる。結果として、あなたは多くのギフトを手にするのだ。時間の余裕と感謝の気持ちを捧げてもらえることだろう。余裕を得たいのであれば、自分の欲求や意志を通そうとするばかりではなく、バランスを見て周囲をフォローすることである。

【サード・チャレンジ・ナンバー：7】
Third Challenge Number : 7

　あなたのサードの年代においてチャレンジするべき課題は「ひとりの時間を充実させること」である。
　壮年期から熟年期へと向かっていくこの期間、たいていの人は、ひとりの時間を得ることなど難しい立場になっているだろう。職場に行けば同僚や部下に囲まれているだろうし、家庭には家族がいる。あなた自身もそれで当然だし、その状況に幸せさえ感じるかもしれない。
　しかし、そうして安定した穏やかな暮らしの中にも葛藤は生じる。ふとしたきっかけから、「わたしはなんのために生きているのだろう？」と思い始めたりするのだ。「わたしには家族も仕事もある」と自分に言い聞かせ、浮かんだ疑問を打ち消すも、意識に上

り始めた葛藤はもう存在感を失うことはない。始終、胸の内でくすぶることだろう。

そんなときは、思い切って休暇を取り、ひとり旅にでも出てみよう。あるいは、秘密の領域というものを持つと有意義だろう。ほんの少しでも心を静寂にできる時間と空間を確保することで、あなたの人生はより一層豊かになっていくはずである。

【サード・チャレンジ・ナンバー：8】
Third Challenge Number : 8

あなたのサードの年代においてチャレンジするべきなのは「自分自身」である。自分自身の力の限界に挑戦することがこの時期のテーマである。

壮年期から熟年期へと向かっていくこの年のころには、誰しもがあらゆる体験を重ねている。酸いも甘いも知り尽くし、「人生はこんなものだ」と早々に達観し始める人も中にはいるだろう。そこまで思わないにしても、自分のできること、できないことの見極めは、たいていの人ができているこの年代。無謀な夢を追うことも大き過ぎる目標を掲げることも、もうそれほどしないはずである。

しかし、そこをあえて挑戦したい。あなたの限界はそんなものではないと、チャレンジ・ナンバーの8はこの時期、要所要所であなたに訴えかけてくるだろう。肉体、技能、精神力、美しさやセンス……。どれを取っても、まだまだ磨けば光る。

あきらめずにチャレンジする姿勢は、この時期において何度も必要となる。それを身につけておいたなら、天が降り注いでくれる恩恵も取りこぼすことがないだろう。

【サード・チャレンジ・ナンバー：9】
Third Challenge Number : 9

あなたのサードの年代においてチャレンジするべき課題は「恩返しをすること」である。

持ち前の根性と努力で人生のあらゆる局面を乗り切ってきた、と胸を張る人でも、振り返ってみれば多くの人に助けられていることに気づくだろう。このサードの世代になるころには、自分の経歴が自分ひとりの手腕による功績だと言ってのける人は、そうそういないはずである。

しかし、人間というものは欲張りで、苦労して手に入れたものは勲章のように感じてしまうゆえに、人と分かち合うことをしたがらない場合がある。そう、あなたはこの期間、こうした状態に陥る恐れがあるのである。だから、9という博愛的な性質のナンバーがテーマとして掲げられているのである。

難しいことではない。お世話になった人に感謝をし、ほんの少しあなたが得た手柄を分け与えるだけでいい。できることなら、それまでの人生を総ざらいしてそれをおこないたい。そうすることで、このサードの残りの期間、そして後半生も豊かな人生が続いていくことが約束される。

【サード・チャレンジ・ナンバー：11】
Third Challenge Number : 11

あなたのサードの年代においてチャレンジするべき課題は「他者を導き育てること」である。

といっても、親が子を養育するような意味ではない。11はマスター・ナンバーである以上、あなたはこの時期、マスターとして人々を導かなくてはならない。人に本来の使命を気づかせたり、誤った道を進んでいる人には軌道修正を促したり。他者の成長を助け、向上させることが、この時期のあなたに掲げられているテーマなのである。

あなたにはとても苦手なことかもしれない。あるいは、この期間のあなたは、自分や身の回りの人のために利益を得ることに忙しく、他者の成長などを願う心の余裕はまるでなかったりもするのだろう。

しかし、そんな中でも11の課題に挑戦することはできる。まずは同胞の成長のためにエネルギーを注ごう。その時間と労力を惜しむようでは、あなたの可能性はもうそれ以上には広がらない。他者の発展繁栄のため、あなたの冴えた視点、気づきや知識をシェアしていくことがあなたにとっての豊かさの礎ともなる。

【サード・チャレンジ・ナンバー：22】
Third Challenge Number : 22

　あなたのサードの年代においてチャレンジするべき課題は「理想の世界を形作ること」である。
　この時期を迎えるころには、たいていの人が理想と現実とのギャップについてそれなりの認識を持っているだろう。そして、しっかりと地に足をつけて生きようという意識に目覚めている。ゆえにこの時期は、ともすると夢を見るということを忘れがちになってしまう。まだまだ人生は続くというのにもかかわらず……。
　いずれにせよ、達観するのはまだ早い。それまで生きてきた人生がどれほど世知辛いものであったとしても、今後もそうとは限らない。なぜなら、理想を持つこと、しかも、大きな夢を抱くべきである、とチャレンジ・ナンバーの22はあなたに強く語りかけている。22はマスター・ナンバーである。この時期、あなたはマスターとなって理想を掲げ、同年代や同胞の人々を導くべきなのである。

　損失の大きさを心配するより、成せるはずの未来を信じたい。具体的にプランを動かし始めれば、おのずと仲間や道具も揃ってくるはずである。

[Lesson 9]
フォース・チャレンジ・ナンバー
Fourth Challenge Number

【フォース・チャレンジ・ナンバー：1】
Fourth Challenge Number : 1

　フォースの年代においてあなたがチャレンジするべき課題は「自分の直観力と発想力を信頼すること」である。
　この年のころには、たいていの人が分別を備えていることを世間から期待される。例外なくあなたも、そのひとりとして社会の中で生きていくことだろう。しかし、世の中の多数意見にしたがうのが「大人」ではない。自分で判断することをせずに、風潮や評判が示すことを信じてしまうのは、年を重ねた大人としては、むしろ稚拙な行為だと言えるだろう。
　事を荒立てないように、失敗をしないように、損をしないように……。そんな風に考え始めている自分に気づいたときは、今一度、自分の内面に問いかけたい。あなたの心の声はどう言っているだろうか。あなたは本当はどうしたい？　あなた自身はどうするのが正しいと思う？　その自分自身の感覚こそを大事にしたい。結局のところ、これからの後半生において、窮地を乗り切る鍵となるのは、あなた自身の直観力である。

　とにかく、信じてやってみる。思ったことを表現することで自信と豊かさが積み重ねられていくだろう。

【フォース・チャレンジ・ナンバー：2】
Fourth Challenge Number : 2

　フォースの年代においてあなたがチャレンジするべき課題は「歩み寄りの姿勢を学ぶこと」である。
　あなたがまだこのフォースの年代に達しておらず、だいぶ年齢が若いのだとしたら、この年のころには、自分も性格が穏やかになり、気長になって、落ち着いた生活を送っているだろうと想像しているかもしれない。しかし、あなたの場合はそうはならないだ

ろう。自分のやりたいことをやりたいようにやらせてほしい。そういった願望がいまだあなたの心ではくすぶり、ときとして怒りとともに顔を出してくる可能性がある。自分を打ち出すエネルギーを蓄えているのは素晴らしいことだが、それが不満から発されるようでは、あなたの後半生、幸せとはほど遠くなってしまう。

どちらが正しいか、どちらが適切か。他者や環境との間に葛藤が生じた場合はあなたが歩み寄っていきたい。妥協ではなく、折り合うのである。一方を活かすために一方を打ち消すという選択の仕方は、可能性を狭めることにつながる。柔軟な発想こそがのちの人生を豊かにする鍵となるだろう。

【フォース・チャレンジ・ナンバー：3】
Fourth Challenge Number : 3

フォースの年代においてあなたがチャレンジするべき課題は「才能を開花させること」である。

この年のころには、早々に仕事を引退して、第2の人生を歩もうとする人も少なくないだろう。もちろん、のんびりと過ごすのも悪くはない。あるいは、それまで以上に野心を持って仕事へと情熱を傾けるのもいいだろう。しかし、それがあなたの本当にやりたいことだろうか。あなたの魂は本当に喜んでいるだろうか。常にそう問いかけていきたい時期である。

というのも、この年代にいたって迎えるチャレンジ・ナンバーは3。3は表現の数である。あなたの魂はなにかを表現したがっているはずである。その声に耳を傾けることなくして、生活を営んでいくのは、かゆみを我慢して歩き続けるようなものである。無視を続けたなら、あなたはいつもスッキリしないもやもやした思いを抱えて生きなければならない。「いい年だから」とか「わたしなんて」などと思わず、あらゆることにチャレンジしたい。

あなたの中では、まだまだ多くの才能が見つけてもらうのを待っているのだから。

【フォース・チャレンジ・ナンバー：4】
Fourth Challenge Number : 4

　フォースの年代においてあなたがチャレンジするべき課題は「自分を律すること」である。

　この年代のころには、ずっとバリバリ働いてきたり、波乱万丈な人生を送ってきたりした人は、「余生はのんびりと過ごしたい」と思うかもしれない。

　しかし、幸か不幸か環境はあなたにそれを許してはくれない。仕事で重要な役割を任されたり、もしスムーズに引退できたとしても、新しい引き合いがくる。あなたの「仕事」はまだまだ終わらないのである。

　けれども、実際のところ、忙しい生活を送ることで助かる面もあるはずである。この年代にいたってチャレンジ・ナンバー4のときを迎えるあなたの場合、ゆったりと誰にもわずらわされずに隠居しようと思い始めたら、生活のリズムが途端に保てなくなる。結果、自分の居場所を見失い、体調に変調をきたすことにもつながりかねない。

　義務や責任を担えるということに感謝の念を持ちたい。必要としてくれる環境に恩返しをしていけばいくほど、あなたの後半生は豊かになっていくだろう。

【フォース・チャレンジ・ナンバー：5】
Fourth Challenge Number : 5

　フォースの年代においてあなたがチャレンジするべき課題は「自分を解放すること」である。

　この年代が近づくころには、誰しもが余生をどう過ごすかということを思案し始める。ワクワクした気持ちになったり、あるいは逆に憂鬱になったりもするだろう。願わくば、あなたには前者であってほしい。義務や責任、日常の瑣末なことから逃れて自由になる。そんな日々を楽しみにしたい時期である。

　というのも、この年ごろにいたってナンバー5のチャレンジを要求されているあなたの後半生は、それに素直にしたがうならば、静かで落ち着いたものとはならないはずだから。

　あなたとしては「いつどうなるかわからない世の中だから」という思いもあって、節度のある暮らしを趣向したいかもしれない。しかし、怯える姿勢こそが不健康な現実を

呼ぶのである。どんな制約があろうとなかろうと、あなたは、あなたを生き生きとさせてくれる内なる好奇心と冒険心を抑える必要はない。

　自分を解放させていってこそ、あなたは豊かさと人生への信頼を手に入れることができるだろう。

【フォース・チャレンジ・ナンバー：6】
Fourth Challenge Number : 6

　フォースの年代においてあなたがチャレンジするべき課題は「他者に尽くすこと」である。
　中には「こんな年になってまで、まだ尽くさなくてはならないのか」と思う人もいるかもしれない。しかし、「尽くす」とは「やらなくてはならない」義務とは違う。あなたはきっと、この時期にいたるまで、会社のため、家族のためにいろいろとがんばっていくのだろう。もうそろそろ自分のために生きてもいいころだと考え始めたとしても、当然と言えば当然である。
　しかし、自分のために生きることと、「尽くす」こととは全く別ものではない。同居可能な心構えである。「尽くす」とは慈愛の心のもとでなされて初めて、本当の意味で相手に喜ばれるものとなる。慈愛を捧げる行為は、本人にとっても心地の良いものである。

　心からその人のためになにかしてあげたいという思いから動くことができないのなら、それはむしろやめたほうがいい。そうして、自分が周囲の人に向けている行動のひとつひとつをチェックしてみたい。その中に愛をたくさん見つけ、ゆくゆくはすべてが愛になるよう慈愛の心を育てていくことがあなたの後半生の課題である。

【フォース・チャレンジ・ナンバー：7】
Fourth Challenge Number : 7

　フォースの年代においてあなたがチャレンジするべき課題は「自分自身の内面を磨くこと」である。
　成熟期へと入ってくこの年のころには、第一線でバリバリと仕事をしていた人も、一

歩退き、後進を育てる役割に回る人も少なくないだろう。若いころに比べて、心に余裕が生まれてくるのはどんな立場にいる人でも同じはずである。しかし、あなたの場合、だからといって落ち着く気はさらさらないだろう。もちろん仕事は精力的にこなし、人づき合いも楽しみ、趣味を営んで……と大忙し。ひとりで過ごす時間など皆無かもしれない。

あわただしく余生を送るのもまた豊かなことだろう。しかし、ただ流されていくだけでは、あなたは後半生、不完全燃焼のまま終えていくことになりかねない。

時間の余裕を手に入れることができたなら、可能な限り、ひとりになれる時間を持ちたい。あるいは、自分の内面へと入っていくことができるような趣味を始めるのもいいだろう。陶芸や手芸など、繊細な作業に没入できるものなどは有益である。多くの気づきがあるはずである。

【フォース・チャレンジ・ナンバー：8】
Fourth Challenge Number : 8

フォースの年代においてあなたがチャレンジするべき課題は「大きな資本を築くこと」である。資本というのは文字どおり、金銭のことを意味する。

あなたにとって、財の運用や金銭管理は人生における重要事項ではないと思えるかもしれない。特にこの年代にいたる年のころは、経済面の不安から解消される人も多いだろうし、新たに仕事を始めたりしない限りは、お金に対する執着は薄れがちだろう。

しかし、すべての人に豊かになる権利がある。天の視点から見ると、発展繁栄を求めていくことは「徳」であり、逆に「こんなもんでいいや」と現状に甘んじることは「不徳」。繁栄を望まず、貯金のために貯金をし、生活の安定のために現状を維持することは、利己的な発想だとも言えるのだ。

謙虚に生きてきたあなただからこそ、このフォース以降の後半生はできる限り欲張っていきたい。今日より明日、明日より来年。豊かになっている未来を想像し、価値あるものに投資していこう。それはあなただけではなく、世界全体の豊かさにつながる心構えである。

【フォース・チャレンジ・ナンバー：9】
Fourth Challenge Number : 9

　フォースの年代においてあなたがチャレンジするべき課題は「得たものを明け渡すこと」である。
　この年代にいたるころには、誰しもが多くの体験を積んでいる。喜びや悲しみ、努力をして乗り越えた思い出、大切な仲間や家族……。手放したくないものを、たくさんあなたは抱えていることだろう。
　しかし、荷物を持ち過ぎているのは、第2の人生を始めるのには不適切である。身軽なほうが当然ながら新たなスタートを切りやすい。
　いや、特に新しいことをしないのだとしても、古い荷物をたくさん抱えているのは、物事の成長と進展を滞らせる元凶となり得る。この期間に入ったら、早い内にどこかで身辺整理をおこないたい。デスク、クローゼット、アドレス帳、パソコンのデータボックス……。古いものが積み重なっているところにメスを入れていきたい。もちろん、物だけではなく、人間関係や経歴なども同様である。

　あなたの人生はまだまだこれからである。新しい可能性を招き入れるためには、それが入るスペースを空けておく必要があるのだ。

【フォース・チャレンジ・ナンバー：11】
Fourth Challenge Number : 11

　フォースの年代においてあなたがチャレンジするべき課題は「正義感を発揮していくこと」である。
　「正義感」とは、弱い者を守ることや悪を征することにほかならないが、ここで掲げられているのは、実はもっと大きな課題である。あなたはこの年代において、世界の問題の改良者になることを期待されているのだ。
　社会制度の歪みから生まれた世の弊害や事件、世界的な規模で危険視されている環境問題……などなど。探さずとも、この世には問題が山積みである。その連なる山のような問題に立ち向かうこと。それを命ある限り、ライフワークのひとつと考えて取り組むことができたなら、あなたはマスター・ナンバーの恩恵をたっぷりと受け取ることができるだろう。

あなた自身は、世の中のことなどより、自分が余生をどう生きていくかにだけ興味を持っているかもしれない。けれども、あなたは完全に無視することはできない。知らんぷりするほど、あなたはドライな人ではないはずであるから。生きがいがひとつ増えると考えてみてはいかがだろうか。

【フォース・チャレンジ・ナンバー：22】
Fourth Challenge Number : 22

フォースの年代においてあなたがチャレンジするべき課題は「思いを貫くこと」である。

この年代にいたるころには、たいていの人が、人生を生きる中で最低ひとつくらいは「あきらめる」ということをしているはずである。「時間がない」とか「お金がない」といった理由から、後回しにしていたことも少なくないだろう。中には、やりかけておきながら、10年20年と放置してあるものもあるかもしれない。あなたはそうした夢の残骸にこの時期、今一度向き合うことになるだろう。ふとしたきっかけから、「あのころのようにまっすぐに取り組みたい」と思うのである。

しかし、ずっと昔に抱いた夢を掘り起こすことは、思っている以上に難しい。なぜなら、まずモチベーションが上がらない。「どうせ」という意識が邪魔をするのである。しかし、それでも挑戦する。そうすることで、あなた自身、若さを取り戻せるだけではなく、現在の若い世代ともつながることができる。

思いを貫いているという自信は、後半生を生きるうえで大きな宝物となることだろう。

レッスン10
トランジット・レターズとエッセンス・ナンバー
―物理的・精神的・霊的意識の成長と影響を知る―

Lesson_10 Transit Letters & Essence Number

(1) トランジット・レターズ（Transit Letters）

フィジカル・トランジット
メンタル・トランジット
スピリチュアル・トランジット

　トランジット・レターズには、フィジカル・トランジット（Physical Transit）、メンタル・トランジット（Mental Transit）、スピリチュアル・トランジット（Spiritual Transit）の3種類がある。

　トランジットとは「移り変わり」や「推移」といった意味である。つまりこれは、3つのそれぞれの分野において、その人の意識がどう成長していくか、どのように移り変わっていくのかの情報を与えてくれるナンバーなのである。

　ファースト・ネームからは「フィジカル（物理的）」、セカンド・ネームからは「メンタル（精神的）」、サード・ネームからは「スピリチュアル（霊的）」のトランジット・レターが導き出される。

　たとえば、特定のある時期、フィジカル・トランジットが1で、メンタル・トランジットが2、スピリチュアル・トランジットが3だったとする。その場合、肉体的な面では活発な成長を見せるときであり、精神面では、調和的な人間関係がはぐくまれることによって安心感を得て、霊的な面ではイメージの力が強められていく。このように、このトランジット・レターを見比べることによって、3つの側面の成長や推移のバラン

スを見ることができるのである。「霊的な成長を期待できるのはいつだろう？」といった問いにも答えてくれる。

　なお、セカンド・ネーム（ミドル・ネーム）を持たない人は、ラスト・ネームがメンタルとスピリチュアルの両方のトランジット情報を提供する。ミドル・ネームをひとつ以上持っている人は、ミドル・ネームをひとつの長い名前としてひと続きにする。

　ここでは、レッスン1でも使用した以下の対応表をもとにファースト・ネーム、セカンド・ネーム、サード・ネームをそれぞれ数へと置き換えていく。

1	2	3	4	5	6	7	8	9
A	B	C	D	E	F	G	H	I
J	K	L	M	N	O	P	Q	R
S	T	U	V	W	X	Y	Z	

　では具体的な例をあげて説明しよう。また、巻末のパーソナル・データ・シートを利用するとよりわかりやすくなるだろう。シートは1歳からのトランジット・レターを書き込めるようになっている。

ヤマダタロウの場合
（ファースト・ネーム…TARO　セカンド・ネーム…なし　サード・ネーム…YAMADA）

　まず対応表をもとにファースト・ネームからフィジカル・トランジットを導き出す。
　生まれた年はファースト・ネームの最初の文字となる。文字の数価は、その文字の影響がどれくらいの年数続くかを表す。ファースト・ネームの最初の文字であるTの数価は2。したがって、生まれた年、つまり0歳とそれから2年間は、Tがトランジット・レターとなる。次に、ファースト・ネームの次の文字Aの数価は1である。Aは、最初の文字Tの支配が終わる翌年から1年間のトランジット・レターとなる。
　以下、ファースト・ネームのすべての文字で同様の作業を繰り返す。そしてファースト・ネームの最後の文字Oまで行ったら、再び最初の文字Tに戻って、同様の作業を繰り返す。
　ファースト・ネームが終わったら、サード・ネームでも同じことを繰り返す。
　最初のうちはアルファベットの横に数価も書き込んでおくと、わかりやすいだろう。

西暦	1988				~					1997	1998				~					2007
年齢(歳)	1	2	3	4	5	6	7	8	9	10	11	12	13	14	15	16	17	18	19	20
フィジカル・トランジット	T	T	A	R	R	R	R	R	R	R	R	O	O	O	O	O	O	T	T	T
メンタル・トランジット	Y	Y	Y	Y	Y	Y	A	M	M	M	M	M	A	D	D	D	D	A	Y	Y
スピリチュアル・トランジット	Y	Y	Y	Y	Y	Y	A	M	M	M	M	M	A	D	D	D	D	A	Y	Y
エッセンス・ナンバー																				

(2) エッセンス・ナンバー（Essence Number）

　エッセンス・ナンバーは、フィジカル・レター、メンタル・レター、スピリチュアル・レター、それぞれの数価を加算することで導き出される。

　その意味するところは、文字どおり、3つのトランジット・レターが合わさった結果である。3つの異なるレターがある時期集うことによって、あなたの人生にはどのような影響がもたらされるのか、ということが示されるのである。
　過去に特別な出来事を経験した年齢のナンバーを調べてみると、どんな影響下のもとでそれが生じていたのかが再度認識できるかもしれない。あるいは、現状を把握するのにも役立つことだろう。

　たとえば、ヤマダタロウの1歳のときのフィジカルの数価は2、メンタルの数価は7、スピリチュアルの数価は7である。したがって、1歳のときのエッセンス・ナンバーは2＋7＋7＝16、さらにリデュースして7となる。同様の作業をすべての年齢で計算する。そうすると以下のようなチャートとなる。

西暦	1988				~					1997	1998				~					2007
年齢(歳)	1	2	3	4	5	6	7	8	9	10	11	12	13	14	15	16	17	18	19	20
フィジカル・トランジット	T	T	A	R	R	R	R	R	R	R	R	O	O	O	O	O	O	T	T	T
メンタル・トランジット	Y	Y	Y	Y	Y	Y	A	M	M	M	M	M	A	D	D	D	D	A	Y	Y
スピリチュアル・トランジット	Y	Y	Y	Y	Y	Y	A	M	M	M	M	M	A	D	D	D	D	A	Y	Y
エッセンス・ナンバー	7	7	6	5	5	5	5	11	8	8	8	5	7	5	5	5	5	7	7	8

なお、マスター・ナンバー（11、22）の場合は一桁に還元しない。

[Lesson 10]

フィジカル・トランジット
Physical Transit

Physical Transit 1 Of Transit Letters

1（A、J、S）のトランジットは1年間のみ。ゆえに、この時期のフィジカル面での変化はかなり俊敏なものとなるだろう。たとえば、鍛えたい身体の箇所がある場合、この時期なら、働きかければ即座に好ましい反応が出てくる。トレーニングを開始したり、ダイエットに精を出すのもいいだろう。いずれにしても、身体機能が充実する1年である。

また、瞬発力があるときなので、新しいことを始めるのには好機である。しかも、刺激的なものであるほどいい。負荷をかけるほど、この時期のあなたは成長を遂げ、パワフルに変容していくはずである。守りに入らずにいたい。

Physical Transit 2 Of Transit Letters

2（B、K、T）のトランジットは2年間。この時期、あなたのフィジカル面は、じわりじわりとゆっくり変化していく。「フィジカル」は身体を表わす語ではあるが、同時に、身体を維持するための生活の基盤の意も含んでいる。つまり、この2年間は、生活のベースを整えることも重要なテーマのひとつなのである。

たとえば、このトランジット・レターにいたる前に経済面が不安定だった場合、この2に移行してからは、徐々に豊かになっていく可能性は高い。この時期は、身体を大事に、自らを愛していきたい。そうすることで、心身の豊かさが約束されるだろう。

Physical Transit 3 Of Transit Letters

3（C、L、U）のトランジットは3年間。この時期のあなたのフィジカル面は、軽や

かなパワーで満ちている。「楽天的な物質主義」といった姿勢を取る傾向にあり、ごくシンプルに現世的な喜びや楽しみを堪能できるときだと言えるだろう。流行のファッションアイテムや電気機器をいち早く手に入れたり、評判のスポットに出かけたり。斜に構えることなく、あらゆることに柔軟に興味を示していきたい。軽快なフットワークで世の中を闊歩していくことで、あなたは多くの発見やアイディアを得ることだろう。深みのある体験は少ないが、未来の夢や目標へとつながる気づきも得られるはずである。

Physical Transit 4 Of Transit Letters

4（D、M、V）のトランジットは4年間続く。この時期、フィジカル面の安定感は抜群である。身体的な健康、体力的な面においても浮き沈みが少ないときなので、腰を落ち着けてなにかに取り組むには良い時期だと言える。具体的に行動を起こせば、着々と成果は上がり、しっかりとした手応えも得られるであろう。

ただし、状況を変化させたり、新しいことを始めたい場合は、環境が許してくれず、身動きが取りづらくなることもあるかもしれない。いずれにしても、勢いだけでは結果は出せない。じっくりと抜かりのないよう準備をし、用意周到に計画を進めることが重要である。

Physical Transit 5 Of Transit Letters

5（E、N、W）のトランジットは5年間続く。あなたにとって最もエキサイティングな時期ともなり得るこの5年。身体的にはとてもエネルギッシュに行動できる時期である。身体を動かすことによって、意欲も刺激され、次々と新しい体験を求めたくなる。しまいには、新しいだけではもの足りなくなって、「もっと刺激的なものを」「もっとスリリングなものを」と駆り立てられていくことにもなるかもしれない。

フィジカル面のコンディションとしても、多少過酷な状況にも絶え得るときなので、大いに冒険をしていきたい。肉体的な限界を越えることも可能となるだろう。

Physical Transit 6 Of Transit Letters

フィジカル・トランジットの6（F、O、X）は、あなたに守られた生活をプレゼントしてくれる。生活の不安など一切ない穏やかな日々。それが、この6年間に期待できることである。しかし、「守られている」ということは、同時に、ずっとそこにいるよう要求されることにもつながる。つまり、あなたはこの時期、ひとつの環境に捉えられ続ける可能性があるのだ。

変化を望む場合は、あらゆることが足かせとなるかもしれない。しかし、そこに居続けることによって、あなたは安心して自分のフィジカル面のメンテナンスをおこなうことが可能となる。十分に英気と体力を養うこともできるだろう。

Physical Transit 7 Of Transit Letters

7（G、P、Y）のトランジットは7年間続く。フィジカル・トランジットが7の時期は、身体面のことはとかく軽視される傾向にある。痛みや疲れに鈍感になりやすいため、身体に良くない生活を無意識ながらに続けてしまうこともある。睡眠不足や暴飲暴食、栄養のあるものを摂らずに健康のバランスを崩したりすることもあり得る。頭で考えるより、肉体で感じるということを意識して心がける必要があるだろう。

物質的な面においては、珍しいコレクションを始めたり、なんらかの収集に懲りがちなときである。マニア性によって活躍の場が広がる可能性もある。

Physical Transit 8 Of Transit Letters

8（H、Q、Z）のトランジットは8年間続く。フィジカル・トランジットの8は、あなたに並外れてパワフルなエネルギーを与えてくれる。この時期のあなたの意欲と体力は、尽きることがないと思えるほどの持久力を見せるうえ、周囲に与える影響力も強い。この8年間のあなたは無敵かもしれない。欲しいものがあれば、確実につかんでいくだろう。

しかし、無尽蔵に見えるエネルギーも、実際のところはそうではない。オンとオフを

使い分ける術を学ぶことが、この時期のあなたにとっては重要な課題となるだろう。豊かさは健康な肉体があってこそ。そのことをあなたは十分理解するはずである。

Physical Transit 9 Of Transit Letters

　9（I、R）のトランジットは9年間続く。フィジカル・トランジットの9は、しなやかなパワーを与えてくれる。たとえるなら、良くしなるけれども、決して折れない枝葉のような力。やわらかでありながら力強い、そんなパワーをあなたはこの時期、身につけることができるのだ。当然、なにをするにも持続力があり、柔軟性を手にしている分、行き詰まることはない。失敗はしないばかりか、メリットをつかんでいくことだろう。

　しかし、押しの強さはない分、競い合うような環境では弱さが露呈することもある。幼少の世代に迎える場合は、慎重に属する環境を選んでいきたい。

[Lesson 10]
メンタル・トランジット
Mental Transit

Mental Transit 1 Of Transit Letters

　メンタル・トランジットの1（A、J、S）は、あなたに頭の回転の早さをプレゼントしてくれる。後で振り返ってもこの1年間は、実に頭が冴え、想像力も発想力も豊富だったと思うことだろう。物事の要点を素早く見抜くことができるのが強み。メンタル面では飛躍的に成長し、一皮向ける時期だと言える。物事の考え方、感情の持ち方も、それ以前とは一変するだろう。

　また、物覚えの良いこの時期は、新たな知識を学ぶにも好機である。唯一難があるとするなら、興味の移り変わりが早過ぎて知識を深めることができない点である。飽きっぽさによって信用を失わないよう気をつけたい。

Mental Transit 2 Of Transit Letters

　メンタル・トランジットの2（B、K、T）は、あなたに記憶力と物事の成り行きをうかがう推理力をプレゼントしてくれる。特に家族や仲間など、大切な人にまつわることに関しては、その力は顕著に表れる。意識して把握しようとしたなら、言わなくてもなにを求めているかを察知したり、表情から本音を見抜いたりすることも可能となる。

　しかし、あなたのそのメンタル面の成長は「愛」のもとでしかおこなわれない。この2年間、あなたが学ぶべき最大のものは「愛」。愛によって考え、選び、決断していく。その大切さに気づくだろう。メンタル面では満足感を得やすいときだと言える。

Mental Transit 3 Of Transit Letters

　メンタル・トランジットの3（C、L、U）はあなたに、世の中の潮流を読む俊敏さを

与えてくれる。若い世代で迎えた場合は、流行のファッションで身を包むことに熱心になったり、音楽など、エンターテイメントの世界に強い関心を持つかもしれない。

そして、内なる表現欲求を目覚めさせ、あなた自身もクリエイティブな活動を志すようになる可能性は高いだろう。しかし、3はもともと流動性の高いナンバーであるうえ、この期間が続くのは3年間のみである。深い意義を見いだすことより、物事に執着しないことの大切さを学びたい。変化は成長のためには必然であることを実感するだろう。

Mental Transit 4 Of Transit Letters

メンタル・トランジットの4（D、M、V）は、あなたに強靱な精神力と忍耐力を与えてくれる。この時期あなたは、なんらかの目標を持って、それに向けて努力をすることを学ぶだろう。

良い結果が出せるかどうかより、あなたが関心を向けていくのは、自分の成長のプロセスであろう。昨日より今日、今日より明日……。そうして少しずつできなかったことができるようになっていくことに、喜びを感じるようになっていくのである。その姿勢を維持していく限り、この4年の間にあなたは、なんらかの分野で大きな結果を出せるようになるだろう。自己練磨を怠らない姿勢が重要な鍵となる。

Mental Transit 5 Of Transit Letters

メンタル・トランジットの5（E、N、W）は、あなたに型にはまらない自由な発想力を与えてくれる。この時期に入るとあなたは、自分流儀や独自の価値観、古い考え方から解放される経験をするであろう。新奇な考えも偏見を持たずに受け入れ、前衛的なもの、反体制的なものにも共感を覚えたりする。

この5年間、あなたは多くの世界の人とかかわるだろう。そして、カルチャーショックを度々経験することによって、メンタル的な成長を遂げるのである。自分ひとりでは自分自身の能力や知識の限界を超えられないことを実感することだろう。大いに外の世界と触れ合っていきたい。

Mental Transit 6 Of Transit Letters

　メンタル・トランジットの6（F、O、X）はあなたに、危機を察知するセンスと、それを管理する力を与えてくれる。もしかするとこの時期のあなたは、なにかというと先のことを案じているかもしれない。あんなことやこんなこと……。起こり得るトラブルを想像して、事前に策を練ったりすることも多いだろう。

　かなり疲れる時期のように思うだろうが、そうした心配性も板についてくると能力となる。6年間の後半においては、あなたは一流の危機管理のプロになっているだろう。ただし、恐れからではなく、願わくば、愛によって動きたい。そうすれば、より実り多い時期となるだろう。

Mental Transit 7 Of Transit Letters

　メンタル・トランジットの7（G、P、Y）は、あなたに深い洞察力と研究への熱い気持ちを与えてくれる。この7年間は、なにかと物事を突き詰めて考えていく時期になるだろう。ときとしてひとりで引きこもり、人づき合いなどを一切しないで沈思熟考を続ける期間もあるかもしれない。

　あえて孤独を選ぶこともあるこの時期、本当に自分のやりたいことはなんなのかと自問したり、愛や人生について哲学的に考えてみたりする中、メンタル面でのキャパシティは大きく広がることになる。大いに知りたいことは探求していきたい。この7年の探求はあなたをなんらかのスペシャリストにさせるだろう。

Mental Transit 8 Of Transit Letters

　メンタル・トランジットの8（H、Q、Z）は、あなたに素晴らしい計算力と問題解決能力を与えてくれる。この8年間、あなたは多くの競い合う場面において「勝つ」体験をするだろう。見込みどおりにいくのは当たり前。もしトラブルが生じても、次のプランが用意してあるから大丈夫……。そんな調子で物事を進めることが可能な時期である。

しかし、こうしたすべての計画がうまくいくのは、あなた自身に威厳が備わっていてこそ。まずは知性以上に、内なる自信と意欲を確固たるものとしたい。知力も体力もバランス良く身につけることであなたは、さらなる豊かさを手にできるだろう。

Mental Transit 9 Of Transit Letters

メンタル・トランジットの9（I、R）は、あなたに人々のニーズを理解する共感力を与えてくれる。この9年間、あなたは多くの人をサポートすることになるだろう。なぜなら、ニーズに応えてくれる人材は喜ばれる。最初は狭いテリトリーで活動していても、徐々に評判は広がり、9年のうちの後半に入るころには、あなたの活躍の場は世界各国まで拡大しているかもしれない。

空間的にそこまでは広がらないとしても、メンタル面では飛躍的に成長し、多様な能力を身につけていく。この期間には、できるだけ多くの知識やカルチャーと触れたい。それが成長の糧となるだろう。

[Lesson 10]
スピリチュアル・トランジット
Spiritual Transit

Spiritual Transit 1 Of Transit Letters

スピリチュアル・トランジットの1（A、J、S）は、あなたに直観力の鋭さを与えてくれる。

わたしたちはとかく、閃きや第一印象よりも、実際にリサーチした結果や実証をもとに物事を判断する。けれども、調べた結果、正確な情報を得たとしても、それがどんなエネルギーを持ち、のちにどんな影響力を発揮するのかはわからない。

この1年間のあなたにはそれを見抜くことができる。1という数は、霊性という意味では若いナンバーであるゆえに判断を誤ることはままある。しかし、それでも自分の感性を信じる。自分を信頼することが霊的成長の基本であるため、そこは譲らずに続けていきたい。

Spiritual Transit 2 Of Transit Letters

スピリチュアル・トランジットの2（B、K、T）は、あなたにとても豊かで鋭敏な感受性を与えてくれる。この2年間のあなたは、ちょっと人から苦労話や嬉しいニュースを聞くだけでもらい泣きをしたりなど実に共感能力が高くなっていくだろう。

ただ、ときとして他者の感情と同調し過ぎて辛くなることもある。相手の痛みを自分のことにように感じてしまい、自分までも苦しくなってしまうのだ。この時期の課題は、自分と他者の境界線を見極めることが最大のテーマだと言える。スピリチュアルな視点からすると同情は愛ではない。そのことにあなたはすぐに気づくはずである。

Spiritual Transit 3 Of Transit Letters

スピリチュアル・トランジットの3（C、L、U）は、人を明るい気持ちにさせる存在感と説得力を与えてくれる。この3年間、あなたはなにかと人々にメッセージを伝える役割を担うことが多くなるだろう。そうしているうちに絶妙なトークの術を身につけ、自然と表現力も磨かれていく。しまいには、なんの下原稿もない状態で、インスピレーションが降りてくるままに話をしたり書いたり、なんらかの表現活動をおこなうようにまでなるかもしれない。

大切なのは「人々を楽しませたい」という気持ちである。見ることのできた笑顔の分だけ、あなたのスピリチュアリティは高まっていくだろう。

Spiritual Transit 4 Of Transit Letters

スピリチュアル・トランジットの4（D、M、V）は、あなたにリアリティのある判断力を与えてくれる。4は実際性のナンバーであるゆえに、スピリチュアリティとは結びつかないように考えられがちだが、霊性を高めるのには、地に足をつけて生きることが重要である。なぜなら、肉体あってこそわたしたちは命を維持することができる。身体に感謝できずして、スピリチュアルもなにもないのである。

この4年間、あなたの勘やアイディアは鈍りがちかもしれない。けれども、だからこそ見えてくる宇宙的なつながりもあるだろう。この時期はスピリチュアルな成長の基礎固めの時期だと考えたい。

Spiritual Transit 5 Of Transit Letters

スピリチュアル・トランジットの5（E、N、W）は、あなたに新たな可能性を開く力を与えてくれる。あなたはこの5年間、いくつも制限を越えていくだろう。「こんなもんだろう」という他者の見込み、「それが常識」という通年……。行き詰まるたび、あなたは「大丈夫うまくいく」という内なる声を聴くに違いない。そして、健闘するうちに本当の打開策を見つける。次第にそんなあなたを頼って、多くの人が助言を求めに

くるかもしれない。

　いずれにしても、あなたの言葉や行動は、周りの人に新たな気づきをもたらすはずである。恐れることなく、得たインスピレーションは表現していきたい。

Spiritual Transit 6 Of Transit Letters

　スピリチュアル・トランジットの6（F、O、X）は、あなたに大きな受容性を与えてくれる。この6年間のあなたは、包容力に溢れた温かいキャラクターの人になっていくかもしれない。なぜならこの時期は、それを必要とする環境が常にあなたの周りにあるからである。あなたの愛と力を必要とする人は後を絶たないだろう。ゆえに、あなたはごく自然な流れで霊性を高めるべく、人に尽くすことを学んでいくのだ。

　この6年間の終わりのころには、あなたの霊性は最初のころとは雲泥の差となっているだろう。慈愛と親切心はスピリチュアルな感性を磨くには重要な要素のひとつなのである。

Spiritual Transit 7 Of Transit Letters

　スピリチュアル・トランジットの7（G、P、Y）の時期は、スピリチュアルな事柄への関心が強まるときである。いろいろな角度から調べ探求しようとするだろう。書籍を読んだり瞑想をしたり、啓発的なセミナーに足しげく通うこともあるかもしれない。あるいは、本格的な修行の形でスピリチュアリティを磨くことにエネルギーを注ぐ人も中にはいるだろう。

　この7年間は、急速に魂が深化するときである。対外的な変化は少ないものの、内面的にはあらゆる浄化がおこなわれていくだろう。大いに啓発されるものに触れていきたい。探究心を持ち続けることが霊性を高めることにつながる。

Spiritual Transit 8 Of Transit Letters

　スピリチュアル・トランジットの8（H、Q、Z）は、あなたに優れた予見力と洞察力

を与えてくれる。物事を見抜く鋭さを身につけていくと、望むと望まざるとにかかわらず、人に頼られることが多くなる。次第に、自分より権威ある人までがあなたに一目置くようになったりもするだろう。

願わくばこの時期、あなたに養ってほしいのは、そうして人に頼られる立場になってもひるまないハートである。スピリチュアリティを磨いていくと得られるのがこの境地。人や環境に左右されず、ブレない状態でどっしり構えていられるようになることである。この8年間の終わりのころには、ぜひともその境地を手に入れておきたい。

Spiritual Transit 9 Of Transit Letters

スピリチュアル・トランジットの9（I、R）の時期は、スピリチュアリティが最大限に高まる時期である。

9の期間が始まるころはまだ開花されてはいないだろうが、あなたはこの9年間の要所要所で、重要なインスピレーションを授かるはずである。それを素直に聞き入れ、行動へと移していったなら、あなたはさまざまな人の役に立てるだろう。あるいは、多くの人が必要とするヒット商品を生み出したりもするかもしれない。それくらいこの時期のあなたの発想力は、天啓とつながっているということである。心をクリーンにし、ピュアな心を取り戻すほど、霊性は高まっていくだろう。

[Lesson 10]

エッセンス・ナンバー
Essence Number

One of the 1 Essence Number

　エッセンス・ナンバーとして1が導き出されるこの年は、「スタート」がテーマとなる。あなたはこの年、なんらかのスタートを切るだろう。人生を再スタートさせる記念すべき幕開けの年となるかもしれない。3つのトランジット・レターのいずれかにも1が含まれる場合は、そのトランジットが「スタート」の誘引となるだろう。

　いずれにしても、新規チャレンジへ意欲がわいてくるときであり、環境からも、そうした変化が多く舞い込んでくるはずである。新たな可能性に広く心を開いていたい1年である。自己アピール能力を磨くこともさらなる飛躍の原動力となるだろう。

Two of the 2 Essence Number

　エッセンス・ナンバーとして2が導き出されるこの年は「人間関係と美的感性の育成」がテーマとなる。あなたはこの年、感性を刺激される多くの出会いに恵まれるだろう。そして、それによって愛を学んだり、本当の意味での豊かさを理解したりする。この年、最大の恩恵は、あなたの魅力や才能を引き出してくれる出会いに期待できること。楽しみにしたい1年である。

　出会った人やものにどんな意味があるのかは、3つのトランジット・レターを参照するといいだろう。あなたの中のどの部分がそれを引き寄せたのか、より一層、目の前の現実への理解が深まるはずである。

Three of the 3 Essence Number

　エッセンス・ナンバーとして3が導き出されるこの年は、「表現力と創造性の育成」

がテーマとなる。あなたはこの年、「自分らしさとはなにか」という問いに、改めて向き合うことになるだろう。それまで優等生的な従順さで人生を送ってきた人も、この3というナンバーの影響下では、決まりきった暮らしから抜け出したくなるかもしれない。

　自分はなにをやりたいのか、なにを表現したいのか。そんな疑問が生まれたときは、3つのトランジット・レターを参照したい。なにを主張したいのかが、改めて実感できるはずである。大いに遊び心を持って楽しみたい1年である。

Four of the 4 Essence Number

　エッセンス・ナンバーとして4が導き出されるこの年は「安定」がキーワードとなる。といっても、なにをすれば心や生活が安定するのかは人それぞれ異なる。この時期のあなたに安定をもたらしてくれるものは、3つのトランジットの構成要素を見れば明らかだろう。なにかひとつを優先させるのではなく、すべての面を考慮することであなたの生活は本当の意味で豊かになる。不安定だと感じる場合は、3つの中でなにが不足気味かチェックして補うといいだろう。

　また、この年はあらゆる夢や目標の現実化に期待高まるときである。この年に照準を合わせて計画を進めていくのもいいだろう。

Five of the 5 Essence Number

　エッセンス・ナンバーとして5が導き出されるこの年は「冒険と変化」がキーワードとなる。あなたはこの年、現状から飛び出したい衝動に駆られるかもしれない。あるいは、気づいたら変化している自分に驚くこともあるだろう。できなかったことができるようになったり、やめたくてもやめられなかったことを手放すことができたり。以前は全く関心のなかった分野に突如として目覚める場合もある。その変化の要因は、トランジット・レターの構成要素を見ることで理解できるだろう。

　この年は積極的に新鮮な刺激を求めていきたい。自分の殻を破るチャンスとなるだろう。

Six of the 6 Essence Number

　エッセンス・ナンバーとして6が導き出されるこの年は「義務と奉仕」がテーマとなる。あなたはこの年、多くの責任や課題を請け負うことになるかもしれない。そう聞いて意欲を新たにするあなたは人の役に立つ喜びを知っている人。プレッシャーしか感じない人は「義務と奉仕」の意味を今一度考えてみたい。決してそれは束縛ではない。愛を持っておこなえば親切にもなるし、なにより心地良いはずである。人をサポートすることは、あなたの人徳につながるのだから一挙両得である。

　自分の立ち位置を見失ったときは、3つのトランジットを確認してみるといいだろう。

Seven of the 7 Essence Number

　エッセンス・ナンバーとして7が導き出されるこの年は「再評価」がキーワードとなる。あなたはこの年、あらゆるものを評価し直す体験をするだろう。そしてその結果、大きく価値観をシフトさせることになるかもしれない。魂の成長を促す7というナンバーの力を得られるこの時期、スピリチュアル・トランジットのテーマを意識していくと、より実り多い気づきを得られる1年となるはずである。

　自分の生活において当たり前となっているもの、慣れ親しんでいるものについて、それが本当に自分に必要なものかひとつひとつチェックしていくと発見があるだろう。

Eight of the 8 Essence Number

　エッセンス・ナンバーとして8が導き出されるこの年は「自信と権威」がキーワードとなる。あなたはこの年、揺るぎない力を手に入れる。努力を実らせてなんらかの結果をつかみ、社会人として飛躍的に成長するかもしれない。いずれにしても、自信をつけることによって存在感は大きくなる。なにがそうさせるかは、3つのトランジット・レターを見れば明らかであろう。

　今ひとつ自信を持てないとしたら、いずれかのトランジットの課題がクリアできていないということである。パワフルな成長期となり得るこの1年、目的のために力を尽く

して励んでいきたい。

Nine of the 9 Essence Number

エッセンス・ナンバーとして9が導き出されるこの年は「成就と完成」がキーワードとなる。あなたはこの年、なんらかの物事を成就させ、完了させることになるだろう。さまざまな変化が生じる可能性が高いこの時期、充実感と新鮮さ、達成感に伴うある種の淋しさなど、感じたことのないあらゆる感情体験をするかもしれない。

完成させるべき課題にピンとこない場合は、3つのトランジットのテーマを確認してみよう。その中に必ず今のあなたに必要なメッセージがある。それを意識して取り組むことでエッセンス・ナンバーの9の恩恵を十分につかむことが可能となる。

Eleven of the 11 Essence Number

エッセンス・ナンバーとして11が導き出されるこの年は「スピリチュアルな感性の育成」がテーマとなる。あなたはこの年、多くの気づきを得るだろう。そして、使命感や正義感に目覚め、自分のやるべき「仕事」にエネルギーを集中させていくことになるかもしれない。

マスター・ナンバーである11は、光の数とも呼ばれ、人々に進むべき道を指し示し、明るく照らし出す役割を持つナンバーである。スピリチュアル・トランジットの影響は強く繁栄されるので、そのレター・ナンバーの課題はしっかりと把握しておきたい。そうすることで魂の成長が促されるだろう。

Twenty two of the 22 Essence Number

エッセンス・ナンバーとして22が導き出されるこの年は「理想郷の構築」がキーワードとなる。あなたはこの年、大きな挑戦をすることになるかもしれない。かねてからの目標を後押しする流れがやってくる可能性も高いこの時期は、願わくば小さくまとまってほしくない。夢を語るなら「大きく出過ぎたかな？」と思うくらいでちょうど良

い。言葉にすることで現実化は早まるはずである。

　目指すべき課題が見つからない場合は、3つのトランジットの構成要素の中にヒントが隠されている。「できない」「無理」という言葉を頭から外せば、おのずと進むべき道は発見されるだろう。

レッスン11

チャート解説②
―サイクル・チャートの読み方―

Lesson_11 Sample Reading for Cycle Chart

　ここからは、レッスン5から10までに紹介した未来予測の手法を使って、個人のサイクル・チャートを読み解く練習をしていこう。

【メジャー・サイクル】
サイクル・チャートの読み方Ⅰ
―3つのサイクルから人生の流れを知る―

(1) ライフ・パス・ナンバーをもとに割り振られた一覧表から、それぞれのサイクルの開始時期を確認する。

　1979年10月22日生まれの人の場合、ライフ・パス・ナンバーは4なので、「4と22」の欄を見る。

　　　　ファースト・メジャー・サイクル：0〜32歳
　　　　セカンド・メジャー・サイクル：33〜59歳
　　　　サード・メジャー・サイクル：60歳以降

(2) 誕生月からファースト・メジャー・サイクルのナンバーを導き出す。

　10月生まれの場合、1と0を足して1。ファースト・メジャー・サイクル・ナンバーは1となる。

(3) 生まれた日からセカンド・メジャー・サイクルのナンバーを導き出す。

　22日生まれの場合は、そのまま22がセカンド・メジャー・サイクル・ナンバーになる。

(4) 生まれ年からサード・メジャー・サイクルのナンバーを導き出す。

$$1+9+7+9=26$$
$$2+6=8$$

(5) 全体の流れをつかむ。

【メジャー・サイクル】---Major Cycle

ライフ・パス・ナンバー ……………………………………………… 4

該当するライフ・パス・ナンバーの欄を参照、該当する各期間を割り出す。

ライフ・パス・ナンバー	ファースト・サイクル (時期／歳)	セカンド・サイクル (時期／歳)	サード・サイクル (時期／歳)
1	0 − 26	27 − 53	54 以降
2 と 11	0 − 25	26 − 52	53 以降
3	0 − 33	34 − 60	61 以降
4 と 22	0 − 32	33 − 59	60 以降
5	0 − 31	32 − 58	59 以降
6	0 − 30	31 − 57	58 以降
7	0 − 29	30 − 56	57 以降
8	0 − 28	29 − 54	55 以降
9	0 − 27	28 − 54	55 以降

ファースト・サイクル
時期　0 ～ 32 歳
誕生月　1
（11月生まれ以外は一桁に）

セカンド・サイクル
時期　33 ～ 59 歳
誕生日　22
（11日と22日以外は一桁に）

サード・サイクル
時期　60 歳以降
誕生年　8

パーソナル・データ・シート

Modern Numerology Personal Data Sheet

西暦	1980						2010					~		2039						
年齢(歳)	1	2	3	4	5	30	31	32	33	34	35	36	57	58	59	60	61	62	63	99	100
メジャー・サイクル	1	1	1	1			1	1	22	22	22			22	22	8	8	8			8
エッセンス・ナンバー																					

この人物の場合、ファースト・メジャー・サイクルの0〜32歳はナンバー1、セカンド・メジャー・サイクルの33〜59歳はナンバー22、サード・メジャー・サイクルの60歳以降はナンバー8が支配する。

幼年期から青年期は、主体性や独立を意味するナンバー1、青年期から生産期はマスター・ナンバーである22、成熟期にいたると権力や野心を意味するナンバー8となる。この流れを鑑みるだけでも、この人物が年を重ねてもなお生きがいを持って社会に参加し、エネルギッシュに活躍し、成長していくさまが見てとれるだろう。

各時期の詳しい解説は本文を参照していただきたい。

【パーソナル・ナンバーとユニヴァーサル・ナンバー】
サイクル・チャートの読み方 II
—年・月・日のテーマを知る—

1979年10月22日生まれの人の場合。

ある特定の年のテーマを知る
(1) パーソナル・イヤー・ナンバーを調べる。

たとえば、2010年のテーマを知るには、誕生月と誕生日を足し算し、そこに2010を加算する。その合計を一桁に還元した数が、パーソナル・イヤー・ナンバーとなる。

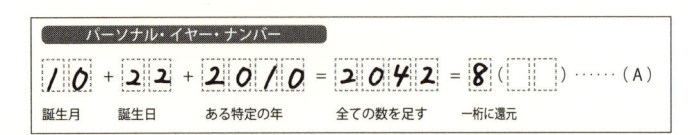

パーソナル・イヤー・ナンバー

10 + 22 + 2010 = 2042 = 8 (□) …… (A)

誕生月　誕生日　ある特定の年　全ての数を足す　一桁に還元

この人物の2010年のテーマ・ナンバーは8。8は、野心や権威、物質的な満足感などを表すナンバーである。

　2010年が8だということは、その前年は内省のナンバー7の年。よって、そのことからも2010年は、この人物にとって内に溜めて熟成させたエネルギーを広げていくとき。自分の力の及ぶ範囲を張り広げていく年となるだろう。

(2) ユニヴァーサル・イヤー・ナンバーを調べる。

　2010年のテーマ・ナンバーは、その数字をすべて加算することで導き出される（合計が二桁の場合は一桁に還元する）。

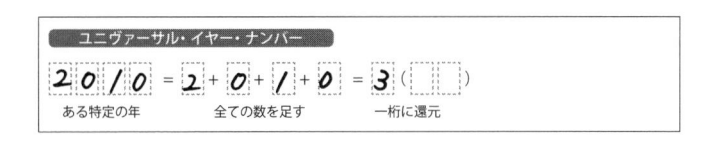

```
┌─ ユニヴァーサル・イヤー・ナンバー ──────────────┐
│  2 0 1 0  =  2 + 0 + 1 + 0  =  3  (     )      │
│  ある特定の年    全ての数を足す      一桁に還元       │
└──────────────────────────────┘
```

　パーソナル・イヤー・ナンバーがその個人のテーマを示すのに対して、ユニヴァーサル・イヤー・ナンバーは、個人のレベルを超えたレッスンを表す。ユニヴァーサル（普遍的、あるいは全宇宙）という語からもわかるように、全体としての宇宙が、ある特定の年になにが必要とされているのかを示すナンバーである。

　もちろん、個人のテーマと宇宙的なテーマを全く別のものとして考えても、一向に問題はない。けれども、個人の目的が宇宙の意向に叶っていれば、当然、それは成就しやすくなる。世の中の流れに添うことができるのだから。

　ある特定の年をどう過ごすか、その計画を立てる際には、ぜひとも自分のテーマだけではなく、広く掲げられているユニヴァーサルな課題も考慮していきたい。

　この人物の場合、パーソナル・イヤー・ナンバーが8で、ユニヴァーサル・イヤー・ナンバーが3となる。

　3の年のテーマは「創造」。前年までに築いた土台のうえに、新しい試みを成していくことが課題となる。この年は、世の中が軽やかに新たなものを生み出そうという意欲に満ちてくる。多様性、知識の豊富さが重要視されるムードが漂う年である。

　この人物がナンバー8の課題を成就させるには、8が示すストイックさ、重厚さや物

質主義的な力強さだけではなく、楽天的なスタンスも取り入れていく必要があるだろう。意欲や意志、姿勢の面では8のパワーを意識し、表現する場合にはナンバー3の軽快さを心がけるとなにかとスムーズに運んでいくことだろう。

　また、こんな使い方もある。入学、独立起業、就職や転職など、なにか新しいことを始めたい際には、パーソナル・イヤー・ナンバーが1の年に照準を定めると、のちの計画が立てやすいうえ、物事が順調に運んでいく可能性が高くなる。どのように始めるか、どのような表現方法を選んだらいいかはユニヴァーサル・イヤー・ナンバーを考慮したい。そうすれば、さらにプランの遂行は順風満帆となっていくことだろう。
　この人物の場合、2012年がパーソナル・イヤー・ナンバーが1の年。一方、ユニヴァーサル・イヤー・ナンバーは5となる。1と5は、双方ともチャレンジ精神旺盛なアクティブなナンバーであるゆえに、やろうとすることと期待されることにも矛盾は少ない。大いなる発展期となり得る年だと言える。

(3) メジャー・サイクルと照らし合わせてみる。

西暦	1980〜					〜			2010	〜						2019	
年齢(歳)	1	2	3	4	5	28	29	30	31	32	33	34	35	36	37	38	39	40	41
メジャー・サイクル	1	1	1	1	1		1	1	1	1	22	22	22	22	22	22	22	22
パーソナル・イヤー・ナンバー	5	6	7	8	9				8	9	1	2	3	4	5	6	7	8
ユニヴァーサル・イヤー・ナンバー	9	1	2	3	4				3	4	5	6	7	8	9	1	2	3

　たとえば、2010年には、この人物は31歳となる。31歳という年齢は、「サイクル・チャートの読み方Ⅰ」で提示したように、ファースト・メジャー・サイクルの最後のほうに位置していることがわかる。つまり、2010年から翌年にかけて、この人物はファースト・メジャー・サイクルの集大成期を迎えるということである。

　　　　　　　　ファースト・メジャー・サイクル・ナンバー：1
　　　　　　　　パーソナル・イヤー・ナンバー：8

ユニヴァーサル・イヤー・ナンバー：3

ナンバー1と8との共通点は、独立性やエネルギッシュであること、行動力や決断力などに関しても相通ずる部分がある。この人物の意識としては、なにかを成さずにはいられない、そんな意欲が内面に満ちてくるときだと言える。そのパワフルなアクティビティをユニヴァーサル・イヤー・ナンバーの3が後押し。3は創造性や表現力を示すナンバーであるゆえに、彼の2010年という年は、大きく動く年になることは間違いないだろう。

もちろん、意図して行動したなら、大きく現状打破し、ナンバー8の象意である成功や物質的豊かさも手にすることが可能となるはずである。

ある特定の月のテーマを知る
(1) パーソナル・マンス・ナンバーを調べる。

たとえば、2010年10月のテーマを知るには、まず2010年のパーソナル・イヤー・ナンバーを導き出す。そのナンバーと月の数を加算し、合計を一桁に還元する。

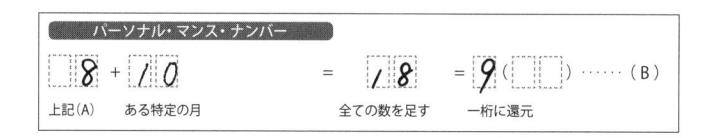

パーソナル・マンス・ナンバー				
8 +	10	= 18	= 9 ( )	……(B)
上記(A)	ある特定の月	全ての数を足す	一桁に還元	

この人物の2010年10月のテーマ・ナンバーは9。9は、完成や変容、寛容さを表すナンバーである。9は、数秘術で扱うナンバーのうち一番大きな最後の数。よって、この月はそれまでに進めてきた物事を完成させるにはふさわしい月。また、上りつめた地点から見下ろすかのような、客観性や広い視野を心がけることが重要なテーマとなる。

(2) ユニヴァーサル・マンス・ナンバーを調べる。

2010年10月のテーマ・ナンバーは、2010と10をすべて加算することで導き出される（合計が二桁以上の場合は一桁に還元する）。

```
┌─ ユニヴァーサル・マンス・ナンバー ──────────────────────────┐
│  2 0 1 0  +  1 0  =  2 + 0 + 1 + 0 + 1 + 0  =  4 (     ) │
│  ある特定の年  ある特定の月   全ての数を足す        一桁に還元  │
└────────────────────────────────────────────────┘
```

イヤー・ナンバー同様、パーソナル・マンス・ナンバーが個人の月間テーマを示すのに対して、ユニヴァーサル・マンス・ナンバーは、個人のレベルを超えたその月のレッスンを表す。

この人物の場合、2010年10月のパーソナル・マンス・ナンバーは9。一方、ユニヴァーサル・マンス・ナンバーは4となる。

ユニヴァーサル・マンス・ナンバーが4の月は、世の中全般に具体性や建設的な計画性が望まれるとき。「なんとなく」という進め方、姿勢は、容赦なく非難を受けることになるだろう。外面だけではなく、内実も整えることが肝要となる。実力の有無が厳しく取りざたされる傾向にある。

パーソナルな意識としては、進行中の物事を終結させたり、次の段階へ進む準備をしたりという方向へと向かうこの時期、ユニヴァーサルな氣の流れを考慮に入れるなら、クオリティを充実させることを重要視するべきだろう。最後まで手を抜かず、練りに練って仕上げていく。次なるステージへと向かう準備も同時におこなうのであれば、頭の中だけではなく、また、口先だけではなく、具体的に道具をそろえていくことが、実り多いナンバー9の月を過ごす条件だと言える。

ある特定の日のテーマを知る

(1) パーソナル・デイ・ナンバーを調べる。

たとえば、2010年10月29日のテーマを知るには、まず、パーソナル・イヤー・ナンバーと月の数を足し、パーソナル・マンス・ナンバーを導き出す。それに日の数を加算した数がパーソナル・デイ・ナンバーとなる。

```
┌─ パーソナル・デイ・ナンバー ─────────────────────────┐
│   9  +  2 9   =   3 8   =  2 (     )           │
│  上記(B)  ある特定の日   全ての数を足す  一桁に還元      │
└────────────────────────────────────────────┘
```

この人物の2010年10月29日のテーマ・ナンバーは2。2は、調和や受容性、対人

関係や共同作業などの意味を持つナンバーである。なにごとも独力でやるのではなく、人と協力しておこなえばこそ功を奏する日だと言えるだろう。

(2) ユニヴァーサル・デイ・ナンバーを調べる。

2010年10月29日のテーマ・ナンバーは、すべてのナンバーを加算することで導き出される。

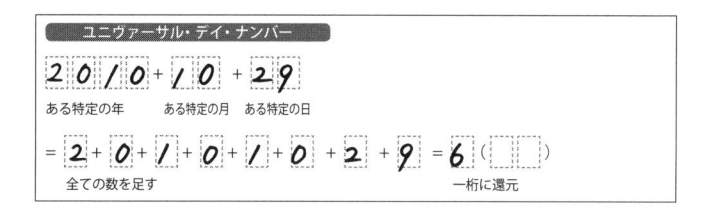

```
ユニヴァーサル・デイ・ナンバー
2010 + 10 + 29
ある特定の年  ある特定の月  ある特定の日
= 2+0+1+0+1+0+2+9 = 6 (   )
全ての数を足す              一桁に還元
```

イヤー・ナンバーやマンス・ナンバーと同様、パーソナル・デイ・ナンバーが個人の一日のテーマを示すのに対して、ユニヴァーサル・デイ・ナンバーは、個人のレベルを超えたその日のレッスンを表す。

この人物の場合、2010年10月29日のパーソナル・デイ・ナンバーは2。一方、ユニヴァーサル・デイ・ナンバー6となる。

ユニヴァーサル・デイ・ナンバーの6の日は「育成」がテーマ。養育したり、鍛えたり、練磨したり。そうした行為に期待と賞賛が集まりやすい日である。また、6というナンバーには、バランスを取るという意味が含まれている。その点で、パーソナルなテーマとは馴染みやすい。人間関係のハーモニー、他者や環境とのバランスがこの日の課題となり、意識してフォーカスすることで、その分野からの恩恵に授かることができるだろう。

＊もちろん、ユニヴァーサル・ナンバーは、世の中に生じ得る出来事、潮流を推測するのに役立つツールともなる。世界情勢を探るヒントにもなるだろう。

【ピナクル・ナンバーズとチャレンジ・ナンバーズ】
サイクル・チャートの読み方 III
― 目的達成と成功のポテンシャル、時期を探る ―

1979年10月22日生まれの人の場合。

(1) 4つのピナクルの時期を導き出す。

【ファースト・ピナクル】

生まれてから27歳まで、人によっては35歳までの期間がそれに当たる。その時期は、36からその人のライフ・パス・ナンバーを差し引いた数によって特定される。

> ファースト・ピナクルの支配する時期:【0歳〜(a)歳】
> $36 - 4$（ライフ・パス・ナンバー）$= 32$歳 ……………(a)

0歳から32歳までがこの人物のファースト・ピナクルとなる。

【セカンド・ピナクル】

ファースト・ピナクル以降、9年間がセカンド・ピナクルの時期となる。

> セカンド・ピナクルの支配する時期:【(a)+1歳〜(b)歳】
> $9 + {}_{(a)}32 = 41$歳 ………………………………(b)

33歳から41歳までがこの人物のセカンド・ピナクルとなる。

【サード・ピナクル】

セカンド・ピナクル以降、9年間がサード・ピナクルの時期となる。

> サード・ピナクルの支配する時期:【(b)+1歳〜(c)歳】
> $9 + {}_{(b)}41 = 50$歳 ………………………………(c)

42歳から50歳までがこの人物のサード・ピナクルとなる。

【フォース・ピナクル】
サード・ピナクル以降ずっとがフォース・ピナクルの時期となる。

(2) それぞれのピナクル・ナンバーを導き出す。
【ファースト・ピナクル】
誕生月と誕生日を加算した合計がファースト・ピナクル・ナンバーとなる。

```
ファースト・ピナクル・ナンバー
 10  +  22  =  32  =  5 (   ) ……………（a'）
誕生月  誕生日  全ての数を足す  一桁に還元（11と22の場合はそのまま）
```

【セカンド・ピナクル】
誕生年と誕生日を加算した合計がセカンド・ピナクル・ナンバーとなる。

```
セカンド・ピナクル・ナンバー
 1979  +  22  =  2001  =  3 (   ) ……………（b'）
誕生年  誕生日  全ての数を足す  一桁に還元（11と22の場合はそのまま）
```

【サード・ピナクル】
　ファースト・ピナクル・ナンバーとセカンド・ピナクル・ナンバーを加算した合計が、サード・ピナクルナンバーとなる。

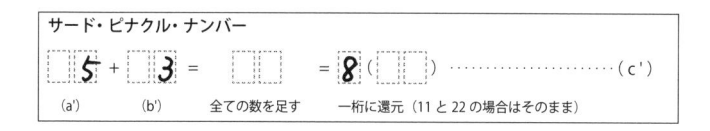

```
サード・ピナクル・ナンバー
 5  +  3  =     =  8 (   ) ……………（c'）
(a')   (b')  全ての数を足す  一桁に還元（11と22の場合はそのまま）
```

【フォース・ピナクル】
誕生年と誕生月を加算した合計がフォース・ピナクル・ナンバーとなる。

```
フォース・ピナクル・ナンバー
 1979  +  10  =  1989  =  9 (   )
誕生年  誕生月  全ての数を足す  一桁に還元（11と22の場合はそのまま）
```

(3) 全体の流れをつかむ。

パーソナル・データ・シート　Modern Numerology Personal Data Sheet

西　暦	1980					2010	～			2019	2020	～			2029	2030～2039			
年　齢(歳)	1	2	3	4	30	31	32	33	34	35	39	40	41	42	43	44	48	49	50	51	52	53
ピナクル・ナンバーズ	5	5	5			5	5	3	3			3	3	8	8			8	8	9	9	
チャレンジ・ナンバーズ																						

　　　　　　　　ファースト・ピナクル　0～32歳　5
　　　　　　　　セカンド・ピナクル　33～41歳　3
　　　　　　　　サード・ピナクル　42～50歳　8
　　　　　　　　フォース・ピナクル　51歳以降　9

　青年期には、自由度の高いナンバー5の時代を過ごし、あらゆる可能性を試し、体験し、能力の幅を広げることに成功していく。のちの壮年第一期では、ナンバー3の恩恵を受け、楽天的な生き方の素晴らしさを実感できる時代を迎える。次の壮年第二期では、いよいよビジネス面がクローズアップ。ナンバー8らしい野心的なパワー、実際的な手腕によってサクセスへの階段を上っていく。そして、51歳以降にやってくるのがナンバー9の時代。奇しくも、後半生に締めくくりの数である9を迎えるこの人は、人生の終盤、あらゆる面で満足感を味わえる可能性が高い。
　このように、ザッと眺めるだけでも、この人がどのようなペースで、どのようなことをどのくらい成すことができるのか、大まかに推察がつくだろう。
　とはいえ、このナンバーが示すのは、実際にどうなるか、ではなく可能性の度合いである。この時期はこのナンバーの恩恵を受けられるから、このあたりでビジネスを立ち上げようとか、不動産購入をしよう、といったプランニングの参考情報として利用するのも効果的だろう。

(4) 4つの時期のチャレンジ・ナンバーを導き出す（時期の区分は、ピナクル・ナンバーズと同様となる）。

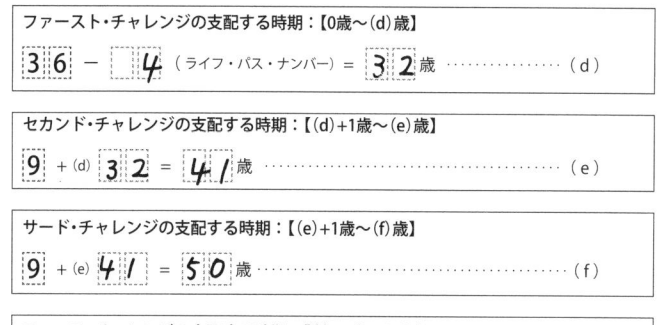

```
ファースト・チャレンジの支配する時期：【0歳～(d)歳】
3 6 - 4 （ライフ・パス・ナンバー） = 3 2 歳 ………… (d)
```

```
セカンド・チャレンジの支配する時期：【(d)+1歳～(e)歳】
9 +(d) 3 2 = 4 1 歳 ………… (e)
```

```
サード・チャレンジの支配する時期：【(e)+1歳～(f)歳】
9 +(e) 4 1 = 5 0 歳 ………… (f)
```

```
フォース・チャレンジの支配する時期：【(f)+1歳～以降】
```

【ファースト・チャレンジ・ナンバー】

誕生月と誕生日の数の差異がファースト・チャレンジ・ナンバーとなる。

```
ファースト・チャレンジ・ナンバー
2 2 - 1 0 = 1 2 = 3 (   ) ………… (d')
誕生日   誕生月   全ての数を足す  一桁に還元（11と22の場合はそのまま）
```

【セカンド・チャレンジ・ナンバー】

誕生年と誕生日の数の差異がセカンド・チャレンジ・ナンバーとなる。

```
セカンド・チャレンジ・ナンバー
1 9 7 9 - 2 2 = 1 9 5 7 = (  22  ) ………… (e')
誕生年    誕生日    全ての数を足す  一桁に還元（11と22の場合はそのまま）
```

【サード・チャレンジ・ナンバー】

ファースト・チャレンジ・ナンバーとセカンド・チャレンジ・ナンバーの差異がサード・チャレンジ・ナンバーとなる。

サード・チャレンジ・ナンバー

| 3 | − | 22 | = | 19 | = | 1 ( ) | ……………… (f') |

(d')　　(e')　　全ての数を足す　　一桁に還元（11と22の場合はそのまま）

【フォース・チャレンジ・ナンバー】

誕生年と誕生月の差異がフォース・チャレンジ・ナンバーとなる。

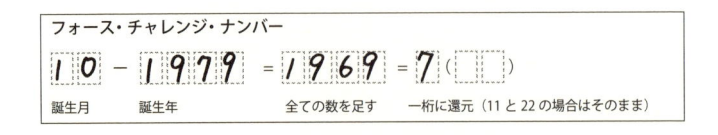

フォース・チャレンジ・ナンバー

| 10 | − | 1979 | = | 1969 | = | 7 ( ) |

誕生月　　誕生年　　全ての数を足す　　一桁に還元（11と22の場合はそのまま）

（5）ピナクル・ナンバーズと照らし合わせてみる。

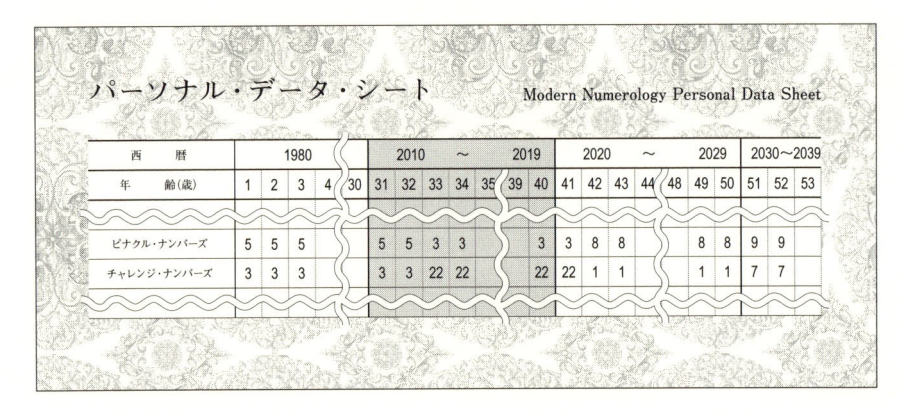

パーソナル・データ・シート　Modern Numerology Personal Data Sheet

西　暦	1980				2010　〜　2019						2020　〜　2029				2030〜2039		
年齢(歳)	1	2	3	30	31	32	33	34	35	39 40	41	42	43	44	48 49 50	51	52 53
ピナクル・ナンバーズ	5	5	5		5	5	3	3		3	3	8	8		8 8	9	9
チャレンジ・ナンバーズ	3	3	3		3	3	22	22		22	22	1	1		1 1	7	7

【ファースト】0〜32歳

ピナクル・ナンバー：5

チャレンジ・ナンバー：3

　ナンバー5の恩恵に預かるファースト・ピナクルは、前述のとおり自由度の高い時代。あらゆる可能性を試し、体験し、能力の幅を広げることに成功していくときだが、その背後では、チャレンジ・ナンバー3が課題をクリアされるのを待っている。

　3が掲げるテーマは「自己表現」。おそらくこの人物は、可能性を広げるべくあらゆる体験を求めていく際、どこかで自分の表現力の稚拙さ、想像力、アイディア力の足りなさに気づかされるはずである。苦手だからと避けず、しっかりと向き合うことで、ピ

ナクル・ナンバーが示す達成可能なものたちはすべて手にすることができるようになるだろう。

【セカンド】33〜41歳
ピナクル・ナンバー：3
チャレンジ・ナンバー：22

　ナンバー3に彩られるセカンド・ピナクルは、楽天的な生き方の素晴らしさを実感できる時代。なにごとも遊び心を持って取り組み、公私ともに生きがいを感じられるときだが、その背後では、チャレンジ・ナンバー22の課題がクリアされるのを待っている。
　22が掲げるテーマは「壮大な計画を成し遂げること」である。おそらくこの人物は、人生を楽しむということを、この期間のどこかで「楽をすること」だと履き違える可能性がある。ナンバー3が暴走した場合には、ときとしてそうなってしまうのである。責任を担うこと、人々を導き、他者のために尽くすこと。そして、できるだけ大きな目標を掲げて、それに向かって努力を重ねること。そういった労を怠らずにいてこそ、この人は、本当の意味での「楽天」の生活を手にすることができるだろう。

【サード】42〜50歳
ピナクル・ナンバー：8
チャレンジ・ナンバー：1

　ナンバー8に支配されるサード・ピナクルは、夢や目的を達成するための意欲と機運が高まる時代である。人生を歩むうえでの未来ヴィジョンを新たにし、現状に甘んじることなく邁進していくことのできるときだが、その背後では、チャレンジ・ナンバー1の課題がクリアされるのを待っている。
　ナンバー1が掲げるテーマは主導権を握ること、及び「始める」ことである。ピナクル・ナンバーの8も指導者として活躍できる可能性を秘めたナンバーであるが、ときとして、その立場、獲得したものに固執し、その手にしたものによって振り回されてしまう場合がある。そうならないために、業務内容、役割、人間関係の新陳代謝を活発におこなっていくことが重要となるだろう。主導権を握りつつ、それにしがみつかない余裕を持つことで、サクセスのクオリティを格段に押し上げられるはずである。

【フォース】51歳以降
ピナクル・ナンバー：9
チャレンジ・ナンバー：7

　ナンバー9に支配されるフォース・ピナクルは、心身両面において豊かさを堪能できる時代である。それまで培ってきた経験がすべて集約されていく流れが生じるときだが、その背後では、チャレンジ・ナンバー7の課題がクリアされるのを待っている。ナンバー7が掲げるテーマは「自分自身の内面を磨くこと」である。

　ピナクル・ナンバーの9は、この人物に物事を完成させるよう促す。すると、浮上してくるのが未解決の問題。「まあいいか」と後回しにし、我慢したり妥協したりしてきたこと。それらの棚卸しをする必要性が出てくる。そのひとつが内面を探求することである。場合によっては、知らず知らずのうちに溜めてきたストレスのために体調を崩す場合もあるだろう。自分自身のメンテナンスをおこなうことで、さらにナンバー9のもたらす成功は華やかなものとなるはずである。

【トランジット・レターズとエッセンス・ナンバー】
サイクル・チャートの読み方Ⅳ
―― フィジカル、メンタル、スピリチュアル各面の成長の推移を見る ――

1979年生まれのツカワリョウさんの場合

(1) フィジカル・トランジット

ファースト・ネームをアルファベットで表記し、数字に還元する。

```
┌─────────────────────────────────────────┐
│   フィジカル・トランジット                │
│ 下の名前(ファースト・ネーム)を枠内にアルファベットで表記、変換表(次頁参照)をもとに変換した数
│ 字を枠内括弧に記入していく。             │
│                                          │
│  R   Y   O                               │
│ (9) (7) (6) ( ) ( ) ( ) ( ) ( ) ( ) ( ) │
└─────────────────────────────────────────┘
```

　アルファベットから還元された9、7、6という数字の並びは、そのまま、この人のフィジカル面での成長の推移の様子を示す。そして、その推移のペースは、これらの数値と同じ年数を要する。つまり、R（9）の支配が9年間、Y（7）が7年間、O（6）が

6年間続くということである。この人物の場合、9歳までがR（9）の支配する期間となる。ちなみに生まれた年には自動的にファースト・ネームの最初の文字が入るので0歳のときはR（9）の数価の支配を受けることとなる。

パーソナル・データ・シート　Modern Numerology Personal Data Sheet

西　暦	1980				～					1989	1990				～				1991		
年　齢（歳）	1	2	3	4	5	6	7	8	9	10	11	12	13	14	15	16	17	18	19	20	21
フィジカル・トランジット	R	R	R	R	R	R	R	R	R	Y	Y	Y	Y	Y	Y	Y	O	O	O	O	
メンタル・トランジット																					
スピリチュアル・トランジット																					
エッセンス・ナンバー																					

0～9歳がナンバー9、10～16歳がナンバー7、17～22歳がナンバー6の支配する期間となる。以降、9が9年間、7が7年間、6が6年間の順番で繰り返されていく。

　この人物の場合、幼少期にナンバーが9の時代を迎える。フィジカル・トランジットの9は、肉体的にはしなやかなパワーをみなぎらせることのできるとき。持続力と柔軟性を手にしているので、現実面において行き詰まることは少ないだろう。
　続いて迎えるのが7の時代。この期間は身体面のことはとかく軽視される傾向に。頭で考えるより、肉体で感じるということを意識して心がける必要がある時期である。
　次に迎えるのが6の時代。この期間は、生活の不安など一切ない穏やかな日々を過ごせる可能性が高い。自己管理能力も高まるときなので、フィジカル面での成長はこの期間に大きく見られるだろう。

(2) メンタル・トランジット

セカンド・ネーム、あるいはラスト・ネームをアルファベットで表記し、数字に還元する。

```
┌─────────────────────────────────────────────┐
│  メンタル・トランジット                      │
│  名字（ミドル・ネームまたはサード・ネーム）を枠内にアルファベットで表記、変換表（次頁参照）をもとに │
│  変換した数字を枠内括弧に記入していく。      │
│                                              │
│   T   S   U   K   A   W   A                  │
│  (2) (1) (3) (2) (1) (5) (1) ( ) ( ) ( ) ( ) │
└─────────────────────────────────────────────┘
```

アルファベットから還元された2、1、3、2、1、5、1という数字の並びは、そのまま、この人のメンタル面での成長の推移の様子を示す。そして、その推移のペースは、これらの数値と同じ年数を要する。つまり、T（2）の支配が2年間、S（1）が1年間、U（3）が3年間、K（2）が2年間、A（1）が1年間、W（5）が5年間、A（1）が1年間続くということである。なお、生まれた年には、自動的にセカンド・ネーム、あるいはラスト・ネームの最初の文字が入るので、この人物の場合、2歳までがT（2）の支配する期間となる。

パーソナル・データ・シート　Modern Numerology Personal Data Sheet

西暦	1980									～	1989	1990								～	1999	
年齢(歳)	1	2	3	4	5	6	7	8	9	10	11	12	13	14	15	16	17	18	19	20	21
フィジカル・トランジット	R	R	R	R	R	R	R	R	R	Y	Y	Y	Y	Y	Y	Y	O	O	O	O	
メンタル・トランジット	T	T	S	U	U	U	K	K	A	W	W	W	W	W	A	T	T	S	U	U	
スピリチュアル・トランジット																					
エッセンス・ナンバー																					

0～2歳がナンバー2、3歳がナンバー1、4～6歳がナンバー3、7～8歳がナンバー2、9歳がナンバー1、10～14歳がナンバー5、15歳がナンバー1の支配する期間となる。以降、このサイクルが繰り返されていく。

この人物の場合、ナンバー2の期間が4年おき、7年おきにやってくる。また、ナンバー1の期間も、名字に3つ入っているために数年おきに迎えることとなる。

　メンタル・トランジットの2の期間は、記憶力と物事の成り行きをうかがう推理力が研ぎ澄まされるときである。特に身近な対人面においては、心の機微を自然と読み取れる時期となるゆえ、コミュニケーションは充実するはずである。このナンバー2の期間が巡ってくるたび、感受性を深めるための学びに遭遇することだろう。
　続くメンタル・トランジット1の期間は俊敏な知性が育つときである。この1年間はともかく頭が冴え、想像力や発想力を刺激するような出会いも数多く得られる時期となるだろう。この1年はあらゆるプランニング、アイディアを出すのにふさわしいときである。
　次にくるメンタル・トランジット3の期間は、いつにも増して世の中の動きや流行に敏感になれるときである。柔軟性があるため、メンタル面での成長はこの期間に大きく見られるだろう。
　メンタル・トランジット5の期間は、型にはまらない自由な発想力が育つときである。この5年間は、あらゆる可能性が広がる時期。自分の中に眠っていた能力や知性が新たに開花しやすいので、できる限り外界との接触を心がけていきたい。

(3) スピリチュアル・トランジット

ラスト・ネームをアルファベットで表記し、数字に還元する（セカンド・ネームを持たない人は、メンタル・トランジットと同様のトランジットとなる）。

```
┌─ スピリチュアル・トランジット ──────────────────────┐
│ 名字（サード・ネーム）を枠内にアルファベットで表記、変換表（次頁参照）をもとに変換した数字を枠内 │
│ 括弧に記入していく。                                        │
│  T  S  U  K  A  W  A                                    │
│ (2)(1)(3)(2)(1)(5)(1)( )( )( )( )( )                    │
└─────────────────────────────────────────┘
```

パーソナル・データ・シート Modern Numerology Personal Data Sheet

西暦	1980										1989	1990									1999
年齢(歳)	1	2	3	4	5	6	7	8	9	10	11	12	13	14	15	16	17	18	19	20	21
フィジカル・トランジット	R	R	R	R	R	R	R	R	R	Y	Y	Y	Y	Y	Y	Y	O	O	O	O	
メンタル・トランジット	T	T	S	U	U	U	K	K	A	W	W	W	W	W	A	T	T	T	S	U	U
スピリチュアル・トランジット	T	T	S	U	U	U	K	K	A	W	W	W	W	W	A	T	T	T	S	U	U
エッセンス・ナンバー																					

　スピリチュアル・トランジットの2の期間は、豊かで鋭敏な感受性が育つときである。特に共感力の高まりが顕著だろう。

　続くスピリチュアル・トランジットの1の期間は直観力が冴えわたるときである。この1年は、多くのシンクロニシティに出会うかもしれない。この人物の場合、スピリチュアル面での成長は、この期間に大きく見られるだろう。

　次にくるスピリチュアル・トランジットの3の期間は、人に喜びや楽しみを与える存在感とパワーが養われる時期である。

　スピリチュアル・トランジットの5の期間は、新たな可能性が次々と開かれる時期である。この5年間は、自分の限界をいくつも塗り替えていくことだろう。

(4) エッセンス・ナンバー

エッセンス・ナンバーは、フィジカル・レター、メンタル・レター、スピリチュアル・レター、それぞれの数値を加算することで導き出される。

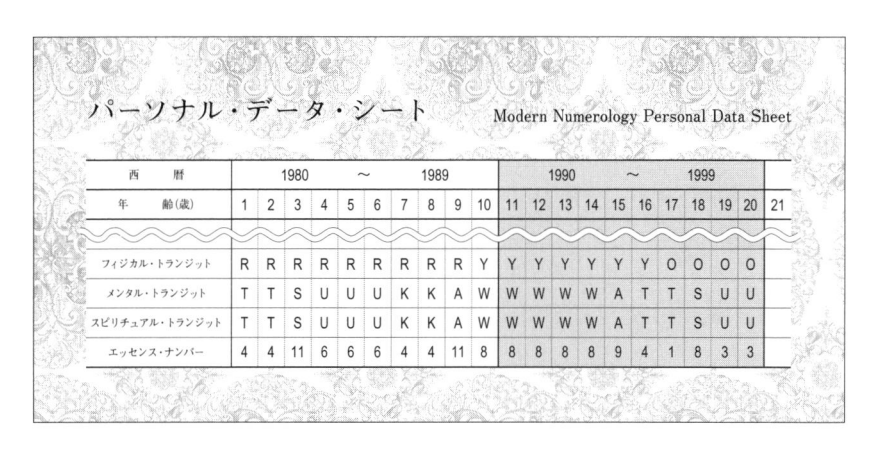

パーソナル・データ・シート　Modern Numerology Personal Data Sheet

西暦	1980									~	1989	1990							~	1999	
年齢(歳)	1	2	3	4	5	6	7	8	9	10	11	12	13	14	15	16	17	18	19	20	21
フィジカル・トランジット	R	R	R	R	R	R	R	R	R	Y	Y	Y	Y	Y	Y	Y	O	O	O	O	
メンタル・トランジット	T	T	S	U	U	U	K	K	A	W	W	W	W	W	A	T	T	S	U	U	
スピリチュアル・トランジット	T	T	S	U	U	U	K	K	A	W	W	W	W	W	A	T	T	S	U	U	
エッセンス・ナンバー	4	4	11	6	6	6	4	4	11	8	8	8	8	8	9	4	1	8	3	3	

たとえば、この人物の20歳のときのエッセンス・ナンバーを導く場合

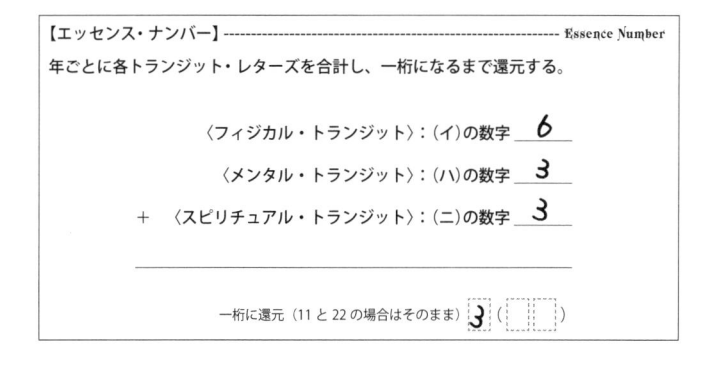

【エッセンス・ナンバー】-- Essence Number
年ごとに各トランジット・レターズを合計し、一桁になるまで還元する。

〈フィジカル・トランジット〉：(イ)の数字　__6__

〈メンタル・トランジット〉：(ハ)の数字　__3__

＋　〈スピリチュアル・トランジット〉：(ニ)の数字　__3__

―――――――――――――――

一桁に還元（11と22の場合はそのまま）__3__　(　　　)

エッセンス・ナンバー3の期間は「表現力と創造性の育成」がテーマとなる。メンタル、スピリチュアルが3であることからも、三重にナンバー3のエッセンスは濃くなる時期だと言える。

なにを表現し、創造するかは、フィジカル・トランジットのナンバー6を考慮したい。計画やアイディアを具現化するのは、フィジカル面の働きが肝要となるからである。6は、ハーモニーやバランスをテーマとするナンバーなので、人々に和をもたらし、かつ

具体的に役立つようなものをクリエイトすることがこの期間にはふさわしい。それを心がけることによって、この人物は大きく成長していくことだろう。

過去及び未来について、特定の年齢をこのようにチェックしていくことで、生じる出来事の意味、今なにが足りないのか、どこを伸ばすべきかが明確になっていくだろう。

第Ⅲ部

Section 3

レッスン12
ディファレンス・ナンバーとコンコード
─相性を見る①─

Lesson_12 Difference Number & Concords

[Lesson 12]
ディファレンス・ナンバー
Difference Number

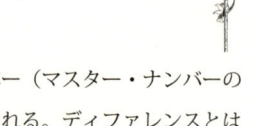

　ディファレンス・ナンバーは、ふたりのそれぞれのナンバー（マスター・ナンバーの場合はあらかじめ一桁に還元）を引き算することで導き出される。ディファレンスとは「差異」という意味であり、すなわち、このナンバーはふたりの間の違いを示す。
　価値観が合うか合わないかは、しばしば人間関係において重要なキーとなる。考え方に大きな違いがあれば、当然、相互理解をはかるのは難しく、双方にとってストレスフルな経験となるだろう。よって、このナンバーは、「ストレス・ナンバー（Stress Number）」とも呼ばれている。

　ふたりの間にあるギャップとは、そして、それによって生み出されるストレスとはなにか。それについての明確な情報をこのディファレンス・ナンバーは与えてくれる。
　「差異」とは、本来、新しいものを生み出したり、刺激し合い、高め合って切磋琢磨していくのには、非常に有効な要素である。ただ単にストレスを感じてイラ立つか、前向きに捉えて成長の糧としていくか。そのどちらが実り多い選択かと言えば答えは明らかだろう。つまり、このナンバーは、相違点を示すと同時に、ともに成長していくために、どういったことに重点を置いてパートナーシップをはぐくんでいくべきかについてのメッセージも伝えてくれるのである。

　価値観が全く相容れない人もこの世には多く存在する。「差異」について無自覚な

めに争いの種が生み出されていったケースは、見渡してみれば大小数え切れないほどあるだろう。このナンバーを頭の片隅に置いておくだけでも回避できる問題もあるはずである。

　ここから先は、ライフ・パス・ナンバー、ディスティニー・ナンバー、ソウル・ナンバー、パーソナリティー・ナンバーの4つのナンバーから見たふたりのディファレンス・ナンバーについて見ていこう。ふたりの間にある思わぬギャップをどう捉えていけばよいのか、きっと新しい視点が手に入るはずである。

0の場合
　なお、ディファレンス・ナンバーは引き算したその差異によって導き出されるため、ふたりのナンバーが同数の場合、当然ながら、その数は0となる。この組み合わせは、言うまでもなくギャップがないゆえに、ストレスの少ない間柄である。

Difference Number : group Life Path Number

一般的な人間関係はライフ・パス・ナンバーでチェック！

　ライフ・パス・ナンバーは、人生の道を歩んでいくとき、どんなやり方でどんな風に進み、どんな自分の資質や才能を使っていくのかを示すナンバーである。よって、このナンバー同士の差異は、その人の持っている資質の違いを明確にする。
　資質や才能の差異は、大きなストレスになる場合と、逆に、心惹かれる要素となる場合とに大きく分かれる。自分にないものを持っている人に憧憬の念を抱くか嫉妬心を駆り立てられるかは、その人のマインドの状態によるからである。身近な人が自分にとってどんな人なのか、改めて調べてみると気づきは多いだろう。

【1】
　人がふたり以上集まれば、自然と役割というものが生じてくるものである。ふたりで行動する場合なら、ある面では一方がリードし、もう一方が素直にしたがって……という形になることも多い。このライフ・パス・ナンバーのディファレンス・ナンバー1は、ふたりのその役割分担を明確にする。つまり、どちらが決断し、仕切っていく側なのか、リーダー性の有無をはっきりさせてくれるのである。

しかし、その関係が固定化されてしまうと問題が生じてくる。リーダー側の人だってときには甘えたいし、逆にしたがうほうも自分の意見を通したくなったりするのである。一方的ではなく、相互にバランス良く支え合うことが、ふたりの良さをさらに伸ばしていく鍵となるだろう。

【2】

ライフ・パス・ナンバーのディファレンス・ナンバー2は、ふたりのあらゆるものに対する「センス」の違いをクローズアップする。

たとえば、あなたがある画家の作品に痛く感動し、その思いを相手に伝えたとする。しかし、相手は「へぇ」と鈍い返事……。ナンバーの2がもたらすのは、こうした感動のツボのズレである。ほかにも、美しいもの、おもしろいもの、楽しいもの……などなど、ありとあらゆる趣味趣向がかみ合わなくて、心から喜びを分かち合えないことが多いかもしれない。

しかし、センスというものは、観念や習慣のひとつであるからして、歩み寄ろうという意識を持てば、これくらいのズレは解消できるはずである。あきらめない姿勢が肝要だろう。

【3】

ライフ・パス・ナンバーのディファレンス・ナンバー3は、ふたりの知性の働かせ方の違いを明らかにする。

たとえば、なにか知りたいことがある場合、あなたは書物で調べたり、実際にそれに触れて理解しようとするけれど、相手は、人に尋ねて済ませようとする。そんな風に「知りたい」と興味を持つことに対する姿勢が決定的に異なるのである。

些細なことのようで「興味」に対してどう振る舞うかは、話題の選び方やトークセンスにも反映されるゆえに、コミュニケーションをはかるうえでは無視できない問題である。話がかみ合わなくなってきた際には、一方的に自分の正しさを主張するのではなく、相手のやり方も自分の中に取り入れるよう心がけていきたい。

【4】

ライフ・パス・ナンバーのディファレンス・ナンバー4は、ふたりの現実面におけるセンスの違いをクローズアップする。

わたしたちは日々、食事をしたり仕事をしたり、人それぞれに生活のリズムやパター

ンを持っている。しかし、こうした生活の基盤に重きを置かないタイプも中にはいて、お金や時間にルーズだったり、不摂生を繰り返したりする。そこまで極端ではないとしても、このディファレンス・ナンバーの4は、生活感覚のズレを露呈してくる。ふたりの金銭感覚や約束ごとに対する姿勢は、微妙にズレているのではないだろうか。言うまでもなく、教え教えられるのがコミュニケーションである。お互い、良いところを学び取ることで問題はクリアできるだろう。

【5】

　ライフ・パス・ナンバーのディファレンス・ナンバー5は、ふたりの未知なるものに出遭った際の対応の仕方の違いを明らかにする。

　とはいえ、ライフ・パス・ナンバーにおける5の差異は、単に新しいものを積極的に取り入れるタイプか否かを示すわけではない。未知なるもの、すなわち自分とは異質のものを受け入れる吸収力や受容性の度合いの差を明確にするのである。

　たとえば、「こうしてみたら」と自分の価値観の中にはない内容の助言をしたりされたりした場合、一方は受け入れるかもしれないが、もう一方は頑なに拒否したりする。そんな風に相違が出やすいだろう。

　意地を張らず、素直に耳を傾けていくことが肝要である。「やってみよう」という冒険心が鍵となる。

【6】

　人がなにを望んでいるか、自分がなにを期待されているか。そうしたかかわる相手のニーズを的確に読むこともひとつの才能である。ライフ・パス・ナンバーのディファレンス・ナンバー6は、そうしたその場の空気を読むセンスについてのふたりの差異を、明確に指し示している。

　同じことでも、相手のためを思い、相手の反応を想像しておこなうのと、全く相手のことは思わずにやるのとでは、当然ながら、結果は異なってくる。その表現の仕方がふたりは決定的にズレているのである。言い換えるなら、相手のことを思いやるその度合いが違うということである。一方的にならないよう、どちらかに無理がかからないよう、バランス良く愛情を交流させることが課題である。

【7】

　ライフ・パス・ナンバーのディファレンス・ナンバー7は、ふたりの物事に対するこ

だわり方の違いを明らかにする。

　たとえ同じ趣味嗜好であっても、それに対する取り組み方は人それぞれ異なるものである。たとえば、歴史が好きな人の場合、ある人はひとりの人物を研究し、ある人は文化や起こった事件を調べることに熱心で、ある人は、浅く広く時代小説を読みあさったりする。

　こうしたふたりが共同作業をした場合、知識やスキルの面で大きな差を感じることだろう。お互いにお互いを重荷に思うこともあるかもしれない。しかし、それぞれに自分にない良さがあるはずである。要所要所でお互いを活かす「出番」を設けると、プラスを与え合うことが可能となるだろう。

【8】

　ライフ・パス・ナンバーのディファレンス・ナンバー8は、自分の才能や立場に対する意識の違いを明確にする。

　同じくらい素晴らしい才能を持っていても、認められる人とそうでない人が世の中にはいる。その差を創る要因のひとつがまさにこれ。ナンバー8は「力」を意味する数。言い換えるなら、説得力や存在感ともなるだろう。

　もし、あなたが相手に言い負かされたり、コンプレックスを感じることが多いのだとしたら、あなたに欠けている点は「力」である。相手を見習って、どっしり構えてみたり、魅せ方を工夫したりするといいだろう。あなたのほうが存在感が大きいと感じる場合は、相手を励まして導き、叱咤激励することでバランスを取っていきたい。

Difference Number : group Destiny Number

ライフワークや人生上のパートナーシップはディスティニー・ナンバーをチェック！

　ディスティニー・ナンバーは、その人が運命的に課せられている使命を表す。使命とは人生をかけて果たしていくものであるため、このナンバーはその人の生きざまを示すことにもなり得る。人生を歩むうえでの指針ともなるので、ともに生きていくパートナーとしても、仕事上の仲間としても重要なキーとなるナンバーである。

　ディスティニー・ナンバーが異なるということは「どこにたどり着きたいか」が違うということである。一方の舵取りに任せていたら、一方の人は行きたい場所に行けないという事態が生じる。ともに生きる場合、理解と協調は不可欠だろう。

【1】

　ディスティニー・ナンバーのディファレンス・ナンバー1は、ふたりの物事を始める際のスタンスの相違を明らかにする。

　新しいことを始めようとするとき、あなたはまずどうするだろうか。その行動傾向は、本人は無自覚でも実は習慣化されていることも多いものである。ある人は綿密にリサーチして歩を進め、ある人はとにかく行動を起こす、といったように、明確にその人の人生とのかかわり方が出ていたりするのである。

　あなたと相手はこの点に決定的な違いがある。よって、リズムがかみ合わないことは多いだろう。最初はそれほどではなくても、段々落差はついてくるはずである。人生のパートナーとして選ぶなら、最初にきっちりと申し合わせることが肝要である。

【2】

　ディスティニー・ナンバーのディファレンス・ナンバー2は、ふたりの人間関係の営み方の違いを明らかにする。

　人は、誰もが平和を願っているにもかかわらず、そこかしこで争いを巻き起こしていたりする。その理由は愛しい人やものを守るため、妬み嫉み、対抗意識……と、人によってさまざまだろう。このナンバーが示すのはまさにその違い。なにを一番大事にして人とかかわっていくか。その点がふたりは微妙に異なっているのである。

　あなたが大切にしていることを、もしかすると相手は理解してくれない可能性もあるのだ。しかし、愛を持って接していく限り問題はない。簡単にあきらめることなく、時間をかけて絆をはぐくむことでいずれは解消されていくだろう。

【3】

　ディスティニー・ナンバーのディファレンス・ナンバー3は、問題に遭遇したときのふたりの対応の仕方の違いを明らかにする。

　トラブルに出遭ったときにこそ、その人の本性や実力が明らかになる、とは良く言われることである。ある人は、楽天的に「なんとかなるさ」と笑い、しかしある人は慌てふためいて動揺するばかり。またある人は、人を頼って窮地を乗り切ろうとする……などなど。いろいろとパターンはあるだろうが、この点が異なると、好印象を抱き合っているふたりほど幻滅する事態に陥ってしまう。恋愛関係なら、100年の恋も冷めてしまうかもしれない。

　どこまで相手の楽天性、あるいは深刻さを許容できるか否かが、歩み寄りのポイント

となるだろう。

【4】

　ディスティニー・ナンバーのディファレンス・ナンバー4は、ふたりの計画性と実行力の度合いを明らかにする。

　物事を計画し、実行に移すやり方も人それぞれである。計画を立てるのは好きなのに実行力に欠ける人がいれば、行動的なのになんの未来ヴィジョンも持っていなかったりする人も中にはいる。「自分はどうだろう？」と考えてみると、相手との違いが明確になるかもしれない。

　この相違点は、人生の勝負どころにおいて必ずズレを実感させられる。計画性に富んだ一方の人は、無頓着な一方の人が頼りなく見えたりするのである。

　双方が使命に添って生きられるよう、互いの計画を応援していこう。そのスタンスでいる限り、この違いは邪魔とはならないはずである。

【5】

　ディスティニー・ナンバーのディファレンス・ナンバー5は、ふたりの変化に対する柔軟性の度合いを明らかにする。

　生きていく道の途上には多くの出来事が待ち受けている。中には予想もつかない変化が生じてくる場合もあるだろう。そんなときどう対処していくか、そのスタンスの違いによって人生行路はだいぶ異なってくる。自分のやり方にこだわり、当初の予定を貫こうとする人、あるいは、変化を天恵だと捉えて前向きに受け入れていく人……。どちらが良いとも悪いとも限らないが、この点がかみ合わないと、当然、進む道はいずれバラバラになってしまう。

　ともに歩んでいきたいと願う相手なら、ともかく変化を恐れず、柔軟性を身につけていきたい。

【6】

　ディスティニー・ナンバーのディファレンス・ナンバー6は、ふたりの責任や義務に対する考え方の違いを明らかにする。

　人から頼られることを喜ばしいと思う人もいれば、プレッシャーに感じる人もいる。恋人やパートナー、家族を持つことを嬉しく思う人もいれば、重荷に感じる人もいたりする。さて、あなたはどうだろうか。自分にとって相手の存在がどうであるか、今一度

見直してみるといいだろう。そして、愛ではなく、責任感や義務感で「してやっている」ということが少しでもあったなら、それはすぐに改めていこう。どちらかが重さを感じるようになったら、溝は深まる一方であるから。ストレスを減少させるには愛ある行動を増やしていくことである。

【7】

　ディスティニー・ナンバーのディファレンス・ナンバー7は、ふたりの真実を知ろうとする探求心の度合いを明らかにする。

　ある人にはとても意味のあることが、ほかの人には全く無意味であったりする。それは価値観の違いゆえであり、それもこのナンバーが示す事柄ではある。しかし、ふたりの違いはもっと深遠なもの。「魂の成長」というテーマに、どれだけ関心を持つか。そこが重要なキーとなるようである。

　人生の表層的なことにばかり興味を向けるタイプと、魂や深層心理の探求にエネルギーを注ぐタイプとでは、いずれ異なる運命を歩むようになっても不思議ではない。ともに生きたいと願うのであれば理解してもらおうとする労を怠らないことである。

【8】

　ディスティニー・ナンバーのディファレンス・ナンバー8は、ふたりの「成功」に対する考え方の違いを明らかにする。

　使命を果たしていった先に成功があると思うか、それとも、成功する仕事が使命だと考えるか。これらは似ているようで全く異なる。なぜなら、使命を人生の主軸とするか、成功を目的として生きるかでは、出た結果に対する評価が異なってくるからである。使命を生きようとする人は、自分の充実感と他者の満足のみを物差しとするが、成功を望む人は、必ず具体的な成果や利益が必要となる。

　この差異は無自覚な場合は埋めるのは難しいが、意識すれば協調するのは容易。お互いの使命のための「メリット」を生み出す配慮をすればいいのだから。

Difference Number : group Soul Number

ごく身近なパートナーシップはソウル・ナンバーをチェック！

ソウル・ナンバーはその人が魂レベルで求めているものを表す。本能的な欲求や衝動

は、本来コントロールしづらいものであるゆえ、この点に相違があると「なんとなく嫌な感じ」という印象になる。明確な理由なくしてイラ立ったりするのである。

　魂が求めるものが異なると深く共鳴し合うことは難しい。感情面で理解を得るのにも時間がかかるだろう。違いに無自覚であれば、距離を埋めるチャンスを見つけることは不可能だとも言える。しかし、知ることによって、あなた自身深く自分を理解することにもつながっていく。そうすれば、おのずと協調性もはぐくまれていくだろう。

【1】

　ソウル・ナンバーのディファレンス・ナンバー1は、ふたりの欲望を表現する方法の違いを明らかにする。

　誰にでも欲望はある。しかし、同じように「欲しい」と感じても、その表現法、思いの持続力は人それぞれである。この点が異なると、日常の中でもズレを感じざるを得ない。

　ある人は、欲しいものがあるとすぐに手に入れようとし、ある人は「後でもいいや」とのんびり構えたりする。前者は後者を「のろい」と言い、後者は前者を「せっかち」と言う。真っ向から意見が対立するのである。小競り合いやちょっとしたイラ立ちは絶えないかもしれない。

　お互いにお互いの良さを学び、TPOによって使い分けていくこと。それが円満な関係を保つ鍵となるだろう。

【2】

　ソウル・ナンバーのディファレンス・ナンバー2は、ふたりそれぞれが心地良いと思うものがなんなのか、その相違点を明らかにする。

　「心地良い」と思う感情は本能的なもの。育った環境から培ってきているので習慣化されている場合も多い。ゆえに、どんな関係であれこの点においては、多少のズレが生じるのは否めない。

　たとえば、にぎやかな環境が好きという人もいれば、静かな場所でないとくつろぐことができない、という人もいる。これほどの差があったら、当然、ともに暮らすのには葛藤が伴う。長い時間をかけて歩み寄り、お互いに譲歩することが唯一の解決策となるだろう。場面によってどちらを優先するかを決めていけば、妥協点は見つかるはずである。

【3】

　ソウル・ナンバーのディファレンス・ナンバー3は、遊んだり楽しんだりする際のふたりの姿勢はどんな風に異なるかを明らかにする。

　遊ぶことが嫌いな人はいないだろうが、楽しめるかどうかはパートナーにもよる。一緒に遊ぶのがこの相手だと厄介なこともあるかもしれない。

　ある人はハメをはずして大騒ぎし、ある人は静かに自分の趣味を営んだり。楽しみ方は人それぞれである。ふたりの場合はどうだろう？　ここまで極端な差はないとしても、「ノリ」が違うと感じることはあるのではないだろうか。ナンバー3の関係性は、無理に協調させるより、お互いの楽しみを尊重することのほうが重要だろう。「違う」ことを認め、楽しむことが円満な関係の第一歩である。

【4】

　ソウル・ナンバーのディファレンス・ナンバー4は、ふたりの自己管理能力の度合いを明らかにする。

　約束の期限や時間を守ったり、金銭や健康の管理をおこなったり。そうした基本的な生活上のルールをどれだけ正確にきちんとおこなうか、あるいは全く無頓着か。その差異は言うまでもなく大きい。きちんとしている人の言うことには説得力が宿るが、そうでない人の言葉はとかく人々に信用されにくいものである。

　ゆえに、この4が示す差異はふたりの間に不信感を積もらせていく。自然な流れに任せたままでは気持ちがすれ違う一方であろう。調子が良いばかりの相手にイラ立つことの多いあなたなら、折に触れて厳しく教育していきたい。明確な言動で伝えることが肝要である。

【5】

　ソウル・ナンバーのディファレンス・ナンバー5は、ふたりの新しい環境に対する適応力の度合いを明らかにする。

　幼少期に引っ越しを多く経験した人は、スピーディーに新しい環境や仲間に溶け込む術を身につけていくと言う。でも、そういった経歴もなく、そもそも臆病な性格だったりすると、年を重ねても人見知りは直らない。状況を変化させること事態、避けようとするかもしれない。

　適応力というものは、生活するうえで結構重要なキーなのである。その点が異なっていると、関係性にアンバランスが生じる。適応力の高いほうが低いほうのサポートに回

らざるを得なくなるからである。あなたが低いほうのタイプなら、意識して馴染む努力をしていきたい。

【6】

　ソウル・ナンバーのディファレンス・ナンバー6は、ふたりの家族や仲間に対する考え方の違いを明らかにする。

　生活の中で、なにに重点を置くかは人それぞれ異なる。ある人は仕事をなによりも優先させ、ある人は恋愛かもしれないし、家族や仲間を第一に大切にしている人も中にはいるだろう。

　この相違は、深く交流を持った相手との間柄においては、ときとして信頼の絆を左右する重要な要素である。パートナーが家族や友人を大事にしないのを見て、幻滅する人は少なくないだろう。

　ふとしたとき、あなたは相手との違いに落胆するかもしれない。もし、相手が間違っていると思うのなら優しく諭していこう。より良い関係性へと育てていこうという姿勢が肝要である。

【7】

　ソウル・ナンバーのディファレンス・ナンバー7は、ふたりの依存性の度合いを明らかにする。

　ある人はひとりで過ごす時間を大切にし、ある人はひとりでいるのが寂しくて常に誰かと一緒にいることを望む。このように「孤独」に対する考え方は人それぞれ異なるものである。

　孤独に強いタイプの人は依存性が低く、ひとりが苦手な人は依存性が高い。この相違は、すれ違いを生む元凶となり得る要素である。なぜなら、依存性の高い人は、構って欲しいときに相手に構ってもらうことができないのだから。

　ともに生きることを選んだ関係なら、相手のために自分の衝動を抑えることは思いやりのひとつだろう。愛のもとで行動するなら、すべての葛藤は消え去るはずである。

【8】

　ソウル・ナンバーのディファレンス・ナンバー8は、ふたりの忍耐力や根気の度合いを明らかにする。

　なにかを成すためには、ある一定期間、それに忍耐力を持って集中する必要がある。

また、「結婚は忍耐だ」という人もいるくらいだから、円満なパートナーシップを維持するのにも根気は不可欠であろう。

その度合いに差があると、ひとりはがんばって食いついていているのに、もうひとりはあきらめたがっている、といった状況に陥ってしまう。なにをやるにも足並みが揃わないことが多いかもしれない。

末永くともにいたい相手なのであれば、共通の目的を持つこと、そして、言葉や態度、スキンシップによって、具体的に励まし合っていくことが重要である。

Difference Number : group Personality Number

職場や公的活動での人間関係はパーソナリティー・ナンバーをチェック！

パーソナリティー・ナンバーは、社会の中ではぐくまれていくその人のキャラクターを表す。公的な人とのかかわりにおいては、たいていの場合、このナンバーの一面が活躍することとなる。

よって、このナンバーに大きな落差があると、初対面から「この人とは気が合わない」と感じたり、ある程度、知り合うようになってからも、「違う世界に住む人」という印象は拭い去れないだろう。

しかしそれも、違いが明確になれば、尊重し合うこともできるというもの。特に社会的な活動においては、異なるキャラクターの人と交流を持つことは、刺激にもなるうえ、メリットも多いことだろう。

【1】

パーソナリティー・ナンバーのディファレンス・ナンバー1は、どんな事柄にプライドを持つか、そのふたりの考え方の違いを明らかにする。

些細なひと言で人を傷つけてしまうことがある。言ったほうはまるで不可解、言われたほうは深く落ち込む……。そんなシチュエーションはふたりの関係においては珍しくないことだろう。

人はそれぞれプライドを持っているものである。ある人は美的センスに自信を持ち、ある人は、トークのセンスに自信を持っているかもしれない。自信のある点についてダメ出しされると、誰だっておもしろくないはずである。

この相手と円満な関係を築いていくのには、相手がどんなことにプライドを持っているか、そこを把握するのが賢明である。

【2】

パーソナリティー・ナンバーのディファレンス・ナンバー2は、ふたりの仲間や同胞についての考え方の相違を明らかにする。

「親しき仲にも礼儀あり」という言葉があるが、まさにこの姿勢を守るタイプかそうでないかを分けるのが、このナンバーだと言える。

一方は、なにか成果を上げることができたら仲間とともに分け合ったり、逆に困ったことがあった場合も助け合おうとする。しかし、もう一方は独断独歩で、同胞はライバルとして敵視すべき存在と決めつける。それくらい明確な差が生じる場合もあるかもしれない。

しかし、折り合うのはさほど難しくない。話し合いを重ねて、目指す方向性を一本化していくことでプラスを与え合うことも可能となるだろう。

【3】

パーソナリティー・ナンバーのディファレンス・ナンバー3は、どのように未来ヴィジョンを形作っていくか、ふたりのその姿勢の相違を明らかにする。

ある計画について見とおしを立てるとき、あなたの中ではどんな思考が働いているだろうか。ただただ不安に駆られてしまうか、あるいは、やるべきことをイメージの中で何度も細かくシミュレーションするか、それとも、ひたすらワクワクしてあれこれ想像を膨らませる人もいるかもしれない。

そんな風に、目の前のことや未来について楽天的になれるか否かは、ともに社会的な活動をするうえでは、ムードを決める重要なファクターである。どちらか一方に暴走しないよう、双方がバランス良く力を発揮できるようにしていくのが賢明だろう。

【4】

パーソナリティー・ナンバーのディファレンス・ナンバー4は、仕事ややるべき課題について、ふたりがどのように考えているか、その姿勢、考え方の相違を明らかにする。

ある人は、結果を出さなくては仕事をする意味がないと思い、ある人は努力して成長するプロセスが大事だと考える。あるいは、楽しくなければ仕事じゃないと思っている

人も中にはいるかもしれない。

このように、同じ「仕事」をするとしてもモチベーションが異なっていたりするものである。一見するとわからないが、これは同じチームで仕事をする場合、いずれ足並みが乱れてくるのは必然である。

なにをどうするのが今は適切なのか、常に理解し合いながら仕事や課題を進めていく必要があるだろう。

【5】

パーソナリティー・ナンバーのディファレンス・ナンバー5は、どんな風にチャレンジ精神を発揮するか、そのふたりの姿勢の違いを明らかにする。

ある人は自分を成長させるために挑戦し、ある人は会社全体の利益を上げるために挑む。またある人は、自分の立場や生活を守るために戦うかもしれない。このように、人は乗り越えたいものや守りたいものがあるときに見せる姿勢は、人それぞれなのである。

ふたりともが一生懸命で、正論を言っているゆえに折り合いがつかない、という事態も生じ得る。このナンバー5の相違は調和させるのは難しい。それよりも、違いを尊重して妥協点を見つけ、補い合っていくのが賢明だろう。言い分の正しさを認め合うことが大切である。

【6】

パーソナリティー・ナンバーのディファレンス・ナンバー6は、仕事や課題に取り組む際、ふたりがどんなモチベーションで行動するか、その相違点を明らかにする。

社会的な活動をする際には、誰もが人それぞれの動機を持って始めている。お金を稼ぐためだったり、人の役に立ちたいからだったりといろいろだろう。

ルーティンワークをこなしている限り、問題は浮上しないが、社運をかけたプロジェクトを動かそうとした場合には、利己的な発想と利他的な考えは真っ向からぶつかる。そんなとき、折り合いをつける方法は冷静に損得勘定を見ていくことである。そして、その中でバランスを取る。義務と愛とを少しずつでも調和させていく努力を怠らないことをふたりの課題としたい。

【7】

パーソナリティー・ナンバーのディファレンス・ナンバー7は、ピンチや試練に遭遇

した際に、それをどう捉えて対処していくか、そのふたりの姿勢と考え方の相違を明らかにする。

　仕事を含め、社会的な活動をしていく中では、思いもよらない変化やトラブルが生じることもある。

　ある人は計画どおりにいかないことにショックを受け、ある人は「見せ場」だと張り切り、ある人は「これもサクセスの礎」と考えて真摯に解決策を探す。

　このナンバー7の関係性においては、油断しているとネガティブな意見に飲まれることにもなりかねない。雲行きが怪しくなってきたときは、何度でも「どうしたいのか」という初心に立ち返るようどちらかがリードしていくべきだろう。

【8】

　パーソナリティー・ナンバーのディファレンス・ナンバー8は、ふたりの権威に対する考え方の相違を明らかにする。

　権威に対して、ある人はバリバリ仕事をするパワフルな権力者を思い浮かべるかもしれないし、ある人は、森厳なたたずまいの師のような存在をイメージするかもしれない。あるいは、独裁者的な煙たい印象を持っている人もいるだろう。

　ふたりは双方ともに「力」を求めている。しかしながら、同時にそれを持つことを恐れてもいる。ふたりの間に生じるわだかまりは、たいていの場合、この恐れに起因しているはずである。張り合う半面、勝って力を得ることにどこか躊躇しているのだ。

　お互いの能力を認める心を持てたとき、溝は自然と埋められていくだろう。

[Lesson 12]

コンコード
Concords

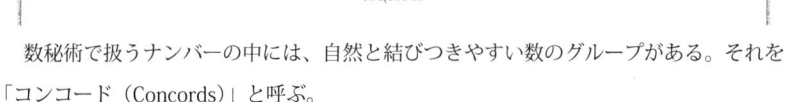

　数秘術で扱うナンバーの中には、自然と結びつきやすい数のグループがある。それを「コンコード（Concords）」と呼ぶ。

　同じコンコードに属する人は、行動パターンやリズムに相通ずるものが多いため、一緒にいて違和感が少ない。打てば響くようなコミュニケーションが繰り広げられ、物事がスムーズに進行しやすい利点がある。

　とはいえ、コンコードの相性は同じだから良い、違うから悪いということはない。似たような要素を持つ者だけで固まると、そこに新しい可能性が入り込む隙がなくなってしまう場合もある。異質のものが入り込んだほうが、成長や変化を促したいときにはプラスとなることもある。違うからこそ、ともに行き詰まることなく、補い合うことが可能となるのだ。

　コンコードは以下のような3つのグループに分けられる。

　　　　　グループ1……1　5　7
　　　　　グループ2……2　4　8
　　　　　グループ3……3　6　9

　コンコードを見ていくときは、通常、誕生日をもとにしておこなわれる。たとえば、誕生日が12日の人と18日の人を例にしてみよう。

　　　それぞれの誕生日を一桁に還元する。
　　　12　　1＋2＝3
　　　18　　1＋8＝9

　こうしてみるとふたりは、3と9なので、同じコンコードに属していることになる。

　次からは、まずそれぞれのコンコードの持つ要素について解説し、その後同じコンコード同士、違うコンコード同士の相性を見ていくこととする。

　コンコードはふたりの相性だけでなく、グループの役割分担を決めるときなどにも有

効に活用できるだろう。

【コンコード／1,5,7】
活動的で主体性のあるグループ
Concords：1,5,7

　独自の判断で物事を選び、内なる欲求にしたがって動く。自らが状況を進展させる旗手になろうとする人たちである。自分がどう思うか、どうしたいかを自分自身で明確に把握しているところは、ほかのグループに比べて秀でている点だろう。自分のやりたいことがわかっているから、アクティブになれるのである。

　また、帰納法的な発想を得意とするのも特徴のひとつ。体験したり、綿密に調べることによって実証する。そうして真実を解き明かしていこうとするのがこのグループの真の行動の意図だと言える。

【コンコード／2,4,8】
実際性があり、かつ保守性の強いグループ
Concords：2,4,8

　じっくりと検討したうえで物事を選択し、確実な結果を出す。そして、得たものはしっかりとその手に確保し、それを土台にさらなるメリットを生産していく。これらのナンバーは、そうしたリアリティのある堅実さを持っている人たちである。

　当然ながら、ビジネスに関しては秀でたセンスを持つ。やや頑固で融通がきかず、損得勘定にシビアな点は否めないものの、その揺るぎない姿勢が物質的な豊かさを得るためには有利となる。信念の強さもほかのグループにはない特徴のひとつである。

【コンコード／3,6,9】
柔軟性のある、直観力に優れたグループ
Concords：3,6,9

　かかわる環境、人やものすべてに対して心の扉を開いていき、必要ならば、自分のスタンスを変えていく。そうした従順さを持っている人たちである。突然の変化にも臨機応変に対応することができるしなやかさは、ほかのグループに比べて最も秀でている点だろう。

　直観力やスピリチュアルな感性が育ちやすいのも特徴のひとつ。自分の考えやエゴに固執しない分、天啓を受け取りやすいのである。ゆえに、心の深いところで人生や運命

を信頼する資質も培われていく。楽天的になれるのもこのグループの共通点である。

【コンコード／1,5,7×1,5,7】
主体的に言いたいことを発信する人同士
Concords：1，5，7×1，5，7

　なにをするにも話が素早く進展しやすい関係である。一対一の場合、一方が提案をすれば、一方はそれについての意見を述べ、そして議論討論が交わされていく。どちらも自分の意思表示を明確にするタイプであるゆえに、考えが食い違うと衝突する場合はあるかもしれない。けれども、このグループはそもそも根に持つタイプではない。お互いが納得するまで話し合えば問題はないだろう。

　ただし、複数が集まる場合は、リーダーを据える必要がある。ナンバー1の人に仕切ってもらうと場はまとまりやすくなるはずである。

【コンコード／1,5,7×2,4,8】
活動的なグループと保守的なグループの組み合わせ
Concords：1，5，7×2，4，8

　活動的なグループ（1、5、7）と保守的なグループ（2、4、8）の組み合わせ。数字の性質上、1、5、7のグループの人のほうが積極的なので、ともに行動する場合は1、5、7の人がリードし、2、4、8の人がしたがうという形になりやすい。

　しかし、なんらかの計画を進める場合、土台固めをしたりと、具体的な段取りをおこなうのは2、4、8の人となる。ひとつの物事を完成させるためには、補い合える良きパートナーとなるだろう。

　ただし、複数のメンバーで行動する場合、1と8の主導権争いが生じることもある。いかに役割分担をしていくかが鍵となるだろう。

【コンコード／1,5,7×3,6,9】
活動的なグループと柔軟性のあるグループの組み合わせ
Concords：1，5，7×3，6，9

　活動的なグループ（1、5、7）と柔軟性のあるグループ（3、6、9）の組み合わせ。自己主張の強い1、5、7のグループの人にとって、なにかと話を合わせてくれる3、6、9の人は一緒にいて心地良い相手かもしれない。3、6、9の人にとって1、5、7の人は多くの刺激を与えてくれる存在であるため、あらゆる可能性や気づきを見いだすことに

つながるだろう。真っ向から衝突することはまずないはずである。むしろ、ともに行動すると勢いがついて、相乗効果が生み出されやすい関係性である。

複数のメンバーで行動する場合、1の人がリーダーシップをとっていくと場がまとまりやすいだろう。

【コンコード／2,4,8×2,4,8】
保守的で堅実な人同士
Concords : 2, 4, 8 × 2, 4, 8

保守的で堅実な人同士なので、なにをするにも危なげがない。慎重に物事を選択していくゆえに、一緒に行動をしていて大きな失敗やリスキーな出来事に遭遇することは、極めて少ないかもしれない。一対一の場合、安心して自分にとって大切なことを任せ合える関係となれるだろう。しかしながら、双方が守りに入りがちなタイプであるために、主導権を譲り合う事態が生じることもある。なにかと決断や判断を遅らせてしまう点は、このグループの弱点だと言える。

複数が集まる場合は、押しの強さを持った8の人がリードをとることによってその場はまとまりやすくなるだろう。

【コンコード／2,4,8×3,6,9】
保守的なグループと柔軟性のあるグループの組み合わせ
Concords : 2, 4, 8 × 3, 6, 9

保守的なグループ（2、4、8）と柔軟性のあるグループ（3、6、9）の組み合わせ。頑固な性質の2、4、8の人にとって、あらゆるものを受容する3、6、9の人は、従順であるゆえに頼りにしたい存在。3、6、9の人としても、2、4、8の人は落ち着きと安定感をもたらしてくれる相手となる。

しかしながら、3、6、9のグループは自由を好む傾向にあるため、2、4、8の人が主導権を振りかざし始めると穏やかな関係性は崩れる。一対一の場合は特にバランスの良いつき合いを心がけたい。

複数のメンバーで行動する場合は、9の人がリードすると場がまとまりやすいだろう。

【コンコード／3, 6, 9×3, 6, 9】
柔軟性があり、かつ適応能力のある人同士
Concords : 3, 6, 9 × 3, 6, 9

　柔軟性があり、かつ適応能力のある人同士なので、なにをするにもスムーズに物事が進行しやすい関係である。突然、違う意見を言ったり言われたりしても、互いに臨機応変さを持つゆえに大きな問題は生じない。多少の衝突はあっても、結局は良いところを取り入れ、自然と折り合いをつけていくことだろう。

　一対一の場合は調和をはかりやすいが、このグループの人が複数集まった場合は、少々厄介な面もある。みんながみんな人に合わせたり、流されやすい資質を持つために、話がまとまらない事態が生じ得る。その際は広い視野を持つ9の人がリードをとっていくべきだろう。

レッスン13

ナンバー・コンパチビリティ
―相性を見る②―

Lesson_13 Number Compatibility

(1) ナンバー・コンパチビリティ

　コンパチビリティ（Compatibility）は、日本語に訳すと適合性や両立性となる。ナンバー・コンパチビリティとは、すなわち、ナンバー同士がどの程度の適合性を持っているかを表すものである。ふたつのナンバーを照らし合わせることによって、同質性や親和性、相乗効果を生み出せるか否かなどが導き出される。このレッスンでは、5つのコア・ナンバーズそれぞれにおけるコンパチビリティを紐解いていく。

　たとえば、ある人との関係についてひとつひとつ観察していくと、仕事面では良きパートナーとなれるけれど、プライベートな交流では葛藤が生じやすい、といった結果が出てくることもある。そうした場合は、一定の距離を置いた同志的な関係を結ぶことで、双方にとって円満具足なつき合いをすることができる、ということになる。

　このように、職場の同僚、友人、恋人、家族など、関係性によって、どのコア・ナンバーズに注目すべきかは異なる。公私にわたる関係であるなら、すべてのコンパチビリティを参考にするのが有益だろう。

　相性というものは単に良し悪しで判断することはできない。なぜなら、パートナーシップは、自分の内面性の鏡そのものである。関係性を結ぶことそのものに意味と学びがあるのだから。相手に対するネガティブな思いもポジティブな思いも、しっかりと見つめていくことでこそ、ひとつひとつの縁はあなたの成長の糧となるだろう。豊かな人間関係をはぐくむためのヒントとして大いにこのナンバー・コンパチビリティを活用していただきたい。

[Lesson 13]
ライフ・パス・ナンバー×ライフ・パス・ナンバー
Life Path Number × Life Path Number

　ライフ・パス・ナンバーは「人生の道の数」。この世に生を受けてから、その人がどんな人生の道を歩んでいくのか、人生を形作るその人の才能や資質などが明確に表れるナンバーである。
　人の才能や資質というものは、もちろん長所ともなるが、短所ともなり得る要素である。よって、このナンバー同士の相性は、長所が引き出されやすい関係か、あるいは短所が表出されがちな関係かということで、良し悪しが判断される傾向にある。今ひとつ持ち前の資質を開花できていないと感じる際は、その辺をチェックしつつ人づき合いを営んでみるのも有意義だろう。馴染む相手だけが良い相性ではないと気づくはずである。

Your Life Path Number 1 × Partner's Life Path Number ?

【1×1】
　アクティブな感性を持つふたり。どちらもはっきりとした自分の意見を持っているタイプなので、繰り広げられるコミュニケーションもとても明快。ただ、負けず嫌いな性格なために、刺激し合うのを通り越して、ときに激しく衝突してしまう場合も。プライドを傷つけるような発言には注意したい。

【1×2 & 11】
　あなたと温和な気質の2＆11の人はなかなかの好相性。とかく、人と張り合ったりしがちな負けん気の強い1の人にとっては、気負わずに接することのできる数少ない相手かもしれない。特に自分の才能に自信を失いがちなときは、この相手に相談してみると有益だろう。絶妙なフォローをしてくれるはずである。

【1×3】
　フットワークの軽さ、好奇心や社交性においては、とても似たエネルギーを持ったふたり。深刻な課題に取り組むには不向きだが、楽しんだり遊んだりする場面では協力関

係を強く結べる相性である。一緒にいることで、新しいアイディアや斬新な企画が生まれることも多い。やや落ち着きに欠けるのが共通の弱点である。

【1 × 4 & 22】

計画性に富んだ4 & 22の人は、あなたのアイディアや行動力を形にしてくれる貴重な存在となり得る。あなたの口にしたプランが多少無謀なものであっても、この相手にフォローをしてもらえば実現が可能となる。ただし、4 & 22の人は、シビアに実力の有無を見極めるタイプなのでときに苦言を呈されるのは覚悟したい。

【1 × 5】

新しいものに感性の扉が開かれているふたり。興味の方向性が一致しやすいうえ、お互いにおもしろみを感じる個性も持っているので、一緒にいて飽きない相手だろう。ただ、双方が協調性に欠ける面があるため、意図がズレ始めた場合には収拾がつかなくなることも。あなたのリードが鍵になるだろう。

【1 × 6】

正義感や一本気な気質など、似ているところもあるふたりだが、なにをするにもその動機が異なるために、目指す方向はズレてしまう傾向に。6の人は、自分の得意不得意に関係なく人の期待に応えようとするが、1のあなたは自分の資質をとにかく押し出す人。違うことを認め、尊重し合うことが円満の秘訣である。

【1 × 7】

分析力と洞察力に優れた7の人と、アクティブな実践派のあなた。気質としてはそぐわない部分の多いふたりだが、自分の信じる道を邁進していくまっすぐなところは相互理解が得られるポイントである。あなたが相手の言葉に耳を傾けるなら、円満な関係が築くことができる可能性もあるだろう。

【1 × 8】

自分の資質や才能を磨くことを怠らず、自信を持って自己アピールする能力を持つふたり。お互いに認め、支え合う関係になれたなら、強力なタッグを組むことができる。存在感のある8の人に対して、負けず嫌いなあなたが、嫉妬心を持つことなく、いかに理性的に対応できるかが円満な関係維持の鍵となる。

【1×9】

幅広い共感能力を持つ9の人は、あなたの個性的なセンスをとても良く理解してくれるだろう。一緒にいると、あなたの中でいまだくすぶっている才能を引き出してもらえる可能性がある。親しくなりたい場合は、なにかを依頼したり相談を持ちかけるとスムーズに距離が縮められるうえ、得られるものも多いだろう。

Your Life Path Number 2 & 11 × Partner's Life Path Number ?

【2 & 11 × 1】

目的に向かってまっすぐに進む、そんなストレートなエネルギーを持つ1の人と一緒にいると、あなたは多くの新鮮な刺激を受けるだろう。とかく、周囲を気にして遠慮したり、迷ったりしがちなあなたの背中を押してくれることもあるかもしれない。才能や資質のアピールの仕方について学びの多い相手である。

【2 & 11 × 2 & 11】

あらゆることに関する美意識の面で共通しているふたりは、一緒にいて違和感のない関係。ものを選ぶときの基準が似ているため、衝突したりストレスを感じたりすることは少ないだろう。双方が調和的発想をするゆえに嫉妬心も生まれにくい。どちらも受け身に回りがちな点はあなたが意識して改善していきたい。

【2 & 11 × 3】

軽やかな知性を持つ3の人は、あなたにとっては、一緒にいると多くのことを学ぶことのできる相手。新しい知識や情報をもたらしてくれるなど、あなたの能力の幅を広げるお手伝いをしてもらえる可能性も。ただ、ときとして3の人の調子の良さには惑わされがち。相手を甘やかし過ぎない姿勢も肝要である。

【2 & 11 × 4 & 22】

4 & 22はプランニング力と地に足のついた現実的な感性を持つ人。あなたにとって、とても信頼できる相手となるだろう。あなたの出したアイディアや願望を形にしてくれるところがなにより嬉しい点。ただ、融通のあまり利かない相手なので、新たな可能性を追求したいときにはやや煙たい存在となることもあるだろう。

【2 & 11 × 5】

次々と型破りな発想をする5の人は、守りに入りがちな2 & 11のあなたにとって、ハラハラさせられる相手だろう。自分にはない能力を持っているような気がして、うらやましさを感じることもあるかもしれない。けれども、相手もあなたの優れた美的センスに一目置くはずである。補い合える関係になれるだろう。

【2 & 11 × 6】

人に対する受容力を備えたふたり。たとえ、意見が食い違うことがあっても、どちらからともなく歩み寄り、協力し合うことができる相性である。6の人は、人の期待に応えたい気持ちが強いので、なにか要望がある場合は遠慮せずに伝えていきたい。むしろ、言いたいことを抑えると溝ができてしまう恐れがある。

【2 & 11 × 7】

独特な感性と観点を持つ7の人は、あなたにとってやや最初は理解し難い存在に思えるかもしれない。しかし、7の人は決して頑なではない。あなたが好意を持って近づいたなら、持ち前の洞察力と探究心で得た豊富な知識や情報を伝授してくれるだろう。適度な距離感を持って接すると良好な関係を保つことができる。

【2 & 11 × 8】

どっしりとした存在感を持つ8の人は、あなたにとって、能力や資質を磨くうえでは師のような存在となる傾向に。あらゆる面で尊敬の念を抱くようになるかもしれない。ただ、そうして下手に出ていると、なにかと言うとあなたのやることにダメ出しをしてくるようになる場合も。遠慮し過ぎないことが肝要である。

【2 & 11 × 9】

グローバルな感性を持つ9の人は、2 & 11のあなたにとっては新たな視点を与えてくれる貴重な存在。一緒に行動することで、「これが正しい」とずっと信じていたことが覆されるようなカルチャーショックを受ける場面も。ふたりとも許容度が高いので、与え合い、受け取り合う知識や情報、生きるヒントは多いだろう。

Your Life Path Number 3 × Partner's Life Path Number ?

【3×1】

軽快なあなたのトークや行動を一緒に盛り上げてくれる相手。仕事や趣味において良き相棒ともなり得る。迷ったとき、今ひとつ決め手に欠けるときなども、決断力があり、エネルギッシュな1の人はあなたを助けてくれるだろう。安定感の欠けるふたりだが、それぞれのクリエイティビティが活性化される相性である。

【3×2＆11】

包容力のある2＆11の人は、やや落ち着きに欠けるあなたの資質を丸ごと受け止めてくれる貴重な相手。自分にはない才能やセンスを持つあなたの言動には、一目置き、関心を持ってくれるはずである。あなたも考えがまとまらないときには、2＆11のゆったりとした姿勢、豊かな感性に助けられ、癒されることもあるだろう。

【3×3】

表現力とクリエイティビティにあふれるふたり。あなたと相手がタッグを組んでなんらかの計画を立てたりすれば、次々とアイディアが生み出される。一緒にいると、可能性が広がる感覚があるかもしれない。ただ、どちらも持続性に欠けるのが難点。なにかを成すにはあなたが気を引き締めてかかる必要があるだろう。

【3×4＆22】

軽やかな発想をするあなたからすると、堅実なプランニング力を持つ4＆22の人は、頼りになる半面、やや堅苦しい印象を抱く相手。中途半端な姿勢を見せていると、厳しい叱咤激励の言葉が飛んでくるかもしれない。しかし、あなたの多様さゆえに揺れ動く資質や才能を伸ばすのには大いに力になってくれる相手だろう。

【3×5】

型にはまらない考え方をする5の人は、あなたに多くの学びと刺激を与えてくれる人。一緒にいると、さらにあなたの能力の幅は押し広げられるだろう。ただし、マイペースな人なので、あなたが相手になにかを望んでも、気が乗らなければ放っておかれがち。無理強いしないで交流を持つのが円満の秘訣である。

【3×6】

　サービス精神が旺盛な6の人は、一緒にいるとなにかと助かる場面が多いだろう。あなたの粗忽な部分を補ってくれたり、やり過ぎ言い過ぎなどをフォローしてくれたりもするかもしれない。ただ、ときに相手の口うるさいところが面倒に感じることも。楽しませてあげるよう心がけて接していくとうまくいくだろう。

【3×7】

　7の人はあなたの好奇心や知識欲をくすぐる存在。探究心旺盛な人なので、あなたの知らないことを豊富に知っているはず。長い時間一緒に過ごすようにすると、得るものが多いだろう。短時間だと、ガードの堅い7の人は心を開いてくれない可能性がある。適度な距離を持ってじっくりかかわるのが有意義だろう。

【3×8】

　ストイックで統率力もある8の人は、楽天的な発想をする傾向にある3のあなたから見ると威厳のある人だと映る場合もあるだろう。尊敬する半面、恐れにも似た思いを抱きがち。でも、あまりにも感性が違うために、衝突することはない。あえて、歩み寄ることをしないと、なかなか善きものを与え合えない相性である。

【3×9】

　ゆったりとした広がりのある感性を持つ9の人は、一緒にいて心地良い相手。あなたのアイディアにさらにアイディアを上乗せしてくれたりと、相乗効果を生み出しやすい相性である。考えが煮詰まったり、停滞感を覚えたりした際には大いにあなたを助けてくれるだろう。対話を重ねていきたい相手である。

Your Life Path Number 4&22 × Partner's Life Path Number ?

【4&22×1】

　現実的な実行力があるふたり。ふたりが力を合わせれば、具体的に実りある成果を出すことが可能となる。1の人は、とかく守りに入りがちなあなたに前進力をプラスしてくれる。ただ、切磋琢磨できる相性ではあるものの、協力し合う意識は生まれにくい。適度な距離感を保ったつき合いのほうが円満だろう。

【4 & 22 × 2 & 11】
　あなたは計画を立て、実行に移し、2 & 11の人はそっとフォローに回る。そうした補い合う関係が自然と生まれる相性である。ただ、どちらも保守的な発想をするために、一緒に行動を重ねても新たな可能性は生まれにくい。なにかを持続させたり、信頼関係をもとにビジネスを展開させたりするのには有望な関係だろう。

【4 & 22 × 3】
　発想力が豊かな3の人のアイディアは、あなたの計画にボリュームを出すのに大いに役立ってくれる。物事の進め方や価値観は異なる面があっても、3の人の閃きには、あなたが頭をひねっても得られない輝きがある。意地を張らずに耳を傾けたい。時間をかけて理解を深めていけば、メリットを与え合える関係になれるだろう。

【4 & 22 × 4 & 22】
　堅実な発想をするふたり。企画力、運営力とも長けている同士なので、タッグを組んで仕事や課題にあたれば確実に成果は上がるだろう。ただ、双方とも型にはまりやすいタイプであるため、行き詰まった場合には解決策を見いだすのに時間がかかりがち。尊敬し合う心、あきらめない気持ちが円満具足な関係の秘訣に。

【4 & 22 × 5】
　優れた現実的な視点を持つあなたと、夢多き自由人の5の人。価値観や行動パターンも異なるふたりだが、だからこそ補い合える場面も多い。あなたは5の人と接することで新たな夢を抱き、5の人は、あなたに夢を現実化する術を学ぶようになるのだ。積極的に協力し、体験をシェアし合うと有意義だろう。

【4 & 22 × 6】
　先読みのセンスに優れたふたり。慎重かつ繊細な価値判断ができる6の人は、大きな計画を進めたい際には、そばにいてほしい存在かもしれない。相手がいることで、あなた自身の不安定な面がメンテナンスされ、補強される。頼りにすればするほど、進んであなたのサポートに回ってくれるだろう。

【4 & 22 × 7】
　建設的な学びのある相性。一緒にいることで、お互いの真面目な面がクローズアップ

されるからである。あなたも相手から知識や気づきをもたらされるだろうし、相手もあなたから多くのことを得るだろう。7の人の言葉は、その場ではピンとこなくてものちのあなたには有効なヒントとなるものも多いはずである。

【4 & 22 × 8】

リアリストのふたり。なにをするにも、いったん気持ちを固めれば結果を出そうとする資質の持ち主同士なので、スロースターターのわりに物事の展開は速い。あなたがひと言、「○○がやりたい」と言えば、次の瞬間には計画が練られ始めている、といった具合で進行していくことだろう。張り合わずに認め合うことが円満の秘訣に。

【4 & 22 × 9】

包容力があり寛大な資質を持つ9の人は、あなたにとっては、飾らない自分を見せられる数少ない相手になるかもしれない。人を頼りにするのが苦手なあなたも、9の人にだけは心を許せる傾向に。許すほどに、相互理解は深まっていく。あなたが相手の能力や資質を認めればこそ、あなた自身の魅力も輝き出すだろう。

Your Life Path Number 5 × Partner's Life Path Number ?

【5 × 1】

変化に対して柔軟な感性を持つふたり。1の人は、行動も俊敏で適応能力も高いので、自由な発想をもとに動くあなたにとって、一緒にいて違和感のない相手だろう。ただ、まめに意志確認をしていないと、お互いがマイペースゆえに気づくとバラバラの歩みになってしまいがち。あなたが意図的に歩み寄る必要がある。

【5 × 2 & 11】

2 & 11の人の美的センスや芸術的感性には、あなたも学ぶべきところが多いと感じるだろう。興味の方向が異なるため、親密になるきっかけを見つけにくい間柄ではあるが、一度、2 & 11の人の資質に触れると、その温かなムードにあなたも魅せられるはずである。関係性はじっくり育てていくのが賢明だろう。

【5×3】
　軽快なフットワークのふたり。どちらも明るい未来がやってくることを前提に物事を考えていくタイプなので、一緒にいて違和感はないだろう。むしろ、あらゆる計画は加速し、楽しみが増えるかもしれない。社交性に富んでいるため、3の人と行動をともにしていると確実に行動範囲と人脈の和は広がることだろう。

【5×4 & 22】
　スピーディーかつ柔軟性のあるあなたから見ると、堅実な発想をする4＆22の人は堅苦しい人に映る場合もあるだろう。現実的な視点からものを言うので、あなたとしては耳が痛い面もあるかもしれない。しかし、あなたが描くプランに危ういところがあったりすると、4＆22の人は大いに頼りになる相手である。

【5×5】
　冒険心と度胸が強みのふたり。このふたりが共同作業をおこなえば、周囲をハッとさせるほどの成果を上げることが可能である。守りに入ることなく、挑戦し続ける日々が繰り広げられるかもしれない。ただ、飽きっぽさゆえに、すぐに気が変わりがちなのが難点。末永く円満な関係でいるのには忍耐力を養う必要があるだろう。

【5×6】
　面倒見の良い6の人は、ときに大胆不敵な行動に出るあなたを良くフォローしてくれる相手。危ない橋を渡るような場合には、しっかりと諭してくれるはずである。あなたが望むのであれば、成功のための作戦も練り上げてくれるだろう。素直に頼っていきたい。「感性が違う」と決めてかからずに接したい相手である。

【5×7】
　独自の美意識のもとに行動するふたり。それぞれが自分の世界を持って、それを大事にしているために、お互いがお互いに迎合することはない。馴れ合いの関係にはなりにくいので、同僚、クラスメイトとしても良きパートナーでいられる。相手が正しいと思うことを尊重し、聞く耳を持っていくことが大切である。

【5×8】
　度胸が良いところがふたりの共通点。どちらも、いざという場面において思い切りが

良いために、特にふと訪れたピンチ、行き詰まった状況に遭遇したときには、そばにいてくれると嬉しい相手だろう。ストイックな8の人と一緒にいると、あなたの中で忍耐力と物事の達成能力が身につくのもメリットである。

【5×9】

グローバルな視点と寛容な資質を持つ9の人は、5の人から見ると憧れの存在。「あんな風に生きられたら」とか「あの人のように○○が上手になれたら」と、9の人の持つ才能や魅力に触れるたび、目標がひとつずつ増えていくかもしれない。あなたに新たな視点とやる気を与えてくれる存在となるだろう。

Your Life Path Number 6 × Partner's Life Path Number ?

【6×1】

あなたは1の人のまっすぐな情熱やエネルギーに圧倒され、魅力も感じることだろう。得意とすることや興味の方向性は異なるふたりだが、なにかに向かうときの純粋さは同様。頼ったり頼られたりすることで、大きなプランを成し遂げられる可能性がある。あなた自身も助力しがいのある相手だと感じるだろう。

【6×2&11】

信頼と愛を重視するふたりの感性は馴染みやすい。あなたと異なる点があるとするなら、2&11の人は比較的マイペース。一方の6のあなたは義務感や責任をひとり背負い込みがちな傾向がある。相手が楽をしているように見える場合も。同質性にフォーカスすると濃密な協力関係を結ぶことができるだろう。

【6×3】

頭の回転が速い3の人とは、知的な交流をはぐくむことのできる相性である。3の人が知り得た情報や知識を、あなたが肉づけし、具体的に応用していく。そうした役割分担ができると実り多い関係になる。ただし、3は責任や束縛感を嫌う傾向にあるため、相互に重荷にならない関係性を築く配慮は必要だろう。

【6×4 & 22】
　面倒見の良い6の資質を備えたあなた。努力家の4 & 22の人の言動を見ていると、ついついフォローの手を差し伸ばし、応援したくなることも多いだろう。4 & 22の人は計画を確実に形にしていくタイプなので、一緒に行動していればあなたにもメリットは流れてくるだろう。遠慮せずに、助言や尽力をおこないたい。

【6×5】
　雄々しいほどの冒険心や勇気を持つ5の人は、保守的傾向の強い6のあなたから見ると、ハラハラさせられる相手。つい説教したくなることもあるだろう。共通点は少ないが、お互い相手の能力を密かに認めていたりもする。素直に感謝と尊敬の気持ちを伝えることでより良い関係へと成長することができるだろう。

【6×6】
　きめ細やかな気遣いのできるふたり。一緒にいるととても心地良く、ストレスの少ない時間を過ごすことができる。教えたり教えられたり、支えたり支えられたり。そうした愛と思いやりの呼吸作用が自然におこなわれるはずである。遠慮せず、与えてもらえるものを受け取るのが豊かな関係を維持する秘訣である。

【6×7】
　繊細な感性を持つふたり。心配性の部分が前面に出てしまうと、お互いに「この人は本当はどういう人?」と探り合いをしがち。存在を頼りにしながらも完全には信じられない、という微妙な関係に陥ることも。あなたの人を導くセンスで7の人の魅力と才能を引き出したい。あなたのメリットにもつながるはずである。

【6×8】
　8の人が得意とするのはマネジメントすること。人やものを適材適所に配置するのがうまいため、この相手とともに行動していると、自分がなに者なのかがはっきりわかったりする。ただ、上から目線で接してくる場合もあり、それがあなたのプライドを傷つけることも。包み込んであげる気持ちでいると良い関係が築ける。

【6×9】
　感性も考え方も馴染みやすいふたり。視野が広く、良く気のつく9の人は、あなたの

影ながらの努力、気遣いにも理解を示してくれるだろう。あなたも相手の寛容さ、器用さなどの資質には一目置くはずである。お互い具体的な形でフォローし、協力し合うことで、さらに実り多い関係に成長していくだろう。

Your Life Path Number 7 × Partner's Life Path Number ?

【7×1】

知性派のあなたからすると、行動派の1の人は、能力やエネルギー的にかなわない存在だと思えるかもしれない。けれども、逆もしかりである。1の人も、顔に出さずともあなたのことを内心、尊敬していることだろう。打ち解け合うことができれば、あらゆる面で大いに協力し合える関係となるだろう。

【7×2&11】

協調性に富んだ2&11の人は、あなたの独特な感性や豊富な知識に関心を持ち、歩み寄ってくる可能性は高い。あなたが心を開いたなら、親しく協力し合える関係となれるだろう。しかしながら、刺激という意味では2&11の人からインスパイアされることは少ないかもしれない。適度な距離感でつき合うのが円満の秘訣に。

【7×3】

表現力やトークの術に富む3の人は、一緒にいて学ぶことの多い相手。とかく、マニアックな趣味に留まりがちなあなたの知識やスキルを、生かす場を与えてもらえたり、なんらかの新しいアイディアをもらえる可能性も。話や感性が合わずとも、根気良くつき合っていくと得るものがあるはずである。

【7×4&22】

お互いあまり派手な自己表現をしないために、内心、一目置いていたとしてもその気持ちが通じ合うのには時間がかかりがち。あなたにとって、4&22の人の優れた現実感覚は学ぶことが多いはずなので、積極的に観察し、問いかけてみると得るものがあるだろう。ビジネススキルを上げるには頼れる相手になるかもしれない。

【7×5】

好奇心が旺盛なところは共通しているふたり。けれども、真摯な探求心を持つあなたには、5のひたすら刺激を求めていく姿勢は、「ついていけない」と感じることが多いだろう。才能を認め合いながらも、協力しづらい関係。けれども、遊び心を取り入れたい場合、5の人は有能なアドバイザーとなるだろう。

【7×6】

細やかな気遣いのできる6の人は、身近にいてもらえると助かる存在。口出ししてほしくないポイントに関しては放っておいてくれるので、マイペースなあなたとしても居心地の良い相手となる。6の人は、あなたの環境への受容力を広げてくれる人。頑なにならず、心の扉を開いていくと才能開花にもつながるだろう。

【7×7】

興味を持つ分野が共通しているなら、ともに切磋琢磨し、能力を伸ばしていくことのできる組み合わせ。ただし、どちらも独自の世界観を持っていて、頑固にポリシーを貫くタイプであるゆえ、意見の対立やライバル心も芽生える可能性は高い。知識を分け合い、お互いの成長を喜び合う感性を養いたい。

【7×8】

必要な知識やスキルを身につける能力、計画したことをきっちり成し遂げるセンスを持つ8の人は、一緒に行動していて得るものが多いだろう。あなたの強く出られない部分、現実感覚に疎いところを補ってくれるはずである。ビジネスで成功したい、もっと高みに上りたい場合は味方につけておくと有望だろう。

【7×9】

探求心旺盛なふたり。「より良い未来を創っていく」という意図のもとで協力し合ったなら、かなり実りある成果を上げられるだろう。専門性の高いあなたの知識やスキルにも理解を示し、高い評価をしてくれる可能性がある。あなたも9の人のグローバルな視点には、多くの刺激を受けることだろう。

Your Life Path Number 8 × Partner's Life Path Number ?

【8×1】

パワフルな前進力を持つふたり。尊敬し合える関係ながら、双方が負けず嫌いゆえに打ち解けづらい組み合わせである。けれども、歩み寄り、お互いがお互いの良いところを知ろうとすることで、溝は消滅する。衝突するのを恐れずに近づいてみたい。意地を張らずにいれば、円満に折り合うことも可能となる。

【8×2&11】

柔らかく柔軟な対人センスと美意識を持つ2&11の人は、とかく力みすぎてしまうあなたの清涼剤となってくれる可能性がある。ただ、圧倒的な存在感を放つのがあなた。ときとして、かかわる相手を無意識ながら威嚇してしまう場合がある。接近をはかりたい場合は、あなたのほうから下手に出て親しみをかもし出す必要があるだろう。

【8×3】

物事を楽しむ才能に関しては抜きん出ている3の人は、一緒にいて心が明るくなる相手だろう。しかしながら、仕事上のパートナーシップを組んだり、大切なことを任せたりするのには、少々頼りなさを感じるかもしれない。けれども、柔軟性のある人なので、あなたのリードであなたが望むパートナーに育てていくことも可能だろう。

【8×4&22】

優れた現実的感覚を持つふたり。一緒になにかの計画を立てたなら、それは必ず実行に移され、きっちりとした結果も出されていくだろう。ビジネス上で協力し合ったならかなり強力。4&22の人はあなたの良きサポーターであり、フォロワーにもなってくれる。偉ぶらずに接するのが円満の秘訣である。

【8×5】

どちらも、常に目標へと挑みかけるチャレンジ精神の持ち主。5の人は遊び心あるやり方で向かい、あなたは計算されたやり方で向かう。スタンスはまるで異なるものの、センスや能力は自然と認め合うことができるだろう。5の人の型破りな視点、独自の発想法は吸収しておくとあなたにもプラスになるはずである。

【8×6】

人や社会の役に立ちたい気持ちが強いふたり。他者のニーズに応えることが上手な点は、お互いに引けをとらない。そのため、ともに行動していても邪魔し合うこともなく、良き協力関係を築くことができる。6の人の繊細さや謙虚さ、慈愛の心を学ぶことによって、あなたの資質や能力も一段と輝きを増すだろう。

【8×7】

知識欲と探究心が旺盛な7の人は、本物志向の8の人にとっては尊敬に値する人。まるで接点がない関係から、ふとしたことで急に親密になる場合がある。あなたにとってプラスとなる情報を持っている可能性があるので、遠慮せずに近づいてみたい。7の人にとってもあなたは頼れる存在となるはずである。

【8×8】

粘り強く、目標へと向かっていく野心を秘めたふたり。一緒にいると、さらに圧倒的な存在感が際立つことだろう。ただ、どちらも負けん気が強く、一度やると決めたら引かないタイプ。張り合うようなポジションになった場合には、激しく火花を散らすことになる可能性も。互いにフォローし合う姿勢が円満の鍵となる。

【8×9】

グローバルな視点と寛大な資質を持つ9の人は、一緒にいて開放感のある相手。リラックスできるため、なにかと気負いがちな8のあなたの才能や可能性が引き出されやすい関係だろう。多才な9の人の意見や物事への取り組み方は、大いに参考になるはずである。できるだけ長い時間を過ごし、良いところを吸収したい。

Your Life Path Number 9 × Partner's Life Path Number ?

【9×1】

まっすぐな意志力とバイタリティを持つ1の人は、あなたにとって、とても新鮮な刺激を受ける相手だろう。一緒にいると、活力がわいてくるような感覚があるかもしれない。ただ、1の人の協調性に欠ける点には手を焼かせられがち。さりげなくサポートし導くことで、あなたの資質も伸ばされるだろう。

【9×2 & 11】
　愛と信頼を大切にするふたり。考え方が馴染みやすいため、ともに過ごす時間を重ねていくごとに、親密度は確実に深まっていくだろう。2 & 11の人の遠慮しがちな傾向を癒し、意識してフォローしてあげると、あなたも自由に振る舞えるようになる。持っている知識や能力を分け合うことで実り多い関係になれるだろう。

【9×3】
　趣味やセンス、興味の方向性などにおいては、あまり接点のないふたり。しかし広範囲に意識が広がっている点は似ているので、対話を重ねていくと学ぶことも多い。あなたが自分では気づいていないあなたの良さを教えてもらえたり、素晴らしいアイディアを授けてくれる可能性も。楽しんで交流を持っていきたい相手である。

【9×4 & 22】
　4 & 22の人は現実的な感覚に優れているタイプ。とかく、精神性にばかり走りがちな9のあなたの行動面、具体的な計画面においては、とても秀逸なサポーターとなってくれるだろう。甘えベタの4 & 22の人もあなたには心を開きやすいはずなので、大いに豊かな協調関係築くことができる可能性がある。

【9×5】
　冒険心旺盛な5の人は、達観した発想に向かいがちな9の人の思考パターンに刺激を与えてくれる。ただ、あなたが軽視しがちなものに、相手は価値を見いだして楽しんだりするためにすれ違いは多い。しかしながら、異なるからこそ、向き合ったときに大きな発見があるのだ。気負わずに交流を持っていきたい。

【9×6】
　人のニーズをキャッチするのがうまいふたり。プライベートにおいても、仕事や目指している課題においても、大いに助け合うことのできる相性である。ただ、広く大きな視点を持つあなたのほうが、結果としては導き諭す側となりがち。頼りたいときは、どうしてほしいか明確に告げることが肝要である。

【9×7】
　精神的な事柄を重んじるふたり。世の中のためになにかしたいと思うとき、大いに協

力し合える関係である。あなたは7の人の持つ知識や情報、ピュアな探究心に支えられ、相手もあなたのグローバルな視点に助けられる。適度にギブ＆テイクが成り立つ関係である。公私ともに良きパートナーとなれる可能性もある。

【9×8】

　8の人の存在感、物事を推進するパワーは、あなたの目には輝かしく映るだろう。素直に力になりたいと思うかもしれない。けれども、密な交流を持つと、強引で支配力を持った8の人の資質が重荷に感じる場合も。そんなときは、たいてい相手もストレスを感じている。そのムードに飲み込まれてしまわず、あなたが意識してリラックス空間を創ってあげたい。じっくり向き合うほど得るものの多い相手である。

【9×9】

　共感能力が高いふたり。どちらも相手に合わせようという意識を持つために、一緒にいて違和感のない相手だろう。9はそもそも平和主義的発想の持ち主なので、自然と協力体制は整ってくる。相手はあなたの良さを伸ばしてくれるし、あなたも相手の長所を引き出すことができる。応援する気持ちが円満の秘訣である。

[Lesson 13]
ディスティニー・ナンバー×ディスティニー・ナンバー
Destiny Number × Destiny Number

ディスティニー・ナンバーは「運命の数」。その人がどんな運命を持って生まれてきているのか、課せられている使命はなんなのかを示すナンバーである。

人は無意識に使命に添った生き方や考え方をし、目的を掲げて人生を歩んでいく。その前提に則っているのがディスティニー・ナンバーなので、このナンバーの相性は、生き方や価値観の共通点と馴染みにくい点を浮き彫りにする。

単純に相性が良いか悪いか、ふたりの人生観が合うか合わないかより、どう自分に相手の要素を取り入れていくか、そういった視点を見ていくことでこのナンバーの導き出す答えは、あなたに豊かな恩恵をもたらしてくれる。

Your Destiny Number 1 × Partner's Destiny Number ?

【1×1】

ディスティニー・ナンバー1の人の使命は人々の先頭に立つこと。果敢に新たな物事へと切り込んでいくことをテーマとするナンバーである。そんなふたりの関係は当然、アクティブなものとなる。ともに生きる限り、刺激し合い、切磋琢磨していくことになるだろう。要所要所で譲り合い、尊重することが肝要である。

【1×2 & 11】

ディスティニー・ナンバー2＆11の使命は、人間関係に和をもたらすこと。果敢に挑みかけることをモットーとする1のあなたとは、今ひとつ歩調が合わない。難しい局面において、あなたは立ち向かったとしても、相手は留まるだろう。けれども、あなたの暴走を引き止め、和を持って事を成すことを教えてくれる相手でもある。

【1×3】

ディスティニー・ナンバー3の使命は、多くの人に楽しみや喜びをもたらすこと。基本的にのびのびと人生を送ることをモットーとしている。なにかを成したい意志が強い1のあなたとは、目的はかみ合わない場合も多い。けれども、あなたが「楽しむこと」

に意識を向けたなら、協力して使命を果たせる関係である。

【1×4 & 22】

ディスティニー・ナンバー4 & 22の使命は、意義あるものを生産すること。後進者のために土台を創っておく役割を持つ人である。勢いで飛び出しがちな1のあなたとは、考え方は相容れないことも多い。けれども、あなたの漠然としたアイディアや行動に、ルールと秩序を与えてくれる貴重な存在となるだろう。

【1×5】

ディスティニー・ナンバー5の使命は、型に囚われず、新たな可能性を人々に示していくこと。開拓者としての役割を持つ1のあなたとは、行動傾向も似ていて、人生観も馴染みやすいだろう。張り合うことなく、必要なときは助け合うことができる相性である。一緒に行動すると、興味の幅が広がっていくだろう。

【1×6】

ディスティニー・ナンバー6の使命は、人々を助け導くこと。ゆえに6の人は人の役に立ちたい気持ちが強い。独立独歩の1のあなたとは、生き方は異なるものの、違うだけに補い合う関係になれる。あなたが感謝と尊敬の念を抱くことを忘れない限り、あなたの良きサポーターであり、理解者となってくれることだろう。

【1×7】

ディスティニー・ナンバー7の使命は、世の中の真実を探求すること。よって、7の人はなにかにつけ物事を突き詰めて考える傾向がある。「思案より行動」というタイプの1のあなたとは生き方が対立する。けれども、使命に真摯な姿勢は共通しているふたり。密な関係になれずとも、必要なときに助け合える絆を結べるだろう。

【1×8】

ディスティニー・ナンバー8の使命は、力を得て、目的を達成すること。果敢に目の前の課題と目標に挑みかけていく1のあなたとは意欲やモチベーションにおける部分で共通点が多い。ただ、8の人も独立独歩のタイプなので、同じ分野で協力し合うのは難しい。異なる領域で活躍したほうが良き相談相手となるだろう。

【1×9】
　ディスティニー・ナンバー9の使命は、世のため人のために働くこと。正しいと信じたことにピュアに向かっていく1のあなたとの共通点は「正義感の強さ」にある。社会の歪みなどに対して立ち向かう場合、強力な同志となるだろう。プライベートなパートナーとしても錆びない良い関係を築いていくことができる。

Your Destiny Number 2 & 11 × Partner's Destiny Number ?

【2 & 11 × 1】
　ディスティニー・ナンバー1の使命は、人々の先頭に立ち、開拓していくこと。他者のサポートや環境に和をもたらすことをモットーとする2 & 11のあなたとは、そもそも生き方が異なる。けれども、違うからこそ相手はあなたを頼りにし、あなたも相手の役に立つことが可能となる。良き相補関係を結べる相性である。

【2 & 11 × 2 & 11】
　ディスティニー・ナンバー2 & 11の使命は、人々に和をもたらすこと。人とのつながりこそが人生を創る源であると考えるふたりは、当然ながら好相性である。平和的に関係をはぐくんでいくことができるだろう。ビジネス上のつき合いだとしても友好的。お互いにお互いの良さを学び、穏やかに成長することができるだろう。

【2 & 11 × 3】
　ディスティニー・ナンバー3の使命は、人々に喜びと楽しみをもたらすこと。和やかな人間関係を営むことを重要視する2 & 11のあなたとは、生き方も考え方も比較的馴染みやすい。ともに協力し合えば、心地良い住環境、職場などを創ることが可能に。一緒にいることで、積極的なスタンスが学べるだろう。

【2 & 11 × 4 & 22】
　ディスティニー・ナンバー4 & 22の使命は、豊かさを生むものを形作ることである。2 & 11のあなたとは安定志向であるところが共通点。4 & 22の人は、あなたの願う調和的な人間関係が営まれる社会のために、大いに力になってくれるだろう。生きる方向性も近いので確かな信頼関係が生まれていくだろう。

【2&11×5】
　ディスティニー・ナンバー5の使命は、既存の価値観を作り変え、新たな可能性を追求すること。平和的な生き方を望む2&11のあなたとは、あまりかみ合わない相性である。一緒に行動していると、あなたが5の人に振り回されがちに。使命を果たしたい場合には、適度な距離感を保っておくのが賢明だろう。

【2&11×6】
　ディスティニー・ナンバー6の使命は、人々を助け導くこと。人間関係の和をなによりも大切にしたい2&11のあなたとは、生きる方向性も似ているので、公私共々良きパートナーとなれる相性である。一緒にいることで、使命を果たすための計画が加速度をつけて進行し、世の役に立つ善きことも発展させていくことができるだろう。

【2&11×7】
　ディスティニー・ナンバー7の使命は、世の中の真実を探求すること。なににしろひとりで取り組むことを好む傾向にあるため、人間関係の和をモットーとするあなたとは、考え方からして相容れない。相手からの歩み寄りは期待できないので、あなたから折り合っていくことで円満な関係を築くことができるだろう。

【2&11×8】
　ディスティニー・ナンバー8の使命は、力を得て、目的を達成すること。結果重視という厳しいタイプである。「みんな仲良く」といった平和主義的な生き方を望む2&11のあなたとは、そもそも考え方が合わない。けれども、あなたが内助の功の役割に徹することができれば良きパートナーシップが築ける相性である。

【2&11×9】
　ディスティニー・ナンバー9の使命は、世の中をより良くするために働くこと。人々に和をもたらすことをモットーとするあなたとは、求める生き方に共通点が多いため、一緒にいて違和感のない相手だろう。人生を分かち合うには良きパートナーだと言える。豊かさを与え合える関係へと育つ可能性が高い。

Your Destiny Number 3 × Partner's Destiny Number ?

【3×1】
　ディスティニー・ナンバー1の使命は人々の先頭に立つこと。新しいものを好んで取り入れる姿勢は似ているふたりだが、1の人ほどの情熱や勢いは3のあなたにはないだろう。日常的な場面では意気投合しても、生き方という意味では少々ズレがちである。あなたがいかに楽しませてあげるかが円満の鍵となる。

【3×2 & 11】
　ディスティニー・ナンバー2＆11の使命は、人々に和をもたらすこと。基本的に楽天的な生き方をモットーとする3のあなたとは、平和主義的な面で相通ずるところがある。ともに協力し合えば、心地良い住環境、職場などを作ることが可能に。一緒にいることで、癒された生活が送れるようになるだろう。

【3×3】
　ディスティニー・ナンバー3の使命は人々に喜びをもたらすことである。もともと楽天的なスタンスで生きる人同士なので、自然と協力し合える好相性。ふたりと同じ現場に居合わせた人も、きっと「楽しい」と感じるはずである。それくらい良好な関係をはぐくむことのできる間柄である。のびのびと使命を果たせるだろう。

【3×4 & 22】
　ディスティニー・ナンバー4＆22の使命は、意義あるものを生産すること。後から続く人のために土台を作る役割を持つ人である。興味を持てるか否かを物事の判断基準にする3のあなたとは生き方も目的も異なる。けれども、あなたが楽しみを分かち合うべく相手に近づいたなら、協力関係は成立するだろう。

【3×5】
　ディスティニー・ナンバー5の使命は、既存の価値観を作り変え、新たな可能性を追求すること。のびのびと生きることをモットーとする3のあなたとは、型にはまらない発想をするところが似ている。どちらも自立心が強いが、それぞれの価値観を尊重し合えば、必要なときは助け合える関係性を築けるだろう。

【3×6】

　ディスティニー・ナンバー6の使命は、人々を助け導くことである。「人の笑顔が見たい」という願いがモチベーションとなっている点では似ているふたりである。けれども、3のあなたにとって、責任感や義務を重要視する6の人は、やや堅苦しく感じることも。あなたが楽しませることで良好な関係に。

【3×7】

　ディスティニー・ナンバー7の使命は、この世の真実を探求し、究明することである。興味を持ったことを追求していこうとする情熱に関しては似ているふたり。けれども、7の人は殻の中に閉じこもりやすいため、あなたのほうから働きかけないと関係性は一向に深まらない。積極的に問いかけるといいだろう。

【3×8】

　ディスティニー・ナンバー8の使命は、力を得て、目的を達成することである。ストイックなまでに努力を重ね、計画を遂行する人なので、楽天的なスタンスの3のあなたとは生き方が全く異なる。協力体勢を整えるなら、しっかりとコミュニケーションを取り、目的意識を一本化する必要があるだろう。

【3×9】

　ディスティニー・ナンバー9の使命は、世のため人のために働くこと。社会の役に立ちたい気持ちが強い人である。自分が楽しむことを優先するナンバー3のあなたとは、行動や考え方も異なる点が多い。けれども、どちらも柔軟性があるので、理解し合おうという気持ちがある限り、良好な関係は築けるはずである。

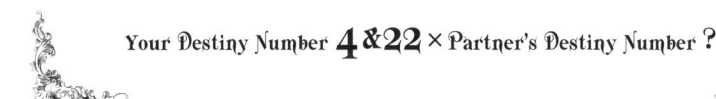

Your Destiny Number 4 & 22 × Partner's Destiny Number ?

【4 & 22 × 1】

　ディスティニー・ナンバー1の使命は、人々の先頭に立ち、開拓していくこと。堅実かつ慎重派のあなたとは、生き方という意味では共通点は少ない。けれども、同じ方向に目的を定めた場合、前進力のある1の人は強力なパートナーとなるだろう。計画実行のために手を借りるには申し分のない相手である。

【4 & 22 × 2 & 11】

　ディスティニー・ナンバー2 & 11の使命は人々に和をもたらすこと。じっくりと揺るぎない人間関係をはぐくむことをモットーとしている。堅実な生き方を好む4 & 22のあなたとは、安定志向であるところが共通点。計画を進めていくうえでは、心身ともに支えになってくれる相手。信頼関係をはぐくみやすい好相性である。

【4 & 22 × 3】

　ディスティニー・ナンバー3の使命は、人々に喜びと楽しみをもたらすこと。意義あるものを生み出そうと心がける4 & 22のあなたとは、モチベーションが異なるために共通点は少ない。けれども、ときとして型にはまった考え方に陥りがちな4 & 22のあなたには貴重な存在。意地を張らず力を借りていきたい相手である。

【4 & 22 × 4 & 22】

　ディスティニー・ナンバー4 & 22の使命は、物事を秩序立てることである。どちらも段取りや下準備を怠らないタイプなので、一緒にいてストレスを感じることは少ないだろう。かゆいところに手が届くようなコミュニケーションがはかれるかもしれない。使命を果たすうえでは大いに力になってくれるだろう。

【4 & 22 × 5】

　ディスティニー・ナンバー5の使命は、古く凝り固まった状態に新しい風を吹き込むことである。既存の価値を大事に考える4 & 22のあなたとは、真っ向から考え方が対立する。あなたの言動すべてに、異なる意見を申し立ててくる場合も。正論を振りかざさず、聞く耳を持つのが円満の秘訣。遊び心を持って接していきたい。

【4 & 22 × 6】

　ディスティニー・ナンバー6の使命は人々を助け導くこと。「人の役に立ちたい」「安定した生活がしたい」というモチベーションから、あらゆる選択をするタイプである。その点はあなたとも共通事項が多いはずである。なんらかの計画を進める際は、あなたがプランを練って、細かな下準備は6の人に頼むとスムーズに進むだろう。

【4 & 22 × 7】

　ディスティニー・ナンバー7の使命は、この世の真実を探求すること。理知的なタイ

プで、どちらかというと実行力に欠ける。有言実行タイプの4＆22のあなたとは、なにをするにも動機が異なる傾向に。けれども、7の知識や視点は、現実的な判断に偏りがちなあなたの視点に冷静さを加えてくれる。大いに助言を請いたい。

【4＆22×8】

ディスティニー・ナンバー8の使命は、力を得て、目的を達成することである。計画したことは実行し、きっちり意義のある結果を出していこうとするナンバー4＆22の生き方とは、相通ずるところが多い。統率力のある8のパワーは味方につけてしかるべき。スピーディーに使命を果たすことができるようになるだろう。

【4＆22×9】

ディスティニー・ナンバー9の使命は、世のため人のために働くことである。努力家でどっしりとした意志を持つ4＆22のあなたは、9の人からすると一緒にいて安心する相手。あなたとしても、9の人の視野と人脈の広さが助けとなる。やりたいことが具現化し、未来ヴィジョンも明確になっていく感覚があるだろう。

Your Destiny Number 5 × Partner's Destiny Number ?

【5×1】

ディスティニー・ナンバー1の使命は人々の先頭に立ち、開拓していくこと。古く凝り固まった状態に変化を加え、新たな可能性を追求することをモットーとする5のあなたとは、行動パターン的にも考え方も相通ずるところが多い。一緒に行動すると、使命が具現化するスピードが加速するうえ、新たな楽しみが得られるだろう。

【5×2＆11】

ディスティニー・ナンバー2＆11の使命は、人間関係に和をもたらすこと。既存の価値観を作り変え、新たな可能性を追求することをモットーとするあなたとはかみ合わない点が多いだろう。身勝手な言動で振り回さないように気をつけたい。一緒にいると、平和的な物事のまとめ方、解決の仕方を学ぶことができる。

【5×3】

　ディスティニー・ナンバー3の使命は、人々に喜びをもたらすこと。のびのびと生きることをモットーとしている。型にはまらない考え方をするところがふたりの共通点。しかしながら、お互いに自立心が強いため、密に協力体勢をとるよりは、一定の距離を保ちつつ、必要なときは助け合うスタンスでいるとスムーズにいくだろう。

【5×4＆22】

　ディスティニー・ナンバー4＆22の使命は、かかわる環境に秩序と安定をもたらすこと。古く凝り固まった状態に新しい風を吹き込むことがモットーの5のあなたとは、真っ向から考え方が対立する。同じ趣味や仕事を持つなど、常に近い距離にいると衝突するのは必須だろう。自立した人間関係を築くのが円満の秘訣である。

【5×5】

　ディスティニー・ナンバー5の使命は、既存の価値観を打破し、新しい可能性を見いだしていくことである。停滞している分野における変革を目指したり、伝統的な風習に変化を加えていきたいと強く願う際には特に、良きパートナーとなれる。お互いを尊重し、束縛し合わない関係を築いていくと、末永く円満でいられるだろう。

【5×6】

　ディスティニー・ナンバー6の使命は、人々を助け導くこと。常に他者へと心が開かれている人である。一方のあなたは、自由を愛する自立心旺盛な人。使命という意味では、あまり接点のないふたりである。けれども、あなたの遊び心のあるスタンスは、ときとして懸命になり過ぎる6の人にとって癒しとなるだろう。

【5×7】

　ディスティニー・ナンバー7の使命は、この世の真実を探求し、究明していくこと。新しいものや未知の領域への冒険心を持つナンバー5のあなたとは、情熱や野心、使命感を持って物事にあたっていく点がとても似ている。あなたのほうから、相手の知識を引き出すべく接していくと得るものが多いだろう。

【5×8】

　ディスティニー・ナンバー8の使命は、力を得て、目的を達成していくことである。

野心的でパワフルなエネルギーを持つところは共通しているふたり。ただ、自由な生き方を好む5のあなたには、8のストイックな姿勢は息苦しく感じることも。あなたがリラックスさせてあげるよう心がけると良いだろう。

【5×9】

ディスティニー・ナンバー9の使命は、世のため人のために働くことである。人を助けたい気持ちが強いタイプなので、あなたが助力を求めれば快く応じてくれるはずである。また、9の人はあなたに「今いるべき場所」を教えてくれる存在。使命から外れた気がして不安なときは相手の助言を慎重に聞き入れるといいだろう。

Your Destiny Number 6 × Partner's Destiny Number ?

【6×1】

ディスティニー・ナンバー1の使命は、人々の先頭に立ち、開拓していくこと。人の役に立つこと、義務や責任に忠実であることをモットーとする6のあなたとは、生き方がまるで異なる。けれども、だからこそ補い合うことができる関係である。1の人の目が届かないところをフォローしてあげると信頼を得ることができるだろう。

【6×2＆11】

ディスティニー・ナンバー2＆11の使命は、人間関係に和をもたらすこと。人々を助け導くことをモットーとする6のあなたとは、生きる方向性も似ているので、公私共々良きパートナーとなれる相性である。協力体勢を整えることで、使命を果たすための計画が加速するうえ、喜びや幸せも感じられるだろう。

【6×3】

ディスティニー・ナンバー3の使命は、人々に喜びや楽しさをもたらすこと。人の役に立ちたい気持ちの強いあなたとは、相通ずるところも多いだろう。基本的にどちらも人々の幸せを願う意図が根底にあるので、一緒にいて心地良さがあるはずである。しかしながら、楽天的な発想の3の言動には少々手を焼くかもしれない。

【6×4 & 22】

　ディスティニー・ナンバー4＆22の使命は、かかわる環境に安定と秩序をもたらすことである。責任感が強く、義務にも忠実。やや保守的な生き方を好む点では、非常に似ているふたりである。人生上のパートナーとしても安心できる好相性。ビジネスの面でも、良くフォローし合える関係になれるだろう。

【6×5】

　ディスティニー・ナンバー5の使命は、古い既存の価値観を壊し、新たな可能性を開いていくこと。人とのつながりや情を重要視する6のあなたからすると、5の人の生き方は、少々乱暴でドライに感じるかもしれない。人生上のパートナーとしては相容れなくても、趣味や遊びの面では良き仲間となれるはずだ。

【6×6】

　ディスティニー・ナンバー6の使命は、人々を助け導くことである。自分よりもまずは人、愛する同胞のためにできることはないかと考え、真摯にサービス精神を発揮していく。自然と愛情を与え合えるふたりはかなりの好相性。ただ、お互いが遠慮しがちな点は厄介。あなたが意識してリードをとっていきたい。

【6×7】

　ディスティニー・ナンバー7の使命は、この世の真実を探求することである。繊細な視点を持つ点では似ているふたり。ただ、7は自立心が旺盛なために協力関係は結びづらい。人の役に立つことを喜びとするあなたにとっては一緒にいても寂しい相手かもしれない。適度な距離感があったほうが円満な相性である。

【6×8】

　ディスティニー・ナンバー8の使命は、力を得て、目標を達成することである。責任感や目的意識が強いところが共通しているふたり。仕事にしろ、プライベートなパートナーシップにしろ、揺るぎない関係性が築ける好相性である。あなたのきめ細やかなフォローを野心家の8の人は大いに喜ぶだろう。

【6×9】

　ディスティニー・ナンバー9の使命は、世のため人のために働くこと。社会のために

意義あることを成せたときに生きがいを感じる傾向がある。人の役に立ちたい気持ちの強い6のあなたとは、相通ずるところも多いだろう。また、9の人のグローバルな視点は、あなたが遭遇する行き詰まりを回避するのに役立つはずである。

Your Destiny Number 7 × Partner's Destiny Number ?

【7×1】

ディスティニー・ナンバー1の使命は、人々の先頭に立つことである。関心事をとことん突き詰めていくことをモットーとする7のあなたとは、一途な情熱を持つ点が共通している。知性派のあなたと実践派の1の人とでは、行動スタンスは異なるものの、歩み寄る意識を持てば助け合える関係になれるだろう。

【7×2&11】

ディスティニー・ナンバー2&11の使命は、人間関係に和をもたらすことである。探究心を持って、ひとり真実に挑もうとするナンバー7のあなたとは、共通点が少ない。使命をともに目指すにはもの足りないパートナーだろう。けれども、プライベートの面においては2&11の人の気遣いや優しさには救われることが多いはずである。

【7×3】

ディスティニー・ナンバー3の使命は、人々に喜びをもたらすこと。興味の方向性が一致した場合には、一緒に楽しみながら人生を探求していくこともできる。ただ、もともと3の人は好奇心旺盛で、目的を一本化することを好まない傾向にある。いずれ歩調が乱れる可能性も。お互いの価値観を尊重することが円満の鍵となる。

【7×4&22】

ディスティニー・ナンバー4&22の使命は、かかわる環境に安定と秩序をもたらすこと。具体的に行動を起こしていく実践派である。知性派のあなたとは正反対とも言える価値観の持ち主。共通点は少ないが、ときとしてリアルな視点を見失いがちなあなたにとって、いざというときに頼りになる相手だろう。

【7×5】

　ディスティニー・ナンバー5の使命は、古い既存の価値を改め、新たな可能性を追求していくこと。好奇心と探究心を持って関心事を追い求めていく姿勢は、相通ずるところも多いだろう。行動スタンスは異なるものの、5の人の生き方には学ぶものが多いはずである。積極的に接点を持っていきたい相手だろう。

【7×6】

　ディスティニー・ナンバー6の使命は、人々を助け、正しい方向へと導くことである。正しいことや真実を追究したい真摯な思いはあなたと同じ。共通の目的を持つことができた場合には、実りある協力関係が結べる可能性も高い。距離を縮める鍵は、あなたがいかに相手に心を開いていくかにかかっている。

【7×7】

　ディスティニー・ナンバー7の使命は、世の中の真実を探求することである。関心を持ったことに限らず、日頃から自分の内面を見つめたりと、沈思熟考することが多いふたり。人の助力を欲しがるタイプではないだけに密な交流は結びにくい。得た知識や感動をどれだけ分かち合えるかが絆を深める鍵となる。

【7×8】

　ディスティニー・ナンバー8の使命は、力を得て、目標を達成すること。野心的に豊かさを求める人である。豊かさには関心が薄いナンバー7のあなたとは、そもそも生きるモチベーションが異なっている。けれども、損得勘定に疎いあなたにとって、現実感覚の優れた8の人は良き助言者となってくれる頼もしき存在である。

【7×9】

　ディスティニー・ナンバー9の使命は、世のため人のために立ち働くことである。誰かのためではなく、あくまでも独自の興味で物事を探求していくナンバー7のあなたとは、かみ合わない点が多い。しかし、あなたの意識が広く拡大していくと、協力関係は自然と成立する。あなたのほうから歩み寄る姿勢が肝要に。

Your Destiny Number 8 × Partner's Destiny Number ?

【8×1】

　ディスティニー・ナンバー1の使命は、人々の先頭に立ち、開拓していくこと。目的へと野心的に挑むナンバー8のあなたとは、意欲やモチベーションにおいて共通点が多い。ただ、1の人も独立心が旺盛なので、協力関係は結ばれにくい。ある程度の距離感があったほうが素直に向き合える可能性がある。

【8×2 & 11】

　ディスティニー・ナンバー2 & 11の使命は、人々に和をもたらすこと。目的達成のためなら、戦いも辞さない野心的なナンバー8のあなたとは、生きるうえでのモチベーションが異なるゆえに共通点が少ない。けれども、あなたが相手を立て、謙虚にサポートをお願いする姿勢を見せることで実りある関係を築ける可能性も。

【8×3】

　ディスティニー・ナンバー3の使命は、人々に楽しみや喜びをもたらすこと。楽天的な生き方を志向する人である。ストイックに目的へと挑むナンバー8のあなたとは、考え方がほとんど正反対。協力体勢を整えたいのであれば、しっかりとコミュニケーションをはかり、目的意識を一本化する必要があるだろう。

【8×4 & 22】

　ディスティニー・ナンバー4 & 22の使命は、世のために意義あるものを生産することである。形ある成果を生むことを重要視する厳しさを持つ点は共通しているふたり。考え方に相通ずるところが多いので、公私ともに実りあるパートナーシップを築くことができるだろう。あなたのリードが円満な関係維持の鍵となる。

【8×5】

　ディスティニー・ナンバー5の使命は、古い既存の価値観を壊し、新しい可能性を開いていくことである。野心的でパワフルなエネルギーを持つ点は共通しているふたり。ただ、行動のリズムは異なるので、ともに使命へと向かおうとすると葛藤が生じる。あなたがいかに相手を放任できるかが鍵となるだろう。

【8×6】

ディスティニー・ナンバー6の使命は、人々を助け、正しい道へと導くことである。責任感や目的意識が強いところが共通しているふたり。公私ともに揺るぎない関係性を築くことのできる好相性である。あなたの目が届かないところを、繊細な視点を持つ6の人がさりげなく補ってくれるだろう。大いに頼りにしたい。

【8×7】

ディスティニー・ナンバー7の使命は、世の中の真実を探求することである。知ることを重要視するため、ときとして実利をおざなりにする傾向に。野心的に豊かさを求めるナンバー8のあなたとは、相容れない部分も多いだろう。協力を得たい場合は、威厳的な態度は控え、うまく相手の良さを引き出すことである。

【8×8】

ディスティニー・ナンバー8の使命は、力を得て、目的を達成すること。同じ価値観ゆえに、歩調を合わせやすい好相性である。しかし、どちらも誇り高く、下手に出るのが苦手なタイプ。一方が主導権を行使し始めるとバランスは崩れるだろう。適度に相手を立て、張り合わないよう心がける必要がある。

【8×9】

ディスティニー・ナンバー9の使命は、世のため人のために立ち働くこと。慈愛の心が9の人のモチベーションである。対するあなたは、野心的に豊かさを求めるナンバー8。ふたりが目指す方向性はまるでバラバラである。協力体勢を整えたいのであれば、謙虚さを心がけたい。歩み寄りの姿勢が肝要である。

Your Destiny Number 9 × Partner's Destiny Number ?

【9×1】

ディスティニー・ナンバー1の使命は、人々の先頭に立ち、開拓していくこと。信じた道をひた進むまっすぐな姿勢は、正義感の強いあなたには好感が持てることだろう。混沌とした社会の歪みなどに挑む場合、強力な同志となり得る。負けず嫌いな1の人も、寛容なあなたの助言には耳を傾けることだろう。

【9×2&11】

　ディスティニー・ナンバー2&11の使命は、人々に和をもたらすことである。より良い世の中を創ることを目指すナンバー9のあなたとは、求める生き方に共通点が多いため、一緒にいて違和感のない相手だろう。ともに使命へと向かう道をサポートし合える良きパートナーになれる。末永いつき合いが期待できる好相性である。

【9×3】

　ディスティニー・ナンバー3の使命は、人々に喜びや楽しみをもたらすことである。けれども、まずは自分が楽しむことを先決する。他者のために尽くすことを喜びとするナンバー9のあなたとは、行動傾向や考え方も異なる点が多い。あなたがいかに寛容な心で、相手をリードしていくかが円満な関係を築く鍵となる。

【9×4&22】

　ディスティニー・ナンバー4&22の使命は、かかわる環境に秩序と安定をもたらすことである。価値観は異なるものの、だからこそ尊敬の念を抱き合える相手である。お互いに相手の生き方に一目置き、なにかあれば協力したいと思える好相性。あなたの計画や理想に、具体的な案を授けてくれたりとメリットも多い関係である。

【9×5】

　ディスティニー・ナンバー5の使命は、古い既存の価値を作り変え、新たな可能性を追求していくことである。常に発展成長を望んでいるナンバー9のあなたとは、考え方においては相通ずる部分も多いだろう。ただ、自由な発想で行動する5の人に、振り回されがちに。安定した関係を築くにはあなたの意志力が鍵となる。

【9×6】

　ディスティニー・ナンバー6の使命は、人々を助け、正しい方向へと導くことである。世の中をより良くしたい願望を持つナンバー9のあなたとは、価値観としても相通ずるところが多いだろう。お互いの夢や目標、使命を果たすために協力し合える好相性。意地を張らず、頼りにするほど良好な関係が育つはずである。

【9×7】

　ディスティニー・ナンバー7の使命は、世の中の真実を探求することである。パワフ

ルなエネルギーを持つ人だが、視野の狭さは否めない。広い視野で物事を捉える9のあなたとはかみ合わない点が多いだろう。調和をはかるには、折に触れてじっくりと対話する機会を持つこと。理解が深まれば自然と円満な関係に。

【9×8】

ディスティニー・ナンバー8の使命は、力を得て、目的を達成すること。野心的に豊かさを求める人である。慈愛の心がすべてのモチベーションとなるナンバー9のあなたとは、目指す方向性にズレがあるため、協力し合って使命を果たすのは難しい。あなたがいかに寛容さを持って相手を受け入れていくかが鍵となる。

【9×9】

ディスティニー・ナンバー9の使命は、より良い世の中を形作ること。自分の利益はさておき、属する社会や身の回りの人のために尽力することを喜びとするふたり。お互いの長所を引き出し、高め合いながら関係性をはぐくんでいくことのできる好相性である。大いに頼りにし、喜びや感動、知識を分かち合っていきたい。

[Lesson 13]
ソウル・ナンバー×ソウル・ナンバー
Soul Number × Soul Number

　ソウル・ナンバーは「魂の数」。人生において自分が本当に求めていることはなにかを示すナンバーである。ライフ・パス・ナンバーやディスティニー・ナンバーは、その人の資質や人生観にかかわるナンバーだが、このソウル・ナンバーは、もっとその人の本質的な部分を表す。

　習慣や快・不快のパターンなど、その人の本能、感情的な部分を示すため、このナンバーの相性は、ごくプライベートな人間関係においては無視できない要素である。コントロールがききにくい部分だけに、合うか合わないかが明確に出てしまうのである。

　よってこの魂の相性に関しては相補関係は成立しづらい。同質性が引き合う傾向にある。

　家族、親友、恋人等のコミュニケーションの円滑化のために有効活用していきたい。

Your Soul Number 1 × Partner's Soul Number ?

【1×1】

　ソウル・ナンバー1はピュアな情熱を内包する魂である。感情表現はとてもシンプルでまっすぐ。言いたいことを言い合って、喧嘩しながらも仲が良い。そんな関係になれる好相性である。ただ、どちらも常に1番であることを望むため、円満な関係を保つにはあなたが一歩譲ることが肝要である。

【1×2&11】

　ソウル・ナンバー2&11はとても感受性の強い魂である。人の心をつかむのがうまいので、あなたの願望や要望も理解してくれるだろう。ただ、その穏やかなムードが、血気盛んな1の魂からすると少々じれったく感じられる場合も。身勝手に怒りをぶつけたりしないようご用心。感謝の言葉を大切にするのが円満の秘訣である。

【1×3】

　ソウル・ナンバー3は、楽天的で軽快な魂の持ち主である。アクティブなナンバー1のあなたとは、まさに気の合う間柄。行動傾向や興味の方向性など、共通点も多く、また、全く異なるところもあるために、一緒にいて飽きず、学びのある関係となる。深刻な話題より、遊びの面で特に刺激し合えるだろう。

【1×4＆22】

　ソウル・ナンバー4＆22は、安定を求める気持ちが強い人である。アクティブなナンバー1の魂を持つあなたとは正反対。あなたが新しいことをやろうと提案した場合、4＆22の人はまず良い顔はしない。やめるよう説得されてしまう可能性もある。円満な関係を維持するにはあなたが相手に合わせる必要があるだろう。

【1×5】

　ソウル・ナンバー5は自由と変化を求める魂である。常にドラマティックな展開やスリリングな体験を心待ちにしているタイプ。ゆえに、アクティブな魂を持つあなたとは相通ずるものが多いだろう。喜びや驚きなど、感動を分かち合うたびに心は近づいていく。ふたりであらゆることに挑戦していきたい。

【1×6】

　ソウル・ナンバー6は他者に尽くすことを喜びとする魂である。あくまでも自分の衝動や願望を優先させるナンバー1のあなたとは、魂の求めるものが全く異なる。けれども、従順かつ慈愛に満ちた6の魂は、あなたにも優しくサービス精神を発揮してくれるはずである。意地を張らずに頼ることで距離は縮まるだろう。

【1×7】

　ソウル・ナンバー7の魂は、探究心が旺盛で、静寂を好む傾向にある。興味のある物事に対して一本気でまっすぐな気質は共通しているふたり。あなたが相手のプライベートを尊重し、踏み込み過ぎないよう心がけていったなら、良好な関係を築くことができる。7の人が相手の場合、リーダー気質は控えめにすべきだろう。

【1×8】

　ソウル・ナンバー8の魂は、なにより強くなることを願っている。負けん気の強いナ

ンバー1のあなたとは、比較的似ている衝動を持つために、シンパシーを感じやすいだろう。しかしながら、どちらも弱みを見せたがらないために、親密な関係になるには時間がかかる場合も。いかに素直になれるかが円満な関係を築く鍵となる。

【1×9】

ソウル・ナンバー9は心の広い博愛主義者。寛容な魂の持ち主である。ゆえに、あなたに対しても理解を示してくれるはずである。負けん気の強いあなたとしても、張り合う必要がない分、一緒にいて気が楽な相手かもしれない。あなたのほうからも歩み寄り、オープンな心で接していけば絆は深まるだろう。

Your Soul Number 2&11 × Partner's Soul Number？

【2&11×1】

ソウル・ナンバー1の魂は、常にトップであることを望んでいる。調和的な人間関係や平和な環境に安心感を覚える2&11のあなたとは、求めるものが今ひとつかみ合わない。けれども、ナンバー1の人にとってあなたは、安らぎを与えてくれる数少ない存在。リラックスさせてあげるようフォローすると良好な関係に。

【2&11×2&11】

ソウル・ナンバー2&11の魂は、良好な人間関係が保たれている平和的な状態に幸せを感じる。感受性が強く、人の気持ちを敏感に察することができるのも特徴。そんなふたりは、自然と気遣い合える好相性である。他の人では味わえない深いつながりを感じることができるだろう。じっくりと絆をはぐくんでいきたい。

【2&11×3】

ソウル・ナンバー3の魂は、常にポジティブに現状と未来を見つめている。とかく、保守的な姿勢をとりがちな2&11のあなたにとっては、良い意味で刺激になる相手だろう。しかしながら、やや落ち着きに欠ける傾向は、あなたにはストレスフルかもしれない。適度な距離を保ちながら関係をはぐくんだほうが円満にいくだろう。

【2 & 11 × 4 & 22】

ソウル・ナンバー4 & 22は、安定と秩序を求める魂である。きちんと整理整頓された環境を好む傾向がある。調和のとれた美的な空間を作るのがうまい2 & 11のあなたとは、共通点も多いため、自然と心は同調しやすい。支えたり支えてもらったりする関係がスムーズに築かれるはずである。進んでフォローに回ると喜ばれるだろう。

【2 & 11 × 5】

ソウル・ナンバー5の魂は、常に自由と変化を求めている。刺激のない生活は味気ないと思うタイプである。平和的な状況を好む2 & 11のあなたとは、快楽のツボが全く異なる。長い時間一緒にいると、新鮮な楽しさが得られる半面、ストレスを感じることも。依存し過ぎることなく、対等な関係を築くことが肝要である。

【2 & 11 × 6】

ソウル・ナンバー6は、人の役に立つことを喜びとする人である。和やかな人間関係の中、愛に包まれて生きることを望む2 & 11のあなたにとって、一緒にいてとても心地良い相手。なにも言わなくても、あなたの要望や願いを叶えてくれたりもするだろう。スムーズに愛情を分かち合える好相性である。

【2 & 11 × 7】

ソウル・ナンバー7は、探究心が旺盛で、静寂を好む魂である。ひとりの時間を充実させたい気持ちが強いため、人間関係を大切にするあなたとはかみ合わない部分も多い。またガードの堅いタイプなので、距離を縮めるのに時間がかかる。円満な関係を保つには、あなたが自立心を育てることが肝要である。

【2 & 11 × 8】

ソウル・ナンバー8の魂は、強くなることをなによりも望んでいる。人を頼りにすることを嫌う傾向にあるので、あなたの気遣いも届きにくい。人づき合いを重要視する2 & 11のあなたとしては、一緒にいて寂しい思いをしがち。けれども、根気良く向き合っていけば、弱みを見せ合える関係にもなれるだろう。

【2 & 11 × 9】

ソウル・ナンバー9は心の広い博愛主義者。慈愛の心に満ちた優しい魂の持ち主であ

る。和やかに人間関係がはぐくまれている環境に安心感を覚えるあなたとは、一緒にいて違和感のない好相性である。温かな魂の交流がおこなわれる関係となるだろう。いかに素の自分をさらけ出せるかが絆を深める鍵となる。

Your Soul Number 3 × Partner's Soul Number ?

【3×1】

ソウル・ナンバー1は常にトップであることを望んでいる。新しいものが大好きな魂である。軽快なフットワークのナンバー3のあなたとは、アクティブなところが共通点。興味の方向性なども似ているふたりだが、全く異なるところもあるために、一緒にいて飽きない間柄だろう。遊びの面で特に刺激し合える相性である。

【3×2 & 11】

ソウル・ナンバー2 & 11の魂は、良好な人間関係が保たれている状態に幸せを感じる。一方、あなたは楽天的な発想の持ち主。相違点は多いものの、双方に柔軟性があるので衝突することもない。あなたは、相手から落ち着きと豊かさを得る方法を学ぶことができる。適度な距離があれば円満な関係を維持できるだろう。

【3×3】

ソウル・ナンバー3は軽やかに人生を闊歩することを望む魂である。ふたりとも楽天的な考え方をするので、ともに過ごす時間はとても明るく愉快だろう。ただし、深刻な問題にぶつかったとき、双方が逃げ腰になってしまいがちな点がネック。しっかりと向き合うことで末永く信頼関係を結ぶことができる。

【3×4 & 22】

ソウル・ナンバー4 & 22は、安定を求める気持ちがとても強い魂である。なにより軽快な楽しさを求めるナンバー3のあなたとはまるで正反対。あなたは相手といるとじれったさを感じ、相手はあなたと過ごす時間には落ち着きのなさを感じるかもしれない。意識して歩調を合わせていく必要があるだろう。

【3×5】

　ソウル・ナンバー5の魂は、常に変化と自由を求めている。一方、ナンバー3も好奇心旺盛で、物事に対する姿勢も軽やか。柔軟な行動力を持つふたりは、申し分のない好相性である。お互いに刺激を与え、知識や感動を分かち合い、いつまでも新鮮な関係でいられるだろう。尊重し合う姿勢が円満の秘訣である。

【3×6】

　ソウル・ナンバー6は愛情豊かな魂である。義務に忠実で責任感も非常に強いのが特徴である。一方、ナンバー3はその逆で、義務や責任といったものにはプレッシャーばかりを感じてしまうタイプ。ふたりは価値観から生活のリズムまで、ほとんど正反対。一定の距離を置いたほうがうまくいく相性である。

【3×7】

　ソウル・ナンバー7の魂は、探究心が旺盛で「静寂」を好む傾向にある。関心事にまっすぐエネルギーを傾けるところは似ているふたり。けれども、感情表現の仕方は異なるのでかみ合わないと感じることが多いかもしれない。一方的に話さず、まめに質問を投げかけていくと活発なコミュニケーションがはかれるだろう。

【3×8】

　ソウル・ナンバー8の魂は「強さ」に対する深い欲求を持っている。面倒なことを嫌い、楽しく生きることを常に望んでいるナンバー3のあなたとは、求めるものがかみ合わない。あなたにとって、8の人は憧れる半面、厳しさや恐れも同時に感じがち。頑固な相手なので、あなたがいかに歩み寄れるかが円満な関係を維持する鍵となるだろう。

【3×9】

　ソウル・ナンバー9は、心の広い博愛主義者の魂である。あらゆるタイプの人に理解を示す寛容さを持つので、もちろん、ナンバー3のあなたにも好感を持つだろう。相談を持ちかけたりすると、一気に心の交流は深まる。一緒にいると、知識の幅や視野が広がる感覚があるかもしれない。大いに交流を持っていきたい。

Your Soul Number 4 & 22 × Partner's Soul Number ?

【4 & 22 × 1】

ソウル・ナンバー1の魂は常にトップであることを望んでいる。安定を求める気持ちが強い保守派の4＆22のあなたとは、今ひとつ生き方のリズムがかみ合わない。あなたはのんびりしたいとき、相手はせっかちに行動を起こそうとしてしまう、といった具合に。ときにはあなたが主導権を握ることで円満な関係が保持されるだろう。

【4 & 22 × 2 & 11】

ソウル・ナンバー2＆11の魂は、良好な人間関係が保たれている状態に幸せを感じる。安定と秩序を求めるナンバー4＆22のあなたとは、人生に対し求めるものが似ているので、一緒にいて馴染みやすい相性である。支えたり支えられたりという関係が自然と築かれ、着々と信頼の絆がはぐくまれていくだろう。

【4 & 22 × 3】

ソウル・ナンバー3は楽天的で軽快な魂の持ち主である。安定と秩序を求めるナンバー4＆22のあなたとは、楽しさや生きがいを感じるポイントがまるで異なる。そのため、良かれと思うことが相手には喜ばれず、気持ちがすれ違うことが多いだろう。親しくなりたい場合は根気良く向き合う必要がある。

【4 & 22 × 4 & 22】

ソウル・ナンバー4＆22は「安定」を強く求める魂である。安定した生活を送るにはしっかりと仕事をし、健康を維持し、セルフコントロールしなくてはならない。そんな風に自分を律するタイプのふたりだけに、迷惑をかけ合うことは決してない。一緒にいて非常に楽だろう。末永く親密でいられる好相性である。

【4 & 22 × 5】

ソウル・ナンバー5の魂は、常に変化と自由を求めている。安定志向のナンバー4＆22のあなたとは、考え方から感情傾向までほとんど正反対。かみ合うポイントが少ないばかりか、一緒にいるとエネルギーを打ち消し合う場合がある。自説や不満はさておき、相手の自由を尊重することが円満な関係維持のポイントである。

【4 & 22 × 6】

ソウル・ナンバー6は、他者に尽くすことを喜びとする魂である。責任感が強く、義務に忠実なのも特徴。堅実なタイプのナンバー4 & 22のあなたとは、物事に対する感情傾向がとても似ている。一緒にいて違和感のない相手だろう。家族や人生観について語り合うと、より一層気が合うことが確認できるだろう。

【4 & 22 × 7】

ソウル・ナンバー7は、探究心が旺盛で静寂を好む魂である。ストイックに物事に取り組む姿勢が似ているふたり。けれども、7の人はあくまでも知性派なので、実践派の4 & 22のあなたとは、価値観が根底から異なる。距離を縮めて親しくなるためには、お互いにメリットを与え合える関係を築いていきたい。

【4 & 22 × 8】

ソウル・ナンバー8の魂は「強さ」に対する深い欲求を持っている。負けず嫌いゆえに、人に甘えたり頼ったりすることができない点ではとても似ているふたり。尊敬し合える間柄だろう。けれども、双方とも警戒心が強いために、親密になるのは時間がかかる。下手に出るのが苦手な8の人を、あなたがそっとリードしていきたい。

【4 & 22 × 9】

ソウル・ナンバー9は心の広い博愛主義者の魂である。実際性に富み、損得勘定にも長けている4 & 22のあなたとは、合う面もあるが、異なるところも実に多い。あなたは9のお人好しな面にイラ立ち、相手もあなたに対し狭量なイメージを持つかもしれない。あなたから歩み寄り、相手の視野の広さを学びたい。

Your Soul Number 5 × Partner's Soul Number ?

【5 × 1】

ソウル・ナンバー1の魂は常にトップであることを望んでいる。目の前の物事に果敢にチャレンジしていくパワフルさを持つ点では、とても似ているふたり。一緒にいることで、さらにドラマティックかつスリリングな人生が展開していく。喜びや驚きなど、感動を分かち合っていくたび、心は近づいていくだろう。

【5×2 & 11】

ソウル・ナンバー2 & 11の魂は、良好な人間関係が保たれている状態に幸せを感じる。常に自由と変化を求めるナンバー5の魂とは求めているものがまるで正反対。ゆえに一緒にいても、ズレを感じることが多いだろう。けれども、気分がふさいでいるときは頼りになる相手。ギブ＆テイクの対等な関係を築くことが円満の秘訣である。

【5×3】

ソウル・ナンバー3は楽天的で軽快な魂の持ち主である。常に変化と自由を求めるナンバー5のあなたとは、リズムもかみ合い、感情傾向も良く似ている。ゆえに、ふたりは申し分のない好相性。一緒にいることで、それぞれのエネルギーが倍加し、感動的な体験や幸運をさらに引き寄せることが可能になる。

【5×4 & 22】

ソウル・ナンバー4 & 22は「安定」を強く求める魂である。常に変化と自由を求めるナンバー5のあなたとは、考え方から感情傾向までほとんど正反対。あなたにとって4 & 22の人は、ときに厳しく、ときにじれったく感じられるかもしれない。親密度を深めるためには、あなたが相手のペースに合わせる必要がある。

【5×5】

ソウル・ナンバー5の魂は、常に自由と変化を求めている。興味の向くまま、軽やかに歩を進めるふたり。一緒にいると、ありとあらゆる刺激的な体験ができるだろう。親近感が生まれる好相性ではあるが、双方とも気分が高揚し、ときに暴走しがちな点は心配の種。あなたがブレーキをかける役割を担うべきだろう。

【5×6】

ソウル・ナンバー6は他者に尽くすことを喜びとする魂である。自由をなによりも志向するナンバー5のあなたとは、生き方が今ひとつかみ合わない。最初はあれこれサポートをしてくれる相手に感謝をするだろうが、時間がたつにつれ重さを感じるようになるかもしれない。適度な距離感を保てれば円満な関係を持続できるだろう。

【5×7】

ソウル・ナンバー7は、探究心が旺盛で静寂を好む魂である。興味を持ったものに対

して一途に向かっていく姿勢は、ふたりの共通しているポイント。同じ目標を定めてエネルギーを注ぐとき、ふたりの魂は重なり合うだろう。7の人はとかく殻に閉じこもりがちなので、あなたのほうから働きかけることが肝要である。

【5×8】

ソウル・ナンバー8の魂は「強さ」に対する深い欲求を持っている。チャレンジ精神旺盛な点では似ているふたり。切磋琢磨してともに成長していくことのできる好相性である。けれども、ナンバー8のストイックさに、自由人のあなたがついて行けない場面も。お互いのペースを尊重し合うのが円満の秘訣である。

【5×9】

ソウル・ナンバー9は心の広い博愛主義者の魂である。あらゆるものに心が開かれている人で、あなたに対しても常に関心を持ってくれるはずである。ゆえに、あなたはこの9の人とかかわるときに遠慮する必要はない。飾らないあなたを見せていくほど、相手もあなたを愛し、心の距離はグッと近づいていくだろう。

Your Soul Number 6 × Partner's Soul Number ?

【6×1】

ソウル・ナンバー1の魂は常にトップであることを望んでいる。一方、他者に尽くすことを喜びとし、2番手の立場を好むナンバー6のあなた。ふたりの魂が求めているポジションは全く異なる。ライフ・パス・ナンバーやパーソナリティ・ナンバーなら、この組み合わせは役割分担をおこなうことで調和をはかることも可能だが、ソウル・ナンバーは理性ではコントロールしにくい。ゆえに、一緒にいるとストレスを感じることもあるだろう。我慢と無理はせず、素直な心で接していくのが良好な関係を維持する秘訣である。

【6×2 & 11】

ソウル・ナンバー2 & 11の魂は、良好な人間関係が保たれている状態に幸せを感じる。人の役に立つことを喜びとするナンバー6のあなたとは、人づき合いを重要視する点が共通している。一緒にいてとても心地良く感じられるはずである。次第になにも言

わなくても言いたいことがわかるくらいの絆が生まれていくだろう。

【6×3】

ソウル・ナンバー3は楽天的で軽快な魂の持ち主である。一方、ナンバー6のあなたは機転が利くタイプではあるが、とかく、気を回し過ぎてしまうこともある慎重派。今ひとつリズムのかみ合わない相性である。相手にならって、あまり細かいことを気にしないこと。そうすれば、協調するポイントも見つかるだろう。

【6×4 & 22】

ソウル・ナンバー4 & 22は「安定」を強く求める魂である。慎重かつ保守的なナンバー6のあなたとは、物事に対する美意識や感情傾向がとても似ている。一緒にいて違和感のない相手だろう。4 & 22の人はあなたのサポートを素直に受けてくれるはずである。相手のためを思って行動すれば、自然と信頼の絆が築かれていくだろう。

【6×5】

ソウル・ナンバー5の魂は常に自由と変化を求めている。なにものにも束縛されることを好まないタイプである。他者のために尽くすことを喜びとするナンバー6のあなたとは、求めるものがまるでかみ合わない。気持ちがすれ違いがちになる相性である。期待し過ぎず、自然体で接していくのが良好な関係を保つ秘訣に。

【6×6】

ソウル・ナンバー6は他者に尽くすことを喜びとする魂である。大切なものを守る気持ちが強いふたり。どちらも自分のこと以上に、愛する人へと思いを傾ける同士なので、ふたりの間で交わされる愛情はとても温かなもの。ともに過ごす時間を重ねるごとに、深い絆が育つだろう。末永く一緒にいることができる好相性である。

【6×7】

ソウル・ナンバー7は静寂を好む魂である。繊細な感情を持つ点では似ているふたり。けれども、他者のために尽くすことを喜びとするナンバー6のあなたと違って、7は独立独歩であるため、とかく自分の殻に閉じこもりがち。なかなか距離を縮めるのは難しいだろう。いかに相手の趣味嗜好をつかむかがポイントとなる。

【6×8】

　ソウル・ナンバー8の魂は「強さ」に対する深い欲求を持っている。他者の役に立つことを喜びとするタイプのナンバー6のあなたとは、共通点は少ない。けれども、異なるからこそ、協力し合える好相性である。意地っ張りな8の人も、あなたのきめ細やかなサポートには心を開き、素直に受け取るはずである。

【6×9】

　ソウル・ナンバー9は心の広い博愛主義者の魂である。人の役に立つことを喜びとするナンバー6のあなたとは、魂の求めるものが馴染みやすい。気を遣うことの多いあなたとしても、一緒にいてリラックスできる相手。9の人も、あなたには自分の弱い部分を見せるだろう。思いやりを傾け合える好相性である。

Your Soul Number 7 × Partner's Soul Number ?

【7×1】

　ソウル・ナンバー1は、人を頼ることを好まない負けず嫌いな魂である。興味のある物事に対して一本気で、独立心の強いところが共通しているふたり。良きライバルとなれる相性である。ただし、同じ目標や好みを持てない場合、距離を縮めるのは難しい。あなたが折れて歩み寄る必要があるだろう。

【7×2＆11】

　ソウル・ナンバー2＆11の魂は良好な人間関係が保たれている状態に幸せを感じる。静寂を好むナンバー7のあなたとはかみ合わない部分が多いだろう。浅いつき合いのうちは問題ないが、関係性が深まると、相手の依頼心などが目についてくるかもしれない。語り合う時間を充分にとることが肝要である。

【7×3】

　ソウル・ナンバー3は楽天的で軽快な魂の持ち主である。興味のあることに忠実で、まっすぐにエネルギーを傾けるところがふたりの共通点。同じ趣味を持つ場合にはすぐに意気投合するだろう。良い関係を維持するには、常に工夫していくことである。新鮮なムード作りを心がけていくといいだろう。

【7 × 4 & 22】

　ソウル・ナンバー4 & 22は安定と秩序を求める魂である。ストイックに物事に取り組む姿勢は似ているふたり。真面目な心構えに、お互い尊敬の念を抱くことだろう。けれども、感情傾向は異なるため、なかなか深い関係にはなりにくい。距離を縮めるには、相手に対してなにか具体的なメリットを与えることである。

【7 × 5】

　ソウル・ナンバー5の魂は、常に変化と自由を求めている。好奇心旺盛なところは似ているふたり。興味の方向性が一致した場合、ふたりの魂は強力に結ばれていくだろう。けれども、目指すものが異なると、なかなか接点は見つけにくい。親しくなりたい場合は、相手の趣味や嗜好に馴染むといいだろう。

【7 × 6】

　ソウル・ナンバー6は、大切なものを守る気持ちが強い魂である。繊細な感情を持つところがふたりの共通点。あなたが大切にしているものも、6の人は守ってくれるはずである。とかく人に対して警戒心を持ちがちなあなたとしても、信頼できる数少ない相手。あなたから心を開くとさらに親密度は深まるだろう。

【7 × 7】

　ソウル・ナンバー7は、探究心が旺盛で、静寂を好む魂である。どちらも性格的にはオープンなタイプではないので、本当に親しくなるまでには時間がかかるだろう。でも、だからこそ信頼は深まり、愛しさも増していく。お互いにひとりの時間を充実させながら、感動や思いやりを分かち合っていくことができるだろう。

【7 × 8】

　ソウル・ナンバー8の魂は「強さ」に対する深い欲求を持っている。なにものにも負けたくない人なので、独特の存在感を放つナンバー7のあなたには、顔には出さずとも嫉妬心を感じていたりする。和やかな関係性をはぐくみたい場合は、あなたが謙虚な態度を示して近づくといいだろう。そうすれば距離は近づくはずである。

【7 × 9】

　ソウル・ナンバー9は心の広い博愛主義者の魂である。現世的な価値に主眼を置かず、

真に魂が求めるものへと向かおうという姿勢がふたりの共通点。独立独歩のスタンスを崩したがらないナンバー7のあなたとしても、親しくなりたいと思う相手だろう。素直な気持ちで近づけば、親密な関係になれる相性である。

Your Soul Number 8 × Partner's Soul Number ?

【8×1】

ソウル・ナンバー1の魂は常にトップであることを望んでいる。「強さ」を求めるナンバー8のあなたとは、比較的似ている衝動を持つために心は共鳴しやすいだろう。けれども、どちらも負けん気が強いために、とかく意地の張り合いになりがち。心の距離を縮めたいのであれば、多少の謙虚さを意識する必要があるだろう。

【8×2&11】

ソウル・ナンバー2&11の魂は、良好な人間関係が保たれている状態に幸せを感じる。誰にも負けない強さを求めるナンバー8のあなたとは、魂の性質がまるで異なる。最初は和やかでも次第にギクシャクする可能性が高い。良好な関係を育てるには根気良く向き合うことである。弱みを見せることを恐れずにいたい。

【8×3】

ソウル・ナンバー3は楽天的で軽快な魂の持ち主である。ストイックな魂を持つナンバー8のあなたとは、姿勢も価値観もかみ合わない。けれども、お互い相手には学ぶことが多いはずである。特に行き詰まったときなどは、3の人の気持ちに寄り添ってみるといい。思いも寄らなかった打開策が見つかるだろう。

【8×4&22】

ソウル・ナンバー4&22は安定と秩序を強く求める魂である。真面目にきちんと生きることを心がけるふたり。人生に対して求めるものが似ているので、一緒にいてストレスが少ない相性である。ただ、どちらも警戒心が強いために親密になるまでに少々時間がかかりがち。謙虚な姿勢を心がけていきたい。

【8×5】

　ソウル・ナンバー5の魂は、常に変化と自由を求めている。一方、力を出し惜しみすることなく、精一杯生きることを望むナンバー8のあなた。チャレンジ精神が旺盛なところがふたりの共通点である。切磋琢磨してともに成長していくことのできる相性。率直に意見交換していくことで魂のつながりが強化される。

【8×6】

　ソウル・ナンバー6は人の役に立つことを喜びとする魂である。一方、人より上に立つことを目指すナンバー8のあなた。求めるものがほとんど正反対のふたりは共通点が少ない。けれども、だからこそ補い合える相性である。サポート上手な6の手は借りてしかるべき。素直に頼りにしたい相手である。

【8×7】

　ソウル・ナンバー7は静寂を好む魂である。マイペースさゆえに、状況を統率したい願望の強いナンバー8のあなたには、扱いにくい相手だと思えるかもしれない。7の人との魂のつながりを強めるには、相手の関心事に興味を示すことである。自己アピールするばかりの一方的なコミュニケーションは控えたい。

【8×8】

　ソウル・ナンバー8の魂は「強さ」に対する深い欲求を持っている。自制心が強い傾向を持つゆえに気苦労も多いふたりだが、だからこそ、お互いに対する尊敬の念が揺ぎにくい。一度、親しくなったなら、その関係は末永く続いていく。誉めたり、助言したり、応援し合うことで実り多い関係へと成長していくだろう。

【8×9】

　ソウル・ナンバー9は心の広い博愛主義者の魂である。とかく自分に厳しくしがちなナンバー8のあなたにとっては、一緒にいてリラックスできる数少ない相手となるかもしれない。疲れているとき、あなた本来の魂の輝きを取り戻したい場合には力を借りると良いだろう。実り多い協力関係が育つはずである。

Your Soul Number 9 × Partner's Soul Number ?

【9×1】

　ソウル・ナンバー1の魂は常にトップであることを望んでいる。人を見るとつい張り合いたくなる性分の人だが、相手があなたの場合は別。あなたの寛容さの前では1の人も素直になれるのだ。あなたは自然体で接していけば充分。次第に心の距離は縮まるだろう。優しく諭す気持ちで見つめていきたい相手である。

【9×2＆11】

　ソウル・ナンバー2＆11の魂は良好な人間関係が保たれている状態に幸せを感じる。慈愛の心あふれるふたり。求めているものも馴染みやすいため、一緒にいて違和感のない好相性である。他の人には言えないこともこの相手には言える、そんな堅い絆が結ばれていくことだろう。大事に関係性をはぐくんでいきたい。

【9×3】

　ソウル・ナンバー3は楽天的で軽快な魂の持ち主である。一方、理想主義者のナンバー9のあなた。明るい未来を信じているところがふたりの共通点である。一緒にいると常にポジティブでいられるのがこの相性の卓越している点。いろいろな思い、将来のヴィジョンなども大いに語り合っていきたい。夢がどんどん膨らんでいくだろう。

【9×4＆22】

　ソウル・ナンバー4＆22の魂は安定と秩序を強く求めている。自他ともに寛容なあなたとはストイックさにおいて大きな差がある。あなたから見た相手は厳しく、逆に相手からはあなたがルーズに見えることも。しかし異なるからこそ学びも多い。あなた自身の「枠」を広げる良いきっかけに。ふたりの間に生じるすべてのことを前向きに受け止めていきたい。

【9×5】

　ソウル・ナンバー5の魂は、常に変化と自由を求めている。あらゆるものに心が開かれているナンバー9のあなたとは、自由を愛する点でとても似ている。いつも一緒にいなくても心は通じ合っているような、そんな関係になれる魂である。信頼して大いに交

流をしていきたい。遊び心を持って接するとさらに親密になれるだろう。

【9×6】

ソウル・ナンバー6は人の役に立つことを喜びとする魂である。慈愛の心に満ちたナンバー9のあなたとは、魂の性質が非常に馴染みやすい。かゆいところに手の届くようなサポートをしてもらえる可能性のある相手である。共同作業をおこなったり、同じ感動を分かち合うことでさらに魂はつながっていくだろう。

【9×7】

ソウル・ナンバー7は、探究心旺盛で「静寂」を好む魂である。精神性やスピリチュアルな感覚を大事にするふたり。シンパシーを感じやすい相性である。けれども、7の人はとかく自分の殻に閉じこもりがちなため、関係性を深めるには根気がいる。警戒心を解くべく、包み込むような気持ちで接するといいだろう。

【9×8】

ソウル・ナンバー8の魂は「強さ」に対する深い欲求を持っている。平和的な状況を好むナンバー9のあなたとは、魂の求めるものが全く異なる。しかし、感情傾向やリズムはかみ合わないが、その魂の一途さゆえになんとなくシンパシーを感じ、つい一目置いてしまう傾向に。お互いに素直になれば、自然と愛と実りを分かち合える関係にもなれるはずである。

【9×9】

ソウル・ナンバー9は心の広い博愛主義者の魂である。すべての人を理解したいという気持ちが内在しているふたり。コミュニケーションはいたって円滑にはぐくまれるはずである。ただ、どちらも押しが弱いため、なにかと譲り合ってしまう場合がある。率直な意見を述べ合う習慣をつけることでさらに絆は深まるだろう。

[Lesson 13]
パーソナリティー・ナンバー×パーソナリティー・ナンバー
Personality Number × Personality Number

　パーソナリティー・ナンバーは「人格の数」。その人がどんな人格であるのか、社会の中で形作られていくその人のキャラクターのカラーを示すナンバーである。

　このナンバーが示す社会的人格は、わたしたちが社会の中で生きるときにまとう衣装のようなものである。それを装うことを期待され、自分もそれを装い、成り切る。よって、このパーソナリティー・ナンバーの組み合わせからは、ビジネスや社会的活動において他者とかかわっていくためのヒントが導き出される。

　社会的な活躍を目指すときに相手は自分にどんな影響を与えるのか、その縁をどう活かしていったらいいかという視点で見ていくと得るものが多いだろう。

Your Personality Number 1 × Partner's Personality Number？

【1×1】
　パーソナリティー・ナンバー1の人が社会的に演じるのは、堂々として威勢の良いキャラクターである。前向きで率直な雰囲気を持つふたり。同世代の場合、プライドの高さのためにお互いがお互いを敬遠しがちだが、年の差があると、素直に尊敬し合える傾向に。異性関係では自然と協力体勢が生まれる相性である。

【1×2 & 11】
　パーソナリティー・ナンバー2 & 11の人が社会的に演じるのは、控えめで謙虚なキャラクターである。リーダー・タイプのあなたからすると、従順さゆえに、そばにいてくれると嬉しい相手だろう。相手もあなたの存在感やパワーに尊敬の念を抱くはずである。ビジネス面では良く補い合える相性である。

【1×3】
　パーソナリティー・ナンバー3の人が社会的に演じるのは、楽しくてユニークなキャラクターである。なにしろ物事への反応が敏捷なので、アクティブなあなたとしては一緒にいて快適な相手だろう。あなたの提案に新たなアイディアをプラスしてくれたり

と、ビジネス面においては可能性が広がる好相性である。

【1×4 & 22】

パーソナリティー・ナンバー4＆22の人が社会的に演じるのは、人から信頼されるキャラクターである。保守的で、生真面目な雰囲気をかもし出す人なので、「革新者」としての役割を担いがちな1のあなたとは、立場的に衝突することが多い。良きパートナーシップを築くには時間をかけて折り合うことである。

【1×5】

パーソナリティー・ナンバー5の人が社会的に演じるのは、若々しく開放感いっぱいのキャラクターである。ルールや常識に囚われない自由人といった印象は、あなたとしても好感が持てるだろう。協力体勢を整えたなら停滞知らずの人生まっしぐらに。ふたりで世の中に楽しいムーブメントを起こすことも可能だろう。

【1×6】

パーソナリティー・ナンバー6の人が社会的に演じるのは、優しい母性的なキャラクターである。包容力あふれる穏やかな雰囲気をかもし出す人なので、意地っ張りなあなたとしてもつい気を許してしまいがち。秘書的役割としてそばにいてもらえると助かる相手。まめに感謝の気持ちを伝えることで円満な関係が維持できるだろう。

【1×7】

パーソナリティー・ナンバー7の人が社会的に演じるのは、冷静でクールなキャラクターである。一見、あなたとしては神秘的な印象を抱くかもしれないが、相手にとっても同様にあなたは未知の存在。お互いに関心は抱き合うはずである。けれども、お互いが頑固なので接点を見つけにくい相性。あなたのリードが鍵となる。

【1×8】

パーソナリティー・ナンバー8の人が社会的に演じるのは、しっかり者で有能なキャラクターである。負けず嫌いなあなたとしては、その存在感に一目置くことだろう。双方のプライドが高いために張り合うことも多いだろうが、ビジネスにおいて味方につければかなり強力。意地を張らずに力を借りていきたい。

【1×9】
　パーソナリティー・ナンバー9の人が社会的に演じるのは、心の広いほがらかなキャラクターである。人を気持ち良くさせるノウハウを熟知しているタイプなので、プライドの高いあなたとしては一緒にいて心地良い相手だろう。お互いにフレッシュな影響を与えることのできる相性である。相談相手としてはふさわしいだろう。

Your Personality Number 2&11 × Partner's Personality Number ?

【2&11×1】
　パーソナリティー・ナンバー1の人が社会的に演じるのは、堂々として威勢の良いキャラクターである。なににしろ、控えめな姿勢で対応するあなたから見ると、頼りになるタイプに見えるだろう。共通点の少ないふたりだが、役割分担が自然とおこなわれるために一緒にいて違和感はないだろう。相補関係を築ける相性である。

【2&11×2&11】
　パーソナリティー・ナンバー2&11の人が社会的に演じるのは、控えめで謙虚なキャラクターである。どちらも人に気を遣うタイプなので、一緒にいて心地良く、ごく自然に好感を抱き合うだろう。ただ、双方が遠慮がちなために物事が決まらないことも多々。そんなときはあなたが意識してリードしていきたい。

【2&11×3】
　パーソナリティー・ナンバー3の人が社会的に演じるのは、楽しくてユニークなキャラクターである。日頃からおしゃべりなタイプだが、聞き上手なナンバー2&11のあなたには特に、心を開いてあらゆることを語りかけてくることだろう。まめに質問を投げかけていくと、より一層交流が円滑になる。

【2&11×4&22】
　パーソナリティー・ナンバー4&22の人が社会的に演じるのは、人から信頼されるキャラクター。社会的な活躍を望む際には、双方にメリットのある相性である。あなたは調和的な人間関係をはぐくむなどして環境を整え、相手は実践的に行動する。価値観は異なるが、補い合うことのできる良好な関係性である。

【2 & 11 × 5】
　パーソナリティー・ナンバー5の人が社会的に演じるのは、若々しく開放的なキャラクターである。子どもっぽい印象の相手に対して、包容力のあるあなたは「放っておけない」という感想を抱きがち。相手もあなたには気を許すはずである。手の平で泳がすような余裕ある姿勢で接すると円滑なコミュニケーションがはかれるだろう。

【2 & 11 × 6】
　パーソナリティー・ナンバー6の人が社会的に演じるのは、優しい母性的なキャラクターである。あなたとしても、ついつい頼ったり相談を持ちかけたくなるような印象を持つだろう。相手も穏やかな姿勢のあなたには好感を抱くはずである。良き仲間、良き同僚として末永く交流をはぐくめる相性である。

【2 & 11 × 7】
　パーソナリティー・ナンバー7の人が社会的に演じるのは、冷静でクールなキャラクターである。あまり人を頼りにするタイプではないので、あなたの持ち前の優しい気遣いや思いやりは今ひとつ相手に浸透していきづらい。お互いに関心は持っていても、距離が縮まりにくい相性である。あなたの根気が鍵となる。

【2 & 11 × 8】
　パーソナリティー・ナンバー8の人が社会的に演じるのは、しっかり者で有能なキャラクターである。常に控えめな姿勢のあなたとしては、つい引け目を感じてしまいがちな相手。けれども、8の人は強がっていても、内面はナイーブな人も多い。リラックスできるようフォローしてあげると良き協力関係が築けるだろう。

【2 & 11 × 9】
　パーソナリティー・ナンバー9の人が社会的に演じるのは、心の広いほがらかなキャラクターである。平和的な環境や人間関係を好むふたり。趣味の集まりなどで出会った場合は特に意気投合する可能性がある。なにかひとつの目的へと向かうことで相互理解は深まり、良き同志ともなれる相性である。

Your Personality Number 3 × Partner's Personality Number ?

【3 × 1】

　パーソナリティー・ナンバー1の人が社会的に演じるのは、堂々として威勢の良いキャラクターである。とかく強気な態度をとりがちなタイプだが、楽しく軽やかなイメージのあなたには話しやすい印象を抱くはずである。あなたの計画や夢を応援してくれたりと、近づくほどに親近感を抱き、仲間意識が生まれる相性である。

【3 × 2 & 11】

　パーソナリティー・ナンバー2＆11の人が社会的に演じるのは、控えめで謙虚なキャラクターである。穏やかな人間関係を営みたいタイプなので、あなたにも和やかに微笑んでくれるだろう。ビジネス上のつき合いであっても、相手の趣味嗜好についての話題を振るなどしていくと良好な関係を築くことができる。

【3 × 3】

　パーソナリティー・ナンバー3の人が社会的に演じるのは、楽しくてユニークなキャラクターである。たとえ落ち込んでいたりしても、周りに人がいるとついおちゃらけてしまうこともしばしば。そんなサービス精神旺盛なふたりなので、ともに過ごす時間はとてもにぎやかだろう。ただ、真剣な相談はしづらい相性でもある。

【3 × 4 & 22】

　パーソナリティー・ナンバー4＆22の人が社会的に演じるのは、落ち着きのある堅実なキャラクター。生真面目なタイプだけに、あなたとしては煙たい印象を抱くかもしれない。けれども、仕事や夢に対して結果を出したい場合には、力を借りると強力だろう。相手もあなたの立ち振る舞いには新鮮な刺激を受けるはずである。

【3 × 5】

　パーソナリティー・ナンバー5の人が社会的に演じるのは、若々しく開放感いっぱいのキャラクターである。相手から見ても、あなたは常にポジティブな人。ともになにかに取り組んだ場合、明るい未来への展望に満ちていくだろう。仕事上のつき合いとしても、友人関係としても良好な相性である。

【3×6】

パーソナリティー・ナンバー6の人が社会的に演じるのは、優しい母性的なキャラクターである。面倒見の良いタイプだけに、あなたも自然と親しみを感じるだろう。けれども、相手はごく親しい関係にならない限り、容易に心の内は明かさない。相談を持ちかけるなどして頼りにすると、次第に親密な関係が育つだろう。

【3×7】

パーソナリティー・ナンバー7の人が社会的に演じるのは、冷静でクールなキャラクターである。あまり感情表現を派手に表すタイプではないので、あなたとしては、つき合いにくい相手だと敬遠しがち。けれども、相手はあなたに興味を持つはずである。思い切って働きかけてみれば、良き理解者となれる相性である。

【3×8】

パーソナリティー・ナンバー8の人が社会的に演じるのは、しっかり者で有能なキャラクターである。なにかと圧倒されがちな相手だが、仕事上のパートナーとしてはかなり頼れる相手。ただ、相手から見たあなたは「調子の良い人」といった印象になりがち。確かな信頼を得るまでには時間をかける必要があるだろう。

【3×9】

パーソナリティー・ナンバー9の人が社会的に演じるのは、心の広いほがらかなキャラクターである。誰に対しても壁を作るタイプの人ではないので、あなたにも優しく接してくれるだろう。特にあなたのユーモアやトークのセンスには注目するはずである。活躍の幅を広げたい場合は味方につけると有望だろう。

Your Personality Number 4&22 × Partner's Personality Number ?

【4&22×1】

パーソナリティー・ナンバー1の人が社会的に演じるのは、堂々として威勢の良いキャラクターである。パワーをもらえる相手だが、長い時間行動をともにするには、決して従順なタイプではないので、手を焼く印象があるだろう。円満なパートナーシップを築くには時間をかけて折り合う必要のある相性である。

【4 & 22 × 2 & 11】

　パーソナリティー・ナンバー2 & 11の人が社会的に演じるのは、控えめで謙虚なキャラクターである。社会的な活躍を望む際には、双方にメリットのある相性だろう。あなたが苦手とすること、細かな作業などを手となり足となりサポートしてもらえる可能性がある。末永く協力関係を結べる好相性である。

【4 & 22 × 3】

　パーソナリティー・ナンバー3の人が社会的に演じるのは、楽しくてユニークなキャラクターである。趣味や遊びの面では補い合えるが、ビジネスや深刻な問題においては信頼関係を結びにくい相性である。振り回される感覚があるかもしれない。良好なパートナーシップを築くには根気良く向き合うことである。

【4 & 22 × 4 & 22】

　パーソナリティー・ナンバー4 & 22の人が社会的に演じるのは、落ち着きのある堅実なキャラクター。しっかりとした立ち振る舞いで、しかも行動に無駄がないふたり。交流を持つたび、お互いに「この人は信頼できる」との印象を強めるだろう。友人としてもビジネス・パートナーとしても揺るぎない絆を築くことができる相性である。

【4 & 22 × 5】

　パーソナリティー・ナンバー5の人が社会的に演じるのは、若々しく開放感いっぱいのキャラクターである。堅実なタイプのあなたからすると、この5の人は実にうらやましい存在かもしれない。お互いの姿勢を理解しづらいために、近くにいても距離を感じる関係性である。あなたの柔軟な発想が鍵となる。

【4 & 22 × 6】

　パーソナリティー・ナンバー6の人が社会的に演じるのは、穏やかで愛にあふれたキャラクターである。身近な人の様子を良く観察している人なので、あなたに対するサポートもバッチリ。ビジネス面では腕利きの秘書となってくれる可能性がある。相談したり助言を求めたりしながら、親交を深めていきたい。

【4 & 22 × 7】

　パーソナリティー・ナンバー7の人が社会的に演じるのは、冷静でクールなキャラク

ターである。近寄りがたい印象を抱くかもしれないが、相手から見たあなたも同様。7の人から見たあなたは、「ストイックで厳しい人」といったイメージ。誤解が多くなりがちなので、丁寧なコミュニケーションを心がけたい。

【4 & 22 × 8】

　パーソナリティー・ナンバー8の人が社会的に演じるのは、しっかり者で有能なキャラクターである。相手から見たあなたも同様。堅実な働き者といった印象を持たれがちだろう。ビジネス・パートナーとしては、探しても得られないほど信頼できる相手となり得る。常に学ぶ姿勢で接していくといいだろう。

【4 & 22 × 9】

　パーソナリティー・ナンバー9の人が社会的に演じるのは、心の広いフランクなキャラクターである。生真面目なタイプのあなたとは共通点は少ない。けれども、反発することはなく、むしろ内心はお互いに尊敬し合っていたりする。素晴らしさを認め、魅力を引き出し合える好相性である。大いに交流を持っていきたい。

Your Personality Number 5 × Partner's Personality Number ?

【5 × 1】

　パーソナリティー・ナンバー1の人が社会的に演じるのは、堂々として威勢の良いキャラクター。あなた自身も開放的で悠々としたイメージを持たれやすいので、ふたりはまさに「馬が合う」相性。協力体勢を整えたなら停滞知らずの人生が待ち受けているはずである。次々と楽しいプランが浮かび、活躍の場も広がっていくだろう。

【5 × 2 & 11】

　パーソナリティー・ナンバー2 & 11の人が社会的に演じるのは、控えめで謙虚なキャラクターである。温厚なタイプなのでつき合いやすい相手。相手も華やかでパワフルな印象のあなたに魅力を感じるはずである。仲間を応援したい気持ちを抱いているタイプの人なので、サポートの手が欲しいときはお願いしてみるといいだろう。

【5×3】

　パーソナリティー・ナンバー3の人が社会的に演じるのは、楽しくてユニークなキャラクターである。あなたも相手から見ると、開放感いっぱいのポジティブな人。一緒にいて心から楽しいと感じる相手だろう。友人としても同僚としても親しくつき合える好相性である。ビジネスの場合、ヒット・メーカー・コンビとなれる可能性もある。

【5×4&22】

　パーソナリティー・ナンバー4＆22の人が社会的に演じるのは、生真面目で堅実なキャラクター。型にはまらないタイプのあなたとしては「お堅い」印象を受けることだろう。共通点の少ない相手だが、ビジネスの面では助力を得ると有望。いかにあなたが相手にプラスを与えられるかが良好な関係を維持する鍵となる。

【5×5】

　パーソナリティー・ナンバー5の人が社会的に演じるのは、若々しく開放感いっぱいのキャラクターである。自由なスタンスのふたり。一緒にいることで、さらに可能性が広がっていくのを感じるかもしれない。どちらも束縛を嫌うタイプなだけに親密にはなりにくいが、お互いの発展繁栄のためには協力を惜しまない相性である。

【5×6】

　パーソナリティー・ナンバー6の人が社会的に演じるのは、穏やかで愛にあふれたキャラクターである。立ち振る舞いの優しい人なので、自由人のあなたとしても頼りたくなりがち。相手もあなたには無邪気な印象を持ち、新鮮な刺激を受けるはずである。親子のような関係を目指すと長続きする相性である。

【5×7】

　パーソナリティー・ナンバー7の人が社会的に演じるのは、冷静でクールなキャラクターである。どこか冷めたムードをかもし出す人だが、その実、とても好奇心旺盛で、共通点も多いふたり。趣味や余暇の過ごし方などを語り合うと、一気に親しみが増すだろう。警戒せずにオープンに接するのがコミュニケーションを円滑に運ぶ鍵である。

【5×8】

　パーソナリティー・ナンバー8の人が社会的に演じるのは、しっかり者で有能なキャ

ラクターである。パワフルな存在感を持つので、あなたも自然と目が引かれるだろう。けれども、相手は他者に甘い顔を見せないタイプ。ストイックさゆえに息苦しさを感じさせられることも。時間をかけて信頼関係を築く必要がある。

【5×9】

パーソナリティー・ナンバー9の人が社会的に演じるのは、心の広いフランクなキャラクターである。あなたも相手から見ると、開放感いっぱいの素直な人というイメージ。自然と好印象を抱き合う相性である。特にビジネスにおいては9の人の助言が役に立つだろう。あなたも相手の「ため」に尽くすことで良好な関係が維持できる。

Your Personality Number 6 × Partner's Personality Number ?

【6×1】

パーソナリティー・ナンバー1の人が社会的に演じるのは、堂々として威勢の良いキャラクターである。嫌味のないリーダー・タイプなので、あなたとしても自然とフォローしてあげたくなる相手だろう。相手もあなたの優しいムードには心癒されるはず。共通点は少ないが、補い合える好相性である。

【6×2&11】

パーソナリティー・ナンバー2&11の人が社会的に演じるのは、控えめで謙虚なキャラクターである。人に気を遣わせない和やかなムードの人なので、あなたとしても一緒にいて心地の良い相手だろう。日頃は面倒を見る側となりがちなあなたも、2&11の人には甘えられる。仲間や同僚にひとりいるとありがたい相手である。

【6×3】

パーソナリティー・ナンバー3の人が社会的に演じるのは、楽しくてユニークなキャラクターである。サービス精神旺盛なふたり。たとえば、あなたがなんらかのイベントを企画したら、相手は精一杯ムードメーカーを担ってくれる。タイプは異なるものの協力し合えるポイントは多い。気負わず交流をはぐくみたい相性である。

【6×4 & 22】

　パーソナリティー・ナンバー4＆22の人が社会的に演じるのは、生真面目で堅実なキャラクターである。そんな4＆22の人にとって、面倒見の良いイメージのあなたは、そばにいてくれると助かる存在。あなたも相手の立ち振る舞いに好感を持つだろう。有形無形のサポートとメリットを与え合える相性である。

【6×5】

　パーソナリティー・ナンバー5の人が社会的に演じるのは、若々しく開放感いっぱいのキャラクターである。一緒にいると、自分まで楽しく元気になるような印象があるかもしれない。しかし、あなたが上の立場の場合はつき合いやすいが、相手が目上の存在だと気苦労も多いだろう。長い目で見て交流をはぐくみたい相手である。

【6×6】

　パーソナリティー・ナンバー6の人が社会的に演じるのは、穏やかで愛にあふれたキャラクターである。人から頼られるとついつい頑張ってしまう、そんな面倒見の良さが魅力のふたり。あなたも6の人にだけは、他の人には言えない悩みやお願いごとをしたくなるだろう。かゆいところに手の届く交流の持てる好相性である。

【6×7】

　パーソナリティー・ナンバー7の人が社会的に演じるのは、冷静でクールなキャラクターである。あまり社交的なタイプではないので、親しくなるきっかけのつかみにくい相手だろう。けれども、ともに過ごす時間を重ねれば、次第に相手も気を許してくれるはずである。根気良くまめに質問を投げかけるといいだろう。

【6×8】

　パーソナリティー・ナンバー8の人が社会的に演じるのは、しっかり者で有能なキャラクターである。あなたから見た相手は「できる人」という印象。一方、相手から見たあなたは「気の利く人」というイメージ。役割分担がスムーズにいくので、バランスの取れた好相性である。有望なビジネス・パートナーとなるだろう。

【6×9】

　パーソナリティー・ナンバー9の人が社会的に演じるのは、心の広いフランクなキャ

ラクターである。控えめで心優しいムードのふたり。自然と好感を持ち、引き寄せ合う相性である。職場の同僚としても友人関係としても、意気投合しやすい間柄。長い時間一緒にいてもあまりストレスの感じない相手だろう。

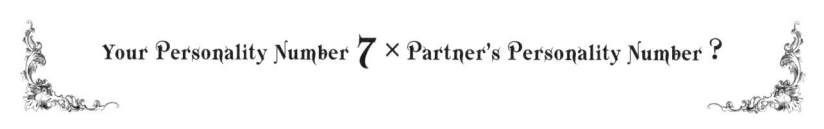

Your Personality Number 7 × Partner's Personality Number ?

【7×1】

　パーソナリティー・ナンバー1の人が社会的に演じるのは、堂々として威勢の良いキャラクターである。あなたから見た相手はとても単純な人。一方、相手から見たあなたは「つかみどころのない人」といった印象になりがち。かもし出すエネルギーが異なるために接点が見つけ出しにくい相性である。歩み寄りの姿勢が鍵となる。

【7×2&11】

　パーソナリティー・ナンバー2&11の人が社会的に演じるのは、控えめで謙虚なキャラクターである。さりげない心づかいを示してくれるので、人づき合いが得意ではないあなたとしても、親しみを感じるだろう。相手もあなたのミステリアスな雰囲気に興味を持つはずである。できるだけオープンな姿勢で接していきたい。

【7×3】

　パーソナリティー・ナンバー3の人が社会的に演じるのは、楽しくてユニークなキャラクターである。誰に対してもフレンドリーなタイプだが、静かなたたずまいのあなたには、どこか遠慮をして接しがち。良好なコミュニケーションをはかるには、笑顔と相づちを忘れず、柔軟な姿勢を心がけることが肝要に。

【7×4&22】

　パーソナリティー・ナンバー4&22の人が社会的に演じるのは、生真面目で堅実なキャラクターである。コツコツと努力を傾ける人、というイメージで、その真摯な姿勢にはあなたも一目置くだろう。ただ、どちらもオープンなタイプではないので、相互理解が生まれにくい。意識して交流の機会を持つ必要があるだろう。

【7×5】

　パーソナリティー・ナンバー5の人が社会的に演じるのは、若々しく開放感いっぱいのキャラクターである。冷静でクールなたたずまいのあなたとは、見るからに共通点は少ない。けれども、型にはまらないタイプゆえに同志的な感情は生まれやすい。趣味や余暇の過ごし方などを語り合うと、一気に親しみがわくだろう。

【7×6】

　パーソナリティー・ナンバー6の人が社会的に演じるのは、穏やかで愛にあふれたキャラクターである。面倒見の良い人なので、あなたに対しても快く接してくれるだろう。あなたもオープンな姿勢で対応していければ、良好な交友関係を築ける相手である。相談を持ちかけるなど、頼りにしてみると親近感が育ちやすい。

【7×7】

　パーソナリティー・ナンバー7の人が社会的に演じるのは、冷静でクールなキャラクターである。人からはとかく近寄りがたい印象を抱かれがちなふたり。他の人にはわかってもらえない、多くの喜びや感動を分かち合える好相性である。それほど密な交流を持たなくても、通じ合える特別な絆が生まれる関係性である。

【7×8】

　パーソナリティー・ナンバー8の人が社会的に演じるのは、しっかり者で有能なキャラクターである。どちらも独立独歩のタイプなので、親密な関係にはなりにくいが、お互いにその存在感には好感を抱くだろう。気づいたことを助言してあげたり、なんらかのメリットを与えることで関係性は深まっていくはずである。

【7×9】

　パーソナリティー・ナンバー9の人が社会的に演じるのは、心の広いのびのびとしたキャラクターである。向上心を持って目の前の課題にあたっていこうとする姿勢は、ふたりに共通しているポイント。持っている情報やスキルを分かち合うことで、夢やヴィジョンが広がっていく。精神的にプラスの多い相性である。

Your Personality Number 8 × Partner's Personality Number ?

【8×1】

パーソナリティー・ナンバー1の人が社会的に演じるのは、堂々として威勢の良いキャラクターである。同等の存在感を持つふたり。どちらもパワフルなリーダー・タイプなので、お互いに一目置くことだろう。ふたりともプライドが高いために親密にはなりにくいが、仕事仲間としては強力なパートナーとなる相手である。

【8×2 & 11】

パーソナリティー・ナンバー2 & 11の人が社会的に演じるのは、控えめで謙虚なキャラクターである。あなたから見た相手はおとなしい人、相手から見たあなたは「威厳のある人」といったイメージ。存在感の大きさゆえに警戒心を抱かれがち。親近感を育てるためには、少し低姿勢で近づいていく必要があるだろう。

【8×3】

パーソナリティー・ナンバー3の人が社会的に演じるのは、楽しくてユニークなキャラクターである。軽快なムードの相手と重厚な存在感のあなた。お互いに苦手意識を持ちやすい間柄である。けれども、同じチームで活動する機会があれば、それぞれの良さを認め合える可能性も。時間をかけて関係性をはぐくみたい相手である。

【8×4 & 22】

パーソナリティー・ナンバー4 & 22の人が社会的に演じるのは、生真面目で堅実なキャラクターである。相手から見たあなたもやや堅いイメージ。一緒にいて緊張感を覚える相手、といった印象を持たれがちに。けれども、ビジネス・パートナーとしては申し分のない相手。常に学ぶ姿勢で接していくといいだろう。

【8×5】

パーソナリティー・ナンバー5の人が社会的に演じるのは、若々しく開放感いっぱいのキャラクターである。遊びやプライベート面では一緒にいて楽しめる相手。けれども、ビジネスとなると信頼関係が育ちにくい。自分の価値観を押しつけず、相手の自由さと能力を尊重する姿勢を見せるのが良好な関係維持の秘訣である。

【8 × 6】

　パーソナリティー・ナンバー6の人が社会的に演じるのは、穏やかで愛にあふれたキャラクターである。この人が仕事仲間であれば、あなたにとっては得がたいビジネス・パートナーとなるだろう。相手もあなたには尊敬の念を抱いているはずである。役割分担がスムーズにいくので、十分に補い合える好相性である。

【8 × 7】

　パーソナリティー・ナンバー7の人が社会的に演じるのは、冷静でクールなキャラクターである。どちらも人に頼ることを嫌う独立独歩のタイプ。ゆえに、親密な関係になりにくい相性である。良好なコミュニケーションをはかるのには、相手の視点や興味を持っていることに理解を示していくことである。

【8 × 8】

　パーソナリティー・ナンバー8の人が社会的に演じるのは、しっかり者で有能なキャラクターである。「できる人」という印象のふたり。表面上は冷静に対応していても、内心ではライバル心を抱き合いがちな相性。近くにいると張り合うことになるので、異なる分野での活動を望みたい。そのほうが認め合える関係になれるだろう。

【8 × 9】

　パーソナリティー・ナンバー9の人が社会的に演じるのは、心の広いのびのびとしたキャラクターである。柔らかいイメージの相手と威厳のある雰囲気をかもし出すあなた。まるで異なるパーソナリティーのふたりは、衝突しないが接点も少ない。あなたのほうから助言や助力を求めると良好な関係性がはぐくまれるだろう。

Your Personality Number 9 × Partner's Personality Number ?

【9 × 1】

　パーソナリティー・ナンバー1の人が社会的に演じるのは、堂々として威勢の良いキャラクターである。なにか計画をスタートさせたい場合には、メンバーとして招き入れたい相手。あなたの願望をそのまま行動に移してくれる可能性がある。相手もあなたを尊敬するだろう。新鮮な影響を与え合う相性である。

【9×2 & 11】

　パーソナリティー・ナンバー2＆11の人が社会的に演じるのは、控えめで謙虚なキャラクターである。平和的な環境やほのぼのとした人間関係を好むふたり。初対面から好感を持ち、自然と親近感が生まれる相性である。友人としてもビジネス・パートナーとしても良い関係を築ける相手。あなたがリードをとるとさらに交流は円滑になるだろう。

【9×3】

　パーソナリティー・ナンバー3の人が社会的に演じるのは、楽しくてユニークなキャラクターである。柔軟性のあるパーソナリティーを持つふたり。どちらも臨機応変な対応ができるので、公私ともに良好な人間関係を築くことのできる相手。それぞれの得意分野についての情報をシェアすることで信頼関係が育つだろう。

【9×4 & 22】

　パーソナリティー・ナンバー4＆22の人が社会的に演じるのは、生真面目で堅実なキャラクターである。細かなことにはこだわらない、大らかさが売りのあなたとは共通点は少ない。けれども、お互いにないものを持っていると素直に認め合える相性。自然と尊敬し、必要なときは協力し合える関係性である。

【9×5】

　パーソナリティー・ナンバー5の人が社会的に演じるのは、若々しく開放感いっぱいのキャラクターである。相手から見たあなたも、のびのびとして寛大な印象。自然と好印象を抱き合う相性である。切磋琢磨しながら、成長していくことのできる相手。友人としてもビジネス・パートナーとしても、好影響を与え合っていけるだろう。

【9×6】

　パーソナリティー・ナンバー6の人が社会的に演じるのは、穏やかで愛にあふれたキャラクターである。控えめで心優しいムードのふたり。お互いにサポートの手を差し伸ばしたりとなにかしてあげたくなる相性である。ビジネス・パートナーとしてもありがたい相手。一緒にいてストレスの少ない相性である。

【9×7】

　パーソナリティー・ナンバー7の人が社会的に演じるのは、冷静でクールなキャラクターである。繊細なイメージの相手とのびのびとした雰囲気をかもし出すあなた。パーソナリティーの質がまるで異なるふたりだが、違うからこそ助け合えるポイントも数多く存在する。持っている情報やスキルを存分に分かち合っていきたい。

【9×8】

　パーソナリティー・ナンバー8の人が社会的に演じるのは、しっかり者で有能なキャラクターである。他者に対して簡単に心を開かないタイプだが、寛容なイメージのあなたには好印象を抱くだろう。かみ合わない点も多いが、理解したいという思いでコミュニケーションをはかっていけば次第にわかり合えるようになるだろう。

【9×9】

　パーソナリティー・ナンバー9の人が社会的に演じるのは、心の広いのびのびとしたキャラクターである。お互い、人に対して壁を作るタイプではないので、きっかけがあればすぐに意気投合するだろう。誰よりも理解し合える好相性。遠慮せずに、お願いや依頼をしていくことでさらに豊かな関係性を築くことができるだろう。

[Lesson 13]
マチュリティー・ナンバー×マチュリティー・ナンバー
Maturity Number × Maturity Number

マチュリティー・ナンバーは「成熟の数」。人生において成し遂げていくことを表すナンバーである。

マチュリティー・ナンバーの相性には「悪い相性」は存在しない。なぜなら、ナンバーそのものが、それぞれすでに成熟しているので、他者に悪影響を受けることはないのである。共通点の多いナンバーの場合は、成熟の度合いが増したり、成し遂げるスピードが速まったりする。

あるいは、こんな利用の仕方もある。自分のマチュリティー・ナンバーにもの足りなさを感じている場合、理想のナンバーの人との交流を意図的に持ってみるのだ。そうすることで、あなたの人生に足りないものを補うことが可能となるのである。

Your Maturity Number 1 × Partner's Maturity Number ?

【1×1】
マチュリティー・ナンバー1が成し遂げていくのは、「道」を作ること。人生観としてはとても馴染むふたりだが、独立独歩の1というナンバーの性質上、協力し合うことはあまりないだろう。同じテリトリーにいると、どちらが先を行くのか張り合うことになりかねない。別の道を選択することで円満な関係がキープできる。

【1×2&11】
マチュリティー・ナンバー2&11が成し遂げていくのは「美しいハーモニー」を作り出すことである。ナンバー1のあなたが成していく未来には、最も欠けているもののひとつかもしれない。よって2&11の人がそばにいてくれると、人との縁を結びやすくなり、あなたの活躍のフィールドも広がる可能性がある。

【1×3】
マチュリティー・ナンバー3が成し遂げていくのは、人々に生きる喜びを伝えることである。道を切り開くナンバー1のあなたと他者へメッセージを届ける相手。ふたりが

パートナーシップを結んだなら、あなたの立場にはよりヴァリエーションが加わるだろう。多様に楽しみや興味の幅が広がっていくはずである。

【1×4 & 22】
マチュリティー・ナンバー4＆22が成し遂げていくのは、あらゆる「システム」を作ることである。あなたが新しい道を切り開いた後、活躍するのがこのタイプ。4＆22の人がそばにいることによって、あなたの成すものは、より具体的な功績を生むものとなる。大いに協力を仰ぎたい相手である。

【1×5】
マチュリティー・ナンバー5が成し遂げていくのは、あらゆる限界を超えていくことである。新しい道を開いていくナンバー1も、ある意味、常に限界を超えている。ふたりは好影響を与え合える良きパートナーである。ともに協力してなにかを成そうとしたなら、次々とこの世の限界は崩壊し、新たな可能性が広がっていくだろう。

【1×6】
マチュリティー・ナンバー6が成し遂げていくのは、人々を助け、導くことである。新しい道を切り開くとき、当然、あなたの前には誰もいない。けれども、横や後ろには必ず誰かがいるはずである。その役割を完璧に演じてくれるのがこのタイプ。友人としてもビジネス・パートナーとしてもそばにいてもらえると助かる相手だろう。

【1×7】
マチュリティー・ナンバー7が成し遂げていくのは真実を解き明かすことである。ひとつ解明されると新しい真実が明らかになるわけで、成就する内容は、道を切り開いていくナンバー1の成すことと実は共通項も多い。よって、ふたりは協力し合えば実り多い相性である。相談し合うことで、互いに現状打破することが可能となる。

【1×8】
マチュリティー・ナンバー8が成し遂げていくのは、世の中を動かすことである。ナンバー1のあなたの中にも、新しく道を開くことによって、世の中に好影響を与えたいという願望はあるだろう。それを体現してくれるのが8の人である。力を合わせることで、ひとりではできないより大きな仕事を成すことも可能となる。

【1 × 9】

　マチュリティー・ナンバー9が成し遂げていくのは、幸せな成功者となることである。ハングリーさから成功を望むナンバー1とは異なり、豊かな姿勢で得ていくのが9の人。あなたからすると、うらやましいばかりの存在かもしれない。そばにいて良い氣を吸収していくことで、あなたにも恩恵が巡ってくるだろう。

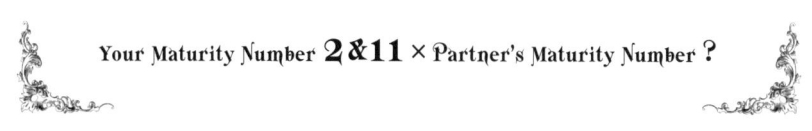

Your Maturity Number 2 & 11 × Partner's Maturity Number ?

【2 & 11 × 1】

　マチュリティー・ナンバー1が成し遂げていくのは、「道」を作ることである。わざわざ新しい道を切り開くことは、平和的な環境を作るナンバー2＆11のあなたには、全くない要素のひとつ。よって、1の人がそばにいると、あなたの後半の人生は停滞が避けられる。リスクを恐れずに接してみると発見があるだろう。

【2 & 11 × 2 & 11】

　マチュリティー・ナンバー2＆11が成し遂げていくのは「美しいハーモニー」を作り出すことである。身の回りの人や環境と和合し、それによって平和的な世界を創っていくふたり。当然、和やかなパートナーシップを築くことのできる相性である。ふたりのいるところには美しいハーモニーが広がっていくだろう。

【2 & 11 × 3】

　マチュリティー・ナンバー3が成し遂げていくのは、人々に生きる喜びを伝えることである。平和的な環境作りをするあなたとは、人とのかかわりに重点を置いている点で共通している部分も多い。力を借りたなら、あなたの成すことがより立体的かつ具体的になる可能性がある。大いに助言を請いたい相手である。

【2 & 11 × 4 & 22】

　マチュリティー・ナンバー4＆22が成し遂げていくのは、あらゆる「システム」を作ることである。平和的な環境作りをするあなたにとって、4＆22の人の存在は欠かせないだろう。なぜなら、多くの人が住むこの世の中、秩序があったほうが平和は守りやすくなる。安定感と潤いを分け合える好相性である。

【2 & 11 × 5】

　マチュリティー・ナンバー5が成し遂げていくのは、あらゆる限界を超えていくことである。ある意味、安定した状況を塗り替えていくのが5の人。あなたが作る平和的環境にとって、この相手は異分子的存在だろう。けれども、だからこそそばにいてくれると自家中毒を避けられる。快く交流を持っていきたい。

【2 & 11 × 6】

　マチュリティー・ナンバー6が成し遂げていくのは、人々を助け、導くことである。これが成されたなら、当然、平和的な環境が作られる。よって、ふたりの成していくものには重なる部分が多い。協力し合ったなら、ひとりで行動するよりも、さらに多くの人との間に美しいハーモニーを奏でられるようになるだろう。

【2 & 11 × 7】

　マチュリティー・ナンバー7が成し遂げていくのは、真実を解き明かすことである。それによって、脈々と続いてきたものが覆されることもある以上、平和的な環境を作るナンバー2＆11のあなたにはときとして脅威になる存在。けれども、情に流されない厳しさを教えてくれる大切な人となるだろう。

【2 & 11 × 8】

　マチュリティー・ナンバー8が成し遂げていくのは、世の中を動かすことである。平和や調和を意識すると、世の中の歪みがクローズアップされる場合がある。そんなときに頼りになるのが8の人である。あなたの理想郷を作るのにも一役買ってくれる可能性がある。大いに有形無形のサポートを仰ぎたい相手である。

【2 & 11 × 9】

　マチュリティー・ナンバー9が成し遂げていくのは、幸せな成功者となることである。人との調和を守ろうとすると、輪の中から抜きん出ることを恐れてしまう、それがナンバー2＆11の人の発想。けれども、9の人は円満具足に成功する心構えをすでに手にしていると言える。豊かさを得るにはぜひそばにいてほしい相手だろう。

Your Maturity Number 3 × Partner's Maturity Number ?

【3×1】

マチュリティー・ナンバー1が成し遂げていくのは、「道」を作ることである。新しく道を切り開くことによって、もちろん、人々に生きる喜びをプレゼントできる場合もある。1の人とあなたが成していくものには、多くの共通項も含まれている。協力を得ることで、あなたの成すものは方向性が定まり、勢いが増すだろう。

【3×2＆11】

マチュリティー・ナンバー2＆11が成し遂げていくのは「美しいハーモニー」を作り出すことである。ハーモニーは、生への喜びがベースにあって人々の間に奏でられるものである。よって、生きる喜びを伝えていくあなたと2＆11の人の成すものは調和する点も多い。協力し合えば多くの人に喜ばれるものを創れるだろう。

【3×3】

マチュリティー・ナンバー3が成し遂げていくのは、人々に生きる喜びを伝えることである。あらゆる体験を積み重ねてきた結果、人を楽しませる存在になっていくふたり。ともに歩む未来にはユーモアと明るさが満ちているだろう。刺激し合っていくことで、さらなる喜びを世の中に広めていくことができる。

【3×4＆22】

マチュリティー・ナンバー4＆22が成し遂げていくのは、あらゆる「システム」を作ることである。人々を楽しませるものを作るあなたと、人々に秩序をもたらす4＆22の人。相乗効果は生まれにくい相性だが協力を仰ぐことで、あなたの成すものはより具体的なメリットが得られるものとなるだろう。

【3×5】

マチュリティー・ナンバー5が成し遂げていくのは、あらゆる限界を超えていくことである。悠々と制限を越えていく5の人と一緒にいると、気づかなかった可能性に開眼させられる。自分の価値観にはなかった新しい希望を提供してくれる存在なのだ。交流を持つことであなたの表現の幅が広がっていくだろう。

【3×6】

　マチュリティー・ナンバー6が成し遂げていくのは、人々を助け、導くことである。あなたが人生において成していくものの中には、あまりないエッセンスかもしれない。けれども、「人のため」という6のエネルギーと心を合わせていくと、あなたの成していくものはより人々に喜ばれるものとなるだろう。

【3×7】

　マチュリティー・ナンバー7が成し遂げていくのは、真実を解き明かすことである。隠されていた事実が解明されることによって、あなたの作り出したものが覆される可能性がある。よって7の人は、あなたにとって脅威ともなり得る。けれども、明かされることで不備が改善するチャンスを与えられる。恐れずに交流を持ちたい相手である。

【3×8】

　マチュリティー・ナンバー8が成し遂げていくのは、世の中を動かすことである。カリスマ的なパワーを発揮する8の人のエネルギーは、あなたにとって最も足りない要素のひとつかもしれない。この人の力を借りれば、あなたが伝えたいことは、さらに広く強力に世の中へと訴えかけるものとなるだろう。

【3×9】

　マチュリティー・ナンバー9が成し遂げていくのは、幸せな成功者となることである。自分が成功することも「成す」ことのひとつだが、成功は人々の役に立ったり、喜ばせたりして初めて成就するものである。あなたが成し遂げていくものとも調和点は多い。協力を得ることで、あなたも豊かな成功者のひとりへと近づいていく。

Your Maturity Number 4&22 × Partner's Maturity Number ?

【4&22×1】

　マチュリティー・ナンバー1が成し遂げていくのは、「道」を作ることである。新たな道を次々と切り開いていく1の人は、あなたの作るシステムや秩序もなんなく飛び越えていく。よって脅威ともなり得る存在だが、可能性を広げてくれる相手でもある。警戒せずに、交流を持っていきたい。

【4 & 22 × 2 & 11】

　マチュリティー・ナンバー2＆11が成し遂げていくのは「美しいハーモニー」を作り出すことである。あなたの作り出した秩序ある環境に、2＆11の人が参加することによって、彩りが加えられる。あなたの人生の成果物は、この2＆11の人の協力を得ることによって潤いが与えられ、人に喜ばれるものとなるだろう。

【4 & 22 × 3】

　マチュリティー・ナンバー3が成し遂げていくのは、人々に生きる喜びを伝えることである。人々に秩序をもたらすナンバー4＆22のあなたとは、成していくものに調和点は少ない。けれども、3の人のエッセンスを取り入れることで、あなたの人生の成果物はさらに人に理解されるものとなっていくだろう。

【4 & 22 × 4 & 22】

　マチュリティー・ナンバー4＆22が成し遂げていくのは、あらゆる「システム」を作ることである。あいまいな状況や前例のない物事に秩序をもたらし、そこに安定感を加えていくふたり。どちらもしっかりと土台作りをするので、ふたりが歩む人生は揺るぎないものとなる。より着実な足どりで生きることが可能となるだろう。

【4 & 22 × 5】

　マチュリティー・ナンバー5が成し遂げていくのは、あらゆる限界を超えていくことである。この世には多くのルールがある。それを形成していくのが4＆22の人であり、それを超えていくのが5の人。ふたりが人生で成すことは正反対とも言えるが、お互いがお互いの呼吸作用ともなれる。要所要所で助力を仰ぎたい人のひとりだろう。

【4 & 22 × 6】

　マチュリティー・ナンバー6が成し遂げていくのは、人々を助け、導くことである。世の中のルールから生まれた歪み、そこに生じた被害者に手を差し伸べていく。そのルールを生み出すのが、4＆22の人。対立しがちな相性だが、6の人がいることによりあなたの間違いは正され、より良い仕事を成すことができるようになるのだ。

【4 & 22 × 7】

　マチュリティー・ナンバー7が成し遂げていくのは、真実を解き明かすことである。

あなたが人生において作り出すものの真実が、この7の人によって解明される可能性もある。当然、あなたの作るシステムの不備が指摘されることも。耳が痛いながらもそばにいてほしい貴重な存在である。

【4 & 22 × 8】

マチュリティー・ナンバー8が成し遂げていくのは、世の中を動かすことである。あなたは世の中に必要なルールを作る人、言わば相手はそれを運営していく人。演劇の世界なら、監督が8の人で脚本家が4 & 22の人といった役割になる。協力し合うことで、人生における成果物のクオリティはより高く濃いものとなるだろう。

【4 & 22 × 9】

マチュリティー・ナンバー9が成し遂げていくのは、幸せな成功者となることである。あなたは人々の発展繁栄のための土台作りをする人で、相手はそれを活用していく人。あなたがいなければ、9の人の成功もないと言える。ビジネスの世界で力を合わせるのなら、持ちつ持たれつの関係になっていくだろう。

Your Maturity Number 5 × Partner's Maturity Number ?

【5 × 1】

マチュリティー・ナンバー1が成し遂げていくのは、「道」を作ることである。あなたが成していく「限界を超える」ということも、ある意味、既存の道ではない新たな道を行くこと。そんなふたりが歩み寄ったなら、生み出されるものはかなりダイナミックなものとなる。好影響を与え合える良きパートナーとなるだろう。

【5 × 2 & 11】

マチュリティー・ナンバー2 & 11が成し遂げていくのは「美しいハーモニー」を作り出すことである。この2 & 11の人のエッセンスは、既存のものを壊していくあなたの中には、最も不足している要素のひとつ。この人のフォローがあることで、壊すだけではなく再誕へ向かう仕事を成すことが可能となるのだ。できるだけ力を借りていきたい。

【5×3】
　マチュリティー・ナンバー3が成し遂げていくのは、人々に生きる喜びを伝えることである。限界や制限を超えていくあなたとは、人生において成すものは異なる。けれども、「喜びのため」という目的意識があなたの人生にプラスされたなら、生きる道筋が彩り豊かになるのは明らか。大いに協力を仰ぎたい相手である。

【5×4＆22】
　マチュリティー・ナンバー4＆22が成し遂げていくのは、あらゆる「システム」を作ることである。この世には多くのルールがある。それを形成していくのが4＆22の人で、それを超えていくのが5の人。お互いに切磋琢磨することで、より良い環境を作ることが可能となる。煙たがらずに交流を持ちたい相手である。

【5×5】
　マチュリティー・ナンバー5が成し遂げていくのは、あらゆる限界を超えていくことである。あらん限りのルールを解き放ち、しなやかに制限を塗り替えていくふたり。目的を定めて協力し合ったなら、ふたりの行く手に障壁は皆無だろう。不可能な物事は限りなくゼロに近づく。眠っている可能性を刺激し合える相性である。

【5×6】
　マチュリティー・ナンバー6が成し遂げていくのは、人々を助け、導くことである。ふたりの関係は、制限を壊し限界を超えていくあなたと、それによって生まれた弊害をフォローする人、という図。気づかないところで、あなたは6の人の助力を得ているかもしれない。常に感謝を忘れずに頼りたい相手である。

【5×7】
　マチュリティー・ナンバー7が成し遂げていくのは、真実を解き明かすことである。それによって、脈々と続いてきた状況が覆される場合もある。制限を壊し、限界を超えていくあなたとは、異なる生き方のようで共通項は少なくない。社会の歪みを正したい場合には、協力し合うと劇的な成果を上げることが可能となる。

【5×8】
　マチュリティー・ナンバー8が成し遂げていくのは、世の中を動かすことである。時

流によっては革命者ともなり得る人だが、制限を壊していくナンバー5のあなたが成すこととも相通ずる部分が多い。よって、ふたりは世直しコンビとして最良のパートナー。さらなる影響力を発揮したい場合は力を借りたい相手である。

【5×9】
　マチュリティー・ナンバー9が成し遂げていくのは、幸せな成功者となることである。制限を壊し、限界を超えていくあなたとはまるで異なる生き方のようだが、超えることがあなたの「成功」。その成果を実り多き形としていくにあたり9の人は力になってくれるだろう。つながりを持つことで人生の豊かさは雲泥の差となる。

Your Maturity Number 6 × Partner's Maturity Number ?

【6×1】
　マチュリティー・ナンバー1が成し遂げていくのは、「道」を作ることである。常に先頭を切って新しい道を切り開いていく1の人は、あなたから見ると頼もしいばかりかもしれない。相手のサポートに回ることによって、成しえない偉業や経験ができる。あなたが助けることのできる人々の範囲も広がるだろう。

【6×2&11】
　マチュリティー・ナンバー2＆11が成し遂げていくのは「美しいハーモニー」を作り出すことである。人や環境に和合していく2＆11の人の生き方は、人々を助け、導いていくあなたと相通ずるものも多い。協力し合ったなら、ひとりで行動するよりも、さらに多くの人に平和をもたらすことが可能となるだろう。

【6×3】
　マチュリティー・ナンバー3が成し遂げていくのは、人々に生きる喜びを伝えることである。それによって、助けられる人も多いだろう。人々を助け、導いていく6の人の人生とは重なる部分も少なからずある。3の人の力を借りることによって、あなたが成すことのヴァリエーションは確実に増えるだろう。

【6×4＆22】

　マチュリティー・ナンバー4＆22が成し遂げていくのは、あらゆる「システム」を作ることである。世の中の弱者を守るためのルールや秩序を作ることもある4＆22の人は、人々を助け、導いていく6のあなたと、目的を合わせて行動することで大きな成果を上げられる。あなたから積極的に働きかけるといいだろう。

【6×5】

　マチュリティー・ナンバー5が成し遂げていくのは、あらゆる限界を超えていくことである。ふたりの関係は、制限を壊す5の人と、それによって生まれた弊害をフォローするナンバー6のあなた、という図。手を焼かせられることも多いが、5の人の働きによってあなたの力を及ばせられる範囲が広がる可能性もある。

【6×6】

　マチュリティー・ナンバー6が成し遂げていくのは、人々を助け、導くことである。意図せずして、ふたりのいるところにはヒーリングが起こる。存在そのものによって、お互いがお互いを癒し、精神的な支えになることもできる。福祉やボランティア活動などに力を合わせて取り組んだなら、実り多き成果を上げられるだろう。

【6×7】

　マチュリティー・ナンバー7が成し遂げていくのは、真実を解き明かすことである。それによって、人が助けられることもある。よって、人を助け導いていく6のあなたと7の人が成すことは、共通項も少なからずある。弱い立場の人のために弁護をしたり運動をしたりと、社会的な問題に対して協力するには有望な相手である。

【6×8】

　マチュリティー・ナンバー8が成し遂げていくのは、世の中を動かすことである。その動機のひとつには、たいていの場合「人を助けるため」という項目が入っている。人を助け導いていくナンバー6のあなたと相手は、人生において成すものに共通点が多い。フォローに回ることで、さらに大きな仕事を成すことができるだろう。

【6×9】

　マチュリティー・ナンバー9が成し遂げていくのは、幸せな成功者となることである。

成功者ともなれば、多くの人を助ける度量を身につけている。人々を助け、導いていくナンバー6のあなたとしてはぜひ味方につけたい相手。そばにいてもらうことで、善き癒しの影響力を拡大していくことが可能となる。

Your Maturity Number 7 × Partner's Maturity Number ?

【7×1】

マチュリティー・ナンバー1が成し遂げていくのは、「道」を作ることである。真実を解き明かすナンバー7の成すことは、ときに新たな道を作ることにつながる場合がある。よって、ふたりは協力し合うことで物事を成すことがより容易くなる。現状を超えたいときには特に力を借りると有益だろう。

【7×2 & 11】

マチュリティー・ナンバー2 & 11が成し遂げていくのは「美しいハーモニー」を作り出すことである。真実を解き明かすナンバー7の成すことは、ときとして平穏な暮らしを覆すきっかけとなる場合もある。けれども逆に、調和が取り戻されることもある。ケース・バイ・ケースで協力し合うといいだろう。

【7×3】

マチュリティー・ナンバー3が成し遂げていくのは、人々に生きる喜びを伝えることである。あなたの解き明かす真実によって、人々は改めて生きる喜びを感じるようになる場合もあるだろう。よって、ふたりは歩み寄りが可能な相性。お互いがお互いの抑止力となる場合もあるが、だからこそそばにいると助かる相手である。

【7×4 & 22】

マチュリティー・ナンバー4 & 22が成し遂げていくのは、あらゆる「システム」を作ることである。あなたが真実を解き明かそうとすると、4 & 22の人が作った世の秩序がブレーキをかけてきたりする場合も。双方にとって抑止力となりやすい相性である。けれども、暴走や間違いを食い止めてくれる貴重な存在となるだろう。

【7×5】

　マチュリティー・ナンバー5が成し遂げていくのは、あらゆる限界を超えていくことである。7の人が真実を解き明かすことによって、脈々と続いてきた状況が覆される場合がある。よって、ふたりの成すことには共通項が多い。協力し合ったなら、世の中に劇的な変化を巻き起こすことが可能となるだろう。

【7×6】

　マチュリティー・ナンバー6が成し遂げていくのは、人々を助け、導くことである。7の人が真実を解き明かすことによって、人が助けられることもある。よって、6の人とあなたの成すことには調和するポイントも多い。正義感を持ってなにかを成そうとする場合、お互いの良さが生きてくるだろう。大いに頼りにしたい相手である。

【7×7】

　マチュリティー・ナンバー7が成し遂げていくのは、真実を解き明かすことである。意図せずとも、そうなってしまう傾向にある7の人が集えば、そこには多くの真実が顕現してくる。共同研究をおこなえば、解明できないことはないと言い切れるほどのパワーがあふれてくるだろう。興味の方向性を絞ることが肝要である。

【7×8】

　マチュリティー・ナンバー8が成し遂げていくのは、世の中を動かすことである。動かすにはそれ相応の準備がいる。ナンバー7のあなたが解き明かす真実が、8の人の成そうとすることに役立つ場合もあるだろう。逆に「ここぞ」という場面では力添えを頼みたい相手でもある。良き協力関係を築いておきたい。

【7×9】

　マチュリティー・ナンバー9が成し遂げていくのは、幸せな成功者となることである。真実を解き明かすナンバー7の成果が、9の人の成功を助けることもある。そして、あなたも一緒にいることによって豊かさという恩恵を受けることが可能になるのだ。末永くつながりを持っていたい相手である。

Your Maturity Number 8 × Partner's Maturity Number ?

【8×1】

　マチュリティー・ナンバー1が成し遂げていくのは、「道」を作ることである。世の中を動かすナンバー8のあなたも、それを成す過程でいくつかの「道」を自力で開くことだろう。ふたりには共通点が多いゆえに、力を合わせればかなり強力。ひとりではできないより大きな仕事を成すことも可能となる。

【8×2 & 11】

　マチュリティー・ナンバー2 & 11が成し遂げていくのは「美しいハーモニー」を作り出すことである。ナンバー8の人が世を動かすことによって、人々の間に調和が取り戻されることもある。よって、ふたりの成すことには馴染むポイントも少なからずある。力を借りることによって物事の平和的解決が促がされるだろう。

【8×3】

　マチュリティー・ナンバー3が成し遂げていくのは、人々に生きる喜びを伝えることである。喜びや楽しみを生み出そうという意識は、あなたにとって最も足りない要素のひとつだろう。3の人の協力を得れば、あなたの成す世界は、人々のためにより一層実り多き幸せな影響力を与えるものとなっていくだろう。

【8×4 & 22】

　マチュリティー・ナンバー4 & 22が成し遂げていくのは、あらゆる「システム」を作ることである。世の中に必要なルールを作るのが4 & 22の人で、あなたはそれを運営していく人。うまく役割分担することも可能なため、力を合わせれば生み出せる成果は倍以上を期待できる。物質的豊かさを生む最高のコンビネーションである。

【8×5】

　マチュリティー・ナンバー5が成し遂げていくのは、あらゆる限界を超えていくことである。時流によっては革命者ともなり得る8のあなたとは、人生において成すことに相通ずる部分が少なくない。よってふたりは変革を巻き起こす最良のパートナー。より良い社会を目指すとき、力を引き出し合うことが可能となる。

【8×6】

　マチュリティー・ナンバー6が成し遂げていくのは、人々を助け、導くことである。8のあなたは世の中を動かしていく人だが、その動機のひとつには「人を助ける」という項目も入っているはずである。ふたりは良く補い合えるパートナー。6の人に秘書役を依頼すると、さらにあなたが人生において上げる成果は大きくなる。

【8×7】

　マチュリティー・ナンバー7が成し遂げていくのは、真実を解き明かすことである。一方、能力を純粋に発揮した結果、世の中を動かしてしまうのがナンバー8の人。7の人の究明力を借りたなら、さらにあなたのもたらす影響力には隙がなくなる。参謀役を依頼するのも良策。良き協力関係を築いておきたい相手である。

【8×8】

　マチュリティー・ナンバー8が成し遂げていくのは、世の中を動かすことである。才能を活かし、使命に忠実に生きると、自然と「力」を握るようになる。そんなふたりは同志的なつながりは生まれやすいが、張り合うことにもなりがち。人生における成果をより良いものとするには、お互いを尊重し合うことである。

【8×9】

　マチュリティー・ナンバー9が成し遂げていくのは、幸せな成功者となることである。ある意味、世の中を動かすナンバー8の人が目指す究極は、9の人が成すことと同じかもしれない。ふたりで力を合わせたなら、本当の意味での成功者となれる可能性も出てくる。謙虚に9の人の助言を耳を傾けるといいだろう。

Your Maturity Number 9 × Partner's Maturity Number ?

【9×1】

　マチュリティー・ナンバー1が成し遂げていくのは、「道」を作ることである。人は、新たな道を切り開くことで成功していく場合も多い。よって、ナンバー1の人が成すことと、「幸せな成功者」となるナンバー9のあなたとは、協力し合える部分も多い。変化のきっかけが欲しいときには特に力になってくれるだろう。

【9×2＆11】
　マチュリティー・ナンバー2＆11が成し遂げていくのは「美しいハーモニー」を作り出すことである。平和を体現していく人だと言える。幸せな成功者となるナンバー9のあなたも同様。一緒にいて違和感のない相手だろう。援助し合うことを心がけると、お互いの豊かさがさらに増していく相性である。

【9×3】
　マチュリティー・ナンバー3が成し遂げていくのは、人々に生きる喜びを伝えることである。成功者となっていくナンバー9のあなたの人生には、ときとして「遊び」の部分が少なくなりがち。そんなとき、3の人がそばにいてくれると心に余裕が生まれる。人生において成すことに「楽しい経験」もプラスされていくだろう。

【9×4＆22】
　マチュリティー・ナンバー4＆22が成し遂げていくのは、あらゆる「システム」を作ることである。人々の発展繁栄のための土台作りをするのが4＆22の人、あなたはそれを活用していく人。この相手は、あなたが物事を成すために欠かせない人だと言える。人生において実り多き成果を上げるのにはぜひそばにいてほしい相手だろう。

【9×5】
　マチュリティー・ナンバー5が成し遂げていくのは、あらゆる限界を超えていくことである。幸せな成功者となっていくナンバー9のあなたも、それを成すまでにはあらゆる限界にぶち当たり、超えていくことだろう。5の人をビジネス・パートナーにすると、双方にとってメリットが多い。助け合いの精神が鍵となる。

【9×6】
　マチュリティー・ナンバー6が成し遂げていくのは、人々を助け、導くことである。幸せな成功者となっていくナンバー9のあなたにとっては、友人としてもビジネス・パートナーとしてもそばにいてくれると嬉しい相手。快く支えてくれる人がいる度合いだけ、あなたの成功のクオリティは高くなるのだから。遠慮せずに力を借りていきたい。

【9×7】

　マチュリティー・ナンバー7が成し遂げていくのは、真実を解き明かすことである。その成果がナンバー9のあなたが成功するための足がかりとなることもある。ふたりは実り多き相乗効果を生み出せる好相性。あなたも7の人には多くのチャンスを与えることができる。幸せと豊かさを分かち合える相手である。

【9×8】

　マチュリティー・ナンバー8が成し遂げていくのは、世の中を動かすことである。幸せな成功者となっていくナンバー9のあなたとしては、味方につけておくと心強い相手だろう。これだけの威信をまとった人がそばにいれば、あなたは他者から立場を揺らがされることはない。エネルギッシュな氣を存分に吸収したい相手である。

【9×9】

　マチュリティー・ナンバー9が成し遂げていくのは、幸せな成功者となることである。人と張り合うことなく、円満具足に生きていく後半生。そんなふたりが集えば、そこには豊かさと優雅さが漂う。心地良くかつエネルギッシュな氣の交流がおこなわれていき、さらに成功のクオリティが上がっていくことだろう。

レッスン14

チャート解説③
―コンパチビリティ・チャートの読み方―
Lesson_14 Sample Reading for Compatibility Chart

　ここからは、レッスン12〜13で紹介した相性を見る手法を使って、コンパチビリティ・チャートを読み解く練習をしていこう。

【ディファレンス・ナンバー】
コンパチビリティ・チャートの読み方 I
―ふたりの差異を知る―

A：ツダリョウタ　1970年10月　3日生まれ
B：ヤマノジュン　1970年　5月30日生まれ

(1) ライフ・パス・ナンバー

A：1970＋10＋3＝1983
　　1＋9＋8＋3＝21
　　2＋1＝3

B：1970＋5＋30＝2005
　　2＋0＋0＋5＝7

ディファレンス・ナンバー①：互いのライフ・パス・ナンバーを引く
生年月日の合計を一桁にしたもの
　　7　－　3　＝　4　ディファレンス・ナンバー
ライフ・パス・ナンバー　ライフ・パス・ナンバー　一桁に還元

　Aのライフ・パス・ナンバーが3、Bのナンバーが7であり、その差異を算出すると4

になる。よって、このふたりのライフ・パス・ナンバーのディファレンス・ナンバーは4となる。

(2) ディスティニー・ナンバー

   A:RYOTA TSUDA
   9 7 6 2 1 2 1 3 4 1
   9+7+6+2+1+2+1+3+4+1=36
   3+6=9

   B:JUN YAMANO
   1 3 5 7 1 4 1 5 6
   1+3+5+7+1+4+1+5+6=33
   3+3=6

> **ディファレンス・ナンバー②：互いのディスティニー・ナンバーを引く**
> 氏名をアルファベットで表記し、数字に置き換え合計し、一桁にしたもの
> 　**9**　－　**6**　＝　**3**　ディファレンス・ナンバー
> ディスティニー・ナンバー　　ディスティニー・ナンバー　　一桁に還元

Aのディスティニー・ナンバーが9、Bのナンバーが6であり、その差異を算出すると3になる。よって、このふたりのディスティニー・ナンバーのディファレンス・ナンバーは3となる。

(3) ソウル・ナンバー

   A:RYOTA TSUDA
   6+1+3+1=11 1+1=2

   B:JUN YAMANO
   3+1+1+6=11 1+1=2

> **ディファレンス・ナンバー③：互いのソウル・ナンバーを引く**
> 氏名の母音をアルファベットで表記し、数字に置き換え合計し、一桁にしたもの
>
> [2] － [2] ＝ [0] ディファレンス・ナンバー
> ソウル・ナンバー　　ソウル・ナンバー　　一桁に還元

　Aのソウル・ナンバーが11、Bのナンバーも11であり、その差異はゼロとなる。よって、このふたりのソウル・ナンバーのディファレンス・ナンバーはゼロとなる。

(4) パーソナリティー・ナンバー

A：RYOTA TSUDA
9＋7＋2＋2＋1＋4＝25
2＋5＝7

B：JUN YAMANO
1＋5＋7＋4＋5＝22　　2＋2＝4

> **ディファレンス・ナンバー④：互いのパーソナリティー・ナンバーを引く**
> 氏名の子音をアルファベットで表記し、数字に置き換え合計し、一桁にしたもの
>
> [7] － [4] ＝ [3] ディファレンス・ナンバー
> パーソナリティー・ナンバー　パーソナリティー・ナンバー　一桁に還元

　Aのパーソナリティー・ナンバーは7、Bのナンバーは4（22を一桁に還元）であり、その差異は3。よって、このふたりのパーソナリティー・ナンバーのディファレンス・ナンバーは3となる。

(5) 全体のバランスを見てみる

【ディファレンス・ナンバー】
ライフ・パス・ナンバー：4
ディスティニー・ナンバー：3
ソウル・ナンバー：0
パーソナリティー・ナンバー：3

ディファレンス・ナンバーは、差異が大きいほど、大きな隔たりがあり、ストレスフルな関係であるということではない。ただし、ゼロの場合は例外的に、違いがないということなので、ストレスの少ない相性だと見ていく。

　つまり、このふたりはソウル・ナンバーに関しては、差異がゼロなので、相通ずる組み合わせとなる。魂の求めるものを表すナンバーが一致するということは、魂の奥深い部分で通じ合える可能性のある相性であると言える。

　しかし、その人の資質を示すライフ・パス・ナンバーでは4の差異が出ている。このディファレンス・ナンバーの4は、ふたりの現実面におけるセンスの違いをクローズアップする。経済観念、約束やルールに対する姿勢、計画性において考え方を異にするだろう。お互い、良いところを学び合うことが鍵となる。

　人生上の使命を示すディスティニー・ナンバーでは、3の差異が出ている。このディファレンス・ナンバーの3は、問題に遭遇したときの対応の仕方の違いを明らかにする。トラブルを前にしたときの姿勢は、そのまま人生の歩み方にも通じるため、この点で違いが出ると、人生上のパートナーとしては課題が少なくない。

　社会的な役割を意味するパーソナリティー・ナンバーでは、3の差異が出ている。このディファレンス・ナンバーの3は、どのように未来ヴィジョンを形作っていくか、ふたりのその姿勢の相違を明らかにする。パーソナリティー・ナンバーが公的な顔、ソウル・ナンバーが私的な顔を表すと言えるので、このふたりは、プライベート面では相通ずるものを多く持っているが、オフィシャルな面では、折り合いのつかない部分を持っていると読み解くことができる。

【コンコード】
コンパチビリティ・チャートの読み方 II
― 結びつきやすいナンバー・グループを知る ―

誕生日から属するコンコードを導き出す。

【例①】

　　　　A：22日生まれ

占いたい人物の生まれた日を加算し、一桁にする
生まれ日：　22 ⇒ 2 + 2 = 4 = 4 ………………………… A

B：15日生まれ

| 生まれ日： | 15 ⇒ 1 + 5 = 6 = 6 ················· B |

　Aは2、4、8のコンコード、Bは3、6、9のコンコードに属していることになる。Aが属する2、4、8のコンコードは、実際性があり、かつ保守性の強いグループ。一方、3、6、9のコンコードは、柔軟性があるが、ときとして優柔不断で人任せの発想に陥りがちなグループである。よって、このふたつのグループが組み合わさった場合は、2、4、8のほうがその場をオーガナイズする役割を担う傾向にある。

【例②】
　コンコードは3人以上のグループの行動傾向やコミュニケーションのはかり方も知ることができる。

D：10日生まれ
　　1＋0＝1

E：26日生まれ
　　2＋6＝8

F：5日生まれ

　Dは1、5、7のコンコード、Eは2、4、8のコンコード、そしてFは、Dと同様1、5、7のコンコードである。よって、3人で行動した場合、DとFの人物が意気投合しやすい。しかし、1、5、7のコンコードは、その構成ナンバーがすべて、自我意識が強い傾向にあるため、DとFの間に主導権争いを生じさせる可能性も出てくる。
　ここで中庸を取ってくれる3、6、9のコンコードの人物が中に入れば、スムーズにいきやすいものの、あとのEも比較的、融通の利かない面を持つ2、4、8のコンコードである。この3人グループの場合、早い段階で誰がリーダーとなるかを決定していくことが、実り多いコミュニケーションをはかる鍵となるだろう。

【ナンバー・コンパチビリティー】
コンパチビリティ・チャートの読み方 III
―あらゆる側面の相性を読み解く―

【例①】

A：ツダリョウタ　1970年10月3日生まれ
B：コバヤシマユ　1968年 2月5日生まれ

ライフ・パス・ナンバー： 3	×	ライフ・パス・ナンバー： 22
ディスティニー・ナンバー： 9	×	ディスティニー・ナンバー： 7
ソウル・ナンバー： 11	×	ソウル・ナンバー： 3
パーソナリティー・ナンバー： 7	×	パーソナリティー・ナンバー： 4
マチュリティー・ナンバー： 3	×	マチュリティー・ナンバー： 11

【ライフ・パス・ナンバーとディスティニー・ナンバー】

　ライフ・パス・ナンバーの傾向は、物事の進め方や始め方などにおいて顕著に表れる。ナンバー3は軽やかなスタンスで進展させ、一方、ナンバー22は堅実なプランニング力を持って進めていく。補い合える組み合わせだが、3は細かなことに対してやや無頓着なため、ナンバー22のBの人のほうに負担がかかりやすいだろう。

　ディスティニー・ナンバーの傾向は、目的や願望に向かうその姿勢に顕著に表れる。ナンバー9は、大局を見て今どうするべきかを判断していくが、ナンバー7は言わばその正反対。細部にこだわり、緻密な分析をしながら進めていく。

　ライフ・パス・ナンバーとディスティニー・ナンバーのふたつは、人生に深くかかわるナンバーであるため、これらがすれ違いがちなナンバーで構成されていると、人生上の指針が異なるということになる。自然と同じ目的に向かうことは少ないので、ともに生きるパートナーとしてお互いを選ぶのであれば、意識して歩調を合わせるか、それぞれが自立した生き方を心がけることが円満な関係を続ける秘訣となる。

　ただし、オフィシャルな関係の場合は、役割分担がしやすいのでよくサポートし合える間柄になれるだろう。

【ソウル・ナンバーとパーソナリティー・ナンバー】

　ソウル・ナンバーの傾向は、ごくプライベートな人づき合い、生活の中で顕著に表れる。ナンバー11は一桁に還元すると2。2は愛と平和を求めるナンバーであり、つまり、このAの人は、愛と平和を伝道することを魂の目的として持っている。一方、ナンバー3は、好奇心を持って軽やかに飛び回ることを求める魂である。かみ合わない部分も多いものの、このふたつの魂は、双方が平和主義的なので衝突はしない。ただし、落ち着きを求めるナンバー2からすると、ナンバー3の相手は長く一緒にいるとストレスを感じることもあるだろう。

　パーソナリティー・ナンバーの傾向は、仕事や公的な活動の場において顕著に表れる。ナンバー7は、独立独歩で、かつもの静かな印象のキャラクター。一方、ナンバー4は落ち着きのある、人から信頼される役割を担うタイプの人である。双方が積極的に人に頼ることをしない性質のナンバーなので、社会的な面においてこのふたりが歩み寄ることはあまりないだろう。

　ソウル・ナンバーにおける2と3のズレは、刺激やおもしろさともなり得るので友情は生まれやすい。ただ、それ以上の深い関係にいたるまでには、時間がかかったり、どちらか一方の感情が維持されなかったりと、歩調が合わなくなる可能性がある。

　しかし、オフィシャルな面では、あえて近づくことはないもの、密かに尊敬し合う存在となるだろう。必要なときには助け合うこともできる相性である。

【マチュリティー・ナンバー】

　マチュリティー・ナンバーの傾向は、物事の取りまとめ方や引き際などに顕著に表れる。ナンバー3は、人に生きる喜びを伝えることを成し、一方、ナンバー11は普遍的なものを創り出すことを成し遂げていく。ナンバー11の指針には、そもそも人の発展繁栄、幸せと喜びのため、という内容が含まれているため、このふたりのマチュリティーは矛盾しない。

　総合して見ていくと、ライフ・パス・ナンバーとディスティニー・ナンバーには多少のズレは見られるが、そのふたつのナンバーの合計であるマチュリティー・ナンバーにおいてはマスター・ナンバーも登場し、互いに譲歩し、協力し合える相性となっている。ソウル・ナンバーにおける共通点が少ない以上、日々日常的には、思ったような反応が得られないというジレンマは生じ得るが、長い目で見てゆくと実り多き関係へと成長できる可能性を秘めた相性だと言えるだろう。

【例②】

A：ツカワリョウ　　1979年10月22日生まれ
B：ワタナベセレナ　1981年 1月11日生まれ

	A		B
ライフ・パス・ナンバー：	4	× ライフ・パス・ナンバー：	22
ディスティニー・ナンバー：	1	× ディスティニー・ナンバー：	3
ソウル・ナンバー：	11	× ソウル・ナンバー：	1
パーソナリティー・ナンバー：	8	× パーソナリティー・ナンバー：	11
マチュリティー・ナンバー：	5	× マチュリティー・ナンバー：	7

【ライフ・パス・ナンバーとディスティニー・ナンバー】

　ライフ・パス・ナンバーの傾向は、物事の進め方や始め方などにおいて顕著に表れる。4は堅実に計画性を持って物事を進めるナンバーである。一方のナンバー22も、マスター・ナンバーではあるが、一桁に還元すると4になるため、このふたりは、ライフ・パス・ナンバーにおいては同様の資質を持つということになる。申し分のない好相性だと言えるだろう。

　ディスティニー・ナンバーの傾向は目的や願望に向かうその姿勢に顕著に表れる。ナンバー1は、主体性を持って行動し、物事をスタートさせる。一方、ナンバー3は人々に生きる喜びを伝えることを目指す。意識が外に向いている点で、1と3というこのふたつのナンバーは歩調を合わせやすい組み合わせである。どちらかが企画したり、フォローに回ったりと、役割を入れ替えながら協力し合える可能性もある。

　ライフ・パス・ナンバーとディスティニー・ナンバーが調和的であるということは、人生上の指針が一致するか、あるいは、無理なく補い合えるということである。公私ともに円満かつアクティブなパートナーシップを築くことができるだろう。

【ソウル・ナンバーとパーソナリティー・ナンバー】

　ソウル・ナンバーの傾向は、ごくプライベートな人づき合い、生活の中で顕著に表れる。ナンバー11は美しいものを求めてやまない魂である。さらには、一桁に還元すると2となることから、愛と平和をなによりも大切にするナンバーでもある。一方、ナンバー1は、常にトップとなり、勝ち抜くことを望んでいる。片や平和を愛し、片や勝ち

を目指すというこのソウル・ナンバーの組み合せは、当然ながら葛藤が生じやすい。ナンバー11のAの人のほうがBの人に振り回される形となりがちだろう。

　パーソナリティー・ナンバーの傾向は、仕事や公的な活動の場において顕著に表れる。ナンバー8は、腰の据わったどっしりとした存在感を放ち、「パワフルで有能な人」というムードをかもし出す。一方、ナンバー11は可憐でピュアな印象を人々に与える、天然かつ直感型のキャラクターである。有能なタイプと天然キャラであるからして、社会的な場においてこのふたりの接点は少ないだろう。しかし、互いにないものを持っているような期待感を持つため、惹かれ合うことはあるかもしれない。

　ソウル・ナンバーとパーソナリティー・ナンバーにおいては、このふたりの共通点は少ない。知れば知るほど、わからなくなるような感覚もあるだろう。けれども、双方が交互にマスター・ナンバーを持っているため、折り合える可能性はある。11のナンバーを持つ人のほう（この場合は双方）が、要所要所である種の高い視点、スピリチュアルな目を持って相手へと接していくことで、円満な関係を築いていくことも可能となる。

【マチュリティー・ナンバー】

　マチュリティー・ナンバーの傾向は、物事の取りまとめ方や引き際などに顕著に表れる。ナンバー5は、限界や制限を越えていくことを成し、一方、ナンバー7は、真実を解き明かすことを成し遂げていく。真実を解き明かすことは、ある種、現状における限界を超えることである。よって、目的や意図をすり合わせたなら、より大きなマチュリティーを生み出せる可能性のある相性である。

　総合して見ていくと、このふたりは、人生上の彩りや道筋を決定するとも言えるをライフ・パス・ナンバーとディスティニー・ナンバーには非常に共通点が多い。人生のパートナーとしてはもちろん、目的意識が馴染みやすく、お互いの資質も自然と理解し合えるため、ビジネスにおいても強力タッグを組むことができるはずである。

　ただし、それにはパーソナリティー・ナンバーが示すズレを乗り越える必要がある。人を見た目で判断せず、姿勢や意志の内情を見極める目を持つことが肝要となるだろう。

　プライベート面においては、お互いの価値観を尊重することが不可欠。違う面を認め、補い合う方法を探っていくことによってのみ、豊かな関係を維持することができるだろう。

補 遺
Apeendix

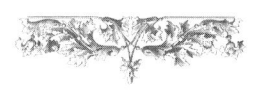

メタフィジカル・ムーヴメントの中の数秘術
—モダン・ヌメロロジーと美の霊性(スピリチュアリティ)—
Appendix Modern Numerology in Metaphysical Movements

　今日広く知られている数秘術とは、いったいどこで誕生したものなのか。もちろん、数の神秘主義、あるいは数にオカルト的な意味を見つけるという意味でのそれは、非常に古くから存在する。たとえば、古代ギリシャのピュタゴラス主義者たちによる数の神秘思想、あるいは中世のユダヤ教神秘主義の中で「カバラ」と呼ばれた数の操作法など。

　しかしながら、それらと今日の一般的な数秘術は、その数に対する熱烈な信仰という点を除けば、使用している文字システムを始め、数に割り当てられた意味、そしてさらにその具体的な理論やメソッドとなると全く別種のものである[1]。そういったことから、しばしば今日の数秘術は、それ以前のものと区別する意味で「モダン・ヌメロロジー」とも呼ばれる。では、そのモダン・ヌメロロジーなるものは、いったいいつ頃、誕生したものなのだろうか。

　すでにわたしは『数秘術の世界』という本の中で、モダン・ヌメロロジーの生みの親であるミセス・L・ダウ・バリエッタ、そしてそれを広めるのに貢献したジュリア・セトンという20世紀初頭のアメリカ合衆国で活躍したふたりの女性をごく簡単に紹介した[2]。そこでも述べたように、もともと「バリエッタ・システム・オブ・ナンバー・バイブレーション」(Balliett System of Number Vibration)と名づけられたモダン・ヌメロロジーのルールの基本は、その呼称からもわかるようにバリエッタ自身が初めに考案したものである。そしてセトン、さらにそれに続く20世紀前半のヌメロロジストたちによって、本書でも紹介したようなさまざまなテクニックが、徐々につけ加えられていったのである。

　しかしながら、モダン・ヌメロロジーにおける、その表面上のテクニックを支えているもの——それなくしてはモダン・ヌメロロジーが単なるカジュアルな数の操作とも見えてしまいかねないその背後にある思想は、必ずしもすべてが創始者バリエッタ独自の

ものではない。むしろその大部分は、19世紀後半から20世紀初頭にかけての合衆国で大きな流れとなったあるムーヴメント、今日比較的よく用いられている言葉を使うなら「メタフィジカル・ムーヴメント」(Metaphysical Movements) と呼ばれるものの中で、形作られていった思想に由来するものなのである。そういった意味では、モダン・ヌメロロジーというひとつの体系の誕生、そしてさらにそれを普及させていくことを可能にしたのは、バリエッタやセトンといった創成期のヌメロロジストをも取り巻きながら広がっていた、大きなその流れがあったからだと言える。

ちなみに、ここで使っている「メタフィジカル」という語は、オーソドックスな西洋哲学で用いられる場合の意味とは、やや異なる[3]。また、メタフィジカル・ムーヴメントとひとことで言っても、それは決してひとつのまとまったムーヴメントだったことを意味するわけではない。むしろその内部には、いくつかの全く異なるグループの活動があり、実際にその語は、それら複数のムーヴメントを総称するために使われている。たとえば、スピリチュアリズム、神智学、クリスチャン・サイエンス、ニューソートなど、当時のそういった複数の異なるグループに属する人々は、しばしば重なり合いながらも、それぞれが別個のムーヴメントを形作っていたとも言える。

とはいえ、それらのグループはいずれも共通して、物質を超えた霊的領域の実在を前提とする、文字どおりメタフィジカルな世界観を持っていたこと。また、その多くが既存の宗教制度とは異なる形において霊性を探究したということ。主にそういったことの理由で、それら個々のムーヴメントをまとめてメタフィジカル・ムーヴメントと呼んでいるのである。

さて、モダン・ヌメロロジーの背景としてこのメタフィジカル・ムーヴメントを見たとき、その最も直接的な影響を与えたものとして、ニューソートという思想を特に強調しておかなければならない。実際、モダン・ヌメロロジーを大きく宣伝したジュリア・セトン自身、ニューソートに関する多数の著書を残しており、そのムーヴメントの中の当事者のひとりだった。

のちほど紹介することになるが、ニューソートの基本的な世界観とその信条は、実のところ、20世紀を通じて今日にいたるまでのメンタル・ヒーリング、あるいはスピリチュアル・ヒーリングの最も重要で欠かすことのできない源流のひとつでもある。

その一方で、今日の一般的なモダン・ヌメロロジーは、ヒーリングの実践との直接的なつながりを持っているわけではない。だが、その実践を支える思想や世界観といったレベルでは、それらの間の共通性を見つけることは難しくない。

以下では、モダン・ヌメロロジーの背後にあるメタフィジカルな思想とその意義を、

ニューソートを中心としたメタフィジカル・ムーヴメントとのかかわりの中で見ていきたい。そのためにまずは、いったんモダン・ヌメロロジーそのものとは離れて、ニューソート誕生にいたるまでのメタフィジカル・ムーヴメントの展開を歴史的に辿ってみることとする。

■ニューソートの原点となった人物

メタフィジカル・ムーヴメントのルーツ。それを辿るとして、いったいどこまで遡ればいいのだろうか。

メタフィジカル・ムーヴメントの歴史の古典的研究を残したスティルソン・ジュダは、メタフィジカル・ムーヴメントの諸相を、「アメリカのトランスセンデンタリズムが生み出した文化的土壌から成長するひとつの樹の枝[4]」として表現している。

トランスセンデンタリズム（transcendentalism）というのは、1930年代頃のアメリカで、主に文学者たちを中心として形作られた思想である。

その中心人物ラルフ・ウォルド・エマソン（1803－1882）は、一切の外的権威を捨て、自らの内側へと目を向けることで、真理へと到達し、霊性へと目覚めることができると説いた。このエマソンを始めとするトランスセンデンタリズムの核には、物質を超えた霊性を重んじるメタフィジカルな思想があるとするのはもちろん間違っていない。とはいえ、歴史の中でトランスセンデンタリズムそのものが、メタフィジカル・ムーヴメントへの直接的な原動力と実際になっていったわけではない。あくまで、トランスセンデンタリズムは、メタフィジカル・ムーヴメントが育っていくための「文化的土壌」を用意したと見るべきだろう。

一方、ニューソートに関して言えば、その誕生を準備するに際して、間違いなく重要なひとりとして挙げなければならないのは、フィニアス・パーカスト・クインビー（1802－66）である。ただし、この後見るように、クインビー自身が、ニューソート・ムーヴメントの牽引者となったわけではない。それよりも、その思想の最も根本的な原理を生み出し、のちに重要な役割を果たす人物たちへ大きな影響を与えたという意味において、クインビーは非常に重要なポイントへと位置づけられる[5]。

1802年2月16日、ニューハンプシャー州のレバノン生まれ。わたしたちの主題に関連する彼のキャリアのきっかけとなるのは、クインビーが30代半ばを迎えた頃のこと。1838年、クインビーはある驚くべきものを目撃する。それはフランスからやって来たシャルル・ポイアンという人物がおこなった「メスメリズム」（mesmerism）のデモンストレーションだった。

メスメリズムというのは、もともとオーストリア出身の医師フランツ・アントン・メスメル（1734－1815）が、18世紀末のパリで大流行させたある治療法に由来するものである。まずは、それがどういうものだったのかについて、ここで簡単に紹介しておこう[6]。

　メスメルの考えによれば、人間のあらゆる病気の原因はひとつ。それは人間の体の中を流れる目に見えない「動物磁気」の流れが滞ったときに起こる。したがって、その流れを良くすれば病気は良くなる。そう考えたメスメルは、患者の体の表面から少し離したところで自らの手をゆっくりと動かすなど、いくつかの方法を用いることで、動物磁気の流れを整えた。それによって、患者のさまざまな病気の治療をおこなったのである。

　しかしながら、このメスメルの治療法は、やがて思いもしなかった驚くべき現象を発生させることになっていく。そのきっかけは、メスメルの弟子ピュイゼギュール侯爵アマン=マリー=ジャック・ド・シャストネ（1751－1825）が、肺炎を患ったヴィクトル・レースという患者を治療しているときから始まった。

　ピュイゼギュールが治療を開始して間もなく、ヴィクトルの頭は突如だらりと垂れ下がり、眠り始めたかのように思えた。だが、奇妙なことにヴィクトルは、普通の意味での眠りに落ちたわけではなかった。それは言うならば、眠りながら起きているという奇妙な状態だった。というのも、その眠りに似た状態のまま、ヴィクトルは大きな声で自分の家庭内での心配事を語り始めた。そればかりではない。ヴィクトルはピュイゼギュールの問いかけに答えることもできたのである。さらに、ピュイゼギュールが命じると、立ち上がり歩くことも可能だった。夢遊病にも似たこの人工的に誘発された状態を、ピュイゼギュールは「磁気睡眠」と名づけることにした。

　さらに、ピュイゼギュールによる磁気睡眠の発見が知れわたるようになると、他の治療者の間でも同じような現象が起こり始めるようになる。しかもそればかりか、磁気睡眠下に置かれた患者の振る舞いは、次第に不思議さの度合いを増していく。普通では考えられない超常的としかいいようがない能力を発揮するという報告が相次いで出始めたのである。たとえば、目の前の人の病気を診断し、その治療法を指示したり、その場にいる人の心の中を読んだり、遠く離れたものを見たり等々。

　合衆国に、こうした不思議な現象を発生させるメスメリズムが広まり始めたのが1930年代。そして、クインビーをそのデモンストレーションで驚かせたフランスのシャルル・ポイアンこそ、まさしく合衆国でメスメリズムの本格的な布教を成功させた最初の人物だったのである。

ポイアンは、当時ニューイングランドのあちらこちらを回っては、レクチャー＆デモンストレーションを繰り返していた。そこでクインビーは、そのまさに目下話題のメスメリズムを、直に目撃する機会に恵まれたというわけである。そしてそれをきっかけに、クインビーは、それまでの仕事であった時計職人を辞め、プロフェッショナルのメスメリストへの道を歩み始めることになる。

　1843年、クインビーは4年間にわたるニューイングランドの各地を巡るツアーへと向かった。その際にクインビーは、磁気睡眠中にクレヤヴォヤンス（透視能力）で他人の病気の診断をおこない、治療法を指示するなどの不思議な能力を発揮する17歳のルーシャス・バークマーを同行させた。

　当時の記録によれば、磁気睡眠下でのバークマーの発揮する能力は、驚くべきものだったと伝えられる。病気の診断とその処方。他人の思考をリーディングする。行ったはずのない離れた場所を描写する等々。クインビーによるメスメリズムのデモンストレーションに集まった人々は、バークマーが発揮するさまざまな不思議な能力に驚きの声を上げた。恵まれた才能を持つバークマーの評判。それを携えながらクインビーは、メスメリズムの驚異の実演を各地で成功させて回ったのである。

　プロフェッショナルなメスメリストとしての地位を確立していく一方で、次第にクインビーは、奇妙なことに気づかざるを得なくなった。それは磁気睡眠下でのバークマーが、実際にはその病気にはなんの効果も持たないはずの薬剤をしばしば処方していたにもかかわらず、患者の病状は良くなっていくという奇妙な事態だった。

■すべては誤った信念

　やがて、クインビーはこの疑問に対して、次のような答えを導いた。

　治療効果は薬剤とは関係ない。なぜなら、病気の本質は別のところにある。実のところ、病気とは患者自身の心の中の誤った信念によって作り出されたものに違いない。クインビーいわく「自分は病気だ、あるいは病気がちだという信念に惑わされるなら、その信念がとりついて、実際の病気が起こる[7]」。したがって、病気を治すには、その病気のもととなった誤った信念を取り除けばいい。すなわち、バークマーの診断と処方の成功は、患者に治る見込みを与えることで、「自分は病気である」という患者の誤った信念を除去できたことに由来する、そうクインビーは考えたのである。

　病気とは誤った信念である。この極めてシンプルなアイディアによって、クインビーは磁気睡眠を用いるメスメリズムの手法を必要としなくなった。と同時に、生涯にわたってクインビーが続けていくことになる新たな治療法を生み出すきっかけとなった。

そしてそれこそが、やがてニューソート・ムーヴメントへと成長していく最初の芽となるのである。

1859年、クインビーはメイン州ポートランドへと移り、そこで診療所を開設する。新しいメソッドでの病気の治療を開始したのである。クインビーによれば、ここで毎年500人の患者を治療したという。

クインビーの治療は、方法としては極めてシンプルなものだった。それは、薬剤を含めた一切の外的処置をすることなく、ただひたすら病気となった真の原因、つまり精神の誤った信念が病気の原因であることを説明し、それを正すことのみを目標とするものだった。

1859年から死の前年の1865年まで、クインビーは自らの教義を書きとめることを始める。その記録は、生前、そして1866年のクインビーの死後も、しばらく出版されることはなかった。米国議会図書館に所蔵されているそのオリジナルの手稿は、全12巻で2100頁にわたるものだが、ホラチオ・ドレッサーによって編集されたものが、1921年になって『クインビー・マニュスクリプト』(The Quimby Manuscripts)と題して刊行された[8]。

クインビーの思想が詰め込まれたそれらの手稿集を見ると、彼のシンプルな治療法が、実はより大きなメタフィジカルな世界観というフレームの中で捉えられていたものであるかがわかる。ただし、そこで語られているクインビーの思想は、必ずしも明解ではないし、簡単な要約を許すほど体系的に整理されているわけでもない。したがって、ここではおおまかなアウトラインを描くことにとどめておく。

まず、クインビーの世界観の前提にあるのは、霊と物質の領域の区別である。そしてクインビーは、前者を「神」、あるいは「叡智」と呼び、後者を「誤り」、「無知」、「実在の影」とみなす。こういった言い方からも想像がつくように、クインビーは前者のみを唯一の実在とする一元論、すなわち、真に存在するのは霊の世界であり、物質の世界はその影に過ぎないという見方を取る。

また、わたしたち人間の中にも、このふたつの領域に対応する性質があると考え、前者と関連する部分を「霊的人間」(spiritual man)、あるいは「科学的人間」(scientific man)、そして後者と関連する部分を「自然的人間」(natural man)と呼ぶ。

さらに、精神（マインド）を「霊的物質」(spiritual matter)という両義的な呼び方をし、霊と物質というふたつの領域の相互作用の媒体として位置づけていたようにも思われる。

また、霊を「実在」、物質を「実在の影」と呼んでいることからもわかるように、前者を高次のもの、後者を低次のものとするヒエラルキーが、そのふたつの領域の間には

ある⁹。

　『クインビー・マニュスクリプト』には、キリスト教の聖書に関する言及も多々見られる。クインビーはキリスト教に関して独自の見解を述べるが、そこでもやはり霊と物質という枠組みを使った説明がおこなわれる。

　たとえばクインビーは、イエス・キリストと通常ひとつに呼んでいるものを、あえてふたつに分ける。つまり、「イエス」は歴史上に存在した普通の血肉を備えた人間だが、「キリスト」は霊的原理だと考える。そして再びクインビーは独特の言い回しで、「キリスト」を「叡智」であり、「人間の罪や誤りを取り除く科学」、すなわち「健康の科学」(Science of Health)だと述べる。こうしてイエスとキリストを切り離したうえでクインビーは次のように考える。救世主イエスとは、すなわちキリストという、人々を救うための霊的原理を、実際に体現した人物だと。

　ところで、聖書の中で、しばしばイエスは、病める人に対して奇跡的な治療をおこなっている。クインビーは、イエスがおこなっていた治療とは、実は自分が発見したものと同じものだと考えた。クインビーは言う。「イエスは、わたしが毎日教えていることやおこなっていることと違うなにかを教えようとしたことは決してない¹⁰」と。すなわちクインビーの治療こそ、イエスのおこなったのと同様の科学、すなわち彼の言い方では「キリストの科学」(Christian Science)なのである。

　こうして見てくると、いかにクインビーが自らの治療法をメタフィジカル、あるいは宗教的な枠組みの中で考えていたかがわかるだろう。それはもはや通常の意味での医療ではない。クインビーの治療が目指すところは、物質の誤りに囚われていた「自然的人間」が、クインビーの治療、すなわち「キリストの科学」を受け入れることで、「霊的人間」、あるいは「科学的人間」として生まれ変わり再生する。クインビーにとって、本当の意味で病気から回復するというのは、そういうことだったのである。

　ニューソートの原点。そこに位置するクインビーが素描した理論と実践は、こののちすぐに後継者たちによって、引き継がれ、メンタル・ヒーリングの流行を生みだしていくことになる。

■クリスチャン・サイエンス

　1862年10月、クインビーのポートランドの診療所へやってきた患者の中のひとりに、のちにクリスチャン・サイエンスと呼ばれる宗教団体の創始者となり、メンタル・ヒーリングの大きなムーヴメントを起こすことになる女性がいた。

　本名メアリー・アン・モース・ベイカー。より広く知られている名は、3度目の結婚

後の名前メアリー・ベイカー・エディである（以下、この名前で呼ぶ）。

ここではエディが、クインビーとの出会いからクリスチャン・サイエンスを設立し、それを成功に導くまでの流れを簡単に見ておきたい[11]。

クインビーの診療所を初めて訪れた日の彼女は、極度の衰弱状態だったため、診療所への階段を支えてもらいながら上って行ったほどだった。だが、クインビーによる治療によって、これまでなにをやっても効果のなかった慢性的な病から、彼女は驚くべき回復を経験したのである。

そこから彼女の新たな人生は始まった。完全なクインビー主義者となり、彼の治療法を学ぶ熱心な生徒となったのである。そして、4年間の師弟関係の末、1866年のクインビーの死をきっかけに、彼女は独自の道を歩み始めることになる。

1875年、『科学と健康』（Science and Health with Key to the Scriptures）を出版。また同年、マサチューセッツ州リンのブロード通り8番地に家を購入し、「クリスチャン・サイエンティストの協会」（Christian Scientists' Association）を設立する。そして6月6日にはそこで約60人の生徒を集めた最初の公開の会合がおこなわれた。それは4年後の1879年8月6日にボストンで、「キリスト（サイエンティスト）の教会」（Church of Christ[Scientist]）として再編成される。こうしてのちに巨大な組織となるクリスチャン・サイエンスの礎が作られることになったのである。

さらに、1881年にはクリスチャン・サイエンスの「プラクショナー」として働く人々を教育するための「マサチューセッツ・メタフィジカル・カレッジ」（Massachusetts Metaphysical College）をボストンに設立。エディ自身が代表を務めたのはもちろん、当初は彼女自身が唯一の教師として指導にあたった。やがてそこからは、クリスチャン・サイエンスの原理を身につけた数多くのメンタル・ヒーラーたちが育っていくことになる。

クリスチャン・サイエンスの理論と実践は、使われている用語こそ完全に同じではないものの、基本的にクインビーと同様、霊と物質の区別を立て、前者のみを真に実在するものとみなし、後者を非実在、あるいは無であるとみなす世界観である。

ただし、エディの思想をクインビー主義の変種、あるいは展開とみなすことは、クリスチャン・サイエンス側の公式の見解において（及び、エディ自身ののちの主張においても）認められることではない。実際、エディ、及び信奉者たちが認める唯一の権威は聖書であり、唯一認める先駆者はイエスである。また、そもそも『科学と健康』は、啓示によって（しかも最終的な啓示として）受け取られたものだと主張されている。したがって、決してどこかの師から伝授されたものではない。エディは言う。「『科学と健

康』の中に含まれる科学を、わたしに教えた人間の著述も言葉もない。またそれを打ち破ることのできる言葉も著述もない[12]」。

いずれにしても『科学と健康』の中の教えは、信奉者にとって唯一無二のものとされた。そして教団が大きくなるにつれ、異端分子の発生を抑えるため、エディによる思想統制の厳しさも増していった。

意見を異にする弟子、あるいは取り巻きを集め脚光を浴びる弟子に対しての一方的な破門宣告。決められた教団内のルールの一切の変更はもちろんのこと、自分の「聖なる科学」を別の人が解釈することまで禁じた。したがって、信奉者たちに必要なのは、『科学と健康』の中の言葉を、一切の解釈を差し挟むことなく、繰り返し口にし、ただ丸ごと受け入れることだけだった。

しかしながら、エディの教えの信奉者の数は、19世紀の終わりから20世紀初頭にかけて増え続けた。新しい支部がそれこそ毎週のように誕生するほどの勢いだった。「クリスチャン・サイエンス・ジャーナル」に掲載された数字によれば、1890年の段階において8,724人だったメンバーは、1906年にはおよそ50,000人という数にまで上っている[13]。

エディの信奉者たちは、人々の救済という宗教的使命のもと、街の一角に小さな看板を掲げ、広告を出し、収入を得るヒーラーという職業を形作っていくことになる。さらには、クリスチャン・サイエンスの真理を伝道するために、各地へと散らばり、苦しむ人々へと手を差し伸べていったのである。かくしてクリスチャン・サイエンスという新宗教団体によって、クインビーから始まるメンタル・ヒーリングの流れは、合衆国中に大きく広がっていくことになる。

また、こうしたエディの大きな成功は、他のメンタル・ヒーラーたちを大いに刺激することにもなった。結果としてそのことが、やがて始まるニューソート・ムーヴメントを形作っていくことにもなる。

■クインビー主義者たち

クインビーこそわれわれすべての原点である。そう考え、主張したのは、師へのリスペクトを決して忘れない良きクインビー主義者であり続けたジュリウス・ドレッサー、そしてその妻のアネッタ・ドレッサーだった。

ふたりは、1882年から自分たちでメンタル・ヒーリングの実践を開始。さらに翌年には、新たなプラクショナーを育てるためのクラスを、エディのメタフィジカル・カレッジと同じくボストンに開設した。

1887年には、ジュリウス・ドレッサーが『メンタル・サイエンスの真実の歴史』（The True History of Mental Science）を、さらに1895年、アネッタ・ドレッサーが『P・P・クインビーの哲学』（The Philosophy of P. P. Quimby, With Selections from his Manuscripts and a Sketch of his Life）を出版。この2冊の本は、メンタル・ヒーリングの創始者としての玉座に座らんとするかのようなエディの自己神格化に対抗し、クインビーをその正当なポジションへと位置づけるべく、その初期の歴史を誠実に記したものである。

　ところで、エディもドレッサー夫妻も、ともにボストンを中心とした活動していたことからもわかるように、実はそこは1880年代半ば頃には、メンタル・ヒーリングの一大拠点となっていた。

　ドレッサー夫妻以外にも、ウォレン・フェルト・エヴァンズやエドワード・J・アレンスといったクインビーの他の弟子たちも、クインビーのもとで学んだヒーリング・メソッドを実践し、新たなヒーラーを養成するためのスクールを、同じくボストンに置いていた。実のところ、この時期のボストンには、クインビーの後継者たちによって作られたスクールが、主要なものだけでもエディのクリスチャン・サイエンスを含め、少なくとも4つ存在していたのである。

　ところで前者のエヴァンズは、思想の深化という点で、初期のクインビー主義者の中でも、のちのニューソート・ムーヴメントへ最も大きな影響を与えた人物だといえる。ここでエヴァンズについても簡単に紹介しておこう。

　1817年12月23日、ヴァーモント州ロッキンガム生まれ。メソジスト監督教会派の牧師としてキャリアをスタートする[14]ものの、一方で18世紀の神秘家エマニュエル・スウェーデンボルグの思想に傾倒する。1862年、最初の本『天の夜明け』（The Celestial Dawn）を出版。直接的な言及はないものの、明らかにスウェーデンボルグの思想に基づいて書かれたものである。エヴァンズがクインビーの診療所を訪れたのはその翌年のこと。また同年、エヴァンズはスウェーデンボルグ派の「新エルサレム教会」（the Church of the New Jerusalem）へと加入。その一方で、翌年、正式にメソジスト監督教会派を離脱する。

　エヴァンズが熱烈なスウェーデンボルグ主義者であったこと。それはクインビーの思想をスウェーデンボルグ主義的な世界観の中へと吸収し、スウェーデンボルグ主義的な言葉でもってそれを明確な表現へともたらすこととなった[12]。そしてそれは1869年出版の『精神治療——肉体への精神の影響の説明』（The Mental Cure, Illustrating the Influence of the Mind on the Body）として実を結ぶことになる[13]。

さらに1872年には『精神医療──医療心理学における理論的、かつ実践的論考』（Mental Medicine: A Theoretical and Practical Treatise on Medical Psychology）を出版。そしてそれに続く15年弱の間に『魂と肉体──あるいは、健康と病気の霊的科学』（Soul and Body: Or the Spiritual Science of Health and Diseases, 1875)、『聖なる治療の法則』（The Divine Laws of Cure, 1876)、『根本的精神治療──信仰の本質と力』（Primitive Mind-Cure, the Nature and Power of Faith, 1881)、『秘儀的キリスト教と精神治療学』（Esoteric Christianity and Mental Therapeutics, 1886）といった本を次々と出版する。

これらの本の中で『魂と肉体』は、ちょうどエディの『科学と健康』と同年の出版であるが、それ以前に書かれた2冊の本はいずれも、エディがクリスチャン・サイエンスを開始する以前に世に登場していたものでもある。

エヴァンズの思想も、クインビーやエディと同じく、またしても霊と物質の領域の明確な区別、そして後者を非実在とする霊一元論を前提としている。また、病気は誤った精神のあり方が外的に表されたものであると考えている点も全く同様である。だが、エヴァンズの考える健康観には、よりスウェーデンボルグからの影響が強く入り込んでいる。それは次のようなものである。

神は非人格的な宇宙に偏在する力である。それはあらゆる生命の源であり、すべての生命はそこから流れだし、それによってすべてのものが生かされている。したがって、それは生命と健康の源である。エヴァンズはそういった神のことを「中心の太陽」と呼ぶ。そして人は、この「中心の太陽」から発する生命の流入を受け入れるとき、病気は癒され健康を取り戻すことができる。すなわち健康の鍵は、生命の源である「中心の太陽」としての神と結合し交流することにあるのである。

このエヴァンズに見られるすべての生命の源としての宇宙の中心との結合という考えは、まさしく初期のモダン・ヌメロロジーの背景にも共通して見られるものである。このことは、のちほど改めて説明したい。

■ニューソートの誕生

クインビーから始まるメンタル・ヒーリングの波は、いまやボストンを中心として、非常に大きな高まりを見せていた。そんな中、当初のニューソート・ムーヴメントは、1880年代に、エディのクリスチャン・サイエンスと自分たちを明確に区別していこうとするメンタル・ヒーラーたちの努力から始まった[15]。

この時期、エディのクリスチャン・サイエンス教会は、すでに見たように順調にメン

バーを増やしていた。だが、1880年代後半になると、ウルスラ・ジェステフェルドとエマ・カーティス・ホプキンスといった有力なメンバーが教団を後にする。彼女たちは、エディの自分以外のものを受け入れないという狭隘な束縛から自由になり、メンタル・ヒーリングの可能性をより発展させることを求めた。

特に、後者のホプキンスは、1884年9月から1885年10月まで「クリスチャン・サイエンス・ジャーナル」の編集をおこなっていたほどの重要人物だった[16]。エディのもとから離れた翌年の6月から、彼女はシカゴで自らのクラスをスタートさせた。

ホプキンスの活動は驚くべき勢いだった。その年の内におよそ600人の生徒を指導し、さらに翌年の1887年12月までには、ニューヨークからサンフランシスコ、そしてシアトルからルイヴィルへと活動の範囲を広げる。その翌年の1888年には、「クリスチャン・サイエンス神学校」(Christian Science Theological Seminary) を設立した。

間違いなくホプキンスには、教師としての素晴らしい才能があったのだろう。しばしば「教師の教師」とも呼ばれる彼女だが、それはそのレクチャーから、数多くの優秀な人材が育っていったことからもうなずける。チャールズ・フィルモア、マートル・フィルモア、アニー・リックス・ミルッツ、H・エミリー・キャディ、ミセス・フランク・ビンガム、マリンダ・E・カルメル、エラ・ウィーラー・ウィルコックス、アーネスト・ホームズなど、いずれものちにメンタル・ヒーリングの教師となり、ニューソート・ムーヴメントを導いていくリーダーとなった彼らはいずれもホプキレスのレクチャーの聴講生だった。

ニューソート・ムーヴメントの明確な始まりのラインを引くことは難しい。だが、研究者の何人かは、こうした「教師の教師」であるホプキンスが、1885年にクリスチャン・サイエンスから離脱し、独自のスクールを開始したことを、その出発点とみなしている[17]（ただし、その時点では、いまだ「ニューソート」という語は使われていなかったが）。

逆に、ホプキンス自身は、エディから離れたのちも、自分の教えを「クリスチャン・サイエンス」と呼び、自らの学校名にもそれを冠していた。それはこの時期、「クリスチャン・サイエンス」という語が、エディの教会での教えを意味することに限定されず、クインビーに端を発する当時のメンタル・ヒーリングのさまざまな実践を表すため、より一般的に広い意味で用いられていたからである。

だが、エディの教団とは違うものとして自分たちをアピールしようと考えるようになったメンタル・ヒーラーたちにとって、「クリスチャン・サイエンス」とは異なる新たな名称が求められた。「ニューソート」と言う語を、実際、誰が使い始めたのは明ら

かではないが、それがメンタル・ヒーラーたちの間で広く採用されるようになるのは、少なくとも1890年代に入ってからのことである。

ニューソートという語の表立った登場は、1894年にスタートしたメンタル・ヒーリングに関する定期刊行物のタイトルとして用いられたのが最初だった。1895年にはボストンを始めとして、主に東部において、ニューソートという語の使用が大きく普及していった。

一方で、ホプキンスの教えを受けたマリンダ・カルメルは、「ディヴァイン・サイエンス」という呼び方を広め始めた。1892年に「インターナショナル・ディヴァイン・サイエンス協会」を設立し、1894年には最初のコンヴェンションを開催した。だがその後、各地で数回のコンヴェンションを実施した後、1899年2月におこなわれたコネティカット州ハートフォードのそれでは、「ニューソート・コンヴェンション」（New Thought Convention）という呼び方が採用された。また、同じ年の10月には、「インターナショナル・メタフィジカル連盟」（International Metaphysical League）による最初のミーティングでも、その呼び方が採用された。

■ニューソートとモダン・ヌメロロジーの出会い

それにしてもニューソートとライバルのムーヴメント、すなわちクリスチャン・サイエンスとの違いはなんなのか？　ともにそれぞれのコアとなる理論が、クインビーの「科学」から由来しているため、実のところ、ふたつのムーヴメント間の違いを思想的な面で線引きするのは、その当初は難しかった。それよりも、両者の違いを見るなら、その思想的な内実よりも、その思想へと向き合う態度という点で明らかだった。

まず、クリスチャン・サイエンスは『科学と健康』の中に書かれていることを絶対的な権威とし、個人がそれらを勝手に解釈することを許さなかった。

一方で、ニューソートでは、そういった唯一の聖典を持たず、解釈の自由、そして思想の多様性を許容した。要するに、ルールづくめで閉鎖的な組織へと向かったクリスチャン・サイエンスとは異なり、当初のニューソートには開放性と自由があったのである。

ニューソートの開放性は、閉鎖的なクリスチャン・サイエンスには成しえなかった他の分野との自由な知的交流を可能にし、それによって新たな思想の展開への可能性を開くものとなった。

たとえば、ミス・M・J・バーネットの『プラクティカル・メタフィジックス』（Practical Metaphysics, 1888）では神智学が、そしてウィリアム・J・コールヴィルの

『健康とヒーリングのスピリチュアル・サイエンス』(Spiritual Science of Health and Healing, 1888)ではスピリチュアリズムがニューソートの思想と結びつけられた。また、前述のホプキンスも、プラトン、プロティノス、ゾロアスター、エックハルト、『バカヴァッド・ギータ』等々、数え上げればきりがない古今東西のさまざまな神秘思想を引用した。要するに、この傾向によって、その時代に知られる限りのさまざまなオカルト的な思想が、ニューソートへと結びつけられていったのである。そしてそれは結果としてニューソートを、メンタル・ヒーリングという枠組みの外へと向かわせることになる。

ニューソートの教師であり、著作家だったジュリア・セトンが、バリエッタの「ナンバー・バイブレーションの科学」(Science of Number-Vibration)をニューソート的に解釈し、自らヌメロロジストとなっていったのも、おそらくそういった流れにおいてだった。

バリエッタとセトン、そしてその娘のジュノー・ジョーダンというモダン・ヌメロロジーのパイオニアたちが出会ったのは、セトンが開催していたニューヨークのニューソートの会合のための場だった[18]。だが、モダン・ヌメロロジーの考案者であるバリエッタが、もともとニューソートの実際のムーヴメント自体とどれだけかかわっていたかは、実のところはっきりわかっていない。だが、バリエッタ自身が「ナンバー・バイブレーション」と呼んでいた数の哲学は、ニューソートと非常に親近性を持つものだった。

では、セトンによってニューソートの中へと持ち込まれたバリエッタのナンバー・バイブレーション、すなわち「数の振動」とは、いったいどのような意味を持つものだったのか。それを最後に見ておきたい。

■モダン・ヌメロロジーと美の霊性（スピリチュアリティ）

まず、バリエッタの考えた「ナンバー・バイブレーション」のシステムとは、宇宙の霊的な原理であり法則だった。したがってナンバー・バイブレーションを学ぶことは、宇宙の霊的な原理と法則を学ぶことを意味した。

すでに見たように、クインビーを始めとして、クリスチャン・サイエンス、ニューソート、さらには当時の他のメタフィジカル・ムーヴメントはいずれも、この宇宙が霊的な領域と物質的な領域のふたつに大きく分けられるという共通の世界観を持っていた。

たとえば、クインビーにとってそのふたつの領域を結ぶのは、「霊的物質」とも呼ば

れる「精神」だった。一方で、バリエッタやセトンにとってそのふたつの領域を結ぶのは、まさしく「数」だった。言い換えるなら、彼女たちにとっての数とは、霊的な領域と物質の領域をつなぐ媒体としての役割をも持っていたのである。

また、エヴァンズのところで見たように、目に見える物質の世界は、目に見えない霊的世界からの流出である。そして、わたしたち人間は、霊的世界とつながることで、健康や幸福を回復する。

一方で、バリエッタやセトンにとって、霊的世界とつながることは、ふたつの領域の媒体である数の原理を学び、その数のバイブレーションを実際に生きることによって成しえることだった。それによって、再びわたしたちは霊的世界との調和と交流を創り出すことになると考えたのである。

したがって、自分が生まれたときに与えられた数のバイブレーション、あるいはその年、その月、その日の数のバイブレーションを知ることは、いずれの場合も、いかに自分が霊的世界とつながり、調和の関係を作って生きていくべきかを知ることを意味する。逆に、苦しみや困難がもたらされるときは、その調和と交流から自分が逸脱してしまっていることをも意味する。

数のバイブレーションによって織りなされる世界。それをバリエッタは、古くからのピュタゴラス主義者たちの言い方にならって「天球の音楽」と結びつけて考えた[19]。だが、天球の音楽は、物理的世界に属する肉体の聴覚には聞こえてこない。天球の音楽に耳を傾けることは、数のバイブレーションを知ることから始まる。そしてそれを知り、自分に与えられたバイブレーションを生きることは、天球の音楽へと自らが参加し、ともに美しい調和(ハーモニー)の音楽を奏でることを意味するのである[20]。

ここには宗教学者ウィリアム・クレーブシュが、「美の霊性(スピリチュアリティ)」(esthetic spirituality)と呼んだものがある。それはクレーブシュが、前述のトランスセンタリズムの中心人物であるラルフ・ウォルド・エマソンを始め、ジョナサン・エドワーズ(1703－1758)やウィリアム・ジェームズ(1842－1910)といったアメリカの歴史の中で重要な思想を残した人々の中に見た「聖なる存在との調和の中で生きることの美の意識」を意味する[21]。

霊的な世界とつながること。そこにある美と調和。それが人生を豊かにし、人を幸福や成功へと導く。そして自分に与えられた数のバイブレーションを知り、生きることがそれを実現する。すなわち、モダン・ヌメロロジーの背景にあるのは、数の原理と法則を通して、「美の霊性(スピリチュアリティ)」を実現しようとする極めてメタフィジカルで観念論的な思想だったのである。

こうして見てきて明らかなように、モダン・ヌメロロジーが成長していく土壌には、19世紀後半のニューソートを中心とするメタフィジカル・ムーヴメントがあった。だが、今日のモダン・ヌメロロジーの解説書には、メタフィジカルな思想のエコーはかすかにしか聞こえなくなってしまっている。とはいえ、それでも21世紀のモダン・ヌメロロジーが、暗い決定論的な未来ではなく、ポジティヴでクリエイティヴなメッセージを告げているのだとすれば、それはその背後に「聖なる存在との調和の中で生きること」の中で生まれる「美の霊性（スピリチュアリティ）」を求める思想が、完全に失われることなく残り続けているからなのかもしれない。

Epilogue

　占いにまるで関心のない人と話していると、ときおり、「占い」というものに対しての認識のズレを感じることがある。この書籍を手に取ってくれた熱心な数秘術ファンのみなさんはまた違うと思うけれども、彼らは一様にこう言う。「占いに人生を決めつけられるのは嫌だ」とか、あるいは「自分の人生は自分でなんとかする」とか、「なるようにしかならないさ」といった声も聞こえてくることがある。
　これは、昨今のメディアの影響も大きいのだろうが、占いに長く慣れ親しんでいる者としては、「なるほど、そんな風に考えているのか」と若干驚かされる。しかし、それが一般的な占いというものの解釈なのだろう。

　たしかに、占いは、まだ見ぬ運命、その人の性格をある部分では解き明かしてくれるのかもしれない。しかし、そうした占いの役割はほんの一部。エンターテイメント的な側面に過ぎない。
　占いとは、「機」や「氣」の流れを読むものであり、潜在している可能性を最大限に引き出すツールだとわたしは考えている。
　数秘術という占いの技法はまさにそうで、その主軸となっているのは「数字の持つメッセージ」に耳を傾けよう、というシンプルな姿勢のみ。よって、数秘術が示す託宣は、決して「あなたはこういう性格で、こういう運命をたどります」とか「こうすべきです」という宿命論には寄っていかない。そんなわけで、すでにお読みいただいた方はおわかりのように、本書は、数字の持つ力をシンプルに伝えるべく、メッセージ性の強い内容となっている。
　中にはピンとこない言葉もあったことと思う。けれども、そのメッセージも、数ヶ月先、あるいは数年後に、再度紐解いてみると、おそらくまた印象は違ってくる。またはこんなこともあるかもしれない。自分にかかわるナンバー以外の項目を読んだほうが、現在の自分の心境にピタリとはまる、という場合も。
　こうした現象が生じるのは数字の性質上、当然と言えば当然のことである。なぜなら、人は本来全ての数字を内包している。ライフ・パス・ナンバーが1で、ディスティニー・ナンバーが5であろうと、その人の中には、ほかのナンバーの性質も潜在しているということである。「人間は小宇宙」だと言ったりするけれど、まさにその発想である。すべての可能性を開発し、最大限に魅力と才能を発揮していく。それが数秘術の最

終的なテーマだと言えるかもしれない。ピンとこないときは、ピンとこない理由を探ってゆくと数字からのメッセージを受け取ることができるだろう。

　ふと思い立ったとき、少し後押しが欲しいとき、パラパラと拾い読みするだけでも、なんらかのヒントが見つかるはずである。

　本書は、ごくシンプルに数字のメッセージを伝えることを心がけて言葉を選び、筆を進めていった。見いだそうとする人には、必ずなんらかの意義あるメッセージが届けられていくだろうと期待している。ぜひとも末永くおつき合いしていただきたいと切に願う。

　今回、共著者としてお誘いいただいた伊泉龍一氏には、このように数秘術を新たに捉え直す機会を与えていただいたことを、この場を借りてお礼を申し上げたい。
　また、本書の編集者である駒草出版の木本万里さんには、要所要所でこまやかなフォローをしていただいたこと、改めて感謝したい。

　本書を世に送り出すために携わってくれたすべての人に感謝を。
　そして、何よりもこの本を手に取っていただけたすべての人に、素晴らしき創造的な人生が開かれてゆきますように。

2009年　夏

斎木サヤカ

Epilogue

　本書は、わたし伊泉と斎木の共著である。第1部から第3部の各ナンバーの意味の解説については斎木が、イントロダクションと補遺は伊泉が分担して執筆している。また、第1部から第3部のナンバーを導き出す計算方法の解説のところは、伊泉がラフに下書きしたものを、斎木が手を入れ丁寧に書き直した形となっている。

　ところで日本でも、すでにいくつかの数秘術に関する本が出版されている。とはいえ、同じく欧米から輸入されたタロット占い、占星術、手相術などに比べると、今のところ一般的な認識としてはまだ少しマイナーな地位にあるように思われる。
　だがその一方で、熱心な占いファンやスピリチュアルなものに関心のある人の間における数秘術人気は、非常に高まっている。それは数秘術が他の占いの体系としばしば結びつけられていることも、その要因のひとつとなっているのかもしれない。特に、タロットを解釈する際、数秘術の数の原理がしばしば重要な鍵として用いられることもある。そのためタロット・ファンの中でも、数秘術を学んでみたいと思う人が増えているようだ。

　いずれにしても本書は、数秘術に関心を持つ多くの人のニーズを満たすため、今日の欧米の数秘術の本の中で登場する、主要なナンバーとそのロジックのほとんどを紹介することを目指した。したがって本書は、スタンダードな欧米の数秘術の技法に関するエンサイクロペディックなものとなっていることと思う（実際、これまで日本で出ているどの数秘術の本よりも、解説している項目が多いと思われる）。
　なお、本書で紹介したナンバーの計算ソフトを現在制作している。完成した際には、次のウェブ・サイトでお知らせするので、興味のある方はそちらをご覧いただきたい。
　・運命の世界（http://www.unmeinosekai.com）

　本書の編集者の木本万里さんと一緒にお仕事をさせていただいてから、これで7冊目となる。いつもいろいろとお手をわずらわせてしまっているのだが、今回は特に初稿をスケジュールに間に合わせることができずに、大変ご迷惑をおかけしてしまった。心よりのお詫びをさせていただきたい。

また、いつも出版の機会を与えてくださっていると同時に、今回はちょうど本書を執筆中にお会いした際、温かい励ましのお言葉をかけてくださった駒草出版の井上弘治代表取締役には、この場を借りて深く感謝の意を表したい。

2009年　夏

伊泉　龍一

注　釈

Annotation

ⅰ：ここでのキーワードは、Kay Lagerquist, Ph. D., and Lisa Lenard, The Complete Idiot's Guide to Numerology, Alpha, 2004; Alan Oken, Numerology: Demystified, The Crossing Press; Matthew Oliver Goodwin, Numerology: The Complete Guide, Volume Ⅰ, New Page Books, 1981を参照した。

ⅱ：さまざまなマスター・ナンバーの存在、及びカルミック・ナンバーについては、伊泉龍一、早田みず紀著、前掲書、272-274頁。

ⅲ：Cheiro, Cheiro's Book of Numbers, Hind Pocket Books, 1999, Original edn., 1926.

ⅳ：Montrose, Numerology for Everybody, Nelson-Hall Co., Publishers, 1940.

ⅴ：アルファベットと数の変換のさまざまなシステムのヴァリエーションについては、伊泉龍一、早田みず紀著、前掲書、249-264頁。

ⅵ：ファイヴ・コア・ナンバーズという呼び方は、たとえばKay Lagerquist, Ph. D. and Lisa Lenard, The Complete Idiot's Guide to Numerology, Alpha, 2004, pp. 39-40.

ⅶ：バース・フォースとしてのこのナンバーについての説明は、Juno Jordan, Numerology: The Romance in Your Name, DeVorss Publications, 1988, pp. 91-107, Original edn.,1965.Ruth A. Drayer, Numerology: The Power in Numbers, Square One Publishers, 2008, pp. 26-27 など。

ⅷ：バース・パスとしてのこのナンバーについての説明は、Montrose, Numerology for Everybody, Nelson-Hall Co., Publishers, 1940, pp. 58-60など。

ⅸ：イニシエーション・ナンバーとしてのこのナンバーについての説明は、Julia Seton, M. D., Symbols of Numerology, Newcastle Publishing Co., Inc., 1984, pp.64-67　など。

ⅹ：セルフ・エクスプレッションとしてのこのナンバーについての説明は、Ellin Dodge, Numerology has Your Number, A Fireside Book, 1988, pp. 53-54

ⅹⅰ：Suzanne Wagner, Integral Numerology, Strong Winds Publications, Inc., 2005, pp 118-119.

ⅹⅱ：ソウル・アージとしてのこのナンバーについての説明は、たとえばAlan Oken, Numerology: Demystified, The Crossing Press, pp. 146-167; Matthew Oliver Goodwin, Numerology: The Complete Guide, Volume Ⅰ, New Page Books, 1981, pp. 37-40.

ⅹⅲ：セルフ・モチベーションとしてのこのナンバーについての説明は、たとえばEllin Dodge, ibid., pp. 51-52.

ⅹⅳ：ドライヴィング・フォースとしてのこのナンバーについての説明は、Suzanne Wagner, ibid., pp 114-115

ⅹⅴ：インプレッションとしてのこのナンバーの説明は、たとえばClifford W. Cheasley Numerology: Its

Practical Application to Life, Kessinger Publishing, pp. 53-58, Original edn., 1914.

ⅹⅵ：アウター・パーソナリティー・ナンバーとしてのこのナンバーの説明は、たとえば Faith Javane and Dusty Bunker, Numerology and The Divine Triangle, Whitford Press, 1979, pp. 26-32。

ⅹⅶ：ペルソナとしてのこのナンバーの説明は、たとえば Leeya Brooke Thompson, pp. 78-81。

ⅹⅷ：リアリティー・ナンバーとしてのこのナンバーの説明は、たとえば Juno Jordan, ibid., pp. 136-142。

ⅹⅸ：アテインメント・ナンバーとしてのこのナンバーの説明は、たとえば Ruth A. Drayer, Numerology: The Power in Numbers, Square One Publishers, 2003, p. 27。

ⅹⅹ：リアリゼイション・ナンバーとしてのこのナンバーの説明は、たとえば Carol Adrienne, The Numerology Kit, A Plume Book, 1988, pp. 38-39。

ⅹⅹⅰ：また、Leeya Brooke Thompson, Chaldean Numerology: An Ancient Map for Modern Times, Tenacity Press, 1999, p. 60 では、「パワー・ゴール・ナンバー（Power Goal Number）」とも呼ばれている。

ⅹⅹⅱ：バースデイ・ナンバーについては、Hans Decoz, ibid., pp. 35-57; Matthew Oliver Goodwin, ibid., pp. 41-43; Carol Adrienne, pp. 15-23; Florence Campbell, Your Days are Numbered: A Manual of Numerology for Everybody, DeVorss Publications, 1958, 50-67; Kay Lagerquist and Lisa Lenard, The Complete Idiot's Guide to Numerology, Alpha, 2004, pp. 10-18; Glynis McCants, Glynis Has Your Number: Discover What Life Has in Store for You Through the Power of Numerology!, Hyperion, 2005, pp. 89-91。

ⅹⅹⅲ：ブリッジ・ナンバーについては、Hans Decoz, ibid., pp. 157-163

ⅹⅹⅳ：ここでのチャートについては、Hans Decoz, ibid., pp. 114-115; Lloyd Strayhorn, Numbers and You: A Numerology Guide for Everyday Living, A Ballantine Book, 1980, pp. 35-36。

ⅹⅹⅴ：プライム・インテンシファイアーについては、Matthew Oliver Goodwin, ibid., p. 133。

ⅹⅹⅵ：ミッシング・ナンバーとしてのこのナンバーについての説明は、Ruth A. Drayer, Numerology: The Power in Numbers, Square One Publishers, 2003, pp. 102-117: Carol Adrienne, The Numerology Kit, A Plume Book, 1988, pp. 115-121。

ⅹⅹⅶ：ライフ・レッスン・ナンバーについては、Kay Lagerquist, Ph. D. and Lisa Lenard, ibid., p. 26。

ⅹⅹⅷ：カルミック・レッスン・ナンバーとしてのこのナンバーの説明は、Hans Decoz, ibid., pp. 113-119; Matthew Oliver Goodwin, Numerology: The Complete Guide, Volume Ⅰ, New Page Books, 1981, pp. 133-134。

ⅹⅹⅸ：ヒドゥン・パッション・ナンバーについては、Hans Decoz, ibid., pp. 119-124; また、インテンシティ・ナンバーとしてのこのナンバーについての説明は、Glynis McCantts, Glynis Has Your Number: Discovery What Life Has in Store for You Through the Power of Numerology, Hyperion Books, 2005, pp. 108-110. インテンシティ・ポイントとしてのこのナンバーについての説明は、Matthew Oliver Goodwin, ibid., pp. 132-133。

ⅹⅹⅹ：Juno Jordan, Numerology: The Romance in Your Name, DeVorss Publications, 1988, pp. 145-155; Carol Adrienne, ibid., pp. 123-129; Hans Decoz, ibid., 137-155; Ruth A. Drayer, ibid., pp.107-117; Matthew Oliver Goodwin, ibid.,pp. 173-183; Lloyd Starayhorn, ibid., pp. 63-66.

補 遺

1：このことについては、伊泉龍一、早田みず紀著『数秘術の世界』(駒草出版、2006年)、212-246頁。

2：同前、198-211頁

3：まず一般的に西洋哲学の文脈において、「メタフィジックス（形而上学）」と言えば、古代ギリシャの哲学者アリストテレスの書名に由来する、ひとつの哲学的観点を意味する。
だがここで言う「メタフィジカル・ムーヴメント」というのは、この後の本文でも述べているように、ニューソートを中心として、スピリチュアリズム、神智学、クリスチャン・サイエンスなどの19世紀後半の合衆国で起こったさまざまなメタフィジカルな思想（物質を超えた領域を目指す思想）を掲げるグループを総称する意味として用いている。この用法は、『アメリカのメタフィジカル・ムーヴメントの歴史と哲学』という本の中で著者スティルソン・ジュダが始めたもので、その後、広く適用されるようになった。J. Stillson Judah, The History and Philosophy of the Metaphysical Movements in America, Westminster Press, 1967.

4：J. Stillson Judah, ibid., p. 22.

5：以下のクインビーに関しての記述は、主に次のものを参照した。Julius Dresser, The True History of Mental Science, Alfred Mudge & Son, 1887; Annetta Gertrude Dresser, The Philosophy of P. P. Quimby; With Selections from His Manuscripts and Sketch of His Life, Cosimo Crassics, 2007（Original edn., 1895）; Frank Podmore, From Mesmer to Christian Science: A Short History of Mental Healing, NY University Books, 1963（Original Edn., 1909）, pp.249-261; Horatio W. Dresser, A History of the New Thought Movement, Thomas Y. Crowell, 1921, pp. 15-38; J. Stillson Judah, ibid., pp. 146-159; Charles S. Braden, Spirits in Rebellion: The Rise and Development of New Thought, Southern Methodist University Press, 1963, pp. 47-88; Robert C. Fuller, Mesmerism and the American Cure of Souls, University of Pennsylvania Press, 1982, pp. 118-136; Catherine L. Albanese, A Republic of Mind and Spirit: A Cultural History of American Metaphysical Religion, Yale University Press, 2007, pp. 284-289.

6：メスメル、及びその後のメスメリズムの展開については、非常に数多くの優れた研究がある。日本語で読めるもので最も包括的で優れたものとしては、アンリ・エレンベルガー著（木村敏、中井久夫監訳）『無意識の発見 上』(弘文堂、1980年) がある。また英文のものではいくつかあげるなら、Frank Podmore, ibid.; Adam Crabtree, From Mesmer to Freud: Magnetic Sleep and the Roots of Psychological Healing, Yale University Press, 1993, Alan Gauld, A History of Hypnotism, Cambridge University Press, 1992などがある。また、特にアメリカでのメスメリズムの展開については、Robert C. Fuller, ibid.; Catherine L. Albanese, ibid.,

7：Julius Dresser, ibid., p. 7より引用。

8：Horatio Dresser, ed., The Quimby Manuscripts Showing the Discovery of Spiritual Healing and the Origins of Christian Science, Thomas Y. Crowell, 1921. なお、1988年にクインビーの手稿をドレッサー版より多く集めたものが、以下のものとして出版されている。Ervin Seale, ed., The Complete Writings, 3 vols, DeVorss, 1988.

9：ちなみに、こういったクインビーの思想には、スウェーデンボルグやアンドリュー・ジャクソン・デイヴィスとの明らかな類似性、さらには直接、あるいは間接的な影響の可能性も指摘されている。J. Stillson Judah, ibid., pp. 149-154.

10：Ervin Seale, ed., ibid., 3, p. 371.
11：以下のエディについての記述は主に次のものを参照した。Frank Podmore, ibid., pp. 262-299; J. Stillson Judah, ibid., pp. 256-289; Robert Peel, Mary Baker Eddy：The Years of Discovery, Rinehart and Winston, 1966; Stephen Gottschalk, The Emergence of Christian Science in American Religious Life, University of California Press, 1973; Ruth A. Tucker, Another Gospel：Cults, Alternative Religions, and the New Age Movement, 1989, pp. 149-176; Beryl Satter, Each Mind a Kingdom：American Women, Sexual Purity, and the New Thought Movement, 1875-1920, University of California Press, 1999, pp. 57-78;
12：Mary Baker Eddy, Science and Health with Key to the Scriptures, Christian Science Board of Directions, 1994, p. 110; Catherine L. Albanese, ibid., pp. 289-300.
13：Ronald L. Numbers and Rennie B. Schoepflin, "Ministries of Healing：Mary Baker Eddy, Ellen G. White, and the Religion of Health," in Women and Health in America, edited by Judith Walzer Leavit, University of Wisconsin Press, 1984, p. 381.
14：以下のエヴァンズについての記述は主に次のものを参照した。J. Stillson Judah, ibid., pp. 160-168; Charles S. Braden, ibid., pp. 89-128; Catherine L. Albanese, ibid., pp. 303-313.
15：以下のニューソート・ムーヴメントの発展については以下のものを参照した。J. Stillson Judah, ibid., pp.169-193; Charles S. Braden, ibid., pp. 129-169; Beryl Satter, pp. 79-110
16：ホプキンスについては、Charles S. Braden, ibid., pp. 138-149; Beryl Satter, ibid., pp. 79-93.
17：たとえば、J. Gordon Melton, New Thought and the New Age, in "Perspective on the New Age," edited by James R. Lewis and J. Gordon Melton, State University of New York Press, 1992, p. 16.
18：Juno Jordan, "Introduction," in Symbols of Numerology, A Newcastle, Julia Seton, Newcastle Publishing, 1984.
19：このことについては、伊泉龍一、早田みず紀著、前掲書、200-201頁、及び221-223頁。
20：実際、初期のモダン・ヌメロロジーの本では、数と音の対応の理論も作られている。このことについては、伊泉龍一、早田みず紀著、前掲書、226-227頁。
21：William A. Clebsch, American Religious Thought：a History, the University of Chicago Press, 1973, ⅹⅵ.

参考文献
References

数秘術のメソッドに関する参考文献

Alan Oken, *Numerology: Demystified*, The Crossing Press, 2004.

Carol Adrienne, *The Numerology Kit*, A Plume Book, 1988.（キャロル・アドリエンヌ著（斉藤昌子訳）『数秘術マスター・キット　あなたの魂に刻まれた情報を読み解く』(ナチュラルスピリット、2005年))。

Cheiro, *Cheiro's Book of Numbers*, Hind Pocket Books, 1999.

Cllifford W. Cheasley, *Numerology: Its Practical Application to Life*, Kessinger Publisihng, no data.

D. Jason Cooper, *Understanding Numerology: The Power to Know Anybody*, Thorsons Publishers, 1995.

David Allen Hulse, *The Western Mysteries: An Encyclopedic Guide to the Sacred Languages & Magical Systems of the World: The Key of It All*, Book2, Llewellyn Publications, 2004.

――――, *The Truth About Numerology*, Llwellyn Publications, 1993

David J. Pitkin and Roger Mock, *Spiritual Numerology: Caring for Number One*, Aurora Publications, 2000.

David Phillips, *The Complete Book of Numerology*, Hay House, 2005.

Ellin Dogge, *Numerology has Your Number*, A Fireside Book, 1988.

Faith Javane, *Master Numbers: Cycles of Divine Order*, Whitford Press, 1997.

Faith Javane and Dusty Bunker, *Numerology and The Divine Triangle*, Whitford Press, 1979.

Florence Campbell, *Your Days are Numbered: A Manual of Numerology for Everybody*, DeVorss Publications, 2002.

Glynis McCants, *Glynis Has Your Number: Discover What Life Has in Store for You Through the Power of Numerology!*, Hyperion, 2005.

Hans Decoz, *Numerology: A Complete Guide to Understanding and Using Your Numbers of Destiny*, A Perigee Book, 1994.

Hashnu O. Hara, *Number, Name & Color*, Kessinger Publishing, no. data.

Joyce Keller and Jack Keller, *The Complete Book of Numerology*, St. Martin's Griffin, 2001.

Julia Seton, *M. D., Symbols of Numerology*, Newcastle Publishing Co., Inc., 1984.

Juno Jordan, *Numerology: The Romance in Your Name*, Devorss Publications, 1988.

――――, *Your Right Action Number*, DeVorss & Company, 1980.

Kay Lagerquist, *Ph.D. and Lisa Lenard, The Complete Idiot's Guide to Numerology*, Alpha, 2004.

Kieren Barry, *The Greek Qabalah: Alphabetic Mysticism and Numerology in the Ancient World*, Samuel Weiser, Inc., 1999.
L. Mabel Ahmad, *Names and Their Numbers*, David Mckay Co., 1924.
Leeya Brooke Thompson, *Chaldean Numerology: An Ancient Map for Modern Times*, Tenacity Press, 1999.
Lloyd Strayhorn, *Numbers and You: A Numerology Guide for Everyday Living*, Ballantine Books, 1997.
Matthew Oliver Goodwin, *Numerology: The Complete Guide Volume 1*, Newcastle Publishing Company, 1981.
Matthew Oliver Goodwin, *Numerology: The Complete Guide, Volume I* , New Page Books, 1981.
―――, *Numerology: The Complete Guide Volume 2*, Newcastle Publishing Company, 2000.
Montrose, *Numerology for Everyobody*, Nelson-Hall Co., Publishers, 1940.
Mrs. L. Dow Balliett, *How to attain Success Through the Strength of Vibration*, Sun Books, 1983.
―――, *Philosophy of Numbers: Their Tone and Colors*, Kessinger Publishin, no data.
―――, *The Day of Wisdom According to Number Vibration*, Kessinger Publishing, no data.
Nigel Pennick, *Magical Alphabets*, Weiser Books, 1992.
Richard Craze, *Numerology Decoder: Unlock the Power of Numbers to Reveal Your Innermost Desires and Foretell Your Future*, Barron's Educational Series, 2001.
Ruth A. Drayer, *Numerology: The Power in Numbers*, Square One Publishers.
Sepharial, *Kabala of Numbers a Handbook of Interpretation*, Kessinger Publications, no. data.
Shirley Blackwell Lawrence, Msc. D., *The Secret Science of Numerology: The Hidden Meaning of Numbers and Letters*, New Page Books, 2001.
Sonia duciem, *The Complete Illustrated Guide to Numerology*, Element Books, 1999.
Suzanne Wagner, *Integral Numerology, Integral Numerlogy*, Strong Winds Publication, Inc., 2005.
Underwood Dudley, *Numerology or, What Pythagoras Wrought*, The Mathematical Association of America, 1997.
伊泉龍一、早田みず紀著『数秘術の世界』(駒草出版、2006年)。

補遺のための参考文献

Alan Gauld, *A History of Hypnotism*, Cambridge University Press, 1992.
Annetta Gertrude Dresser, *The Philosophy of P. P. Quimby; With Selections from His Manuscripts and Sketch of His Life*, Cosimo Crassics, 2007.
Beryl Satter, *Each Mind a Kingdom: American Women, Sexual Purity, and the New Thought Movement*, 1875-1920, University of California Press, 1999.
Catherine L. Albanese, *A Republic of Mind and Spirit: A Cultural History of American Metaphysical Religion*, Yale University Press, 2007.
Charles S. Braden, *Spirits in Rebellion: The Rise and Development of New Thought*, Southern Methodist University Press, 1963.
Ervin Seale, ed., *The Complete Writings, 3 vols*, DeVorss, 1988.

Frank Podmore, *From Mesmer to Christian Science: A Short History of Mental Healing*, University Books, 1963.

Frank Podmore, ibid.; Adam Crabtree, *From Mesmer to Freud: Magnetic Sleep and the Roots of Psychological Healing*, Yale University Press, 1993.

Horatio W. Dresser, *A History of the New Thought Movement*, Thomas Y. Crowell, 1921.

Horatio W. Dresser, ed., *The Quimby Manuscripts Showing the Discovery of Spiritual Healing and the Origins of Christian Science*, Thomas Y. Crowell, 1921.

J. Gordon Melton, *New Thought and the New Age, in "Perspective on the New Age," edited by James R. Lewis and J. Gordon Melton*, State University of New York Press, 1992.

J. Stillson Judah, *The History and Philosophy of the Metaphysical Movements in America*, The Westminster Press, 1967.

Julius Dresser, *The True History of Mental Science*, Alfred Mudge & Son, 1887

Mary Baker Eddy, *Science and Health with Key to the Scriptures*, Christian Science Board of Directions, 1994.

Robert C. Fuller, *Mesmerism and the American Cure of Souls*, University of Pennsylvania Press, 1982.

Robert Peel, *Mary Baker Eddy: The Years of Discovery*, Rinehart and Winston, 1966.

Ronald L. Numbers and Rennie B. Schoepflin, *"Ministries of Healing: Mary Baker Eddy, Ellen G. White, and the Religion of Health," in Women and Health in America, edited by Judith Walzer Leavit*, University of Wisconsin Press, 1984.

Ruth A. Tucker, *Another Gospel: Cults, Alternative Religions, and the New Age Movement*, Zondervan Publishing Company, 1989.

Stephen Gottschalk, *The Emergence of Christian Science in American Religious Life*, University of California Press, 1973.

William A. Clebsch, *American Religious Thought: a History*, the University of Chicago Press, 1973.

アンリ・エレンベルガー著（木村敏、中井久夫監訳）『無意識の発見　上』（弘文堂、1980年）

本書掲載のナンバーの意味と算出方法一覧（50音順）

インテュイティヴ・プレーン＝直観の次元　　131
　名前に含まれる7と9の数

インテンシティー・ナンバー＝強い部分、際立っている要素　　118
　名前を数に変換した際に多く登場する数

エッセンス・ナンバー＝人生にもたらされる影響　　307
　フィジカル／メンタル／スピリチュアル・レターの数価を加算し、還元（リデュース）

エモーショナル・プレーン＝情動の次元　　129
　名前に含まれる2と3と6の数

グロース・ナンバー＝後天的に身につけていく資質　　144
　下の名前を加算・還元

コンコード＝似たような要素を持つナンバーのグループ　　349
　誕生日を一桁に還元

サード・チャレンジ・ナンバー＝特定の時期の挑戦・課題　　278
　ナンバー：セカンド・チャレンジ・ナンバー－ファースト・チャレンジ・ナンバー
　時期：セカンド・チャレンジの支配する時期の終わり＋9

サード・ピナクル・ナンバー＝特定の時期の山場　　238
　ナンバー：ファースト・ピナクル＋セカンド・ピナクル
　時期：セカンド・ピナクルの支配する時期の終わり＋9

サード・メジャー・サイクル・ナンバー＝人生の収穫の時期　　184
　誕生年の四桁を加算・還元

スピリチュアル・トランジット＝霊的な成長　　303
　サード・ネームのアルファベットを数に変換

セカンド・チャレンジ・ナンバー＝特定の時期の挑戦・課題　　271
　ナンバー：誕生年－誕生日
　時期：ファースト・チャレンジの支配する時期の終わり＋9

セカンド・ピナクル・ナンバー＝特定の時期の山場　　227
　ナンバー：誕生日＋誕生年

477

時期：ファースト・ピナクルの支配する時期の終わり＋9

セカンド・メジャー・サイクル・ナンバー＝人生の生産的な時期　　177
　　誕生日の数

ソウル・ナンバー＝魂の数　　043
　　名前のアルファベットの母音のみを数に変換し加算・還元

ディスティニー・ナンバー＝運命の数　　036
　　名前のアルファベットを数に変換し加算・還元

ディファレンス・ナンバー＝コア・ナンバーで見る価値観の差異　　334
　　ふたりのコア・ナンバーをそれぞれ引き算

ナンバー・コンパチビリティ＝適合性や両立性　　354
　　ふたつのナンバーを照らし合わせ、同質性や親和性、相乗効果を見る

バースデイ・ナンバー＝ライフ・パス・ナンバーをサポートする数　　069
　　誕生日（二桁であれば加算・還元）

パーソナリティー・ナンバー＝人格の数　　050
　　名前のアルファベットの子音のみを数に変換し、加算・還元

パーソナル・イヤー・ナンバー＝ある特定の年が与える影響　　193
　　誕生月と誕生日とある特定の年を加算、還元

パーソナル・デイ・ナンバー＝ある特定の日が与える影響　　200
　　パーソナル・マンス・ナンバーにある特定の日の数を加算・還元

パーソナル・マンス・ナンバー＝ある特定の月が与える影響　　198
　　パーソナル・イヤー・ナンバーにある特定の月の数を加算・還元

ファースト・チャレンジ・ナンバー＝特定の時期の挑戦・課題　　264
　　ナンバー：誕生日－誕生月
　　時期：36－ライフ・パス・ナンバー

ファースト・ピナクル・ナンバー＝特定の時期の山場　　216
　　ナンバー：誕生月＋誕生日
　　時期：36－ライフ・パス・ナンバー

ファースト・メジャー・サイクル・ナンバー＝人生の発達の時期　　171
　　誕生月の数

ファミリー・ネーム・ナンバー＝家系として引き継ぐもの　　137
　　名字を加算・還元

フィジカル・トランジット＝肉体的な成長   295
　ファースト・ネームのアルファベットを数に変換

フィジカル・プレーン＝感覚の次元   126
　名前に含まれる4と5の数

フォース・チャレンジ・ナンバー＝特定の時期の挑戦・課題   285
　ナンバー：誕生月－誕生年
　時期：サード・チャレンジの支配する時期の終わり以降

フォース・ピナクル・ナンバー＝特定の時期の山場   249
　ナンバー：誕生月＋誕生年
　時期：サード・ピナクルの支配する時期の終わり以降

ブリッジ・ナンバー＝橋渡しの数   091
　任意のナンバーの大きいほうの数から小さいほうの数を引く

マチュリティー・ナンバー＝成熟の数   057
　ライフ・パス・ナンバーとディスティニー・ナンバーを加算・還元

メンタル・トランジット＝精神的な成長   299
　セカンド・ネーム（サード・ネームでも可）のアルファベットを数に変換

メンタル・プレーン＝精神の次元   128
　名前に含まれる1と8の数

ユニヴァーサル・イヤー・ナンバー   206
　ある特定の年を加算・還元

ユニヴァーサル・デイ・ナンバー   211
　ある特定の年と月と日を加算・還元

ユニヴァーサル・マンス・ナンバー   209
　ある特定の年と月を加算・還元

ライフ・パス・ナンバー＝人生の道の数   029
　生年月日の加算・還元

ライフ・レッスン・ナンバー＝カルマとして学ぶべき数   112
　名前を数に変換した際に含まれていない数

伊泉　龍一
Ryuichi Izumi

占い・精神世界研究家。タロット・カード、ヌメロロジー（数秘術）、占星術、手相術、ルーンなどを始めとして欧米の多数の占いを紹介している。
著書：『タロット大全　歴史から図像まで』（紀伊國屋書店）、『完全マスタータロット占術大全』（説話社）　共著：『数秘術の世界』（駒草出版）、『西洋手相術の世界』（同）、『リーディング・ザ・タロット』（同）、『ルノルマン・カードの世界』（同）
訳書：ジョアン・バニング著『ラーニング・ザ・タロット』（駒草出版）、レイチェル・ポラック著『タロットの書』（フォーテュナ）、ケヴィン・バーク著『占星術完全ガイド』（同）、マーカス・カッツ、タリ・グッドウィン著『シークレット・オブ・ザ・タロット』『ラーニング・ルノルマン』（同）他多数。
監修：アレハンドロ・ホドロフスキー、マリアンヌ・コスタ著『タロットの宇宙』（国書刊行会）
《オフィシャルサイト》運命の世界　　http://unmeinosekai.com/
　　　　　　　　　　　西洋占星術の世界　http://astro-fortune.com/

斎木　サヤカ
Sayaka Saiki

西洋占術研究家／フォーチュン・カウンセラー／深層心理セラピスト
数秘術のほか、西洋占星術、タロットなどの各種オラクルカードを学びたい人のための講座、それら占術を活用した瞑想会等のイベントやワークショップを全国で展開中。
「可能性を拓き、人生を創る」という姿勢をベースに、セラピストとして活動すると同時に、後進の育成にも力を注いでいる。
占いサイト「ディープアカシック月占」監修。

数秘術完全マスター・ガイド
ナンバーで運命を切り拓く　モダン・ヌメロロジー 14のレッスン

2009年9月1日　　初版発行
2023年11月20日　第10刷発行

著　者	伊泉　龍一
	斎木　サヤカ
発行者	井上　弘治
発行所	駒草出版
	株式会社ダンク 出版事業部
	〒110-0016
	東京都台東区台東1-7-1　邦洋秋葉原ビル2F
	TEL：03-3834-9087 ／ FAX：03-3834-4508
	https://www.komakusa-pub.jp/
ブックデザイン	高岡　直子
印刷・製本	シナノ印刷株式会社

©Ryuichi Izumi , Sayaka Saiki 2009, printed in Japan
落丁・乱丁本はお取り替えいたします。　定価はカバーに表示してあります。
ISBN978-4-903186-72-6 C2076

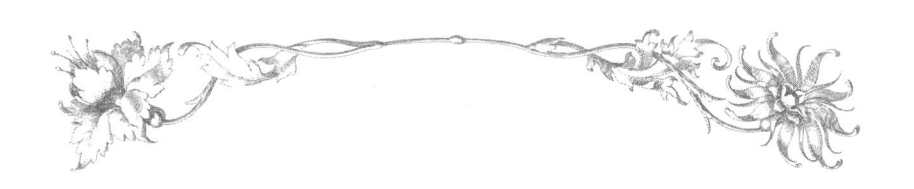

数秘術チャート &
パーソナル・データ・シート

Modern Numerology Chart & Personal Data Sheet

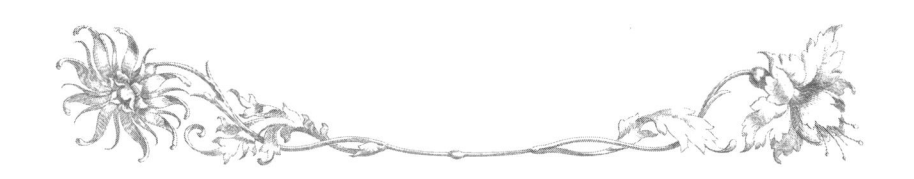

Personality Chart 1

【コア・ナンバーズ】-- Core Numbers

ライフ・パス・ナンバー　（11と22が出た場合はマスター・ナンバーのためそのままとする）

ライフ・パス・ナンバー

☐☐☐☐ + ☐☐ + ☐☐ = ☐☐☐☐☐ = ☐☐ = ☐ (☐☐)

　生まれ年　　　　　生まれ月　　生まれ日　　　合計　　　　一桁に還元（11、22 の場合はそのまま）

ディスティニー・ナンバー　（11と22が出た場合はマスター・ナンバーのためそのままとする）

氏名をアルファベットで表記する

☐☐☐☐☐☐☐☐☐☐☐☐☐☐☐☐☐☐☐☐☐☐☐☐☐

変換表をもとにアルファベットを数字へと置き換える

☐☐☐☐☐☐☐☐☐☐☐☐☐☐☐☐☐☐☐☐☐☐☐☐☐

=＿＿＿＿＿＿＿＿＿＿＿＿＿＿＿＿＿＿＿＿＿＿ 合計（全ての数字を足す）

=＿＿＿＿＿＿＿＿＿＿＿＿＿＿＿＿＿＿＿＿＿＿ 一桁に還元（11、22 の場合はそのまま）

001

アルファベット変換表

1	2	3	4	5	6	7	8	9
A	B	C	D	E	F	G	H	I
J	K	L	M	N	O	P	Q	R
S	T	U	V	W	X	Y	Z	

Personality Chart 2

【コア・ナンバーズ】-- Core Numbers

▌ソウル・ナンバー▐　（11と22が出た場合はマスター・ナンバーのためそのままとする）

氏名の母音（A・I・U・E・O）のみを取り出す。

変換表をもとにアルファベットを数字へと置き換える

=＿＿＿＿＿＿＿＿＿＿＿＿＿＿＿＿＿＿＿＿＿＿＿　合計（全ての数字を足す）
=＿＿＿＿＿＿＿＿＿＿＿＿＿＿＿＿＿＿＿＿＿＿＿　一桁に還元（11、22の場合はそのまま）

▌パーソナリティ・ナンバー▐　（11と22が出た場合はマスター・ナンバーのためそのままとする）

氏名の子音（A・I・U・E・O以外）のみを取り出す

変換表をもとにアルファベットを数字へと置き換える

=＿＿＿＿＿＿＿＿＿＿＿＿＿＿＿＿＿＿＿＿＿＿＿　合計（全ての数字を足す）
=＿＿＿＿＿＿＿＿＿＿＿＿＿＿＿＿＿＿＿＿＿＿＿　一桁に還元（11、22の場合はそのまま）

▌マチュリティー・ナンバー▐　（11と22が出た場合はマスター・ナンバーのためそのままとする）

ライフ・パス・ナンバーとディスティニー・ナンバーを加算する

ライフ・パス・ナンバー：☐☐ ＋ ディスティニー・ナンバー：☐☐
　　　　　　　＝ ☐☐ ＝ ☐（☐☐）一桁に還元（11、22の場合はそのまま）

▌バースデイ・ナンバー▐

生まれた日：☐☐ ⇒ ☐ ＋ ☐ ＝ ☐☐ ＝ ☐

Personality Chart 3

【コア・ナンバーズ】--- Core Numbers

ブリッジ・ナンバー　（11や22はあらかじめ2と4に還元しておく）

それぞれのナンバーの大きい数から小さい数を引く

「ライフ・パス・ナンバー」と「ディスティニー・ナンバー」・・・・・・・・・・・・・・・ ☐

「ライフ・パス・ナンバー」と「ソウル・ナンバー」・・・・・・・・・・・・・・・・・・・・・ ☐

「ライフ・パス・ナンバー」と「パーソナリティー・ナンバー」・・・・・・・・・・・ ☐

「ライフ・パス・ナンバー」と「バースデイ・ナンバー」・・・・・・・・・・・・・・・・ ☐

「ディスティニー・ナンバー」と「ソウル・ナンバー」・・・・・・・・・・・・・・・・・・ ☐

「ディスティニー・ナンバー」と「パーソナリティー・ナンバー」・・・・・・・・ ☐

「ディスティニー・ナンバー」と「バースデイ・ナンバー」・・・・・・・・・・・・・ ☐

「ソウル・ナンバー」と「パーソナリティー・ナンバー」・・・・・・・・・・・・・・・ ☐

「ソウル・ナンバー」と「バースデイ・ナンバー」・・・・・・・・・・・・・・・・・・・・ ☐

「パーソナリティー・ナンバー」と「バースデイ・ナンバー」・・・・・・・・・・・ ☐

アルファベット変換表

1	2	3	4	5	6	7	8	9
A	B	C	D	E	F	G	H	I
J	K	L	M	N	O	P	Q	R
S	T	U	V	W	X	Y	Z	

Personality Chart 4

【インテンシティー・テーブル】 -- Intensity Table

氏名をアルファベットで表記する

変換表をもとにアルファベットを数字へと置き換える

それぞれ数がいくつあるかをカウントし、その合計数を記入

1	2	3	4	5	6	7	8	9

ライフ・レッスン・ナンバー 合計数が0の数字 = _____

インテンシティー・ナンバー 合計数が最も多い数字 = _____

【プレーンズ・オブ・エクスプレッション】-------------------------------- Planes of Expression

氏名をアルファベットで表記する

変換表をもとにアルファベットを数字へと置き換える

それぞれ数がいくつあるかをカウントし、その合計数を記入

1	2	3	4	5	6	7	8	9

感 覚 (4と5の合計数) _____   **精 神** (1と8の合計数) _____

情 動 (2、3と6の合計数) _____   **直 観** (7と9の合計数) _____

Personality Chart 5

【ファミリー・ネーム・ナンバー】-- Family Name Number

名字（ラスト・ネーム）をアルファベットで表記する。

変換表をもとにアルファベットを数字へと置き換える

= _____ 合計（全ての数字を足す）

= _____ 一桁に還元（11、22 の場合はそのまま）

【グロース・ナンバー】-- Growth Number

（11と22が出た場合はマスター・ナンバーのためそのままとする）

下の名前（ファースト・ネーム）をアルファベットで表記する。

変換表をもとにアルファベットを数字へと置き換える

= _____ 合計（全ての数字を足す）

= _____ 一桁に還元（11、22 の場合はそのまま）

アルファベット変換表

1	2	3	4	5	6	7	8	9
A	B	C	D	E	F	G	H	I
J	K	L	M	N	O	P	Q	R
S	T	U	V	W	X	Y	Z	

MEMO

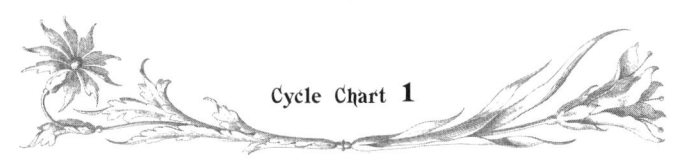

Cycle Chart 1

【メジャー・サイクル】 ---Major Cycle

ライフ・パス・ナンバー ・・・ ☐☐

該当するライフ・パス・ナンバーの欄を参照、該当する各期間を割り出す。

ライフ・パス・ナンバー	ファースト・メジャー・サイクル （時期／歳）	セカンド・メジャー・サイクル （時期／歳）	サード・メジャー・サイクル （時期／歳）
1	0 － 26	27 － 53	54 以降
2 と 11	0 － 25	26 － 52	53 以降
3	0 － 33	34 － 60	61 以降
4 と 22	0 － 32	33 － 59	60 以降
5	0 － 31	32 － 58	59 以降
6	0 － 30	31 － 57	58 以降
7	0 － 29	30 － 56	57 以降
8	0 － 28	29 － 54	55 以降
9	0 － 27	28 － 54	55 以降

ファースト・メジャー・サイクル　　　**セカンド・メジャー・サイクル**　　　**サード・メジャー・サイクル**

時期　　　　　　　　　　　　　　　時期　　　　　　　　　　　　　　　時期

＿＿＿＿～＿＿＿＿歳　　　　　　　＿＿＿＿～＿＿＿＿歳　　　　　　　＿＿＿＿ 歳以降

誕生月　　☐☐　　　　　　　　　誕生日　　☐☐　　　　　　　　　誕生年　　☐☐

（11 月生まれ以外は一桁に）　　　（11 日と 22 日以外は一桁に）

【パーソナル・イヤー／マンス／デイ・ナンバー】 ----- Personal Year / Month / Day Number

パーソナル・イヤー・ナンバー

☐☐ ＋ ☐☐ ＋ ☐☐☐☐ ＝ ☐☐☐☐ ＝ ☐ (☐☐) ‥‥‥ (A)

誕生月　　誕生日　　ある特定の年　　全ての数を足す　　一桁に還元

パーソナル・マンス・ナンバー

☐☐ ＋ ☐☐ ＝ ☐☐ ＝ ☐ (☐☐) ‥‥‥ (B)

上記(A)　ある特定の月　　　　　　全ての数を足す　　一桁に還元

パーソナル・デイ・ナンバー

☐☐ ＋ ☐☐ ＝ ☐☐ ＝ ☐ (☐☐)

上記(B)　ある特定の日　　　　　　全ての数を足す　　一桁に還元

Cycle Chart 2

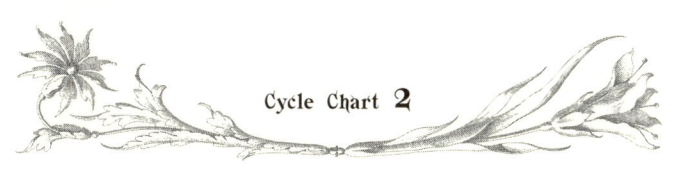

【ユニヴァーサル・イヤー／マンス／デイ・ナンバー】 Universal Year / Month / Day Number

ユニヴァーサル・イヤー・ナンバー

☐☐☐☐ = ☐ + ☐ + ☐ + ☐ = ☐ (☐☐)

ある特定の年　　　　全ての数を足す　　　　一桁に還元

ユニヴァーサル・マンス・ナンバー

☐☐☐☐ + ☐☐ = ☐ + ☐ + ☐ + ☐ + ☐ + ☐ = ☐ (☐☐)

ある特定の年　ある特定の月　　　　全ての数を足す　　　　一桁に還元

ユニヴァーサル・デイ・ナンバー

☐☐☐☐ + ☐☐ + ☐☐

ある特定の年　　ある特定の月　ある特定の日

= ☐ + ☐ + ☐ + ☐ + ☐ + ☐ + ☐ = ☐ (☐☐)

全ての数を足す　　　　　　　　　　一桁に還元

【ピナクル・ナンバーズ】 -- Pinnacle Numbers

ファースト・ピナクル

ファースト・ピナクルの支配する時期：【0歳〜(a)歳】

3̲6̲ − ☐☐ （ライフ・パス・ナンバー）= ☐☐ 歳 ……………（a）

ファースト・ピナクル・ナンバー

☐☐ + ☐☐ = ☐☐ = ☐ (☐☐) …………（a'）

誕生月　　誕生日　　全ての数を足す　　一桁に還元（11と22の場合はそのまま）

セカンド・ピナクル

セカンド・ピナクルの支配する時期：【(a)+1歳〜(b)歳】

9 + (a) ☐☐ = ☐☐ 歳 …………………………（b）

セカンド・ピナクル・ナンバー

☐☐☐☐ + ☐☐ = ☐☐☐☐ = ☐ (☐☐) …………（b'）

誕生年　　　　誕生日　　全ての数を足す　　一桁に還元（11と22の場合はそのまま）

Cycle Chart 3

サード・ピナクル

サード・ピナクルの支配する時期：【(b)+1歳〜(c)歳】

$\boxed{9}$ + (b) $\boxed{}$ = $\boxed{}$ 歳 ……………………………………（c）

サード・ピナクル・ナンバー

$\boxed{}$ + $\boxed{}$ = $\boxed{}$ = $\boxed{}$($\boxed{}$) ……………（c'）
(a')　　　　　(b')　　　　　全ての数を足す　　一桁に還元（11と22の場合はそのまま）

フォース・ピナクル

フォース・ピナクルの支配する時期：【(c)+1歳〜以降】

フォース・ピナクル・ナンバー

$\boxed{}$ + $\boxed{}$ = $\boxed{}$ = $\boxed{}$($\boxed{}$)
誕生年　　　　　誕生月　　　　　全ての数を足す　　一桁に還元（11と22の場合はそのまま）

【チャレンジ・ナンバーズ】 --- Challenge Numbers

ファースト・チャレンジ・ナンバー　（計算の結果、マイナスが出ても数字のみを取り出す）

ファースト・チャレンジの支配する時期：【0歳〜(d)歳】

$\boxed{3}\boxed{6}$ − $\boxed{}$ （ライフ・パス・ナンバー） = $\boxed{}$ 歳 …………（d）

ファースト・チャレンジ・ナンバー

$\boxed{}$ − $\boxed{}$ = $\boxed{}$ = $\boxed{}$($\boxed{}$) ……………（d'）
誕生日　　　　誕生月　　　全ての数を足す　　一桁に還元（11と22の場合はそのまま）

セカンド・チャレンジ・ナンバー　（計算の結果、マイナスが出ても数字のみを取り出す）

セカンド・チャレンジの支配する時期：【(d)+1歳〜(e)歳】

$\boxed{9}$ + (d) $\boxed{}$ = $\boxed{}$ 歳 ……………………………………（e）

セカンド・チャレンジ・ナンバー

$\boxed{}$ − $\boxed{}$ = $\boxed{}$ = $\boxed{}$($\boxed{}$) …………（e'）
誕生年　　　　　誕生日　　　　全ての数を足す　　一桁に還元（11と22の場合はそのまま）

Cycle Chart 4

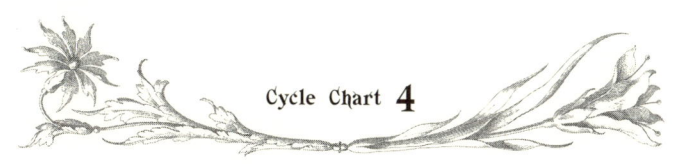

サード・チャレンジ・ナンバー　(計算の結果、マイナスが出ても数字のみを取り出す)

サード・チャレンジの支配する時期：【(e)+1歳～(f)歳】

| 9 | + (e) ☐☐ | = ☐☐ 歳 ‥‥‥‥‥‥‥‥‥‥‥‥‥‥‥‥‥‥‥‥‥‥‥ (f) |

サード・チャレンジ・ナンバー

☐☐ － ☐☐ = ☐☐ = ☐ (☐☐) ‥‥‥‥‥‥‥‥‥‥‥‥‥ (f')
(d')　　　(e')　　　全ての数を足す　一桁に還元（11と22の場合はそのまま）

フォース・チャレンジ・ナンバー　(計算の結果、マイナスが出ても数字のみを取り出す)

フォース・チャレンジの支配する時期：【(f)+1歳～以降】

フォース・チャレンジ・ナンバー

☐☐ － ☐☐☐☐ = ☐☐☐☐ = ☐ (☐☐)
誕生月　　誕生年　　　　全ての数を足す　一桁に還元（11と22の場合はそのまま）

【トランジット・レターズ】 -- Transit Letters

フィジカル・トランジット

下の名前（ファースト・ネーム）を枠内にアルファベットで表記、変換表（次頁参照）をもとに変換した数字を枠内括弧に記入していく。

( ) ( ) ( ) ( ) ( ) ( ) ( ) ( ) ( ) ( )

メンタル・トランジット

名字（ミドル・ネームまたはサード・ネーム）を枠内にアルファベットで表記、変換表（次頁参照）をもとに変換した数字を枠内括弧に記入していく。

( ) ( ) ( ) ( ) ( ) ( ) ( ) ( ) ( ) ( )

スピリチュアル・トランジット

名字（サード・ネーム）を枠内にアルファベットで表記、変換表（次頁参照）をもとに変換した数字を枠内括弧に記入していく。

( ) ( ) ( ) ( ) ( ) ( ) ( ) ( ) ( ) ( )

Cycle Chart 5

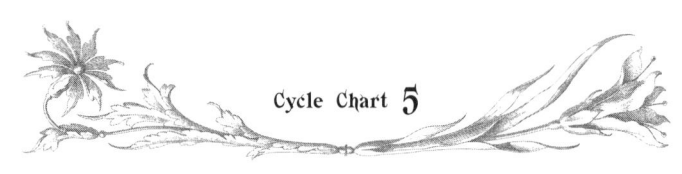

【エッセンス・ナンバー】-- Essence Number

年ごとに各トランジット・レターズを合計し、一桁になるまで還元する。

〈フィジカル・トランジット〉：(イ)の数字 _____

〈メンタル・トランジット〉：(ハ)の数字 _____

＋　〈スピリチュアル・トランジット〉：(ニ)の数字 _____

―――――――――――――――――――――――――

一桁に還元（11 と 22 の場合はそのまま） ☐ (☐☐)

アルファベット変換表

1	2	3	4	5	6	7	8	9
A	B	C	D	E	F	G	H	I
J	K	L	M	N	O	P	Q	R
S	T	U	V	W	X	Y	Z	

MEMO

Compatibility Chart 1

【ディファレンス・ナンバー】 ---------- Difference Number

> ディファレンス・ナンバー （マイナスが出た場合は数字のみを取り出す）

ディファレンス・ナンバー①：互いのライフ・パス・ナンバーを引く

生年月日の合計を一桁にしたもの

□□ − □□ = □ ディファレンス・ナンバー

ライフ・パス・ナンバー　　ライフ・パス・ナンバー　　一桁に還元

ディファレンス・ナンバー②：互いのディスティニー・ナンバーを引く

氏名をアルファベットで表記し、数字に置き換え合計し、一桁にしたもの

□□ − □□ = □ ディファレンス・ナンバー

ディスティニー・ナンバー　　ディスティニー・ナンバー　　一桁に還元

ディファレンス・ナンバー③：互いのソウル・ナンバーを引く

氏名の母音をアルファベットで表記し、数字に置き換え合計し、一桁にしたもの

□□ − □□ = □ ディファレンス・ナンバー

ソウル・ナンバー　　ソウル・ナンバー　　一桁に還元

ディファレンス・ナンバー④：互いのパーソナリティー・ナンバーを引く

氏名の子音をアルファベットで表記し、数字に置き換え合計し、一桁にしたもの

□□ − □□ = □ ディファレンス・ナンバー

パーソリティー・ナンバー　　パーソリティー・ナンバー　　一桁に還元

アルファベット変換表

1	2	3	4	5	6	7	8	9
A	B	C	D	E	F	G	H	I
J	K	L	M	N	O	P	Q	R
S	T	U	V	W	X	Y	Z	

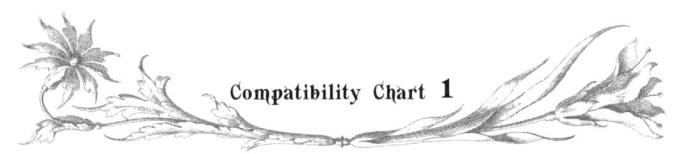

Compatibility Chart 2

【コンコード】---Concords

占いたい人物の生まれた日を加算し、一桁にする

生まれ日：　□□ ⇒ □ + □ = □□ = □ ・・・・・・・・・・・・・・・・・・・・・ A

占いたい人物の生まれた日を加算し、一桁にする

生まれ日：　□□ ⇒ □ + □ = □□ = □ ・・・・・・・・・・・・・・・・・・・・・ B

表を参照し、それぞれどのグループに属するか割り出す。

　　　　　　　　A＝グループ □　　　B＝グループ □

グループ1	グループ2	グループ3
1	2	3
5	4	6
7	8	9

【ナンバー・コンパチビリティ】-- Number Compatibility

　　　ライフ・パス・ナンバー：□□　　×　　ライフ・パス・ナンバー：□□

　　ディスティニー・ナンバー：□□　　×　　ディスティニー・ナンバー：□□

　　　　　　ソウル・ナンバー：□□　　×　　　　　ソウル・ナンバー：□□

　パーソナリティー・ナンバー：□□　　×　　パーソナリティー・ナンバー：□□

　　マチュリティー・ナンバー：□□　　×　　マチュリティー・ナンバー：□□

パーソナル・データ・シート

Modern Numerology Personal Data Sheet

西　暦	～							～									～										～									
年　齢(歳)	1	2	3	4	5	6	7	22	23	24	25	26	27	28	29	30	31	32	33	34	35	36	37	38	39	40	41	42	43	44	45	46	47	48	49	50
メジャー・サイクル																																				
パーソナル・イヤー・ナンバー																																				
ユニヴァーサル・イヤー・ナンバー																																				
ピナクル・ナンバーズ																																				
チャレンジ・ナンバーズ																																				
フィジカル・トランジット																																				
メンタル・トランジット																																				
スピリチュアル・トランジット																																				
エッセンス・ナンバー																																				

西　暦	～							～									～										～									
年　齢(歳)	51	52	53	54	55	56	57	72	73	74	75	76	77	78	79	80	81	82	83	84	85	86	87	88	89	90	91	92	93	94	95	96	97	98	99	100
メジャー・サイクル																																				
パーソナル・イヤー・ナンバー																																				
ユニヴァーサル・イヤー・ナンバー																																				
ピナクル・ナンバーズ																																				
チャレンジ・ナンバーズ																																				
フィジカル・トランジット																																				
メンタル・トランジット																																				
スピリチュアル・トランジット																																				
エッセンス・ナンバー																																				

パーソナル・データ・シート

Modern Numerology Personal Data Sheet

西暦	~										~										~										~										~									
年齢(歳)	1	2	3	4	5	6	7	8	9	10	11	12	13	14	15	16	17	18	19	20	21	22	23	24	25	26	27	28	29	30	31	32	33	34	35	36	37	38	39	40	41	42	43	44	45	46	47	48	49	50
メジャー・サイクル																																																		
パーソナル・イヤー・ナンバー																																																		
ユニヴァーサル・イヤー・ナンバー																																																		
ピナクル・ナンバーズ																																																		
チャレンジ・ナンバーズ																																																		
フィジカル・トランジット																																																		
メンタル・トランジット																																																		
スピリチュアル・トランジット																																																		
エッセンス・ナンバー																																																		

西暦	~										~										~										~										~									
年齢(歳)	51	52	53	54	55	56	57	58	59	60	61	62	63	64	65	66	67	68	69	70	71	72	73	74	75	76	77	78	79	80	81	82	83	84	85	86	87	88	89	90	91	92	93	94	95	96	97	98	99	100
メジャー・サイクル																																																		
パーソナル・イヤー・ナンバー																																																		
ユニヴァーサル・イヤー・ナンバー																																																		
ピナクル・ナンバーズ																																																		
チャレンジ・ナンバーズ																																																		
フィジカル・トランジット																																																		
メンタル・トランジット																																																		
スピリチュアル・トランジット																																																		
エッセンス・ナンバー																																																		

The Modern Numerology
Complete master Guide